शूर सूरमा

शूर सूरमा

जसवंत सिंह

मे. जनरल सूरज भाटिया

रूपा एण्ड कम्पनी

प्रकाशक

रूपा एण्ड कम्पनी

7/16, अंसारी रोड, नई दिल्ली-110 002

सेल्स सेंटर:

इलाहाबाद, बैंगलौर, चंडीगढ़, चेन्नई

हैदराबाद, जयपुर, काठमाण्डू

कोलकाता, मुम्बई, पूना

टाइप सेटर्स

नीकिता ओवरसीज़ प्राइवेट लिमिटेड

1410 चिरंजीव टावर, 43, नेहरू प्लेस,

नई दिल्ली-110 0019

मुद्रक

गोपसंस पेपर्स लिमिटेड

ए-14, सेक्टर-60,

नोएडा-201 203

समर्पण

उनको

‘जे आचरहिं’

‘पर उपदेस कुसल बहुतेरे।
जे आचरहिं ते नर न घनेरे।’

लंकाकांड-77/1

विषय-सूची

जोग लिखी

जोग में कुछ ऐसा ही लिखा है। जो पुस्तक कई वर्ष पहले 'शौर्य तेजो' के नाम से प्रभात प्रकाशन के सहयोग से छपी, पुनर्जन्म नए नामकरण के साथ लोगों के पास पहुँचे ऐसा विचार आया। विचार के पदचिह्नों पर काम शुरू हुआ। वैसे यह किताब सन् 1997 में छपी थी। एक रूप से देखा जाए तो ज्यादा अरसा भी नहीं हुआ है और दूसरी से तो लगता है, कितना कुछ हो गया, कितना लम्बा वक्त गुज़र गया, कितना कुछ बदल गया है। इसीलिए इसका नया नामकरण, एक नया संस्करण और इसमें नए अध्याय जोड़कर (क्योंकि 'कितना कुछ जो हो गया है'), पेपर बैक के रूप में पाठकों को मिले, नए भाव, नई कीमत लेकर, तो अच्छा होगा। सोचते ही निर्णय भी ले लिया।

'शौर्य तेजो' के संस्करण को शायद वैसे भी पाठक अब प्रायः भूल ही गए हैं। पुनर्जन्म मिले किताब को और साथ ही उस विचार की एक और अभिव्यक्ति हो तो बहुत अच्छा होगा, क्योंकि जो विचार इस किताब में निहित हैं, वे आज भी उतने ही महत्त्वपूर्ण हैं।

इसलिए आज आपके सामने यह पुस्तक एक नए रूप में, कुछ नए अध्यायों के साथ, पुराने विचारों को आज की सांदर्भिकता को पुट दे, नया नामकरण लेकर यह पुस्तक 'शूर सूरमा' आपको प्रस्तुत है।

इस किताब की उत्पत्ति कैसे हुई, इसके बारे में यहाँ कुछ कहना आवश्यक है। पहले तो इस विषय पर भारत में किसी ने कुछ लिखा ही नहीं, हिंदी में तो निश्चित तौर पर नहीं। यह किताब एक प्रक्रिया के रूप में नहीं लिखी गई; जैसे एक विचार, मंथन और लेखन। जब शुरू किया तो लिखने का सिलसिला अपने आप चला और धाराप्रवाह चलकर समाप्त हुआ। शुरू में कुछ सवाल जरूर

उठे, जब जवाब ढूँढ़ने लगा तो रास्ते अपने आप खुलते चले गए। याद आता है कि अचानक एक ख्याल उठा कि यदि इस किताब के माध्यम से एक संदेश भेजना है अपने पाठकों को, अपने देशवासियों को, तो क्यों न पत्र-व्यवहार की उस भूली हुई शैली को अपनाया जाए? यदि संस्कारों एवं स्मृति में 'जोग लिखी' अमिट रूप से अंकित है तो यहाँ क्यों नहीं!

पर कुछ प्रश्न ऐसे होते हैं, जिनका कोई सरल उत्तर है ही नहीं। 'बाईबिल', में एक भाव है—'आरम्भ में सर्वप्रथम, एक शब्द था और वह ईश्वरीय था।' परंतु फिर सवाल उठता है—'क्या बिना विचार की अभिव्यक्ति शब्दहीन हो सकती है? या अभिव्यक्ति की तड़प ने ही शब्द को जन्म दिया? कुछ ऐसी ही अनुभूति इस पुस्तक की रचना के साथ रही। एक तो जिस मार्ग पर पहले कोई चला ही न हो, तो रास्ता किससे पूछें? फिर वहाँ पहुँचे कैसे? पर जैसे-जैसे रास्ता तलाशते गए वैसे-वैसे वह मिलता गया। हमें तो मात्र अपनी ही स्मृति को झकझोरना था, उसे पुनः जगाना था, चैतन्य करने का प्रयास करना था। परिणाम-स्वरूप जो उद्गार उपजे उन्हें अभिव्यक्त न करना, वह तो बिलकुल असम्भव हो गया। खेत तो पहले दूसरों ने तैयार कर ही दिया था। उसमें बलिदान के बीज बोकर, अपने रक्त से सींचकर फसल भी तैयार कर दी थी। हमें तो सिर्फ खड़ी और पकी हुई फसल को पहचानना भर था और उसके एक बहुत छोटे से भाग, हिस्से, अंश को कूतकर बटोरना था। बस यही तो हमने किया है। इसमें न तो कोई अतिशयोक्ति है और न ही कोई छिपे हुए अभियान के दम्भ की भावना। उस रूप में यह पुस्तक एक कृति भी शायद ही है। क्योंकि कर्म करनेवाले तो और हैं। हम तो सिर्फ लिख रहे हैं, 'जोग लिखी' को लिपिबद्ध कर रहे हैं। श्री सूरज ने और मैंने केवल यही श्रम किया है।

श्री सूरज प्रकाश भाटिया फौज में मेज़र जनरल के पद से रिटायर हुए। हम दोनों फौज की उन दिनों की अकादमी में कैडेट बनकर साथ पहुँचे थे, जब सन् 1950 के दशक के आरम्भिक वर्ष थे। खड़कवासला में 'राष्ट्रीय सुरक्षा अकादमी' की स्थापना अभी होनी थी। देहरादून के क्लिमेंट टाऊन में जे.एस.डब्ल्यू. (ज्वाईन्ट सर्विसेज विंग) हुआ करता था, वहीं ट्रेनिंग हुई। देश को आजादी मिले मात्र सात ही वर्ष तो हुए थे तब। या तो वह देहरादून कुछ और ही शहर था, या फिर उन दिनों हमारा अधपका-सा बचपन था—(पंद्रह वर्ष के थे तब)—या दोनों ही बातें थीं। पर तब के वे जंगल, वे नदियाँ, वह मेहनत, वह ट्रेनिंग एक अमिट छाप ही नहीं छोड़ गई, एक ढाँचे में ढाल गई है। व्यवहार के वे गुण-अवगुण,

वे अब छोड़े नहीं छूटते। तभी तो सहयोगिनी प्रशंसा में कम और खीज में कहीं ज्यादा, अक्सर कह देती है—'फौज छोड़े वर्षों बीत गए, आदत नहीं छूटी।' श्रीसूरज तो फौज में रहे, मैं नौ साल की नौकरी के बाद इस्तीफा देकर और रास्तों चला—लेखन की, राजनीति की लगाम स्वेच्छा से गले में डाली। वर्ष बीतते चले गए। हमारे साथ-साथ भारत की नई आजादी भी वयस्क होकर पचास साल से ऊपर की हो गई।

सन् 1998 की फरवरी की एक धूप-भरी दोपहरी। चैत अभी लगा नहीं था, पर कह रहा था: 'आ रहा हूँ।' स्वागत में अमराइयों ने फूटना शुरू कर दिया था और घर के पीछे खड़े नीम के पुराने दो पेड़ों में नई पत्तियाँ आने लगी थीं। संवत्सरी के आते पदचापों की आहट जो थी। वसंत के नएपन के पूर्वाभास से ही प्रकृति में सब कुछ, सब कोई आह्लादित, प्रफुल्लित, उत्साहित! श्रीसूरज मिलने आए थे, यों ही, चर्चा की—'कालांतर में हमारे देश में वीरों की परम्परा रही है। मूलतः 'रामायण' और 'महाभारत' भी युद्ध के ही महाकव्य हैं। इसमें पूजनीय युद्ध नहीं था, वह तो धर्म-कर्म का एक अंग था, पर वीरत्व का गुण तो सदैव मनुष्य-जीवन की निधि मानी गई है। यह एक ऐसा गुण है, जो सदैव हमारे मानस के एक बहुत ऊँचे पद पर पदस्थ रहा है। देश की आजादी की लड़ाई में यही गुण लाखों-करोड़ों ने पाया, शांति और अहिंसा के पुजारी से और दर्शाया भी। आत्मत्याग और बलिदान के कितने अनजाने, अनगिने उदाहरण हैं उन दिनों के। सैकड़ों साल बाद मिली आजादी—उमंग, उत्साह और आशा के अनेक फूल खिलानेवाली! फिर क्या हो गया? हजारों साल बाद जगे हमारे भाग्य क्यों, ऐसा लगता है, फिर टिमटिमाने लगे हैं? हम कोई गलत मोड़ ले गए हैं क्या? फिर क्यों आज हम सब अपने को हताश, विभाजित, दिशा-हारे तथा ठगे-से महसूस करते हैं?

यह कोई हम दोनों ने एक ही साँस में तो कहा नहीं, आपसी बातचीत थी, उसमें से यह भाव निकले और साथ में दो प्रश्न भी—'यह 'स्मृति' क्या है? क्यों अर्जुन जैसे योद्धा की भी स्मृति लुप्त हो गई? हमारे तो कृष्ण जैसे कोई पार्थसारथि नहीं, फिर कैसे पुनः उपलब्ध करें वह खोई हुई अमूल्य निधि? इस तलाश में जब निकले तो एक और शब्द रास्ते में आ खड़ा हुआ—'हिरो' (फिल्मी नायक नहीं), **'Hero'**—और उसमें निहित गुण **'Heroism'** ('हियरोइज्म') बहुत बुरा लगा जब हम दोनों इन शब्दों का सही अनुवाद करने में असफल रहे। ग्लानि भी हुई—दोनों कारणों से, एक तो कि हमें सही शब्द की जानकारी भी नहीं, और दूसरा, उससे कहीं बुरा मन में उपजा एक सवाल : क्या हमारी विचारसंहिता

में यह शब्द है ही नहीं? ऐसा कैसे हो सकता है? कई विद्वानों से पूछा, पर संतोषजनक उत्तर मिला नहीं। घूम-फिरकर 'वीर, वीरत्व या शूरवीरता' यही जवाब मिलता था। पर अपने आप में एक ही शब्द में, 'हियरोइज्म' का भाव तो थोड़ा मिला पर पूरा अनुवाद नहीं। मन में सोचा, शायद इस प्रकार के गुण को हम अपने धर्म-कर्म और कर्तव्य-आधारित आचरण का एक ऐसा सहज और अभिन्न अंग मानते रहे हैं कि इसके लिए किसी और अलग से एक भिन्न शब्द की आवश्यकता ही नहीं पड़ी। फिर भी संतोष नहीं हुआ, पूरी तलाश जारी रखी।

लैटिन और संस्कृत के कई शब्दों की समानता के बारे में हम अक्सर शेखी बघारते हैं, हमारे 'त्वाम्' और लैटिन के 'तुमम' का भाव और अर्थ दोनों एक ही हैं। एक बीज शब्द और है, उसमें से भी कई शब्द उपजते हैं, संस्कृत और लैटिन दोनों में। मेरी खोज ने मुझे लैटिन के बीज शब्द 'वि' तक पहुँचाया। उस भाषा में इस बीज से उपजते हैं उदाहरणार्थ : 'वर्टुस'—अर्थ सद्‌गुण भी, अंश भी। फिर दो शब्द और मिले : 'विस' अर्थात् शक्ति, ताकत और दूसरा : 'विर', जिसका अर्थ होता है—'पुरुष, पौरुष पुरुषत्व, वीर्य'। यूनान की ग्रीक भाषा में बीज शब्द पाया 'इयोस', जो पौरुष का समान भावी है। तो इन तीनों प्राचीन सभ्यताओं में वीरता का एक विशिष्ट स्थान तो था ही, साथ ही इसके प्रयोग में लानेवाले शब्द भी समान ही से थे। किसी को 'निर्वीर्य' कह देना उतना ही बड़ा अपमान है, जितना प्राचीन रोम में 'वर्टुस' विहीन या ग्रीस में 'इयोस' रहित कह देना।

इसी पहचान की तलाश से और उसमें पड़ी इस पुस्तक की पहली नींव, और एक आधारशिला। फिर घूमते-घूमते हम पहुँचे इस विचार पर कि यदि हमारी सामूहिक स्मृति (और यदि वैयक्तिक स्मृति होती है तो अवश्य उसका सामूहिक स्वरूप भी होगा) को पुनः चैतन्य करना है तो हमारे देश के रजोगुणी वीरत्व के भाव को भी फिर जगाना होगा। इसके लिए छत पर खड़े होकर पड़ोसी को ललकारने से तो काम नहीं चलनेवाला। वह कौन-सा बीज है (कई होंगे), जिसके रोपने से देश के अधिक-से-अधिक वासियों में यह भावना पुनः जाग्रत हो? वहाँ पुस्तक की दूसरी आधारशिला लगी। आज के संदर्भ में, आज की शैली में, आज की उस सहज भाषा में जिसे ज्यादा-से-ज्यादा लोग पढ़ सकें, हम क्यों न आजादी के बाद के उन योद्धाओं की गाथाएँ लिखें, जिन्होंने अपने कुल और देश के नाम को रोशन किया हो। हो सकता है कि आज के वातावरण में भी, जान हथेली पर रखकर देश की आन-बान के लिए सबकुछ लुटादेने वालों के सुकृत्य शायद हमारी आँखें फिर खोल दें! तो चले इस रास्ते और मार्ग लगते साथ ही अपने ज्ञान की कृपणता

पर और भी रोष आया। हमारे कितने हीरे, हमारी ही याद्दाश्त की धूल या लापरवाही के गर्द में दबे पड़े हैं। देश के वीरों की कितनी बेवाओं ने कितनी बार कहा है कि 'देश अपने लिए तलवार उठानेवालों को रण के समय तो थोड़ा-बहुत याद कर भी लेता है, पर उसके समाप्त होने के पहले ही भूल जाता है।' इसी भावना से उपजी हमारी सबसे बड़ी समस्या : किस वीर को बखानें, किसका उल्लेख करें और किसका नहीं! उनके शौर्य, उनके बलिदान, उनकी वीरता की पहचान इस पुस्तक में मात्र उल्लिखित हो जाने से नहीं है। वह तमगा जो उन्होंने पाया, उसमें भी नहीं है। वे तो अपनी अमिट छाप छोड़ गए हैं, वे अपनी कृति से, मानो धरती और आकाश दोनों पर कभी नहीं मिटनेवाली स्मृति-रेखाएँ खींच गए हों। हमारा चयन—नामों को, कोई आंतरिक सुरक्षा बनाए रखने के संघर्ष की कसौटी तो है नहीं, मात्र एक तरीका है, व्यक्तिपरक है, एक सुविधा है पुस्तक को सीमा में रखने का, इसीलिए कुछ ही नाम—विरासत की याद दिलानेवाले युद्ध, और करगिल की लड़ाई तक सीमित है। इसमें असम नहीं, पंजाब नहीं; पूर्वांचल नहीं, बहुत कुछ और भी नहीं, यहाँ तक कि जम्मू-कश्मीर में भी युद्ध के अवसरों के विवरण ही और अलग से सियाचिन। पर मकसद कोई कोश या 'एनसाइक्लोपीडिया' बनाने का तो है नहीं। एक ऐसे स्मृति-चिह्न की रचना है, जो हमारी स्मृति को झकझोर कर हम सबको खड़ा करें।

निश्चित रूप से ऐसे आकलन के प्रतिनिधित्व की व्यापकता में कई कमियाँ ढूँढ़ी हैं और भी ढूँढ़ी जा सकती हैं। हम ही इनके लिए जिम्मेदार हैं. सारी खामियों के, 'सूरज और मैं'; पर त्रुटि गिनाने के पहले एक बात जरूर ख्याल में रखिएगा, हमने कोई इतिहास नहीं लिखा है। एक उद्गार को व्यक्त किया है। एक मार्ग पर चले हैं। उस रूप में यह पुस्तक भी मात्र एक साधन ही है, साध्य तो राष्ट्रीय चेतना ही है।

एक कमी और खल रही है। यहाँ नवगठित राष्ट्रीय राइफल्ज, सीमा सुरक्षा बल, केंन्द्रीय सुरक्षा बल और सबसे पुराने दस्ते असम राइफल्ज के वीरों के उदाहरण चाहते हुए भी नहीं दे पाए हैं। सीमा और विवशता वही जो पहले गिना चुके हैं।

फिर भी 'हियरोइज्म' का सही अनुवाद तो रह ही गया। सिकंदर उस फौलादी ढाँचे में ढला लगता है, तो क्या पोरस का वह उत्तर भी, जो अब एक किंवदंती-सा बनकर रह गया है? प्राचीन रोम के होमरिक युग में 'हियरोइक' व्यवहार ईश्वर के अनुरूप कृत्य करनेवाले का होता था, जैसाकि 'इल्याड' के महाकाव्य में उल्लिखित।

पर क्या सभी ईश्वरीय कृत्य 'हियरोइक' हैं? यहाँ मार्ग फँसे हैं। कर्ण तो निश्चित, जीवनपर्यंत उस व्यवहार का प्रतीक है, जिसे हम 'हियरोइक' कहेंगे, तो फिर बाली और सुग्रीव में कौन? 'धर्म हेतु अवरहूँ गुसाई, मारहूँ मोहि ब्याध की नांई' एक बहुत पुराना और अनुत्तरित प्रश्न है, आज भी, सदियों से यह सवाल खनखनाता है मस्तिष्क में। तो क्या राम खरे उतरे? सीता को लाकर या निकालकर और कृष्ण भी? और फिर वह प्रश्न जो सदैव सताता है—सांदर्भिकता का। जो सतयुग या द्वापर या त्रेता में खरा उतरा, क्या वह आज भी वैसा ही निखरेगा? 'आस्ते भग आसीनस्योर्ध्वस्तिष्ठति तिष्ठतः।' इत्यादि; और अंत में—'उत्तिष्ठंस्त्रेता भवति कृतं सम्पद्यते चरन्।' यानी, जो सोया वह कलियुग में है और जो चल पड़ा आगे वह सतयुग में; यह तो न जाने कब से 'ऐतरेय ब्राह्मण' (33.3.3, 4) हमें बार-बार बता रहा है और यहाँ हम पहुँचते हैं उस छोर पर, जो मूल्यों के अथाह, असीम सागर का एक किनारा मात्र तो है। वही—'हियरोइक', जो 'स्व' से परे है, जो अपने आपको, बेझिझक, मूल्यों के हित में बलि चढ़ा दे, अपने से परे जाने की वह भावना, जो हमें शक्ति दे क्षितिज तक को छूने की। यह सब, पर बहुत कुछ और भी। पर कम-से-कम चल तो पड़ें, क्योंकि जो जड़ है, वही तो कलियुगी मृत्यु है।

शीर्षक की खोज करते-करते सांख्य मीमांसा के उस उत्कृष्ट उदाहरण की शरण पहुँचे, जिसमें, केवल जिसमें, श्रीकृष्ण भगवान् के विचारों का, स्वयं द्वारा उवाचित उन्हीं के ही शब्दों में दिया गया विवेचन आज भी पढ़ने को मिलता है। समझना आस्था और शांति के अनुसार उसके अठारहवें अध्याय के तैंतालीसवें श्लोक में पाया—'शौर्यं तेजो धृतिर्दाक्ष्यं युद्धे चाप्यपलायनम्' इत्यादि। सभी कुछ तो है यहाँ--'हियरोइक' या 'हियरोइज्म' तो फिर बहुत क्षुद्र लगने लगे इसके बाद। इसीलिए शीर्षक की पहचान से आरम्भ होनेवाली यह यात्रा, 'शौर्यं तेजो' से चली, एक दिशासूचक-सी, और फिर पुनर्जन्म प्राप्त कर, नया नामकरण ले आपको भेंट है 'शूर-सूरमा' के रूप में।

बदलती विश्व व्यवस्था: हमारी राष्ट्रीय सुरक्षा

भारत के सामरिक विचार

किसी भी देश का सामरिक विचार कहाँ से उपजता है? क्या यह विचार केवल राष्ट्र होने की चेतना में उगता है? परंतु सिर्फ राष्ट्रवाद में, या इसके लिए कुछ और भी जरूरी है? लेकिन अगर यह राष्ट्र होने की भावना भौगोलिक या सीमाआधारित न हो, जैसा कि भारत के साथ है, तो क्या होगा? यह हमारी विशेषता है; क्योंकि भारत का 'राष्ट्रीयत्व भाव' मूलतः सांस्कृतिक है, इसीलिए यह कभी केवल सीमाओं में बँधा नहीं रहा; और यही कारण है कि ऐसी अनिर्धारित सीमाओं की रक्षा करने का 'सामरिक विचार' भी इसमें कभी निहित नहीं रहा। इसके अतिरिक्त 'भारतीय संस्कृति' परधर्म ईर्ष्या या धर्मांतरण से पूरी तरह विमुख रही और इहलोक या परलोक किसी भी उद्देश्य से दूसरे देशों को जीतने की प्रेरणा देने का कोई 'विचार' यहाँ कभी रहा ही नहीं। इसीलिए सामरिक विचार और इसकी उत्पत्ति के लिए प्रथम मौलिक आवश्यकता एक क्रियाशील 'स्टेट' की होती है। लेकिन भारत के ऐतिहासिक अनुभवों में ऐसी 'स्टेट' भी अब तक नहीं रही है। पश्चिम की 'नेशन-स्टेट' उत्पत्ति से हजारों वर्ष पहले भारत में राष्ट्रीयत्व का भाव निश्चित तौर पर रहा, परंतु एकसत्ता तत्त्व खंड-खंड में और कभी-कभार ही। इस तरह राष्ट्र के प्रति श्रद्धा और देशभक्ति की भावना तो भरपूर ढंग से सदा रही, लेकिन राष्ट्र के हितों की रक्षा या उनके संवर्धन के लिए सामूहिक रणनीतिक विचार नहीं। यह तो साफ है कि रणनीतिक विचार सिद्धांततः राष्ट्रीयत्व के खरल में ही जनमते हैं, लेकिन फिर उन्हें सत्ता के विभिन्न अंगों के जरिए

कार्रवाई के रूप में एक-दूसरे से गुँथे हुए तारों की तरह बाँधकर एक औजार के रूप में निर्मित करना पड़ता है। निश्चित तौर पर यह 'विचार' सामान्य ऐतिहासिक अनुभवों, नस्लीय स्मृतियों की छाप और लोगों के मनोविज्ञान में पके अनुभवों एवं श्रम के वृत्तांतों से बनता है। इसके मूल में भूगोल ही है, जो एक स्थिर तत्त्व है और राज्य की भौगोलिक सीमाओं की अभेद्यता की आवश्यकता भी इस विचार को जन्म देती है। किसी राष्ट्र की सामरिक चेतना उसकी सांस्कृतिक, नागरिक जीवन शैली और उसकी आस्था के अंशों पर निर्भर करती है और यही गुण राष्ट्र की प्रगति को बल देते हैं, उसे बदलती परिस्थितियों की चुनौतियों का सामना करने या उसमें असफल रह जाने का कारक होते हैं। राष्ट्रवाद की जाग्रत् चेतना के अभाव में सामरिक विचार या तो उत्पन्न ही नहीं होगा या वह अप्रासंगिक रह जाएगा।

सन् 1947 में भारत को कई सदियों से होती आ रही क्षति का महायोग विरासत में मिला था। लेकिन इसके साथ एक महान् उपकारी लाभ भी—राष्ट्रवाद का पुनरोद्भव। भारत बेहद लम्बे समय तक एक गुलाम देश बना रहा था—इसी कारण हमारी राष्ट्रीय पहचान धुँधली पड़ गई थी। हमारी अनेक भाषाएँ और हमारा साहित्य का भंडार मात्र हँसी का पात्र बनकर रह गए थे; भारतीय उद्योग प्रायः समाप्त से थे; और हमारे सांस्कृतिक स्रोत लगभग सूख गए थे। सन् 1947 में भारत पर कई सदियों की सैनिक पराजयों और उसके फलस्वरूप मिली दासता का मनोवैज्ञानिक बोझ सबसे बड़ा भार था। भारत अपने हिस्से में आए अपने ही 'विभाजित भूगोल' का भी निर्माता नहीं था और हमारा इतिहास विदेशी व्याख्याओं की सुविधा का बंधक होकर रह गया था। वैसे भी इतिहास की हमारी परम्परा श्रुतियों की शैली में थी। हमारे अपने नायक थे और हम उन्हें याद भी करते हैं; पर कभी-कभी ही, किसी पौराणिक कथा की ही तरह (जिस में संदेश हो)। राष्ट्रीय पौरुष के हमारे स्तम्भ, हमारे दुर्ग, हमारे पुराने युद्धस्थल प्रेरणास्रोत न होकर मात्र पर्यटन के स्थल बन गए—और वे भी सब नहीं। हमारी ऐतिहासिक चेतनाएँ मात्र पोरस या राणा साँगा से, हल्दीघाटी या पानीपत से बँध गईं। ये सभी वीर गाथाएँ अवश्य हैं; परंतु हमने इनकी प्रासंगिकता भी समाप्त-सी कर दी। सामरिक विचारों के निर्माण की प्रक्रिया में हम इन उदाहरणों का इस्तेमाल नहीं के बराबर ही करते हैं। ऐसा क्यों होता है, हम आज तक नहीं समझ सके। सम्भवतः आजादी पाने पर हमने पश्चिमी शैली का राष्ट्रवाद अपनाना ज्यादा पसंद किया। इसे हमने 'आधुनिकता' की संज्ञा दी, उसका जामा पहनाया।

विचारों की नींव के स्तर पर यह एक बहुत बड़ी भूल थी—लगभग आत्मघाती। हमने अपने ही राष्ट्रवाद की जड़ें तो खोजीं, लेकिन विदेशी शैली में। हालाँकि हमारी भूमि को भौगोलिक दृष्टि से तोड़ दिया गया था, हमारी नई पहचान क्या थी? अपरिभाषित इंडिया, भारत, हिंदुस्तान—हम क्या थे, या क्या हैं? इस, पुनः प्राप्त स्वतंत्रता की प्रेरणा हमें कुछ वर्ष तक तो गति देती रही, लेकिन हमने इसमें कोई सम्वृद्धि नहीं की; बल्कि इस पूँजी को खर्च ही करते रहे। इसी प्रक्रिया में हमने स्वतंत्रता के उच्च कोटि के राष्ट्रवाद को यों ही गँवा दिया। ऐसा अब लगता है।

द्वितीय विश्वयुद्ध की एशिया में समाप्ति का आणविक अंदाज, गाँधीवादी 'पेसिफिज्म' यानी युद्धनिषेध से उपजी भ्रामकता, गुटनिरपेक्षता के ऊँचे आदर्शों की बातें करने का आरम्भिक आकर्षण—इन सबसे हमारा रणनीतिक चिंतन अप्रासंगिक होकर रह गया। हम समझते थे कि सारे युद्ध-कौशल और रणनीतिक बातों का अभिप्राय व्यक्तिगत शौर्य और साहस ही है—केवल 'हमारे सैनिक विश्व में सर्वश्रेष्ठ हैं' ('हाँ हैं—तो क्या यही पर्याप्त है?') कहने से हमारा फर्ज पूरा हो जाता है। इसके अलावा यह कहा जाता रहा—'इंडिया को आखिर क्या खतरा हो सकता है?' हमारे विचार में यह स्थिति कारण और परिणाम दोनों थी: यह मनःस्थिति एक भारतीय 'स्टेट', राज्य को सँजो सकने की असफलता के फलस्वरूप थी; और बदले में, आजादी के बाद भी ऐसे ही भारतीय राज्य को न बना सकने का, अपने आपमें, एक कारण भी बन गई। स्टेट की परिभाषा पश्चिम में, राष्ट्र-राज्य के उद्‌भव में, औद्योगिक क्रांति से उपजी थी। परंतु भारत तो इससे भी लगभग पूरी तरह अछूता-सा रहा था; इसी कारण हमारे ऐतिहासिक अनुभव भी पूरी तरह भिन्न रहे थे; लेकिन हमने इस तथ्य पर भी कभी गौर नहीं किया।

इसी कारण; सामरिक चेतना का अभाव ऐसे, स्वतंत्र चिंतन के पीछे कोई प्रोत्साहन न होना, हमारे राजनेताओं की, इस बारे में या तो अनभिज्ञता या बेफिक्री, या दोनों—राजकाज के इस अनुपम तत्त्व की उत्पत्ति में बाधक बन गई।

और यही कारण है कि जॉर्ज टेनहम जैसों के निष्कर्ष, जो अंतरराष्ट्रीय सामरिक समुदाय में व्यापक रूप से छा गए हैं, भारत में किसी को न तो जरा भी कष्ट देते हैं और न ही किसी को उनपर आश्चर्य ही होता है और न ही इस पर कोई और प्रतिक्रिया होती है, या कोई सुधार। इतने महान् इतिहास और सांस्कृतिक विरासत वाले देश के लोगों की इस प्रत्यक्ष अक्षमता के प्रभाव बहुत ही गम्भीर हैं; उनकी अनदेखी नहीं की जा सकती है, क्योंकि परिणाम हम भुगत रहे हैं।

□

इतिहासविद् कहते हैं कि युद्धों का फैसला तीन बातों से होता है—रणभूमि की भौगोलिकता, हथियारों के तकनीकी स्तर में अंतर और युद्धरत पक्षों के चरित्र, प्रवृत्ति और तरीके। रणक्षेत्र तो यथावत् रहता है, तकनीक में सुधार लाया जा सकता है; लेकिन अंतिम बिंदु में आसानी से सुधार नहीं होता। यही अंतिम बिंदु भारत की मुख्य कमजोरी रहा है और मुख्यतः इसी के कारण हमारे राष्ट्रीय सामरिक विचारों का अभाव भी रहा है।

हमारे इतिहास के प्रथम सैनिक संघर्ष से लेकर मुगल साम्राज्य के अंतिम पतन तक, अर्थात् ईसा पूर्व 326 से जब सिकंदर ने झेलम के तट पर पोरस को हराया, तब से लेकर सन् 1857 के संघर्ष तक, आक्रांताओं के जत्थों के सामने भारत मुख्यतः इसलिए 'हारता' रहा, क्योंकि 'भारतीय राज्य' की उस 'भूमि' की कोई भौगोलिक परिकल्पना नहीं थी, हर कीमत पर जिसकी रक्षा करनी हो। बहुत हुआ तो एक विदेशी हमलावर से, या जिससे भी मुकाबला करना होता था उससे, हम जूझते, परंतु युद्ध के बेहद सभ्य ढंग से, यह मानकर चलते हुए कि हमारे विरोधी भी उन्हीं नियमों का पालन करेंगे, जिन्हें हम मानते हैं। इसी कारण इतिहास-भर के हमलावर लगातार हमें युद्धरीति में पछाड़ते चले गए, क्योंकि हम सम्मानीयता की नीतियों पर और सिद्धांतों पर अड़े रहे। बार-बार की पराजयों या पराधीनता की लम्बी रात ने भी हमें सही सबक नहीं सिखाया।

मध्य और पश्चिम एशिया के वही हमलावर, जिन्होंने मूलतः अपने तेज खुरासानी घोड़ों पर सवार होकर बेहतर युद्ध-कौशल से हमें पराजित किया था, वह भी दिल्ली पर कब्जा करने के बाद अपनी विजय का रहस्य शीघ्र भूल जाते और उसी तरह भारी-भरकम हाथियों को अपना लेते। तुर्की से आए हमारे शासकों ने दिल्ली के बाहर तैमूरलंग का विश्वासपूर्वक सामना इसलिए किया था, क्योंकि वजीर मल्लू खान ने सोचा, मेरे पास एक सौ बीस हाथी हैं, जबकि तैमूर के पास एक भी नहीं। तैमूर की शक्तिशाली अश्वारोही सेना ने उसे आसानी से पराजित कर डाला।

आन के प्रति हमारी दृढ़ मान्यताओं, और विपरीत में कहें तो अवसर मिलने पर शत्रु का विनाश करने की इच्छा के अभाव ने हमारे शत्रुओं को लगातार लाभ उठाने दिया। इसका सबसे प्रमुख उदाहरण निश्चित तौर पर शूरवीर पृथ्वीराज चौहान का है, जिन्होंने दिल्ली के लिए हुई सोलह लड़ाइयों में शहाबुद्दीन गौरी को हराया; परंतु जैसा सर यदुनाथ सरकार ने पश्चात्तापपूर्ण शब्दों में लिखा है—'किसी भी अवसर पर उस अफगान को भटिंडा से आगे नहीं खदेड़ा,' (एक ऐसी असफलता थी, जिसने अंततः सत्रहवीं लड़ाई में पृथ्वीराज की सत्ता और जान दोनों ले ली।)

सम्भवतः इसी क्षमाशील संस्कृति और इतिहास में ढली हमारी मानसिकता ने युद्ध को हमेशा एक असभ्य और अमानवीय क्रिया करके अपनाया हो यानी युद्धकला को मानसिक या नैतिक काम न मानकर मात्र कौशल ही मान लिया। इसीलिए हर अँगरेज इतिहासकार ने रॉबर्ट क्लाइव की सैनिक सफलताओं का प्रमुख कारण भारतीय प्रतिद्वंद्वियों के अविचारित ढंग से लड़ना ही बताया है।

मानस की प्रवृत्तियाँ आसानी से नहीं बदलतीं। इतिहास की यही प्रतिध्वनियाँ स्वतंत्रता के बाद भी मिलती हैं। खासतौर पर सरकार और नागरिक दोनों की राष्ट्रीय सुरक्षा मामलों में आदतन अरुचि में। अपवाद-स्वरूप, सैनिक आपद् स्थिति को छोड़ दें, जब सरकार और जनता दोनों अचानक सक्रिय हो जाते हैं, तो हम पाएँगे कि हम समय पर नहीं जगते। इसी कारण या तो संकट को निबटाने में बहुत देर हो जाती है या अपर्याप्त सामरिक विचारों अथवा त्रुटिपूर्ण रणनीतिक तर्कों के कारण हमारी **'सफलता'** भी क्षणिक ही रह जाती है।

फिर भी सिर्फ भारत को दोषी मानना अनुचित ही होगा। अन्य देशों का ऐतिहासिक अनुभव भी बहुत भिन्न नहीं रहा है। उदाहरण के तौर पर, अमेरिका में भी सामरिक विचारों का विकास धीमे-धीमे ही हुआ और उस गति से हुआ, जो अमेरिका के 'राज्यत्व' के विकास से निर्धारित थी। सबसे पहले इर्द-गिर्द की, फिर बहुत बाद में, बीसवीं सदी में, क्षेत्रीय और फिर उसके बाद विश्व-भर का दृष्टिकोण और विचार विकसित हुआ। यूरोप में भी यही प्रक्रिया पायी गई। यहाँ भी 'देश' का अर्थ आधुनिक अर्थ के 'राष्ट्र' के रूप में नहीं था; इसका ठोस महत्त्व हमेशा 'नगर' में सीमित था। सभ्यता का केंद्र नगर था, चाहे उसके इर्द-गिर्द के ग्रामीण क्षेत्र को उससे जोड़कर देखा जाए या नहीं। नगर से जुड़ा ग्रामीण क्षेत्र उपयोगी तो था; परंतु आवश्यक नहीं। ये यूरोपीय 'कबीला राष्ट्र' थे। नेपोलियन के पश्चात् एक निर्णायक और भिन्न विचार-प्रणाली पनपी, जो राइन नदी के पश्चिम में निर्बाध ढंग से पनपती गई, फिर मध्य और पूर्वी यूरोप में और अंत में यूरोप के बाहर बीसवीं सदी के औपनिवेशोत्तर जगत् में फैल गई।

आज की बदलती विश्व व्यवस्था में राष्ट्र-राज्य स्तर पर क्या हो रहा है, इसके बारे में एक अन्य विचार ध्यान देने योग्य है। सन् 1989 में एक बहुत बड़ा परिवर्तन आया; साम्यवाद लुप्त हो गया।

शीतयुद्ध के हिमखंड पिघल गए। वही विश्व जो दो खंडों में बँटा हुआ था, एक महाशक्ति : संयुक्त राज्य अमेरिका के राष्ट्रीय हितों के ढाँचे में ढाल दिया जाने लगा। अंतरराष्ट्रीय स्तर पर कूटनीति का स्थान अंतरराज्यीय व्यापार ने लेना

आरम्भ किया। 'उदारीकरण', 'भूमंडलीकरण' इत्यादि मात्र नए शब्दों ने नए विचार का स्थान ले लिया। राष्ट्रवाद की सांदर्भिकता, उसकी महत्ता, उसकी आवश्यकता पर भी प्रश्नचिह्न लगने लगे।

राष्ट्र, राज्य और संप्रभुता

इसीलिए समरशैली के भारतीय दृष्टिकोण पर आगे बढ़ने से पहले संप्रभुता के बारे में मौजूदा विचारों की संक्षिप्त चर्चा करना जरूरी हो जाता है। राष्ट्रवाद या संप्रभुता पर बातें करना आजकल फैशन के बाहर है। वैश्वीकरण और क्षीण पड़ती संप्रभुताओं के इस युग में हमें अपने दृष्टिकोणों को स्पष्ट करना चाहिए। अंतरराष्ट्रीय आर्थिक और राजनीतिक सम्बंधों में हमारी सम्प्रभु इच्छा जताने की अब कितनी मुक्तता है? क्या सभी कुछ बाजार है? मुद्रा दरों में उतार-चढ़ाव चाहे हमारे नियंत्रण से बाहर हो, मुद्रा चाहे इलेक्ट्रॉनिक हो चुकी है, फिर भी हमें हमारी आर्थिक-राजनीतिक सम्प्रभुता को इसलिए अक्षुण्ण रखना है, क्योंकि यह मात्र आदर्शवाद नहीं, यह राष्ट्रहित का यथार्थवाद है। जिस दिन इन तर्कों के आधार पर, जिन्हें किसी भी रूप में शाश्वत सत्य की संज्ञा नहीं दी जा सकती, हम स्वयं अपनी सम्प्रभुता को धूमिल हो जाने देंगे, उस दिन हम अपने राष्ट्र का एक बहुत बड़ा अहित करेंगे। इसीलिए केवल आज की शैली से प्रभावित होकर अगर हम यह निष्कर्ष निकालने की भूल करें कि अब 'राज्य' बेमानी हो गया है, यानी आज के युग में राष्ट्रवाद का कोई स्थान नहीं है तो यह ऐतिहासिक भूलों को पुनः दोहराना होगा। राष्ट्रवाद जनता की क्षमता-शक्ति और इच्छा का सूचक है। यह एक ऐसी प्रेरक भावना है, जो नागरिक को अपने 'स्व' से आगे जाकर देखने के लिए सशक्त करती है। इसी संदर्भ में हमें राज्य के कामकाज के स्वीकारात्मक पहलुओं पर भी गम्भीर विचार करना होगा, बावजूद इसके कि राज्य के संस्थानों पर अच्छे-खासे प्रहार हो चुके हैं। राज्य की शक्ति और सैन्य-शक्ति दोनों क्षेत्रों में राज्य का एकाधिकार भी समाप्त हो चुका है; फिर भी राज्य की कल्याणकारी भूमिका यथावत् बनी हुई है। यह एक तथ्य है कि अर्थवाद के मजबूत होने से राज्य की भूमिका घटने लगती है, लेकिन ढाँचा विश्व-भर में एक समान नहीं है। स्विट्ज़रलैंड में राज्य की जो भूमिका और कार्य हैं, वे उदाहरण के लिए भारत में लागू नहीं हो सकते। पश्चिम में भले ही एक राजनीतिक प्रतिष्ठान के तौर पर राज्य की प्रासंगिकता और भूमिका घट गई हो, पूर्व में

ऐसा नहीं हुआ है। यहाँ राज्य एक स्थायी तत्त्व है और बेहद महत्त्वपूर्ण है। हम यह न भूलें।

राज्य, समाज, नागरिक और राष्ट्रीय सुरक्षा

जिन मानदंडों की ऊपर चर्चा की गई है, उनकी त्रुटियों का विश्लेषण करना भी आवश्यक है; क्योंकि सामरिक विचारों की नींव यहीं पड़ती है। स्वतंत्र भारत एक पूर्णतः प्रभावी राज्य बनाने में विफल रहा, तो भी (अँगरेजों से) विरासत में मिली एक इमारत मौजूद है। इस राज्य की प्रकृति और भारतीय समाज एवं नागरिकों से इसके सम्बंधों का भारत के सम्पूर्ण राष्ट्रीय संकल्पों और प्रयासों पर सीधा असर पड़ता है। इसीलिए हमें यह विचार करना होगा कि भारतीय राज्य इस समय क्या बन गया है? न सिर्फ इसकी अंदरूनी वास्तविकता, बल्कि अगर इसका बाह्य रूप भी एक लापरवाह राज्य जैसा दिखता है तो इसके परिणाम देश के लिए हितकारी नहीं होंगे।

हमें यह स्वीकार कर लेना चाहिए कि इन दिनों नागरिकों और राज्य के सम्बंध ज्यादा स्वार्थी और भौतिक हो चुके हैं। ऐसे में यदि राज्य ने ऐसा कुछ भी किया जिससे जनता को यह लगे, या ऐसा आभास भी हो कि राज्य अपने संकल्पों और दायित्वों को पूरा करने में असफल है, तो इस बात की पूरी-पूरी सम्भावना बनती है कि नागरिक राज्यसत्ता के प्रति अपनी श्रद्धा समाप्त कर दें। यह बात विभिन्न स्तरों पर, (एकदम सांसारिक से लेकर महान् तक) हर तरह के रूपों में प्रकट होती है। इसी असफलता के कारण हमारी समस्या निवारण व्यवस्था भी ठप होती है। अगर नागरिकों की जरूरतों और राज्य से अपेक्षाओं के प्रति राज्य संवेदनहीन हो, या ऐसा होने का आभास भी दे, तो भी जनता उसके प्रति श्रद्धाभाव खोने को प्रवृत्त होगी। यह हमारे युग के भौतिकतावाद की एक दुर्भाग्यपूर्ण वास्तविकता है। पर यह यथार्थ है। इसी कारण भारत ने अपने देश के विभिन्न भागों में समय-समय पर होनेवाले असंतोष के विस्फोट भी देखे हैं।

भारत में राष्ट्र और समाज के बीच जो लगभग अद्वितीय व्यवस्था है, उसका भी जिक्र जरूरी है। भारतीय राष्ट्रीयत्व के इस बेतरतीब विचार को मूलतः भारतीय समाज ने ही बचाकर रखा हुआ है और इसमें 'राज्य' की भूमिका दखल-अंदाज की ही रही है। इससे निष्कर्ष यह निकलता है कि हमारे राष्ट्रीयत्व का केंद्रबिंदु भारतीय समाज है। ऐसे में भारतीय समाज की सुदृढ़ता ही इसके राष्ट्रत्व के मूल

ढाँचे की सुदृढ़ता है। यदि इस समाज को, चाहे राज्य की संवेदनहीनता से हो या उसकी लापरवाही से या शोषक प्रवृत्तियों से, कमजोर किया जाता है तो राष्ट्रीयत्व का केंद्रबिंदु भी बिखरता है। इससे चुनौती और संकट के क्षण पर समग्र राष्ट्रीय प्रयास पर भी असर पड़ता है। यही कारण है कि मूलतः एक राजनीतिक, परिवर्तनशील तत्त्व—भारतीय राज्यसत्ता, जो हमारी राजकाज की व्यवस्था में सबसे अंत में आकर जुड़ी है, वह इस समय भारतीय समाज का सबसे बड़ा शत्रु बन बैठी है।

राष्ट्र, राज्य, समाज, रणनीति के बिंदुओं और भारत में उनके विकास पर संक्षिप्त चर्चा कर चुकने के बाद अब उन बातों पर ध्यान देना आवश्यक है, जो राष्ट्रीय सुरक्षा के अवयव हैं और जो संयुक्त रूप से सामरिक विचारों के विकास में योगदान देते हैं। स्पष्ट तौर पर उन सबकी तो चर्चा नहीं की जा सकती है, इसलिए विशेष जोर इन विषयों पर रहेगा—

- अर्थव्यवस्था
- विदेश-नीति
- रक्षा-नीति
- आधारभूत ढाँचा—जैसेकि ऊर्जा
- परमाणविक और प्रक्षेपास्त्रों के प्रश्न

प्रमुख शक्तिस्रोत: अर्थव्यवस्था

मौजूदा दौर में विश्व को प्रभावित करनेवाली मूल ताकतें आर्थिक एवं तकनीकी हैं और ये दोनों एक-दूसरे को ऊर्जा देनेवाली भी हैं तथा अंतरनिर्भर भी। इनका परिणामी प्रभाव वास्तव में वैश्विक होता है; लेकिन यह प्रभाव विभिन्न राजव्यवस्थाओं, समाजों, सैनिक ताकत और किसी राष्ट्र की सुरक्षा क्षमता के विभिन्न अंगों के लिए भिन्न होता है। इनके द्वारा लाए जानेवाले परिवर्तन की गति भी अलग-अलग देशों के लिए अलग-अलग ही होगी। परिवर्तन की इस गति का निर्धारण अलग-अलग देशों के अपने ही तौर-तरीकों से करना होगा। पर यह तथ्य सभी जगह एक समान है कि आर्थिक ताकत की महत्ता निर्णायक है।

यह भी स्पष्ट है कि आर्थिक समृद्धि, सदैव और तुरंत, सैनिक क्षमता में नहीं बदल जाती है—फिर भी, विश्व के सैनिक शक्ति संतुलन में आए सभी महत्त्वपूर्ण परिवर्तनों के पहले हर बार राष्ट्रों के उत्पादन-संतुलनों में परिवर्तन आया है; और

इससे भी ज्यादा महत्त्वपूर्ण यह है कि विजय हमेशा उस पक्ष के हाथ लगी, जिसके साज-समान सर्वाधिक थे।

राष्ट्रों के सामने यही संकट है। यदि वे आर्थिक तौर पर कमजोर या गरीब हों, या उनकी आर्थिक क्षमता उनकी चुनौतियों की तुलना में कम हो तो स्पष्ट रूप से उस राष्ट्र का प्रभुत्व घट जाता है। यह स्थिति उन्हें अपने ज्यादा-से-ज्यादा संसाधन सैनिक क्षेत्र में झोंकने के लिए बाध्य करती है। इससे उत्पादक क्षेत्र में लगनेवाला निवेश घटता है और एक दौर बीत जाने पर इससे धीमे विकास, भारी-भरकम कर, व्यय प्राथमिकताओं पर गहराते आंतरिक मतभेदों, रक्षा-व्यय झेल सकने की घटती क्षमता का लगातार चक्र शुरू हो जाता है।

यह, इस तार्किक रूप में एक बेहद क्रूर और अधोगामी दुश्चक्र है; बिलकुल वैसा संकट, जिसका सामना हम करने आये हैं। हमें सुरक्षा और आर्थिक उन्नति में से किसी एक का चुनाव नहीं करना है, वास्तव में आर्थिक उन्नति के बूते सुरक्षा हासिल करनी है। हम इनमें से किसी एक का चुनाव कर भी नहीं सकते, क्योंकि ये दोनों एक-दूसरे पर निर्भर हैं और हमें और अधिक प्रभावी और गतिमान् आर्थिक उन्नति के जरिए राष्ट्रीय सुरक्षा प्राप्त करनी ही होगी। हम 'रक्षा बनाम विकास' किस्म की बहस में नहीं पड़ते। सीधे—हमारे पास कोई विकल्प नहीं है। भारत को मिली चुनौती बेहद सीधी है। वह यह कि इन दोनों को परस्पर पूरक श्रेणी में कैसे बदल दिया जाए?

हमारे राजकाज के समक्ष लक्ष्य यह है कि अर्थव्यवस्था की माँगों और राष्ट्रीय सुरक्षा की आवश्यकताओं के बाह्य द्वंद को शांत कराया जाए। हमे विश्वास है कि बाकी देशों की तरह हमें भी यह स्वीकार करना होगा कि आर्थिक उन्नति और विस्तार के मार्ग पर हम जितना आगे जाएँगे, उतनी ही अधिक 'सैनिक-राजनीतिक' संचालन शक्ति हमें मिलेगी। वास्तव में आवश्यकता इस बात की है कि हमारे सारे आर्थिक प्रयासों में वृद्धि की जाए, उन्हें तेज किया जाए और उनका बेहतर प्रबंध किया जाए; क्योंकि सिर्फ इसी से राष्ट्र को उस प्रकार की सुरक्षा मिल सकती है, जो इसके लिए उचित भी है और अपेक्षित भी। यह एक कठोर तथा स्वयंसिद्ध तथ्य है। भारत को सामरिक दृष्टि से कभी कमजोर नहीं किया जा सकता, लेकिन साथ ही यह भी है कि भारत एक सैनिक ताकत या महाशक्ति तभी हो सकता है, जब उसकी अर्थव्यवस्था सुदृढ़ हो।

हम अच्छी तरह जानते हैं कि परस्पर गुँथी हुई संप्रभुताओं के इस युग में राष्ट्रों को संप्रभुता की लक्ष्मण रेखा वहाँ खींचनी होगी, जहाँ केवल एक मापदंड

हो—राष्ट्रीय हित। वर्तमान में भारत एक अवस्था से दूसरे में जाने के दौर से गुजर रहा है। एक राष्ट्र के तौर पर हमने अपनी आर्थिक गति बदल दी है। हमारे राष्ट्रीय लक्ष्य हों कि हम विश्व महारथियों से होड़ लेने के लिए बहुत शीघ्र उन्नति के मार्ग पर आएँ। ऐसा हो पाने तक, चूँकि हम उनकी क्षमता का तत्काल मुकाबला करने में असमर्थ होंगे, इसलिए कभी-कभी हमें धकियाए जाने, रोके जाने और अपने प्रयासों के नेस्तनाबूद किए जाने का अपमान भी झेलना होगा। भारत को 'बाँधकर रखने' के ये प्रयास कई रूप में होंगे; कई बार वे हमारे राष्ट्रीय गौरव की भावना को अपमानित करेंगे। ये ही कारण हैं कि परिवर्तन के इस दौर में भारतीय नेतृत्व के लिए जरूरत दृढ़ता की, भारत के प्रति गर्व की एक भावना की और उद्देश्य की स्पष्टता की है। केवल इसलिए कि मौजूदा समस्याएँ हावी होती प्रतीत हो रही हैं, हम अपने उद्देश्य को छोड़ दें, यह आत्मघाती होगा। विकल्पों की सीमितता का यही दौर वह समय भी है, जब हमारी सरकारों की अक्षमताओं के कारण राष्ट्रीय सुरक्षा के कुछ महत्त्वपूर्ण मुद्दे दबकर रह जा सकते हैं। भारत को लगातार इस खतरे के प्रति चौकन्ना रहना होगा।

भारत : विदेश-नीति

सन् 1989 से एक विचार श्रृंखला शुरू होती है। उस वर्ष के अक्तूबर में, जब द्वितीय विश्वयुद्ध के बाद से चले आ रहे स्थूल ढर्रे को समाप्त किया जा रहा था, ठीक उसी काल में विचित्र ढंग से, भारत ने आंतरिक राजनीतिक अनिश्चितता और पुनर्विन्यास के दौर में प्रवेश किया। ठीक उस समय जब भारत को अपनी सरकारों से स्पष्ट नीति और दृष्टि की अपेक्षा थी, यही दोनों चीजें नदारद भी थीं। राज-काज परिस्थितियों का शिकार बन गया। परिणाम-स्वरूप अंदरूनी राजनीति की मजबूरियाँ भारत के विदेशी मामलों के प्रबंधन से वरीय हो गईं।

आज, जब हम इक्कीसवीं सदी में प्रवेश करने की दहलीज पर खड़े हैं, तब हम अंतरराष्ट्रीय स्तर पर एक स्पष्ट और मौजूदा अव्यवस्था के स्थान पर एक विश्वसनीय व्यवस्था की अपेक्षा रखते हैं। शक्ति के नए या अन्य सूत्र क्या हैं? उदाहरण के तौर पर, क्या आज कोई देश अपनी इच्छा दूसरों पर थोप सकता है? यदि हाँ, तो कैसे? ऐसे में, क्या ज्ञान और धनबल ने शक्ति के विशुद्ध सैनिक तरीकों को पछाड़ दिया है? भारत को इस बिंदु पर गहराई से विचार करना चाहिए कि (श्रीलंका में) भारतीय शांति सेना के प्रयोग में क्या गलत था, या संयुक्त

राष्ट्र और अमेरिका ने सोमालिया में कहाँ गलती की, या यूरोप, बाल्कन क्षेत्र में गड़बड़ी दूर करने में इतना क्यों लड़खड़ाता रहा; या पास में ही, अफगानिस्तान में कबीलाई अराजकता इतनी क्यों फैल गई, वह भी महाशक्तियों के हस्तक्षेप के बावजूद? या यह कि ऐसी हालत हस्तक्षेप के कारण ही हुई है? भारतीय उप-महाद्वीप में एक अंतरनिहित व्यवस्था और संतुलन है, सम्भवतः एक गतिशील असंतुलन भी; पर जब भी कोई शक्ति बाहर से आई तो उसके परिणाम-स्वरूप एक दीर्घावधि की अस्थिरता खड़ी हो जाती है।

गुटनिरपेक्षता के बाद के विश्व में भारत किस बात की खोज में है? मूलतः हमारी विदेश-नीति के उस दार्शनिक आधार की, जिसमें से हम अपने राष्ट्रीय उद्देश्यों का सत्त्व निकाल सकें और अपने महत्त्वपूर्ण राष्ट्रीय हितों की सेवा में राजनय के अनुरूप व्यवहार कर सकें। क्या हम टकराववादी रक्षा-नीति से हटकर सहकारी सुरक्षा की ओर जा रहे हैं; या यह जरूरत से ज्यादा आदर्शवादी है? उभरती हुई विश्व-व्यवस्था शक्ति-संतुलन की है या एक ही शक्ति के प्रभुत्त्व और सर्वोच्चता की? क्या हम प्रभाव-क्षेत्रों के सतत विस्तार के नए दौर में प्रवेश कर रहे हैं? या हमें आधिपत्य क्षेत्रों से ही निबटना होगा? और क्या हम इनमें से किसी भी सम्भव झगड़े की जड़ की कगार पर हैं? मानव की आदर्शवादी इच्छाओं, मानव स्वभाव की वास्तविकताओं और राष्ट्रीय हितों की आध्यताओं के बीच कुछ बड़ी-बड़ी दरारें हैं। इन्हें हम किस तरह पाटें कि हमारे राष्ट्रीय सुरक्षा हित भलीभाँति पूरे हो सकें? हम इस प्रश्न से सिर्फ इस आधार पर न निबटें कि समस्या तो बहुत जटिल है। न यह पर्याप्त तर्क होगा और न ही कारण।

दो और विचार हम संक्षेप में रखेंगे। प्रथम, एक शक्ति की रणनीतिक सीमाएँ हमेशा उसकी भौगौलिक सीमा रेखाओं से जुड़ी नहीं होती हैं। यह अंतरराष्ट्रीय सम्बंधों का एक पर्याप्त सुस्थापित तथ्य है। इसलिए जो बात अन्य देशों के लिए सही है, वही भारत पर भी लागू होती है। इससे हम दूसरे बिंदु पर आते हैं।

भारत की रणनीतिक सीमाएँ वहाँ हैं जहाँ इसके राष्ट्रीय हित हैं। रणनीति के क्षेत्र को विशुद्ध राजनयिक, सैनिक अथवा आर्थिक आधारों पर बाँटना पूरी तरह अव्यावहारिक होगा। महत्त्वपूर्ण राष्ट्रीय हितों को मिली चुनौती का सिर्फ एक जवाब हो सकता है : संयुक्त और पूरा जवाब। इससे स्वतःसिद्ध होता है कि भारत को अपने हितों को परिभाषित करना होगा, अन्यथा भारत की रणनीतिक सीमाएँ तय भी कैसे की जा सकेंगी। राष्ट्रीय हितों की परिभाषा का यह अभाव हमें भारत की स्वतंत्रता के पिछले कई दशकों की एक बहुत बड़ी और स्पष्ट असफलता

लगती है। भारत ने विगत में राष्ट्रीय हितों को मिली रणनीतिक चुनौतियों का सामना जिस ढंग से किया है, उसपर सरसरी निगाह डाल लेने से भी इस निष्कर्ष की पुष्टि होती है।

विश्व-भर में, और एशिया में, रणनीतिक स्थिति अस्थिर बनी हुई है। क्षेत्रीय गठजोड़ व्यवस्थाओं और आज की प्रभावी विश्वशक्ति दोनों की प्रभाव्यता घटेगी। भारत के लिए 'राज्य के हितों की धुरी पर आधारित दृष्टिकोण', राज्य का प्रभाव और संप्रभु राष्ट्रीय हित ही नीतियों के निर्देशक स्तम्भ हो सकते हैं। यह आज की अपरिहार्य वास्तविकता है।

भारत की प्रतिरक्षा-नीति

पिछले कई वर्ष से, दरअसल संसद् सदस्यता की छह अवधियों में श्री जसवंत सिंह हर सरकार से उसकी रक्षा-नीति की समग्र, विश्वसनीय और ग्राह्य ढंग से स्पष्ट घोषणा की माँग करते आये हैं।

दो थोड़े लम्बे उद्धरण रखते हैं। प्रथम, जब लेखक ने एक संसदीय समिति के अध्यक्ष की हैसियत से नीति की व्याख्या माँगी, तब की सरकारी जवाब। यह सन् 1990-91 की बात थी। पिछले वर्ष अप्रैल में श्री जसवंत सिंह ने सरकार से फिर यही प्रश्न संसद् में किया। तत्कालीन प्रधानमंत्री ने रक्षामंत्री की हैसियत से जवाब दिया। हम दोनों उत्तरों को बिना किसी अतिरिक्त टिप्पणी जोड़े यहाँ पूरा-का-पूरा उद्धृत करते हैं—

रक्षा-नीति पर रक्षा मंत्रालय (1990)

गवाही के दौरान रक्षामंत्री ने कहा—

"मैं कहना चाहता हूँ कि हमारे अनेक नोट्स के जरिए हम माननीय समिति को यह समझाने में शायद असफल रहे हैं कि हमारी नीति क्या है। सम्भवतः यह उस ढंग से परिभाषित नहीं है जैसी यह समिति चाहती है।"

उन्होंने आगे कहा—

"'ऑपरेशनल निर्देशिका' नाम का एक दस्तावेज़ है। यह काफी व्यापक पत्र है, जिसे रक्षा सचिव ने तीन सेना प्रमुखों को जारी किया है। इसमें स्पष्टतम सम्भव ढंग से वर्तमान परिस्थितियों में खतरों को रखा गया है, जिनका निर्धारण न केवल तीनों सेना प्रमुखों की सलाह से बल्कि विभिन्न एजेंसियों, विदेश मंत्रालय,

जहाँ आवश्यक हुआ वहाँ प्रधानमंत्री कार्यालय की सलाह से गृह मंत्रालय से विचार-विमर्श कर लिया गया है और अंतिम तौर पर इसे रक्षामंत्री ने स्वीकृत किया है। ऐसा दस्तावेज हमारे पास है और पर्याप्त लम्बे समय से है। बारीकी से देखने पर हमने पाया कि इस दस्तावेज के विषयों में व्यापक रद्दोबदल की जरूरत है; क्योंकि न केवल हमारे इर्द-गिर्द बल्कि सभी जगह भारी परिवर्तन हुए हैं, या हो रहे हैं। पिछले लगभग एक वर्ष में हमने सेना के तीनों अंगों के विचार, टिप्पणियाँ और दृष्टिकोण एकत्रित किए हैं और एक नया दस्तावेज बनाया है, जिसे सरकार के विभिन्न सम्बद्ध अधिकारियों ने बेहद गौर से जाँचा है। हमने पाया कि ऐसे मामलों की संख्या बहुत अधिक है, जहाँ हममें मतैक्य नहीं है। हमने वरिष्ठ अधिकारियों का एक वर्ग बनाया, जो साथ बैठकर, बहस कर यह विचार करेंगे कि देश के दृष्टिकोण में मौजूदा या उभरते खतरों की न्यूनतम मूल परिभाषा क्या हो। यह दस्तावेज लगभग तैयार है। अभी इसे उच्चाधिकारियों के पास भेजा जाना है। अगर आप अब यह पूछते हैं कि क्या यही रक्षा नीति है, तो मैं यह नहीं कह सकता कि हाँ, यही है; क्योंकि भारत की रक्षा-नीति. जिस हद तक मैं कोई बयान दे सकता हूँ, 1947 के बाद से या ज्यादा बेहतर 1950 के बाद से मूलतः अपने भू क्षेत्र की, अपनी संप्रभुता की और अपनी आजादी की ही रक्षा करने की नीति रही है और इससे ज्यादा कुछ नहीं। लेकिन समय-समय पर, अपने पड़ोसियों के विपक्ष में, एक समय पर बँगलादेश में और हाल ही में श्रीलंका में एक बार समस्या के उठते ही उसे निबटने के लिए नीति का विस्तार किया गया। मुझे कहना पड़ रहा है कि हम चाहें किसी भी तरह की पृष्ठभूमि अपने सम्बद्ध अधिकारियों से सलाह कर क्यों न तैयार कर लाएँ, वह फिर भी वैसी नहीं हो सकेगी जैसी समिति के मन में है। नीति स्पष्ट होनी चाहिए और यह बहस का विषय होना चाहिए। मुझे नहीं लगता कि यह फिलहाल सम्भव है; लेकिन फिर भी तीनों सेनाओं में और हमारे मंत्रालय में सभी मोर्चों पर लगातार प्रयास चल रहा है। हम सरकार के विभिन्न विभागों और संगठनों से सम्पर्क कर रहे हैं। हम इस दिशा में बहुत तेजी से आगे बढ़ने का प्रयास कर रहे हैं। सरकार द्वारा हाल ही में राष्ट्रीय सुरक्षा परिषद् के गठन का फैसला किया जाना इसी दिशा में एक कदम था। ऐसा नहीं होना चाहिए कि रक्षा मंत्रालय या कुछ अन्य सम्बद्ध संगठन इस स्थिति में पहुँच जाएँ कि जो कुछ उनका विचार हो वही सबसे सटीक हो। हमें विद्वानों के जीवन के विभिन्न आयामों के लोगों के, सेवानिवृत्त नौकरशाहों के, सेवानिवृत्त रक्षा सेवा अधिकारियों के, विश्वविद्यालयों के लोगों और

रुचि लेनेवाले सांसदों के दृष्टिकोण और विचार उजागर करने का प्रयास करना होगा। इस तरह जो कुछ किया जाना है उस बारे में जो भी राष्ट्रीय दृष्टिकोण की तरह स्थापित होगा, वह अच्छी तरह परीक्षित और विस्तृत आधार पर होगा।"

रक्षा-नीति पर प्रधानमंत्री का बयान: 19 मई, 1995

प्रधानमंत्री (श्री पी.वी. नरसिंह राव)—

"अध्यक्ष महोदय, मैं अपनी बात को कुछ ही मुद्दों तक सीमित रखूँगा, बहुत थोड़े से मुद्दे जो सरकार की रक्षा-नीति को चुनौती देते हैं और मैं इस सदन को विश्वास में लेकर सर्वश्रेष्ठ सम्भव ढंग से, जिस सीमा तक मैं कर सकता हूँ, इन चीजों को स्पष्ट करना चाहूँगा।

"महोदय, पहली आलोचना कुछ अजीबो-गरीब आलोचना रही है, जिसमें कहा गया है कि हमारी कोई राष्ट्रीय रक्षा-नीति ही नहीं है। बेहद विनम्रता से मैं यह कहना चाहता हूँ कि यह सत्य नहीं है।

"हमारे पास राष्ट्रीय रक्षा-नीति नाम का कोई दस्तावेज नहीं है; लेकिन हमारे पास कई दिशा-निर्देश हैं, जिनका अनुपालन किया जाता है, सख्ती से किया जाता है और उन्हें माना जाता है, और उन्हें संक्षेप में निम्नानुसार कहा जा सकता है—

1. भूमि, समुद्र और आकाश में हमारी राष्ट्रीय क्षेत्र की रक्षा, जिसमें बाकी बातों के अलावा हमारी भू-सीमा की अभेद्यता, द्वीप-क्षेत्र, समुद्री सम्पदा और समुद्री व्यापार मार्गों की रक्षा शामिल है।
2. ऐसा आंतरिक वातावरण सुनिश्चित करना, जिससे हमारा राष्ट्र राज्य की अपनी एकता या विकास, धर्म, भाषा, जातीयता या सामाजिक-आर्थिक क्लेशों से पनपे खतरों से सुरक्षित रहे।
3. हमारे पड़ोसी देशों पर इतने स्तर का प्रभाव डाल सकने में समर्थ रहना, जिससे हमारे राष्ट्रीय हितों के अनुरूप सद्भावनापूर्ण सम्बंधों का विकास हो सके।
4. क्षेत्रीय और अंतरराष्ट्रीय स्थिरता में प्रभावी ढंग से योगदान दे सकने में समर्थ रहना और एक देश से बाहर आकस्मिकताओं की सक्षम क्षमता रखना, जिससे हमारे पड़ोस के छोटे राष्ट्रों को ऐसी अस्थिरता से बचाया जाए, जो हमारी सुरक्षा पर नकारात्मक असर डालती हो।

"यह नीति सिर्फ (इस कारण से) कठोर नहीं है, इसे लिखा जा चुका है बल्कि ये दिशा-निर्देश हैं···

"मुझे नहीं लगता कि अब और विस्तार या स्पष्टीकरण देने की आवश्यकता है"···

अधोसंरचना: ऊर्जा, खाद्य, जल और पर्यावरण

शब्द 'आधारभूत संरचना' अपने आपमें सबकुछ कह देता है। जब तक ढाँचा मजबूत नहीं होगा, हम इसपर सामरिक विचारों की इमारत कैसे बना सकेंगे? मैंने इसके तहत चर्चा के लिए सिर्फ ऊर्जा को चुना है। यह सिर्फ एक उदाहरणात्मक प्रयास है, न कि सम्पूर्ण प्रयास। खाद्य, जल, पर्यावरण, राष्ट्रीय परिवहन प्रणाली, दूरसंचार, नागरिक सुरक्षा की स्थिति जैसे नाजुक पहलुओं को परखा नहीं गया है। इसलिए नहीं कि वे हमारी राष्ट्रीय सुरक्षा के महत्त्वपूर्ण अवयव नहीं हैं; बल्कि इसलिए कि स्थान, समय और पाठकों की रुचि के व्यावहारिक कारणों को ध्यान में रखा जा रहा है।

सर्वप्रथम ऊर्जा

फिर एक बार हम ऊर्जा पर संसदीय समिति की रिपोर्ट का व्यापक उद्धरण देंगे। दो कारणों से : प्रथम यह कि हम जो कुछ कहना चाहते हैं, वह यह रिपोर्ट व्यापक संदर्भ में और संक्षेप में कहती है; और दूसरे, श्री जसंवत सिहं का इस समिति का अध्यक्ष और रिपोर्ट का लेखक होने के नाते, स्वयं को उद्धृत करने की धृष्टता के बावजूद, हम इस रिपोर्ट को अधिक सरल मानते हैं।

"ऊर्जा-सुरक्षा है—इस महत्त्वपूर्ण रणनीतिक क्षेत्र में कमजोर राष्ट्रीय सुरक्षा से समझौता करती है। ऊर्जा क्षेत्र में महत्त्वपूर्ण विषय समेकित दीर्घावधि नीति का अभाव, ऊर्जा प्रदाय और प्रयोग में अकुशलताएँ, अवहनीय ऊर्जा मिश्रण, विकासार्थक पूँजी की बेहद कमी, ऊर्जा मूल्य-निर्धारण की असंगतता, सरकार की आर्थिक, औद्योगिक एवं निवेश-नीतियों में सुधारों के साथ हो रहे बड़े क्षेत्रीय परिवर्तनों के बीच अपर्याप्त पर्यावरणीय चिंता है और ये सारे मुद्दे नाजुक ढंग से एक-दूसरे पर निर्भर हैं।"

ऊर्जा क्षेत्र में सबसे बड़ी जरूरत एक दीर्घावधि रणनीति की घोषणा की है, जिसमें आगे चलकर सम्पूर्ण ऊर्जा-नीति अपनाई जा सके; ऐसी नीति, जिसमें राष्ट्र

के संसाधनों के उचित आर्थिक दोहन की बात हो, जो उपभोक्ताओं के हित में हो और राष्ट्र की विशेष जरूरतों को पूरा करती हो, जो पूँजी की अल्पता के दुर्बलताकारी प्रभावों को ध्यान में रखे, नीति जो ऊर्जा क्षेत्र में विकास को संरक्षण से जोड़कर चले, पूरे देश में एक समान रूप से लागू हो सके, विकास बनाए रखने के उद्‌देश्य से पर्यावरण के अनुरूप हो और जो मौजूदा असंतुलन दूर करते हुए इक्कीसवीं सदी के पहले दशक की तैयारी के प्रति उन्मुख हो।

सारणी 1 : सुनिश्चित ऊर्जा-भंडार

	इकाई	भारत	विश्व	विश्व के प्रतिशत में भारत
कोयला	(बी एम टी)	64.9	1,078.1	6%
तेल	(बी.बी.बी.)	5.87	1,000.9	0.59%
प्राकृतिक गैस	(टी.ई.एम.)	0.735	124.0	0.59%
पनबिजली	(मेगावाट)	94,000		उपलब्ध नहीं

सारणी से स्पष्ट है कि हाइड्रोकार्बन के निश्चित भंडार मामूली हैं, विश्व भंडार के 0.6% से भी कम। कोयला और पनबिजली के क्षेत्र में हम अपेक्षाकृत सम्पन्न हैं, लेकिन उनका दोहन कोयले की घटिया गुणवत्ता, पर्यावरणीय चिंताएँ, अंतरराष्ट्रीय जल-विवाद (पनबिजली के संदर्भ में) और वित्तीय संसाधनों की अनुपलब्धता से बाधित है।

आयात-आश्रित ऊर्जा

भारत ऊर्जा का शुद्ध आयातक है, खासकर तेल का। सन् 1993 में देश में उपलब्ध कुल व्यावसायिक ऊर्जा का 16 प्रतिशत भाग आयातित था। कच्चे तेल एवं पैट्रोलियम उत्पादों का शुद्ध आयात सन् 1970-71 में 1.2 करोड़ मीट्रिक टन था, जो सन् 1991-92 में बढ़कर 2.8 करोड़ मीट्रिक टन हो गया। तेल, पैट्रोलियम और स्नेहकों के आयात का मूल्य सन् 1970-71 में कुल निर्यात आय के 9 प्रतिशत से बढ़कर एक दशक में, सन् 1980-81 में, 78 प्रतिशत हो गया। यह वृद्धि मोटे तौर पर तेल की अंतरराष्ट्रीय कीमतों में हुई जबरदस्त वृद्धि के कारण हुई। इसके बाद विश्व बाजार में तेल की कीमतें घटने पर सन् 1986-87 में यह प्रतिशत फिर

घट गया। परंतु 1991-92 में धीरे-धीरे बढ़ते हुए सन् यह फिर 27 प्रतिशत के स्तर पर आ गया। इस निर्भरता का विचलित करनेवाला एक पहलू यह अनुमान है कि यदि बाकी सारी लागतें अपरिवर्तित रहें तो वर्ष 2010 तक यह प्रतिशत बढ़कर 75 तक हो सकता है। ऐसी स्थिति का परिणाम स्वतः स्पष्ट है।

परमाणविक और प्रक्षेपास्त्र: एन.पी.टी.-सी.टी.बी.टी.

विखंडनीय सामग्री नियंत्रण-परमाणु शक्ति

इस क्षेत्र की समस्या जो सीधे भारत की परमाणु नीति पर असर डालती है, पूरी तरह इसी नीति की उपज है। सन् 1974 में भूमिगत विस्फोट करके भारत ने क्षमता तो जता दी, लेकिन इच्छाशक्ति नकार दी। पलटकर देखें तो यह कदम दोनों हिसाब से गलत रहा, क्षमता है, पर उसका कोई उपयोग नहीं है। अगर बाद में क्षमता से इनकार करना ही था तो भारत को क्षमता-प्रदर्शन के लिए सिर्फ विस्फोट करने जैसा प्रयोग ही नहीं करना चाहिए था। क्षमता जताकर भारत खुले और प्रभावी ढंग से परमाणिक विश्व में शामिल हो गया था। यदे हम इसके बाद से ऐसे ही अन्य परीक्षणों की शृंखला चलाते और स्पष्ट ढंग से अपनी क्षमता स्थापित कर देते तो बाद के वर्षों का यह भ्रम, मौजूदा अंतरराष्ट्रीय दबाव और आज की सभी अन्य समस्याओं से निबटना बहुत आसान हो जाता। इसके बदले हम एक प्रकार की परमाणु समाधि में लीन हो गए और नीति का स्थान नाटक ने ले लिया। परिणाम-स्वरूप भारत को दोनों स्थितियों के दुष्प्रभाव झेलने पड़ रहे हैं। हम पर परमाणु शक्तिसम्पन्न देश होने का संदेह भी किया जाता रहा और वास्तव में हमारे पास परमाणु शक्ति भी नहीं आई। इसी प्रक्रिया से हमारे विकल्प भी सीमित हो गए थे। अस्सी के दशक में हमने परिस्थितियों से निबटने में, अपनी ही गलतियों से एक और पड़ोसी देश को होड़ लेने की मुद्रा में आमंने-सामने आने की छूट दे दी। हमने पाकिस्तान को सामरिक परमाणविक बराबरी का दर्जा मानो प्रत्युत्तर में दे डाला; जबकि पिछले कई दशकों से भारतीय नीति का दृढ़ उद्देश्य और लक्ष्य पाकिस्तान को लगातार सैन्य बराबरी का दर्जा देने से लगातार इनकार करना ही रहा था। नब्बे के दशक में हम फिर पिछला किया-धरा दोहरा रहे। 'अग्नि' नाम के मझोली दूरी के प्रक्षेपास्त्र की क्षमता का सफलतापूर्वक परीक्षण करने के बाद हम फिर हाथ-पर-हाथ धरकर बैठ गए। कायरता के

कारण या किसी परमार्थ, यह तो हम नहीं जानते, पर हमारी डरी-सहमी-सी घोषणा अवश्य होती है—'यह तो सिर्फ तकनीकी परीक्षण था।'

मई 1998 के बाद से इन भूलों को सुधारने की दिशा में सक्षम कदम लिये गए। देर आए पर दुरुस्त आए वाली उक्ति कारगर होती है। फलस्वरुप हमें अमेरिका के नेतृत्व में अंतर्राष्ट्रीय प्रतिरोध का कड़ा सामना करना पड़ा। कालान्तर में अमरीका के साथ हमारे बदले संबंध हमारी दिशा तथा संकल्प की सफलता की ओर इंगित करते हैं।

यह दुनिया अब पहले से कहीं ज्यादा जटिल हो चुकी है, इसीलिए हमारी समस्याएँ भी कहीं अधिक कठिन हैं।

सिद्धांत स्पष्ट है और भारत के राज-काज के समक्ष चुनौती भी दो-टूक। राष्ट्रीय सुरक्षा पर भारत के अपने दृष्टिकोण और जनसंहारक हथियारों पर विश्व की न्यायोचित चिंताओं के बीच एक भरोसेमंद और स्थिर साम्य कैसे बैठाया जाए? इस साम्य को बैठाने के लिए भी भारत को इस मसले के विभिन्न पहलुओं पर अपने लिए एक नीति बनानी होगी। इसके बाद इसमें कुछ अतिरिक्त बातें जुड़ेंगी।

सर्वप्रथम है राष्ट्रीय सुरक्षा। इस कर्तव्य की पूर्ति के लिए नीति-निर्माताओं को सिर्फ एक ही चश्मे से सारी बातें देखनी होंगी और वह है—राष्ट्र की सुरक्षा। अंतरराष्ट्रीय सम्बंधों में 'शक्ति' की भाषा ही समझी जाती है। राष्ट्रीय हितों के प्रति कैसा भी, मौजूदा या भविष्य में, हो सकनेवाला एक भी खतरा, नीति-निर्माताओं के लिए एक ऐसे निर्देश के समान है कि वह उस नीति को अपनाए, जिससे इस खतरे से प्रभावी ढंग से निबटा जा सके। यह कर्तव्य ठोस वास्तविकता की उपज है, न कि उन ख्वाबों से पैदा चर्चा, जिसमें विश्लेषण होता है—'विश्व को कैसा होना चाहिए'।

दूसरा : परमाणु अप्रसार संधि, प्रक्षेपास्त्र तकनीक नियंत्रण संधि, परमाणु प्रदायक समूह अथवा अंतरिक्ष अनुसंधान पर प्रतिबंध जैसी समस्त अवरोधक व्यवस्थाएँ भारत के राष्ट्रीय हितों से मेल नहीं खाती हैं; इसलिए 'इनसे सम्बद्ध विषयों के अध्ययन में हमें सदैव केवल यही बात दिमाग में रखनी चाहिए।

हमारा यह विश्वास है कि विश्व-भर में परमाणु निरस्त्रीकरण तथा समस्त मानवता को जनसंहार के इन सभी अस्त्र-शस्त्रों के भय से मुक्ति दिलाने का लक्ष्य इतना ग्राह्य है कि हमें बिना रुके इसके लिए प्रयास करना चाहिए; लेकिन अगर इस महान् ध्येय का रास्ता विशिष्टतावाद से होकर, नए परमाणविक नस्लभेद से होकर जाता है, जिसमें कुछ राष्ट्रों के अधिकार दूसरों से ज्यादा हों, जिसमें कुछ

देशों की सुरक्षा जरूरतें बाकियों के ऊपर हावी रहें, जिसमें विश्व-भर की भलाई की बातें कुछ देशों की भलाई के समक्ष तुच्छ हों, तो इस ध्येय को प्राप्त नहीं किया जा सकता है। निश्चित तौर पर भारत इसे स्वीकार नहीं कर सकता। यह एक अन्यायपूर्ण व्यवस्था है और इसे सिर्फ इसलिए न्यायपूर्ण नहीं बनाया जा सकता कि विश्व में शक्तियों का मौजूदा संतुलन इसके पक्ष में है। यह परिस्थिति भारत को सहमा-सा उत्तर देने की छूट नहीं देती। इसी तरह जब चुनौती विश्व स्तर पर हो तो उसका जवाब क्षेत्रीय स्तर पर भी नहीं दिया जा सकता।

विखंडनीय (परमाणविक) सामग्री के प्रश्न पर हमें कुछ और—परंतु संक्षिप्त—जानकारी की आवश्यकता है। एक परमाणु बम बनाने के लिए बीस किलो उच्च सम्वर्द्धित यूरेनियम या पाँच किलो प्लूटोनियम की जरूरत होती है। इसकी तकनीक भी करीब सबको पता है; लेकिन इन विखंडनीय पदार्थ का उत्पादन जटिल है। इसी बिंदु पर हम यह भी जोड़ना चाहते हैं। कि एक किलो 'यूरेनियम 235' लगभग 2.4 करोड़ किलोवाट ऊर्जा दे सकता है। इस एक टन पदार्थ से एक हजार मेगावाट का एक रिएक्टर लगभग साल-भर चल सकता है। 'फास्ट ब्रीडर रिएक्टर' इस्तेमाल हुए पदार्थ को 1.5 के अनुपात में दोबारा प्रयोग में ले आता है। बाकी संयंत्रों में यह अनुपात बहुत कम होता है, लगभग 0.5। और भारत में ऊर्जा की बहुत कमी है, वास्तव में ऊर्जा की स्थिति भयावह है। इसलिए हमारे लिए यह पहलू दोनों रूप से महत्त्वपूर्ण हैं—रक्षा और ऊर्जा।

निष्कर्ष

'बदलती विश्व व्यवस्था' क्या है? इसमें बदलाव तो स्वतः स्पष्ट है, पर यह 'व्यवस्था' कहाँ है?

व्यवस्था या तो विश्व समुदाय की इच्छा से बनती है अथवा एक, या कुछेक देशों की मरजी लागू होने से बनती है; किसी तीसरे तरीके का कोई ऐतिहासिक प्रमाण नहीं है। इस पृष्ठभूमि में भारत को विश्व की बड़ी ताकतों के बीच बदलते रिश्तों से सन्मुख होना होगा। हमें इस 'बदलाव' पर विशेष जोर देना ज्यादा उचित लगता है। वर्तमान में इसमें कोई स्थायित्व नहीं है। जो कुछ हम देख रहे हैं, वह राष्ट्रीय, क्षेत्रीय एवं कई अन्य हितों की पुनर्व्यवस्था है। विश्व स्तर पर विश्व व्यापार संगठन के रूप में एक सार्वभौमिक आर्थिक व्यवस्था बनाने के प्रयास और मौजूदा राजनीतिक अराजकता का द्वंद्व, एक समानतापूर्ण अंतरराष्ट्रीयकरण नहीं

होने देंगे। क्या ऐसा कभी हो सकता है कि राजनीतिक मामले तो लड़खड़ाते रहें और आर्थिक 'हल' हो जाएँ? हम एक को प्राप्त कर लें और दूसरे को त्याग दें, यह भी सम्भव नहीं है; क्योंकि इनके परिणाम आत्मनिर्भर हैं और सफलता-असफलता दोनों क्षेत्रों में एक-दूसरे को प्रभावित करती हैं। विश्व महत्ता के बाकी मुद्दों के साथ दो और बिंदु हैं। हमारे काल की सबसे शक्तिशाली औद्योगिक और सैनिक शक्ति अमेरिका अब तक अपने लिए कोई समझ में आने के योग्य भूमिका तलाशने में विफल रहा है। क्या यह शक्ति विश्व व्यवस्था का नेतृत्व करेगी? क्या विश्व व्यवस्था सिर्फ अमेरिका के ख्यालों, लालसाओं और राष्ट्रीय हितों में ही होगी? या वह एक नए शक्ति संतुलन की पुनर्व्यवस्था करेगी और वह भी खुद इसके एकमात्र निर्धारक की हैसियत से? इस खोज और ऐसे सारे प्रयासों के पीछे अन्य देशों और लोगों के संस्कार तथा अंतरराष्ट्रीय मामलों में नैतिकता की उत्कंठा भी जुड़ी है। हम इस काल को अमेरिका के उत्थान के दौर के रूप में पाते हैं। आज मोटे तौर पर अमेरिका के हित ही सारी बातों को निर्धारित कर रहे हैं, लेकिन अपने आपमें यह कोई स्थायी आधार नहीं है। ऐसे में सभी के हित का सबसे छोटा समान सूत्र बनाने के लिए, क्या हम तैयार हो रहे हैं? यही वह सूत्र है, जिसमें और जिसके परिप्रेक्ष्य में हम न केवल विश्व की बड़ी शक्तियों के बदलते सम्बंधों का बल्कि शक्ति की अवधारणा का भी अध्ययन करते हैं।

यदि हम नैतिकता और राष्ट्रीय हितों की असंदिग्ध बाध्यताओं के अक्षुण्ण न्यूनतम विषयों के बीच संतुलन की खोज करें तो हमें लगता है कि हमें अपने 'निषेधात्मक' अलग-थलग रहने के दृष्टिकोण से परे हटकर 'समावेशवादी' विचारों की ओर जाना होगा। हमें अपने 'आदर्शवाद' को 'भू-राजनीतिक वास्तविकताओं' की पुट देनी होगी। हमें सिर्फ शक्ति-संतुलन नहीं बल्कि 'सनातन मानवीय मूल्यों और निर्विवाद राष्ट्रीय आवश्यकताओं' के बीच भी संतुलन की आवश्यकता है। यही कारण है कि आज भी विदेश-नीति की शुरुआत इस परिभाषा के साथ होती है कि महत्त्वपूर्ण राष्ट्रीय हित में क्या-क्या निहित है। यदि अंतरराष्ट्रीय परिस्थितियों में कोई ऐसा परिवर्तन आता है, जिससे राष्ट्रीय सुरक्षा पर आँच आती हो तो इसका प्रतिकार करना ही पड़ेगा, चाहे खतरे का कोई भी रूप क्यों न आए, या कोई भी कीमत चुकानी पड़े।

हमारा सामरिक अतीत : कुछ ऐतिहासिक झरोखे

एक

'देख इनकी ओर माथे को झुका,
ये कीर्ति उज्ज्वल पूज्य तेरे पूर्वजों की अस्थियाँ हैं,
आज भी ये अस्थियाँ, मुर्दा नहीं हैं, बोलती हैं।'

परम्परा : वीर रस प्रवाहिणी

प्राचीन काल में भूखंड पर शासन करनेवाले को 'राजा' कहते थे। राजा का धर्म था अपनी प्रजा की रक्षा करना। वही राजा अच्छा माना जाता था, जिसकी प्रजा सुखी, जिसके राज्य में दुर्भिक्ष नहीं। राजा का कर्तव्य था राजनीतिक तथा सैनिक दृष्टिकोण से प्रजा की रक्षा करना। जो यह करने मे असमर्थ है, उसे पीड़ित जनता की क्षतिपूर्ति के लिए दंड अथवा पाप का भागी होना पड़ता, ऐसी किम्वदंतियाँ हैं। जो राजा युद्ध में हार जाता है, उसका भी कुछ ऐसा ही न्याय होगा। परंतु प्रजा का सुखी होना, कल्याणात्मक अवधारणाओं पर ही निहित हो सकता है।

कई लोग युद्ध का प्रमुख कारण अस्तित्व रक्षा की भावना को मानते हैं। हमारे प्राचीन धार्मिक ग्रंथ 'महाभारत' तथा 'रामायण' दोनों ही युद्ध के कवित्त हैं। 'गीता' की पृष्ठभूमि भी संग्राम-भूमि है। अपने बंधु-बाधवों को सामने खड़ा देख, अर्जुन हतोत्साहित हो रथ के पृष्ठभाग में जा बैठते हैं। 'अब दीनदयाल दया करिए। मति मोरि बिभेदकरी हरिए।' उनका मन क्लांत तथ क्षुब्ध है। उसमें युद्ध

करने की तनिक भी इच्छा नहीं। तभी भगवान् कृष्ण उनके संशय का समाधान करके उनके हृदय को उत्साह तथा कर्तव्यनिष्ठा की भावनाओं से परिलिप्त कर देते हैं। वे कहते हैं, "हे पार्थ! तू कायर मत बन। यह कायरपन तुझे शोभित नहीं होता। हे शत्रुओं को संताप देनेवाले! भीरुता को छोड़कर युद्ध करने के लिए उठ! अब अपने धर्म के अनुकूल इस युद्ध को यदि तू न करेगा तो धर्म और यश को छोड़ पाप को ही प्राप्त होगा और सब तेरी सदा अकीर्ति करेंगे। प्रतिष्ठित पुरुष के लिए अपकीर्ति, मरने से अधिक दुःख देनेवाली है। जो महारथी लोग तुझको बड़ा मान देते हैं, वे कहेंगे कि भय के कारण यह संग्राम से हट गया, और इतने दिनों से प्राप्त प्रतिष्ठा को तू खो देगा। शत्रु लोग तेरे पराक्रम की निंदा करते हुए जो न कहना चाहिए, ऐसे बहुतेरे वचन कहेंगे; इससे अधिक दुःख तुझे क्या होगा? यदि युद्ध में मारा जाएगा तो स्वर्ग पावेगा और जो जय पावेगा तो भूमंडल में राज्य भोगेगा, इसलिए युद्ध के लिए दृढ़प्रतिज्ञ होकर उठ! सुख-दुःख, लाभ-हानि, जय और पराजय—इनको समान मानकर युद्ध कर, इस भाँति समभाव से युद्ध करने में तुझे पाप नहीं लगेगा।"

'पार्थ से, कृष्ण से, भीम से, द्रोण से,
भीष्म से, राम से देश के सूरमा।'

हमारे काव्य के नौ रसों में वीर रस की भी गिनती है। हमारे पुराने राजाओं के दरबार में चारण और भाट हुआ करते थे। वे वीर गाथाएँ गाकर लोगों पर ऐसा जादू कर डालते थे कि उनके मर्म में वीरोचित तथा बलिदान के प्रति कटिबद्धता की भावनाएँ प्रवाहित हो सकें। इनमें नायकों का विलक्षण कर्म-सौंदर्य तथा भावनाओं की प्रबलता श्रोता के मर्म को छू जाती थीं। रौद्र तथा शृंगार के अतिरिक्त वीभत्स को भी सहायक तत्त्व माना जाने लगा। 'सिर भुजहीन रुंड महिनाचा।' तथा 'रहे धाइ नभ सिर अरु बाहू।' हथियारों के प्रयोग में तलवार-ढाल का चलन, खड्ग की धार, कटार की दमक, बाणों की बौछार, वज्र का नाद, गदा का प्रहार इत्यादि वर्णन सम्पुट बने। नाटक-फरेब करना, चकमा देना, डराना-धमकाना, छल के खेल खेलना, कूटनीति बरतना, पैंतरेबाजी दिखाना स्वयं ही दृष्टव्यों के अस्त्र-शस्त्र बन बैठे।

युद्धस्थल कैसा हो, कैसा न हो, इसपर भी खुलासे से विचार होता रहा। युद्धभूमि समतल, दलदल से रहित हो, ठोस हो, साफ-सुथरी तथा चिकनी हो, बेलों से आच्छादित हो, खाई-खंदनरहित हो, झुरमुट, ठूँठ, बाँबी तथा गढ़ों से भी रहित हो, टेढ़ी न

हो, कीचड़ सनी न हो, दरणहीन हो तथा कंटक और कंकड़रहित हो। मगर आजकल ऐसी भूमि में युद्ध करना कौन पसंद करेगा?

युद्ध को अनेक प्रकारों में बाँटा गया। 'धर्मयुद्ध' वह, जो 'महाभारत' में लड़ा गया। दिन-भर युद्ध, साँझ को युद्ध विराम। उस दौरान शत्रु के साथ विचार-विमर्श अथवा वार्त्तालाप की भी छूट। किसी का हथियार गिरे तो जब तक वापस हाथ में न आए, युद्ध स्थगित कर दिया जाता था। छद्‍म प्रहार, षड्यंत्र तथा छल-कपट का निषेध था। इससे विभिन्न युद्ध को 'अधर्मयुद्ध' कहा जाता था। इसका दूसरा नाम 'कूटयुद्ध' भी पड़ा। इसके नियमों के अनुसार कोई भी, किसी पर भी, कभी भी आक्रमण कर सकता था। थोड़ी सेना को बहुत दिखाकर भय पैदा करना, लूटमार मचाना, किलों एवं नगरों में आग लगा देना, प्रमाद तथा व्यसन के समय शत्रु को पीड़ित करना, एक स्थान का युद्ध छोड़कर दूसरे पर धावा बोल देना, युद्ध का भय किसी एक दिशा में उत्पन्न करके आक्रमण किसी अन्य दिशा में बोल देना। सेना के किसी अंग को घूस देकर दूसरे अंग का विनाश करवाना अथवा शत्रु को पराजित करना।

इसके अतिरिक्त अन्य प्रकारात्मक वर्गीकरण करके प्रतीकयुद्ध, प्रकाशयुद्ध, तूष्णीमूयुद्ध, बाणयुद्ध, गदायुद्ध, परशुयुद्ध, अश्वयुद्ध, गजयुद्ध, मल्लयुद्ध, द्वंद्वयुद्ध इत्यादि का अलग-अलग ब्यौरा देने का भी विधान था।

युद्ध सामग्री में शरीर के अवयवों से लेकर कंकड़, पत्थर, लाठी, मुद्‍गर, मूसल, गदा, त्रिशूल, बरछा, तलवार, कटारी, कुदाल, चक्र, पाश, धनुष-बाण तथा विभिन्न प्रकार के रहस्यमय दिव्यास्त्रों का विधान था। युद्ध के वाहनों की अलग फेहरिस्त होती थी। इसी प्रकार युद्ध ध्वजों की विभिन्न श्रेणियाँ। युद्ध वाद्यों में शंख, काहला, दुंदुभि, पुष्कर, ढक्का, भम्मा, डमरुक, पटह, भेरी, तूर इत्यादि शामिल थे।

शत्रु के रहस्य का पता लगाना, नई-नई चालें सूझना, विघ्न को न्यून करना, युद्ध स्थलों को बदलना सामरिकी के तंत्र माने जाते थे। युद्ध-कला के अंतर्गत शत्रु को भयभीत करना, लालच दिलाना, छलना, चकमा देना; उसके दुर्बल स्थानों तथा पार्श्व एवं पृष्ठभाग पर आघात करना, संचार रेखाओं को काट देना; बाह्य रेखाओं के स्थान पर आंतरिक रेखाओं पर लड़ना; शत्रु के सम्मुखीय मोर्चे को तोड़ डालना, उसे घूमकर घेर लेना इत्यादि शामिल थे।

ऐसा लगता है कि उपर्युक्त अस्त्र-शस्त्रों से भलीभाँति सुसज्जित हो कविगण अपनी ही कल्पना की युद्ध-गाथा रचते हुए भावों की मंदाकिनी में बह निकलते थे। वास्तविक युद्धभूमि की घाटनिकता के साथ उसका कितना सान्निध्य था, कहना

कठिन है। परंतु इस तरह की काल्पनिकता ने उत्साह, वीरता तथा बलिदान जैसी उत्प्रेरक भावनाओं के साथ-साथ युद्ध के उचित प्रतिपादन की किसी विशिष्ट नियमावली अथवा सैद्धांतिकता को जन्म दिया हो, ऐसा देखने में नहीं आया। इस प्रकार का चिंतन सम्भवतः गौण तथा मौखिक ही बना रहा। यह वास्तव में विस्मय का विषय है। हिंदुस्तान की पुण्यभूमि पर आदिकाल से अनगिनत लड़ाइयाँ लड़ी गईं। परंतु हमने उनसे कोई ठोस निष्कर्ष निकाला हो, ऐसा प्रतीत नहीं होता। हाँ यह जरूर जनश्रुति में आया कि कैसे एक-एक लकड़ी अलग कर ढेरों लकड़ियों को तोड़ा जा सकता है; परंतु यदि वे मिलकर एक गट्ठा बन जाएँ, तो उनको तोड़ना असम्भव हो जाता है! और यह भी कि अमुक 'जयचंद' ने शत्रु के साथ मिलकर विश्वासघात किया। इसके अतिरिक्त वीरता के अदम्य साहस-भरे अनगिनत उदाहरण। परंतु रणभूमि के कला-कौशल या नियम विधान अथवा तर्कसंगत अन्वेषण अथवा अनुसंधान के रूप में थोड़ी-सी सामग्री ढूँढ़ना चाहनेवालों को भी खाली हाथ मलते रह जाना पड़ता है। क्या यह सत्य है? इसके क्या कारण हो सकते हैं? अपने ही प्रति इतनी बेरुखी क्योंकर? अपनी भलाई के प्रति इतनी गहरी उदासीनता क्योंकर? अपनी भर्त्सना के प्रति इतनी सूक्ष्म स्मृति? अपने ही पाँवों पर अपने ही हाथों को इस तरह की कुल्हाड़ी?

'माँ का मणिमय ध्वज निहार लो!—गौरव ध्वज जनता का है!'
'ऊँचे नभचुंबी खंभे पर शोभित है!—छवि में अनुपम!
झिलमिल-झिलमिल दिव्य प्रभा है!—अंकित 'वंदेमातरम्'!'
'उठे भीम! बोले—'लेता हूँ मैं अमरों की शपथ,
दुश्शासन की भुजा न काटी, तो मैं भीम नहीं'।'

दो

बाबर

अकबर के जमाने में मुगलकाल अपने यौवन पर था। उसके पूर्वज बाबर ने पानीपत और खानवा—दोनों निर्णायक युद्धों में सफलता पायी थी। इन सफलताओं ने हिंदुस्तान के इतिहास को एक नया मोड़ दे डाला था। कैसे हुईं ये लड़ाइयाँ?

इब्राहिम लोदी की सेना संख्या में बहुत भारी थी। उसमें हाथियों की बहुतायत थी। बाबर के पास तीव्र गतिवाले अच्छी नस्ल के घोड़े थे। इनका आयोजन तथा प्रहार विधि तब के संदर्भ में निराली तथा मौलिक थी। बहुसंख्यक कतारबद्ध अश्वारोही

तीव्र गति से शत्रु सेना की ओर दौड़ते आते। निकट पहुँच स्ब के सब पूर्व निर्देशानुसार अचानक एक साथ थम कर घोड़ों का रुख बदल लेते और तुरंत सैंकड़ों बाणों की बौछार करते और नौ दो ग्याहि हो जाते। इसके बाद यही क्रम नई नई दिशाओं से फिर फिर अपनाते। शत्रु सेना में अफरा-तफरी मचाने में यह तरीका बेहद प्रभावी होता। इसके अतिरिक्त बाबर ने तोपखाने को गतिशील बनाया। ढेरों तोपें पट्टिया-गाड़ियों में लदीं, घोड़ों से खदेड़ी जाती। मनचाही दिशा व स्थान से तोप गोले छोड़े जाते। इन सब की सही मार से कई बार हाथी-समूह अस्त व्यस्त हो उलटे भाग पड़ते।

जीत बाबर की हुई। उसने हिंदुस्तान में मुगल राज्य की नींव रखी। फिर धीरे-धीरे मुगलों को, पीढ़ी-दर-पीढ़ी, हिंदुस्तान के शासन की आदत पड़ गई। अब हाथी उनकी सेना का एक बड़ा भाग बन गए। अकबर ने हाथियों का बड़ी संख्या में इस्तेमाल किया। लड़ाई में उन्हें बड़ी तादाद में ले जाया जाता था। लड़ाई के

पानीपत का प्रथम संग्राम, 1526 ई.

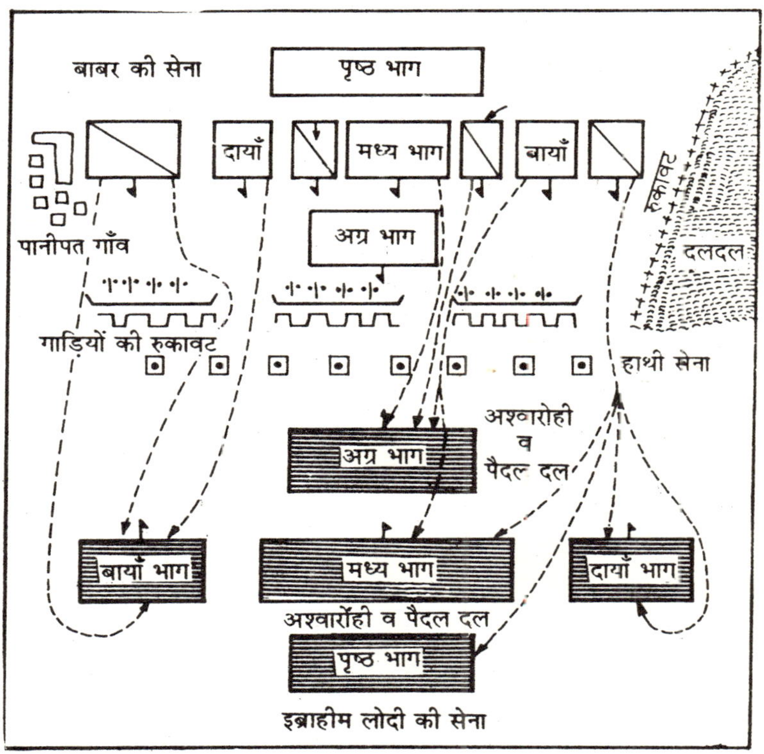

दिनों में हाथियों पर बख्तर डाल दिए जाते थे, जो लोहे के बने होते थे। सिर तथा सूँड़ के लिए अलग-अलग टुकड़ों का प्रयोग किया जाता था। लड़ाई के मैदान में हाथियों पर छोटी तोपों के अलावा धनुर्धर तथा बंदूकची भी ढोए जाते थे। लड़ाई में बड़े ओहदेदारों को बैठने के लिए 'इमारी' नाम का बख्तरबंद हौदा इस्तेमाल किया जाता था। इसकी बगलें दो से तीन फीट तक ऊँची होती थीं। बड़े सेनापति, राजकुमार और शहंशाह आदि इसी हौदे में बैठकर लड़ाई पर जाते थे। इससे सिर को छोड़ देह का शेष भाग तीरों, बरछों आदि के हमलों से सुरक्षित रहता था।

पैदल सेना में पहरेदार के प्रशिक्षणवाले सिपाहियों का बड़ा समुदाय होता था। हथियारों के तौर पर तलवारों और ढालों के अलावा कुछ सैनिक तोड़दार बंदूकें भी रखते थे। वे इन्हें ऐन मौके पर मिलकर धड़ाधड़ फायर कर डालते थे। इसके बाद अगला फायर करने की प्रक्रिया काफी लम्बी होती थी। कई सैनिकों के पास लम्बे-छोटे भाले होते थे। इनमें अधूरे हथियारबंद सैनिकों की भीड़-सी समझी जा सकती है। इनकी कोई खास वर्दी नहीं थी। शाही नौकरों द्वारा पहनी जानेवाली लाल पगड़ी ही इनका पहचान-चिह्न होता था। सम्पूर्ण सेना के लिए किसी एक पोशाक का अभाव था। परंतु उनके कपड़े आपस में लगभग मिलते-जुलते ही होते थे। सेना को छोड़कर भाग जाने की सजा थी तोप से उड़ा दिया जाना या हाथी के पाँवों से कुचला जाना। ड्रिल (कवायद) की प्रथा का नितांत अभाव था। लश्कर जैसा माहौल हुआ करता था। हाँ, अपने शरीर को कुश्ती और व्यायाम से चुस्त-दुरुस्त रखा जाता था। घुड़सवार, धनुर्धर तथा तलवार चलानेवाले अपनी-अपनी कार्यभूमि में माहिर होने के लिए यत्नशील रहते थे और भाँति-भाँति के अभ्यास प्रचलित थे।

पानीपत की लड़ाई की तैयारी हो रही थी। लोदी के सैनिकों के आगे बढ़ने का समाचार मिला। बाबर ने अपने सैनिकों को कवच धारण कर, अस्त्र-शस्त्र से सुसज्जित हो वाहनों पर सवार होने का आदेश दिया।

लोदी की सेना पाँच मुख्य भागों में बँटी थी। मुख्यतः सामने एवं पीछे बड़ी संख्या में एकत्र घुड़सवारों के दो विशाल हुजूम थे। इसी प्रकार के दो जमघट इन दोनों के दाएँ और बाएँ भी थे—दोनों के बीचोंबीच की रेखा के इर्द-गिर्द। सामने के हुजूम को छोड़ शेष तीनों में पैदल सेना अश्वारोहियों के पीछे जमा थी और इन सबके एकदम सामने दाएँ से बाएँ फैले हाथियों की लम्बी कतारें, जिसके कारण पिछवाड़े की सेना सामने से नजर ही नहीं आती थी।

इसके विपरीत बाबर की सेना की संरचना काफी भिन्न थी। यह तैमूर की परम्परागत संरचना पर आधारित थी। कुछ फेर-बदल जरूर किए गए थे। सबसे

आगे आपस में साँकलों से बँधी वाहनों की कतारें दाएँ से बाएँ पूरी तरह फैली हुईं। बीच-बीच में अश्वारोहियों के निकास के लिए दो गलियारे खाली छोड़े गए थे। इनके पीछे थीं तोपखाने की कतारें और इसके साथ तोड़दार बंदूकों की पैदल कतारें। इसके पीछे घुड़सवारों की संरचना कुछ वैसी ही थी जैसी लोदी की। किंतु एक महत्त्वपूर्ण अंतर भी था। व्यूह के दोनों ओर घुड़सवारों पर सवार पक्ष-बदल दल छोड़े गए थे। इन्हें 'तुलगमा' कहा जाता था। दाएँ पार्श्ववाले दल के छोर पर पानीपत गाँव की आबादी थी और बाईं ओर एक खंदक खोदकर अवरोध तैयार करवाया गया था। खंदक के उस ओर दलदल था। इस व्यूह के कारण लोदी इनपर पार्श्व से आक्रमण करने में असमर्थ था; पर इन्हें उसपर आक्रमण की पूरी छूट थी।

बाबर स्वयं सेना के केंद्रीय भाग के साथ था, जहाँ से वह युद्ध की प्रगति पर अच्छी नजर रख सकता था। साथ ही अपने सिपहसालारों को फेरबदल के आदेश भी दे सकता था। सुरक्षित सेना के सिपहसालार अब्दुल अजीज और खुसरू कुकुलताश भी उसके करीब थे।

लोदी की सेना के एक विशाल समूह ने बाईं ओर से जोरदार हमला किया। बाबर ने बड़े गौर से देखकर भाँप लिया था कि उस ओर पानीपत शहर होने के कारण इतनी भूमि नहीं है कि बहुत बड़ी फौज की शक्ति का समुचित फायदा उठाया जा सके। शुरू में तो उसने लोदी को उस ओर आने के लिए प्रलोभित किए रखा। बाद में, जब लगा कि स्थिति नाजुक हो गई है, उसने बड़ी सूझ के साथ ऐन मौके पर अपनी अश्वारोही सुरक्षा सेना के पीछे से उस ओर आक्रमण करने भेज दिया। ऐसा न किया होता तो शायद लोदी की सेना मुगलों पर हावी होने में सफल हो जाती। पर ठीक समय पर यह कार्यवाही करने से ही बाबर ने व्यूह को बचा लिया और यही निर्णय उसे अंततः विजय दिलाने में समर्थ हुआ। इसके तुरंत बाद बाबर के अश्वारोही दलों ने दोनों ओर से बड़ी तीव्र गति से आगे बढ़कर लोदी की सेना को चारों ओर से घेर लिया और बड़े पैमाने पर मार-काट शुरू कर दी। लोदी के सैनिक इस तरह घिर जाने से बुरी तरह घबरा उठे और उनमें भगदड़ मच गई। एक बहुत बड़ी फौज अपेक्षाकृत कहीं छोटी फौज के द्वारा खदेड़ डाली गई। दिल्ली का राज बाबर की झोली में आ पड़ा। बाबर के चतुर सामरिक नेतृत्व ने उसकी सेना को तीन गुना बड़ी सेना को हरा देने में सफलता दी। इसमें तोपखाने के संगठन तथा उचित प्रयोग ने भी बड़ा योगदान दिया। युद्धक्षेत्र लाशों से पट गया था। स्वयं सुलतान इब्राहिम लोदी के

शव के पास पाँच-छह हजार शवों के ढेर पड़े थे। कुल शवों की संख्या बीस हजार के लगभग थी। बाबर की गाड़ियों के उपयोग से बनाई व्यूह-संरचना किसी चलते-फिरते छोटे दुर्ग के समान थी। उसके तोपखाने के फायर ने हाथियों के बीच बड़ा उपद्रव मचाया और वे अपने ही सैनिकों को रौंदने लगे। तोड़दार बंदूकों ने भी लोदी के हाथी समूह को भारी क्षति पहुँचाई।

□

निस्संदेह बाबर लोदी के मुकाबले में कहीं अच्छा जनरल निकला। उसका सामरिक ज्ञान, कल्पना-शक्ति, चातुर्य तथा सूझबूझ युद्ध में निर्णायक सिद्ध हुए। उसकी सेना का संगठन अधिक व्यवस्थापूर्ण तथा वैज्ञानिक था। उसके अस्त्र-शस्त्र तथा उनके इस्तेमाल के तरीके आधुनिक तथा मौलिक थे। उसकी सेना की विभिन्न इकाइयों को नेतृत्व भी कुशल हाथों में था तथा उसकी छोटी-सी सेना का मनोबल बड़ा ऊँचा था। अपने गुप्तचरों से उसने लोदी की सेना के बारे में पूरी खोज-खबर प्राप्त कर ली थी तथा उनमें अपनी सेना के अत्यधिक शक्तिशाली होने की बातें भी फैलाईं, जिससे वे हतोत्साहित हो रहे।

उधर जबकि इब्राहिम लोदी स्वयं साहसी था, उसकी सेना का संगठन ढीला-ढाला था। वह हुजूम की तरह भेड़चाली कार्यवाही करती थी। सैनिकों को भेंटों तथा आर्थिक प्रलोभनों के बल पर नौकरी पर रखा जाता था। इसलिए उनका मनोबल अपेक्षाकृत न्यून था। तादाद बहुत बड़ी होने के कारण सेना बोझिल हो गई थी। हिंदुस्तान के गरम मौसम में आरामदेह जिंदगी गुजारने के आदी हुए अफगान ओहदेदारों में मर-मिटने तथा बलिदान की भावना में कमी के साथ-साथ सामरिक ज्ञान भी बड़े मामूली दर्जे का था। लोदी को विश्वास था कि उसकी बड़ी सेना बाबर की छोटी सेना पर आसानी से विजय पा लेगी। जबकि बाबर ने अपनी सेना की व्यूह-संरचना में एक पार्श्व पर पानीपत शहर चुना था और दूसरे पार्श्व में खाई खुदवाई थी। लोदी के पास ऐसे संरक्षण का न तो प्रबंध था और न ही ऐसी कोई सोच। उलटे उसकी गतिविधियाँ भेड़चाल पर आधारित थीं।

इस युद्ध में बाबर ने अपने युद्ध सम्बंधी सभी ध्येयों की सम्पूर्ति की। अफगान सेना को उसने पूरी तरह नष्ट कर दिया, ताकि वह दोबारा सिर न उठा सके। इस मामले में उसने किसी प्रकार की दया या क्षमा-भावना से अपने मन को जरा भी विचलित नहीं होने दिया। शत्रु पर सहसा आक्रमण कर देने के फायदों से वह परिचित था। यथासम्भव, उसने हर मुकाम पर यही नीति अपनाई। छकड़ों की लम्बी कतारों को सामने रखकर उसने प्रतिद्वंद्वी को गुमराह रखा। अपनी असली

शक्ति का पता ही नहीं लगने दिया। इन्हीं के पीछे तोपखाना छिपा था और तोपखाने के पीछे तथा साथ-साथ तिपाइयों पर आधारित उसके बंदूकबाज। इन तिपाइयों में पहिए लगे हुए थे और इनके सहारे इन्हें आगे-पीछे किया जा सकता था। तोपखाने की अज्ञात दिशाओं से आते धड़ाधड़ फायरों ने हाथियों तथा जमघट में खड़े घुड़सवारों में बड़ा आतंक मचाया। पूर्व आयोजित विधियों तथा कड़े नियंत्रण की सहायता से अपनी सेना के विभिन्न अंगों में तालमेल भी बनाए रखा। उसके फुर्तीले घुड़सवार कच्ची मोर्चाबंद की हुई जगहों से निकलकर शत्रु के कमजोर मोर्चों पर घमासान वेग के साथ टूटते रहे। उसका हुक्म ठीक समय पर किस तरह उसके सिपहसालारों तक पहुँचता है, इसकी उचित व्यवस्था पहले से ही कर दी गई थी।

वैसे तो युद्धों का इतिहास साधारणतया विजेता की ही कलम से लिखा जाता है, इसलिए किसी भी युद्ध की पूरी सच्चाई शायद पूरी तरह उभरकर नहीं आती। पर किंवदंती यह है कि लगभग दस हजार की फौज के साथ बाबर ने सुलतान लोदी की एक लाख संख्या की फौज को हरा दिया। यह याद रखते हुए भी कुछ मूलभूत बातें नजरअंदाज नहीं की जा सकतीं। इसमें सबसे महत्त्वपूर्ण बात यह थी कि इस युद्ध में शुरू से अंत तक बाबर ने बेहतर जनरल होने का परिचय दिया और युद्ध के सिद्धांतों को कार्यान्वित करते हुए उनका पूरा फायदा उठाया।

'आततायी हमें यों सताते रहें
और हम यों सहन कर दुराचार को
नारकी-तुल्य जीवन बिताते रहें?'

तीन

राणा साँगा

बाबर ने इब्राहिम लोदी की सेना का विध्वंस कर डाला। इससे उसे दिल्ली के आस-पास के क्षेत्र का राज्य तो मिल गया, पर हिंदुस्तान का राज्य नहीं मिला। हिंदुस्तान के राज्य के लिए उसे एक बड़ी लड़ाई और लड़नी थी। यह लड़ाई थी तब के राजपूताना के राजपूत शासकों के साथ। यह युद्ध पानीपत के युद्ध से अधिक महत्त्वपूर्ण था; क्योंकि इसके मूल में धार्मिकता का भाव भी था। इसलाम की यह लड़ाई हिंदू काफिरों के साथ थी।

देशी शासकों के नाम पर चुनौती मेवाड़ के राणा संग्राम सिंह (राणा साँगा) ने दी थी। राणा साँगा महान् तथा अदम्य साहस से भरे वीर नेता थे। युद्ध में उनकी एक आँख जाती रही थी। देह पर रणभूमि में प्राप्त अस्सी घावों के चिह्न थे। वे उस परम्परा के प्रतिपाद थे, जिसमें योद्धा युद्ध में सिर धड़ से पृथक् हो जाने पर भी (कबंध रूप में) लड़ता रहता है। वे तलवार के धनी थे—

'राज करावै खाग ही, लाज रखावै खाग।
सुरग बसावै खाग ही, खाग इसी बडभाग।'

राणा साँगा की वीरता का डंका चारों ओर फैला हुआ था। आरम्भ में उन्होंने सोचा कि अन्य मुसलमान आक्रमणकारियों की तरह बाबर भी मार-धाड़ कर बेशुमार

खानवा का संग्राम, 1527 ई.

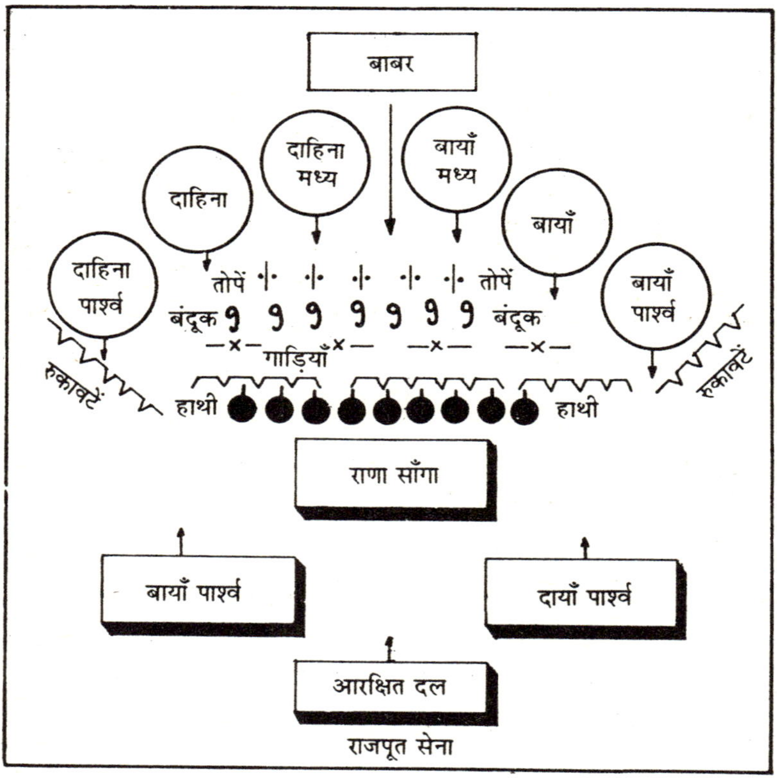

दौलत लूटने के बाद फिर वापस लौट जाएगा। पर इब्राहिम लोदी की भारी फौज को नष्ट करने के बाद आसार ऐसे दिखाई पड़े कि बाबर ज्यादा ही महत्त्वाकांक्षी है। केवल लूट-खसोट से उसका उदर नहीं भरेगा। प्रत्यक्ष हो गया कि उसका इरादा हिंदुस्तान में अपना राज स्थापित करना है।

आगरा में डेरा डाल बाबर आस-पास के राज्यों पर काबू करने में लग गया। क्षेत्र में अपना-अपना प्रभुत्व जमाने का संघर्ष उद्विग्न हो उठा। कुछ क्षेत्र बाबर ने वशीभूत किए तो राणा साँगा ने आगे बढ़कर रणथम्भौर के पास कंदार पर अपना प्रभुत्व जमाया और बियाना को घेर लिया। बाबर ने बियाना की सहायता के लिए मुहम्मद मिर्जा के अधीन अश्वारोहियों की फौज भेजी। पर बाबर के सैनिक बियाना का घेरा तोड़ने में विफल रहे। उन्होंने लौटकर राणा साँगा और उनके सैनिकों की वीरता की ऐसी कहानियाँ सुनाईं कि बाबर की सेना में निराशा की लहर दौड़ गई। उनके हौसले पस्त होने लगे। बाबर के एक अन्य सिपहसालार के अधीन भेजे पंद्रह सौ सिपाहियों के दल पर अचानक हमला करके राणा साँगा के सैनिकों ने उन्हें ध्वस्त कर डाला। इस घटना से बाबर के सैनिकों के मनोबल पर और भी प्रतिकूल प्रभाव पड़ा।

एक झील के पास डेरा डालकर बाबर सम्भावित युद्ध के लिए अपनी सेना को तैयार करने में जुट गया। व्यूह-रचना लगभग उसी प्रकार थी जैसी इब्राहिम लोदी के विरुद्ध पानीपत की लड़ाई में रची गई थी।

आगे के भाग में मालगाड़ियों को आपस में बाँध-बाँधकर कतारों में खड़ी करने की व्यवस्था थी। इनके पीछे तोपची तथा बर्कंदाज। पार्श्व के भागों में तथा पीछे, जहाँ सुरक्षा की भूमिगत व्यवस्था नहीं थी, वहाँ लम्बी खाइयाँ खोदकर, ढेर सारे पेड़ों के तने गिराकर अवरोध बनाए गए। घुड़सवारों की फौज बहुतेरी टोलियों में बाँटकर अग्रिम पंक्ति के पीछे रखने की व्यवस्था थी। इन टोलियों के बीच में अश्वारोहियों द्वारा फुर्तीले धावा बोलने योग्य रिक्त स्थान छोड़ गए। बर्कंदाजों को पहियोंवाली तिपाइयाँ दी गईं, जिससे वे फायर करनेवाले सुरक्षित दल के समान आगे-पीछे हो सकें। पर भगदड़ न मचे, इसलिए इन तिपाइयों को चमड़े की रस्सियों के साथ आपस में बाँधने का प्रबंध था।

परंतु बाबर अपनी सेना के मनोबल को लेकर अब भी बहुत चिंतित था। इसके कारण आगामी युद्ध में क्या फैसला होगा, यह दुश्चिंता उसे सताने लगी। इसका इलाज उसने कुछ नाटकीय ढंग से किया। 'बाबरनामा' के अनुसार उसने अपने सैनिकों के सामने मदिरा को त्याग देने का ऐलान कर डाला। यद्यपि ऐसा

इरादा वह प्रथम बार नहीं कर रहा था। उसने सबके सामने गजनी से आई ताजा मदिरा के पात्र उड़ेल डाले। मदिरा रखने के कीमती पात्रों को तोड़ डाला और उनके टुकड़े निर्धन लोगों में बाँट डाले। शाही घोषणा कर दी गई कि अब से न कोई मदिरा पिएगा, न बनाएगा, न रखेगा, न बेचेगा, न खरीदेगा। इस ऐलान से बाबर की सेना के डूबते मनोबल को एक बड़ा सहारा मिला। बाबर ने सोचा कि इसमें तुरंत कुछ करके और भी वृद्धि करनी चाहिए। उसने इस दृष्टिकोण से दो काम और किए। एक तो 'टंगा' नामक कर में छूट देने का ऐलान कर दिया। दूसरा अपने सैनिकों के नाम पर अपील जारी की। 'बाबरनामा' में जिक्र है कि 'बेचैनीवाले इन दिनों में हमारे लोग बेहद डरपोक हो गए थे। किसी के मुँह से हौसले की कोई बात या बहादुरी-भरी कोई सलाह सुनने को ही न मिलती थी। न कोई उत्साहवर्द्धक था, न मशविरा देने में समर्थ। अंत में जब मैंने उनके दिलों में झाँककर देखा तो उन्हें अपने प्रति निराशा में डूबा तथा हतोत्साहित पाया। बहुत सोचने पर मुझे एक तरकीब सूझी।'

इस तरकीब के मुताबिक बाबर ने एक अपील जारी करने का निर्णय लिया। अपने बेगों तथा बड़े ओहदेदारों को बुलाकर बाबर ने उनसे यों कहा—

'बेगो और बहादुरो! जो भी इस दुनिया में पैदा होता है, उसे एक-न-एक दिन मरना ही होता है। जो नहीं मरता और हमेशा बना ही रहता है, वह खुदा ही होता है। क्या तुमलोग जानते हो कि अपने-अपने घरों में पहुँचने के लिए तुम्हें महीनों लम्बा सफर तय करना पड़ेगा? मगर हमारी हार हो गई तो हम कहाँ के रहेंगे? लेकिन हममें से हर एक शख्स को यह बराबर याद रखना चाहिए कि जो भी जिंदगी की इस महफिल में दाखिल हुआ है, उसे आखिर मौत का प्याला पीना ही पड़ता है। तो कोई भी जिंदगी की सराय में आता है, उसे एक-न-एक दिन दुनिया की तकलीफों के घर से कूच करना ही पड़ता है। बदनामी की जिंदगी की बजाय शानदार मौत बेहतर है। अल्लाह ने हमें इस तरह की खुशी नसीब की है और हमारे लिए इस किस्म की खुशनसीबी भी मुहैया की है कि हम शहीदों की तरह मर सकें और उसी की बदौलत बदला लेनेवालों को मारने में कामयाब हों। इसलिए तुमलोगों में से हर एक को खुदाबंद ताला के पाक नाम पर यह कसम खानी चाहिए कि तुममें से कोई भी दुश्मन से अपना मुँह मोड़ लेने का ख्याल भी जेहन में नहीं लाएगा और न ही इस कातिलाना मुठभेड़ से तब तक पीछे हटेगा, जब तक उसकी जान में जान बाकी है। दुश्मन की शिकस्त के बाद जो-जो शख्स घर वापस जाने की ख्वाहिश रखता है, उसको घर जाने की इजाजत दे दी जाएगी।'

इस अपील का बड़ा भारी प्रभाव पड़ा। सबने सर्वसम्मति से एक होकर कुराने पाक की कसम खाई। फतवा पढ़ा और कहा, 'हे बादशाह! अगर खुदा ने चाहा तो हम तब तक अपने आपको कुर्बान कर डालने में रत्ती-भर भी कसर नहीं छोड़ेंगे, जब तक हमारे जिस्म में साँस और जिंदगी कायम है।'

इतने में काबुल से चला सैनिकों का नया दल भी आ पहुँचा। बाबर की सेना के मनोबल में भी बदलाव आ गया।

सब तैयारियाँ पूरी हो जाने के बाद बाबर विश्वस्त होकर आगे बढ़ा। 12 मार्च, 1527 को खानवा में डेरा डालकर मोर्चाबंदी शुरू की। व्यूह-संरचना तैयार की गई। सामने बाएँ, दाएँ तथा पिछवाड़े की ओर विस्तृत खाइयों की शृंखला बनाई गई। इनके पीछे पेड़-तनों के अवरोध लगाए गए। इसके पीछे मालवाहक गाड़ियों की तरतीब। इसके बाद तोपखाना और निकट पीछे बर्कंदाजों की पहिया चढ़ी तिपाइयाँ। इनके पीछे गहराई में तथा दाएँ-बाएँ फैले अश्वारोही दलों के समूह। इनके छोरों पर पार्श्व गार्द का जमावड़ा। सामने के अवरोधों के बीच अपनी बढ़त के लिए रिक्त छोड़े स्थान।

उधर राणा की सेना पाँच मुख्य भागों में विभाजित थी। सबसे आगे बख्तरबंद चढ़े हाथियों की कतार थी। इसके ठीक पीछे मुख्य अश्वारोही दल का विशाल समूह। इनके दाएँ, बाएँ तथा पीछे इसी प्रकार के तीन अन्य समूह। प्रत्येक में अश्वारोहियों के पीछे पैदल फौज (प्यादे)। मुख्य दल के नेतृत्व में राणा साँगा स्वयं। वे सामने से आक्रमण करने में विश्वास करते थे।

युद्ध की तैयारी पूरी होने पर आई। अपने सिपहसालारों के साथ घोड़ों पर चढ़ा बाबर दो मील सवारी कर अपनी सेना के व्यूह का चारों ओर से निरीक्षण कर आया। इस बीच वह अपने सैनिकों की हिम्मत बढ़ा उन्हें प्रोत्साहन भी देता रहा।

दोनों सेनाएँ आमने-सामने हुईं। राणा साँगा की सेना एक लाख के ऊपर थी। बाबर की सेना में तीस हजार के लगभग सैनिक थे।

सूरज निकलने के कोई तीन घंटे बाद राजपूतों ने आक्रमण शुरू किया। राणा साँगा के सैनिकों ने सामने से आक्रमण करते हुए दाईं ओर दबाव डाला। आक्रमण बड़े वेग के साथ किया गया था। दबाव उत्तरोत्तर बढ़ता ही गया। हमले की चपेट में आए सैनिकों को छोड़ बाबर के बाकी सैनिक इंतजार में बने रहे कि युद्ध स्थिति किस प्रकार का मोड़ लेती है। उन्हें हुक्म था कि आदेश के बिना कोई भी कार्यवाही न करें। हाँ, तोपचियों ने भीषण गोलाबारी आरम्भ कर डाली। लड़ाई के आरम्भ से लेकर अंत तक यह प्रतिद्वंद्वी के जमघटों पर ही केंद्रित रही।

गोलाबारी कदम-कदम पर बड़ी घातक सिद्ध हुई। सबसे पहले तो उसकी चपेट में राणा साँगा का विशाल हाथी समूह आया। गोलाबारी के कारण हाथियों ने पलटकर अपनी सेना में ही उत्पात मचाना शुरू कर दिया।

राजपूतों के प्रबल अश्वारोही आक्रमण के कारण बाबर का वाम पक्ष टूटने को हो आया। इनके आत्मसमर्पण करते ही सारी पाँत समेट ली जाती और पराजय निश्चित हो जाती। बाबर घटनाक्रम पर तीखी नजर रखे था। ऐन मौके पर उसने एक तगड़ा घुड़सवार दस्ता संकटपूर्ण स्थिति के निवारण के लिए रवाना कर दिया। यह लड़नेवालों के बीच चाकू की धार की तरह जा धँसा और घमासान लड़ाई के बाद विपक्षी हमले का वेग तोड़ देने में समर्थ हो गया।

ऐसी संकटपूर्ण स्थिति में राजपूतों ने पहले की चुनी जगहों पर बारम्बार हमले जारी रखे। उधर बाबर के अश्वारोही दल दोनों छोरों से हमला करने भेजे गए। इन्होंने खलबली मचा दी। इसके थोड़ी देर बाद तोड़दार बंदूकों का एक शक्तिशाली दल मालवाहक गाड़ियों की छकड़ा कतार के पीछे से निकल आया और उसने अपने तीखे आक्रमण से राजपूतों के केंद्रीय भाग में तबाही मचा दी। इस बीच बाबर का तोपखाना खचाखच भरे राजपूत दलों का भयंकर संहार करने लगा। इसी समय बाबर ने अपना विशेष शाही दल—ताबीनान-अयखास पादशाही लड़ाई में झोंक दिया। इनके हमले ने मुग़ल सैनिकों में नवीन उत्साह भर डाला और उन्होंने लड़ाई जीतने के लिए जी-जान की बाजी लगा दी।

उधर युद्ध की नाजुक स्थिति को भाँपते हुए राणा साँगा ने अपने सैनिकों के प्रयत्नों को दोगुना करने को ललकारा।

'होती थी भीषण मार काट, अतिशय रण से छाया था भय।
था हार-जीत का पता नहीं, क्षण इधर विजय क्षण उधर विजय।।'

अवसर का लाभ उठाते हुए राजपूतों ने मुगलों के बीचोंबीच बड़ा ही भयंकर हमला कर डाला। युद्ध की तपती भट्ठी में राजपूत लहर-पर-लहर झोंकते चले गए। उन्होंने मुगल सेना के मध्य भाग पर लगातार दबाव बनाए रखा और उसे पाँत-पर-पाँत पीछे हटाते हुए लगभग उस केंद्रीय स्थान पर पहुँचने को बाध्य कर डाला, जहाँ बाबर स्वयं खड़ा था। परंतु इस मोड़ पर आकर प्रत्यक्ष हो गया कि बाबर के तोपखाने द्वारा ढाया भयानक नरसंहार कारगर हुआ। अश्वारोहियों के दलों में गतिरोध आने लग गया। एकाएक राजपूतों के घुड़सवार कम होने लगे। अबकी मुगलों के एक

खास दल ने बड़ी उग्रता से एक और हमला कर डाला। हमला निर्णायक सिद्ध होने को आया। अभी तक छह घंटे के लगातार चलते युद्ध में कभी एक पलड़ा भारी हुआ था, कभी दूसरा। अब राणा साँगा ने अपनी क्षीण होती सेनाओं को बटोरकर, एक बार फिर बाबर की सेना के मध्य भाग को लक्षित कर एक अंतिम तथा भयंकर धावा बोल दिया। यह धावा इतना प्रबल तथा घातक था कि सफलता राजपूतों के कदमों तक आ पहुँची। पर मुगलों की पैदल सेना ने तोड़दार बंदूकों की मार से इसे किसी प्रकार रोक ही लिया। किस्मतों का वारा-न्यारा हो लिया।

बाबर राजपूतों की सेना को विच्छिन्न करने में सफल रहा। इस युद्ध से राजपूतों को भयंकर सदमा पहुँचा। शायद ही कोई ऐसा कुल होगा, जिसने इस युद्ध में अपना कोई-न-कोई लाल न खोया हो।

इस युद्ध से राजपूतों का मेवाड़ की शक्ति तथा गौरव पर आधारित महासंघ प्रायः नष्ट हो गया। इस हार ने राजपूतों की रीढ़ तोड़ दो। उधर बाबर हिंदुस्तान में अपने राज्य की नींव डालने में सफल हो गया।

□

जैसाकि पहले लिख चुके हैं, इतिहास का लेखन विजेताओं के द्वारा तो होता ही रहा है, भूतकालीन अन्वेषण के लिए तथ्यों का आंकलन भी उन्हीं के द्वारा प्रतिपादित विरासत पर आश्रित हुआ रहता है। शेष किंवदंती बन धीरे-धीरे विलोप हो जाता है। राजपूत महान् शूरवीर तथा आन पर मरने-जीने को सत्तत्पर, शौर्य-सम्पन्न और उच्च कोटि के सैनिक थे। उनके वरिष्ठ नेता राणा साँगा में वीरत्व के क्या गुण मौजूद थे, इसका अनुमान इसी से लग सकता है कि वे इन शूरवीरों के नेता थे। फिर भी दुर्भाग्यवश इस ऐतिहासिक संग्राम में उनकी पराजय हुई। इतिहासकार राजपूतों की पराजय के कारण कुछ इस प्रकार गिनाते हैं—

1. राजपूत सेना में समन्वित होकर लड़ने के अभ्यास तथा चलन का अभाव था। विभिन्न अंगों में एकजुट हो समन्वित रूप से योजनाबद्ध तरीके से लड़ाई करने की युक्ति न थी।
2. सेना भारी तथा दुर्वह हो जाने के कारण नियंत्रण सुलभ न थी।
3. वे अपने विभिन्न अगुओं के अधीन हो लड़ने के आदी थे।
4. मुगल सेना का संगठन श्रेष्ठतर था। अनुशासन और सामरिकी निपुणता में वह युद्ध विविधता तथा नमनीयता का पालन करने में सक्षम थी।

इसके विपरीत राजपूतों के सामरिकी आक्रमण के तरीकों में विभिन्नता का अभाव था। निर्णय के लिए सेना की विशालता पर निर्भर होने की प्रथा रूढ़िग्रस्त थी। एक जगह आक्रमण के विफल हो जाने के बाद भी वे उसी स्थान पर लगातार आत्मघाती आक्रमण करने की हठ तथा अद्भुत वीरता तो दिखाते थे, पर उस मात्रा में रण-कौशल की कल्पना-शक्ति अथवा सूझ नहीं थी। इसी पहलू को छल-कपट का अभाव भी कहा जा सकता है।

5. किंवदंती है कि राणा की पराजय विश्वासघात के कारण हुई; क्योंकि ऐसे समय में, जब राणा साँगा की जीत होनेवाली थी, उनका एक विश्वासपात्र बाबर से जा मिला था। किंतु लगता है कि हमें जयचंदों और मीर कासिमों के अलावा अपनी पराजय के अन्य कारणों की पड़ताल करने की आदत भी डालनी पड़ेगी। क्योंकि यदि एक पल के लिए मान भी लें कि विश्वासघात हुआ तो हमारे ही साथ क्यों? एक बार भी हमारे दुश्मनों की पंक्तियों में नहीं? यह क्योंकर?

युद्ध के निम्नलिखित आधारों का चयन अँगरेजों ने किया था; परंतु थोड़ी-बहुत फेर-बदल के साथ ये पाश्चात्य जगत् में सर्वमान्य हैं। कम-से-कम द्वितीय विश्वयुद्ध तक तो थे ही। अब सन् 1991 के खाड़ी युद्ध के बाद इनमें कुछ जोड़-तोड़ हो सकती है, पर तोड़ की सम्भावना कम है। जोड़ में टेकनोलॉजी तथा खबर-सूचना, प्रसार, परमाणु तथा गैस एवं कीटाणु युद्ध के पहलू जोड़े जा सकते हैं; पर इन्हें अभी सर्वमान्यता नहीं मिली है। खुलासे के तौर पर (कुछ टिप्पणियों के साथ) ये मूल सिद्धांत इस प्रकार हैं और अब सिद्धांतों का दायरा मात्र सामरिक नहीं है, राष्ट्रीय जीवन में चुनौतियों का सामना करने में यह उसी प्रकार लागू हो सकते हैं। तो देखिए इन्हें—

1. **उद्देश्य का पालनः** सही उद्देश्य क्या है, इसका सोच-समझकर निर्णय करना और फिर सब तरह से इसका प्रतिपादन तथा पालन करना। इस युद्ध में पक्ष-विपक्ष दोनों का उद्देश्य एक-दूसरे की सेनाओं का विनाश करना था, जिससे वह पुनः सिर उठाने के अयोग्य हो जाएँ।
2. **आक्रामक कार्यवाहीः** संख्या में कम रहते हुए भी बाबर ने अपनी सेना के बचाव के लिए आक्रामक कार्यवाही अपनाई। राणा साँगा ने भी इस सिद्धांत का भलीभाँति प्रतिपालन किया।

3. **आकस्मिक आक्रमणः** मालगाड़ियों की कतारों के पीछे से सहसा निकलकर टूट पड़ना तथा जमघटों पर तोपों का अचानक आ पड़ना भीषण गोलाबारी और इनसे प्राप्त फायदे, इस सिद्धांत की रचना दर्शाते हैं।
4. **केंद्रीयकरणः** बल शक्ति इधर-उधर बँटने के अलावा उसका जमघट परंतु संयोजित प्रयोग सफलता के लिए अच्छा माना गया है। यह सिद्धांत बचाव पक्ष के लिए भी उतना ही लागू है। इस युद्ध में दोनों पक्षों ने इसे ध्यान में रखा।
5. **बल प्रयोग की मितव्ययिताः** सेना का सही विभाजन तथा वर्गीकरण, जिससे जो, जब, जहाँ दरकार हो, वह मिले; पर फिजूलखर्ची न हो। राणा साँगा की सेना के वर्गीकरण में फेर-बदल की गुंजाइश थी। यह सिद्धांत केंद्रीयकरण के सिद्धांत से निस्संदेह कुछ बैर खाता है। आमतौर पर माना जाता है कि आक्रमणकारी को बचाव पक्ष की तुलना में तीन गुना अधिक शक्तिशाली होना चाहिए—उस क्षेत्र में, जहाँ बल प्रयोग हो रहा है (सर्वत्र न भी हो)।
6. **सुरक्षाः** उदाहरणतः अपनी ढाल रखते हुए शत्रु पर वार करना। छकड़ों की पाँतों के पीछे अपनी असली ताकत छिपाए रख पाना इसका एक पहलू है। शत्रु के बारे में खबरें प्राप्त करना और अपनी खबरों से उसे वंचित रखना इसका दूसरा पहलू है। शत्रु के सामरिक संसाधनों की तोड़-फोड़ करना और अपनों को बचाए रखना इसका तीसरा पहलू है। अपनी मंशा क्या है, इसे अवगत न होने देना इसका चौथा पहलू है।
7. **गतिशीलता और वेगः** हाथी के मुकाबले में घोड़े में अधिक गतिशीलता और फुर्ती है। चार कोर्स का डिनर खानेवाले तथा सत्तू फाँककर गुजारा करनेवाले की तुलना भी इस सिद्धांत के मूल आशय को उद्घाटित करती है।
8. **सहयोग :** विभिन्न अंगों का आपसी तालमेल तथा आपसी परिपूर्णता। जैसे तोपखाने का घुड़सवारों के साथ, पैदल सेना के साथ, तोड़दार बंदूकचियों की टोलियों के साथ।
9. **लचीलापन :** सामरिक नमनीयता। ऐसा न हो कि हर परिस्थिति में बस एक ही पुराने व्यूह की रचना की जाए या सामने का हमला असफल होने पर बारम्बार उसी चट्टान पर सिर पटका जाए। स्थिति के फेर-बदल के अनुकूल समयानुसार अपनी योजनाओं को ढालते रहकर, आवश्यकतानुसार

उचित फेर-बदल की सामर्थ्य और सूझबूझ रखना। इस सिद्धांत की दृष्टि से बाबर का पलड़ा भारी रहा।

अब इन सिद्धांतों को एक मोटी-सी कसौटी बनाकर आप स्वयं आँकिए कि स्वाधीन भारत के सामने जब-जब कोई चुनौती आई तो हमने इनमें से किनका पालन किया और कहाँ नहीं। आज की हमारी कठिनाइयों के पीछे कारणों का एक पहलू तो यहीं से शुरू हो जाता है।

'कीर्ति जिस भूमि की विश्व में व्याप्त है,
भूप जिस भूमि के संत-भूषण हुए,
यह न भूलो : उसी भूमि के पुत्र हो!'

चार

राणा प्रताप

मेवाड़ के राणा प्रताप दिल्ली में विराजमान सम्राट् अकबर की आँख का काँटा बने हुए थे। इन्होंने शहंशाह की नींद हराम कर रखी थी। कुछ वैसे ही जैसे बाद में शिवाजी महाराज ने औरंगजेब की। अकबर अपने सारे राज्यकाल के दौरान लड़ाइयाँ ही लड़ता रहा। उसका विश्वास था कि यदि उसने अपनी विशाल सेना को सदा लड़ाइयों में ही व्यस्त न रखा तो वह उसके लिए समस्याएँ ही खड़ी करती रहेगी। अकबर शक्ति का भूखा था। उसकी महत्त्वाकांक्षा थी, अपने साम्राज्य को जहाँ तक हो सके बढ़ाने की। उसने अपने जीवन में लड़ाई करते-करते सारे हिंदुस्तान को तलवार तथा नीति के बल से अपने कब्जे में करने का लक्ष्य ही साध लिया। ऐसा नहीं कि वह दूसरे राज्यों को पराजित कर उन्हें अपने साम्राज्य में मिला, वहाँ के लोगों का जीवन बेहतर बनाने की किसी उच्च सामाजिक भावना से प्रेरित था। उसका एकमात्र ध्येय था हिंदुस्तान की सारी सर-जमीन को अपने अधिकार में कर उसका बादशाह बन बैठना; जिससे हिंदुस्तान की सीमाओं में कोई भी उसके साम्राज्य को चुनौती देनेवाला न रह जाए।

अकबर अनपढ़ होते हुए भी सूझबूझ में पढ़े-लिखों से बेहतर था। वह आजीवन परम जिज्ञासु बना रहा। आदमी के चरित्र को पहचानना वह खूब जानता था।

किससे क्या काम लिया जा सकता है, यह भी। उसने अपना शासन नियमित रूप से चलाने के लिए मुल्क के योग्यतम लोगों को चुना। उसकी यह सूझ ही उसे हिंदुस्तान का एक बहुत बड़ा बादशाह बनाने में कामयाब रही। आज उसकी ख्याति हिंदुस्तान ही नहीं, विश्व इतिहास के प्रमुख सम्राटों में है। उसके दादा बाबर ने राजपूतों से टक्कर ली थी। बाबर ने राजपूतों को पराजित किया, पर वह उनका लोहा मान चुका था। उसने अनुभव किया कि राजपूत बड़े शूरवीर पर स्वभाव के अक्खड़ लोग हैं। यदि मुगल सैनिकों से अच्छे नहीं, तो हर बात में उनकी बराबर की टक्कर के तो हैं ही।

अकबर ने इसी अनुभव का फायदा उठाया। वह समझ गया कि हिंदुओं और राजपूतों को साथ मिलाए बिना पूरे हिंदुस्तान में अपना साम्राज्य कायम करना उसके लिए असम्भव है। इसलिए उसने उन्हें काबू करने के बाद उनके साथ मित्रता की नीति अपनाई। उसने स्वयं हिंदू घराने में विवाह भी किया तथा अपनी संतान का भी करवाया। इस तरह बड़ी चालाकी के साथ विपरीतमुखी शक्ति को वह अपने फायदे में भिड़ाने के लक्ष्य में भी काफी हद तक कामयाब होता रहा। इस समय राजस्थान में राजपूत शासकों के कई प्रमुख घराने थे। इनमें जयपुर, जोधपुर, बीकानेर और मेवाड़ शामिल थे। उसने जयपुर क्षेत्र के राजाओं को पूरी तरह अपनी ओर कर लिया तथा जोधपुर और बीकानेर के राजाओं को दुश्मनी की राह न अपनाने के लिए सहमत करने में सफल रहा। परंतु एकमात्र मेवाड़ ही था, जो सदा अकबर के प्रभुत्व को खुले तौर पर चुनौती देता आया। साम-दाम-दंड-भेद, नीति, कूटनीति, छलनीति और कपटनीति—अकबर ने साम्राज्य और शक्ति की सारी चालें चलीं, सब हथकंडे आजमाए; पर मेवाड़ अपनी स्वतंत्रता के यशस्वी शिखर से रत्ती-भर भी डगमग नहीं हुआ। इसका कारण था मेवाड़ का एकमात्र दिग्गज नेता महाराणा प्रताप, जो अडिग चट्टान की तरह अकबर की राह में खड़ा रहा।

इससे अकबर के आत्मसम्मान को बड़ी ठेस लगी और उसने बहुत बड़ी तथा शक्तिशाली सेना का नेतृत्व करते हुए स्वयं मेवाड़ पर आक्रमण बोल दिया। उसकी मंशा थी अपनी हठ के लिए महाराणा को दंडित करके सबक सिखाना। मेवाड़ को लेकर उसके अगाध अहंकार को बड़ी करारी ठेस लगी थी। 'मैं सारे हिंदुस्तान का बादशाह, जिसके नाम से हिंदुस्तान के बाशिंदे थर-थर काँपते हैं। जिसके दरबारी उसे इतने लम्बे-चौड़े नामों से पुकारते हैं और अनगिनत उपाधियाँ साथ जोड़ते रहने की हिकमतों में एक-दूसरे से बैर खाते हैं। मैं, जिसने एक-एक करके सब प्रतिद्वंद्वियों का सिर कुचल दिया। मैं, जिसने राजपूतों के साथ मैत्री की, उनके

साथ विवाह सम्बंध स्थापित किए। इस विशालकाय सल्तनत को मरुभूमि का एक अदना-सा राजा चुनौती देता है। तौहीन। उसका सिर कुचलकर रख दिया जाएगा।' ऐसी भावनाओं के वशीभूत होकर अकबर ने मेवाड़ पर आक्रमण कर दिया।

अकबर की सेना प्रताप की सेना से संख्या में कई गुना बड़ी थी। उसके पास भारी एवं हल्की दोनों प्रकार की तोपों के विशाल तोपखाने थे। तोड़दार बंदूकें थीं। अनेक युद्धों में विजय पानेवाले अनगिनत घुड़सवार थे। हजारों की संख्या में बख्तरबंद हाथी थे।

उधर राजपूत सेना में प्रधानतया घुड़सवार और पैदल सैनिक थे; धनुष-बाण, तलवारें, खड्ग, कटारें—ये ही उनके प्रमुख हथियार थे। तोड़दार बंदूकों का प्रयोग निम्नतम था। तोपखाना तथा आग बरसानेवाले अस्त्रों का अभाव था। सेना की अगुआनी वीरों की एक छोटी मंडली करती थी, जिसमें हरावल का आदर प्राप्त करने के लिए होड़ लगी रहती थी। कवि ने ठीक ही कहा है—'दूसरों को उबार लेते हैं, एक-दो वीर ही विपद में गिर।' परम्परागत वीरता, देशप्रेम तथा मान-मर्यादा की भावनाओं से प्रेरित यह मंडली सदैव प्राणों की बाजी लगा देने को तत्पर रहती थी। शेष सैनिक इन्हीं के बल-शौर्य से प्रेरणा पा संगठन में एकजुट होते थे। राजपूत आमने-सामने की लड़ाई में कुशल, तलवार चलाने में सिद्धहस्त तथा जान की परवाह किए बिना कल्पनातीत वीरता से लड़ने के कायल थे। इनका युद्ध भावना से उत्प्रेरित था, परंतु सामरिक प्रपंचों से सामान्यतया रहित होता था। वीरता की परम्परा के पीछे एक भद्र भाव की भावना थी, जो धर्मयुद्ध के सिद्धांत के प्रति उन्मुख थी। खलयुद्ध अथवा कूटयुद्ध को निकृष्ट कोटि का युद्ध समझा जाता था। निहत्थे शत्रु पर वार करना अनुचित समझा जाता था।

राणा साँगा और बाबर के युद्ध से राजपूतों ने यही सीख सीखी थी कि शत्रु छली होने के कारण किसी-न-किसी प्रकार विजयी रहता था। इसलिए उन्होंने साम्राज्य की बड़ी सेना के साथ संघर्ष करने के लिए बड़ी मात्रा में आमने-सामने की लड़ाई करने की बजाय, छोटे-छोटे दलों के सहारे लड़ाई जारी रखने का निर्णय लिया। इसी कारण मुगल सेना के चित्तौड़ की ओर अग्रसर होने पर राणा प्रताप ने अपने प्रिय नगर को छोड़कर जंगलों में रहकर लड़ाई जारी रखने का कठोर निर्णय लिया।

उस समय साम्राज्य के प्रायः सभी कुलीन तथा समर्थ लोग राणा प्रताप के पक्षधर नहीं थे। सब ओर अकबर की जी-हुजूरी का माहौल था। साम्राज्य के हथियारों की अपार शक्ति राणा प्रताप के विरुद्ध खड़ी थी। देश के अन्य राजपूतों को अपने साथ कर लेने के कारण मुगल सम्राट् की शक्ति में बड़ी बढ़ौतरी हुई

थी। जयपुर के रजवाड़े अकबर से जा मिले थे। उन्होंने विधर्मी के साथ वैवाहिक सम्बंध भी स्थापित कर लिए थे। उस समय राणा प्रताप एकदम अकेले पड़ गए थे। 'सौ मुसीबतें सहूँगा, पर अपनी मान-मर्यादा को गिरवी नहीं रखूँगा', मानो उन्होंने प्रण कर लिया हो। राणा प्रताप का प्रण भीष्म-प्रतिज्ञा के समान अटल था। अकेले हो जाने से अविचलित रहकर उन्होंने दुनिया-भर की मुसीबतों का सामना कर लड़ते रहने का दुस्साहसी निर्णय लिया। उन दिनों महाराणा प्रताप प्रायः मित्रहीन थे, परंतु असहाय नहीं। कर्तव्यनिष्ठ सैनिकों तथा स्वामिभक्त अनुयायियों की एक छोटी-सी टोली उनके साथ थी। पर उन्होंने पल-भर के लिए भी हिम्मत न हारी। अंतिम साँस तक अकेले ही लड़ते रहने का बीड़ा उठा उन्होंने मेवाड़ की पुण्यभूमि को अपने रक्त से सींचने का वरदान माँगा। अपनी ओर से वे अंतिम साँस तक लड़ने के लिए दृढ़-संकल्प थे।

मुगल सेनाओं के विशाल समूह टिड्डी दलों की तरह मेवाड़ की सीमाओं पर टूट पड़े। राणा प्रताप ने उन्हें भीतर और भी भीतर जंगल से ढके पर्वतीय क्षेत्र में आने का प्रलोभन दिया और फिर यहाँ-वहाँ, जहाँ संभव हुआ, व्याघ्र वेगवत् उनके ऊपर सहसा टूट पड़ते रहे। इस तरह उन्होंने भव्य मुगल सेना की नाक में दम कर दिया।

एक ओर प्रबल तथा सम्पन्न मुगल साम्राज्य का आधुनिकतम हथियारों से लैस तथा हर तरह के छल-कपट में प्रवीण विशाल अनुशासित सेना-समूह, दूसरी ओर मेवाड़ के राजपूतों की, भीलों की, मीणों की, तथा अन्य की अद्भुत वीरता, प्रबल बलिदान-भावना तथा उनका अगाध उत्साह। धनुष-बाणों के सहारे बड़ी-बड़ी तोप और बंदूकवालों को बारम्बार घुटने टेकने पर मजबूर किया गया।

भीतर आकर अब मुगल सेना बाहर कहाँ से निकले? पर्वतीय क्षेत्र में प्रवेश का एक ही द्वार था। इसका नाम था हल्दीघाटी। दर्रे की रक्षा के लिए राणा प्रताप के कुछ ही रणबाँकुरे डटे हुए थे। मुगल सेना के आते ही वे उनपर टूट पड़े—भीषण, प्रलयंकारी वेग के साथ। मुगल सेना में कोहराम मच गया। बड़ी शक्ति को अपना ही घमंड होता है। पर जब कोई छोटी शक्ति उसके दर्प को चूर कर डाले तो बड़ी शक्ति की दुर्दशा बड़ी दयनीय हो उठती है।

'हल्दी घाटी के शिला-खंड!
ऐ दुर्ग सिंह गढ़ के प्रचंड!
राणा नाना का कर घमंड,

दो जगा आज स्मृतियाँ ज्वलंत,
वीरों का कैसा हो वसंत?'

राणा प्रताप के अनुयायी मीणा तथा भील दलों ने आस-पास की चोटियों पर जमकर मुगल सेना के ऊपर बाणों की झड़ी लगा दी। धनुर्विद्या तो इनके छोटे-छोटे लड़कों ने बचपन से सीखी थी। वे पहाड़ी नालों में बहती मछलियों का शिकार कर अपना कौशल बढ़ाते थे। बड़े होने पर तो कहना ही क्या! मुगल सेना बुरी तरह बौखला उठी। साथ-साथ आश्चर्यचकित भी; किंकर्तव्यविमूढ़ भी। समझ नहीं आया कि करें तो क्या करें।

ऐसे में मुगल तोपखाना उनकी सहायता को आया। भयंकर गोलाबारी के साथ उन्होंने राजपूतों के दल-पर-दल रौंदने शुरू किए। पर राजपूत बाँके आन के साथ, पाँत-पर-पाँत इस आग में जलते ही चले गए। इस भयंकर शौर्य प्रदर्शन में राणा प्रताप स्वयं अपनी रणबाँकुरी सेना की अगुआई कर रहे थे। शत्रु उनके साहस को देखकर भौंचक्का रह गया। वे व्याघ्र की निर्भीकता-से लगातार डटकर लड़े। एक बार तो उन्होंने अपनी तलवार और नेजे के प्रहार से हौदे में सुरक्षित बैठे मुगल शहजादे को लगभग मार ही गिराया। किंतु प्रहार महावत पर पड़ा और शहजादा बाल-बाल बच गया।

अंततः संख्या एवं हथियार धीरे-धीरे वीरत्व पर हावी होने लगे। रणचंडी ने खूब जी भरकर रक्त पिया। राजपूतों के सैनिकों में से लगभग सभी वीरगति को प्राप्त हुए, ऐसा कहते हैं।

□

मुगलों की जीत हुई, पर इससे कहीं अधिक बड़ी उनकी हार भी हुई। इस युद्ध के पश्चात् दिल्ली में वर्षों तक वृद्ध मुगल सैनिकों ने नवयुवकों को हल्दीघाटी और महाराणा प्रताप के अनुपम वीरत्व की गाथाएँ सुनाते-सुनाते अपनी जबान धिसा डाली।

मुगलों ने महाराणा प्रताप का पीछा किया। पर वे पुनः अपनी परिचित पर्वत कंदराओं में जा पहुँचे। वहाँ पहुँचकर एक बार फिर उन्होंने अपने वीर दलों का संगठन किया। चारों ओर से बर्बर सेना द्वारा घिर जाने के बाद भी उनकी हिम्मत हिमालय के समान अडिग बनी रही। आज इस पहाड़ी तो कल उस पहाड़ी के आँचल में। पीछे-पीछे निर्दयी सेना। ऐसे कठोरतम जीवन के बावजूद उनका नेतृत्व ध्रुव तारे के समान निश्चल तथा उज्ज्वल बना रहा। उनके अनुयायी उनके इशारे

पर प्राण न्यौछावर करने को सत्तत्पर बने रहे। स्वामिभक्ति तथा निष्ठा का ऐसा अनुपम उदाहरण संसार के इतिहास में कम ही मिलेगा। महाराणा प्रताप तथा उनके वीर सैनिकों ने मेवाड़ की प्रत्येक शिला पर अपनी वीरगाथा अपने ही रक्त से अमिट अक्षरों में लिख डाली।

दिन, सप्ताह, महीने, साल बीतते चले गए; परंतु यह लम्बा युद्ध समाप्ति के कगार पर नहीं पहुँचा। सारे भारत में अकबर बादशाह का शासन था। पर वह मेवाड़ जीतने में असमर्थ रहा। सब जीतों के बावजूद यह उसकी करारी हार थी। जब भी कोई बड़ी शक्ति छोटी को कचोटती है और छोटी, जाँबाजी से उसका मुँहतोड़ जवाब देती है, तो महाराणा प्रताप की याद आती है। वे राजमहल त्याग स्वेच्छा से भूमि पर सोए, जंगल-जंगल घूमे, दिनोदिन भूखे-प्यासे रहे, परिवार को भी भूखा-प्यासा रखा, अनुयायियों को भी। परंतु लाख मुसीबतों के बावजूद वे सादर-सहर्ष उनकी सेवा में जुटे रहे। भला नेतृत्व का ऐसा ओजस्व विरला नहीं? अनोखा नहीं? अनुपम नहीं?

महाराणा प्रताप की कीर्तिगाथाएँ हिंदुस्तान के कोने-कोने में फैलती गईं। हिंदू और मुसलमानों ने मिलकर उनकी बहादुरी की प्रशंसा की। जिनके साथ लड़े, उन्होंने भी उनके अतुलनीय साहस की भूरि-भूरि प्रशंसा की। लगातार कठोर यातनाएँ सहते हुए तथा जोखिम से भरे बीस वर्ष तक दर-दर भटकते हुए, उन्होंने अपनी मातृभूमि की स्वतंत्रता की रक्षा की और अंततः अपने प्राणों की आहुति दे डाली। अकबर के एक नवरत्न महाकवि अब्दुर्रहीम खानखाना ने महाराणा की पुण्य स्मृति में श्रद्धांजलि अर्पित करते हुए लिखा—

'इस जग में सबकुछ है नश्वर,
भूमि औ' धन भी अस्थिर,
यशस्वी का यश कभी मंद न होगा,
जदपि प्रताप ने निज राज्य औ' वैभव खोया,
तदपि वह नतमस्तक नहीं हुआ,
राजकुँवरों में वही अकेला आया काम।'

महान् वीर राणा प्रताप ने वीरत्व परम्परा की एक नई नींव रखी। इसी से प्रेरित होकर एक अन्य कवि ने भाव-विह्वल होकर कहा—

'भड़ रण चढ़ियौ कट पड़ै, पण घर मुड़ै न पैर।
सूरतज ऊगौ आथमै, पाछो फिरै न फैर।।'

पाँच

छत्रपति शिवाजी

मुगल साम्राज्य के वृहत् विस्तार, ताकत और शान-ओ-शौकत के दिन। औरंगजेब का जमाना, जब दक्षिण भारत में फतह के बाद फतह बदस्तूर। 'जजिया' कर के बोझ तले दबी साम्राज्य की प्रजा। धर्म परिवर्तन कर लो तो किस्मत के सितारे चमकने लगते हैं अथवा जनेऊ पहनने की सजा भुगतो। मजाल है कि साम्राज्य की फौलादी ताकत के सामने कोई चूँ तक बोलने की जुर्रत कर सके। संसार से विमुख हो गेरुए पहन लो या आजीवन भक्ति-रस में डूबे रहने की ठान लो तो ठीक, अन्यथा भुगतो भाग्य-रेखाओं के वक्र विन्यास का आतप। चारों ओर मुगलों के समृद्ध साम्राज्य का बोलबाला। विपरीत बोलो तो आफत।

मायूसी से भरे ऐसे दमघोंटू वातावरण में देश के दक्षिण-पश्चिमी घाट-शृंखला के भूभाग से उभरती है एक नई आवाज। इसमें राज्य के उत्तरदायित्व निभाने के लिए पौरुष के साथ घुलमिल आया है अनूठे तथा मौलिक सामरिक चिंतन का भाव। एक नई सोच। एक नई हिम्मत। छोटा-सा डेविड भीमकाय गोलयथ से किस आधार पर टक्कर मोल लेगा? एक नवेला अभिमन्यु और चुनौती बीहड़ चक्रव्यूहों को भेदकर शत्रु के संहार की।

यह नई आवाज थी मराठा सिपहसालार छत्रपति शिवाजी की। उन्होंने अपनी कमजोरी एवं प्रतिपक्षी की विशाल शक्ति का निर्पेक्ष्य मूल्यांकन किया। चिंतन तथा मंथन ने उन्हें सूझ दी। कठोर होनी की चुनौती स्वीकार कर उन्होंने अपनी सोच, हिम्मत तथा दिलेरी से, कमजोरी को शक्ति में ढाल देने की युक्ति ढूँढ़ निकाली। उसके पश्चात् सफलता एवं विजय उनके भाल चूमते चले गए।

अपने क्षेत्र की पहाड़ी तथा जंगलों से ढकी भूमि का फायदा उठाते हुए महाराज शिवाजी ने सामरिक सूझबूझ से प्रेरित गढ़ों की शृंखला का संगठन किया। उनका प्रत्येक काम गहरी सोच के बाद योजनाबद्ध तरीके से कार्यान्वित किया जाता था। उनके सैनिकों तथा अफसरों को अपनी भू-क्षेत्र की विस्तृत तथा सही जानकारी थी। प्रत्येक किले को तीन अधिकारियों के नीचे रखा जाता—हवलदार, सबनीस एवं सर-ए-नौबत। इन तीनों को मिलकर काम करना पड़ता था। यथासम्भव इनकी जाति भी अलग होती थी, जिससे शत्रु-पक्ष से रिश्वत या विश्वासघात की सम्भावना न्यून हो। फाटकों को ताला लगाने और ताला खोलने के नियमों का कड़ाई से

पालन किया जाता। किलों का बंदोबस्त तथा संतरियों की सतर्कता परखने के लिए विधिवत् निरीक्षण तथा आकस्मिक गश्त लगाए जाते युद्ध सामग्री एवं रसद का प्रबंध अति विस्तृत लिखित निर्देशों के अनुसार किया जाता। उल्लंघन पर कठोर दंड की व्यवस्था थी। पहाड़ियों की चोटियों पर बड़ी निर्माण-कौशलता से गठित इन किलों को 'मरहठा-गरुड़ों' के 'घोंसलों' की उपमा दी जाती, जहाँ से सफल आखेट का विन्यास होता था।

सेना के दो अंग थे—रिसाला और पैदलसवार। मुगल बादशाह और दक्षिण के अन्य शासकों के पास भारी दुर्वह सेनाएँ थीं। बड़ी-बड़ी तोपों, हाथियों, लम्बी माल गाड़ियों तथा खेमों के कारण गति मंद ही रहती थी। मरहठों की सेना का गठन इन्हीं दुर्बलताओं पर विजय पाने के लिए किया गया। उन्हें छोटे-छोटे दलों में बाँटकर चाल से फुर्तीला रखा गया तथा पूर्ति-प्रणाली के माध्यम से लगभग स्वतः सम्पन्न। किसी औरत, नर्तकी अथवा दासी को सेना के साथ जाने की मनाही थी। किसी औरत या बच्चे को बंदी नहीं बनाया जाता था।

सतर्कता, बिजली-सी तेज चाल, प्रतिपक्षी के पार्श्व अथवा पृष्ठ भाग पर आकस्मिक धावा बोल, उन्हें क्षतिग्रस्त कर योजनानुसार निकटवर्ती किलो में पहुँच वहाँ से लड़ाई का नया मोर्चा खोलना, जी-जान से लड़ना। इसी में सफलता की कुँजी थी। इस गुणवत्ता को व्यावहारिक रूप देना तथा कदम-कदम पर अपनी सेना का मार्गदर्शन करना। जन्मजात नेता तथा उच्चतम कोटि के सेनापति के गुण शिवाजी महाराज को सफलता के उच्चतम शिखर पर पहुँचाते चले गए। उनकी सेनाओं ने मुगल साम्राज्य की नाक में दम कर दिया। उन्होंने सामरिकी की ऐसी नींव रखी कि अल्पकाल के बाद मरहठाओं की सेनाएँ दिल्ली तक जा पहुँची। उच्च कोटि की छापामार सेनाओं के संगठन के साथ-साथ छत्रपति शिवाजी ने एक शक्तिशाली एवं कारगर नौसेना का भी गठन किया। तभी उनकी प्रशंसा में कहा गया कि, 'यह राजा अपनी गद्दी समुद्र पर रखता है।' इसी का बिम्ब खड़कवासला झील में झाँकते महान् दुर्ग सिंहगढ़ की प्रतिच्छवि में निरूपित है। सिंहगढ़ की छत्रच्छाय धरती में राष्ट्रीय सुरक्षा अकादमी खड़कवासला का स्थापन हुआ। यह चयन प्रतीकात्मक रूप से सही है, इसीलिए खेद होता है कि कहीं यह मात्र परछाई बनकर तो नहीं रह गया?

निश्चयतः शिवाजी महाराज ने सैनिक संगठन तथा सामरिकी परिचालन की एक मौलिक, स्वदेशी तथा बेहद कारगर परम्परा की नींव रखी, जो देश के लिए अनंत प्रेरणा का स्रोत है।

छह

रणजीत सिंह

सिखों की सैन्य-प्रणाली का सूत्रपात अठारहवीं शताब्दी के उत्तरार्ध में हुआ। उन दिनों दिल्ली का मुगल बादशाह बेहद कमजोर हो चुका था और सब ओर सल्तनत के लड़खड़ाने के आसार थे। केंद्रीय शासन दुर्बल होते ही, हिंदुस्तान में कालांतर से दो बातें होती आ रही हैं। एक तो यह कि प्रादेशिक शक्तियों का पुनरुत्थान होता है। दूसरा विदेशी आक्रमण। (आज के संदर्भ में भी इसी ऐतिहासिक तथ्य पर गौर करें।)

इस समय अफगानिस्तान की ओर से दुर्रानियों के बराबर आक्रमण होने शुरू हुए। इनका प्रमुख ध्येय मार-काट एवं लूट-खसोट हुआ करता था। इनकी घनघोर निर्दयता के कारण आम लोगों में दहशत का माहौल था। इन्हीं दिनों नादिरशाह तथा अहमदशाह अब्दाली के आक्रमण भी हुए। इन्होंने दिल्ली क्षेत्र में जो व्यापक कत्लेआम किया, उसकी याद से आज भी लोग काँप उठते हैं। इनके साथ-साथ विदेशी शक्तियों ने भी देश के कुछ तटवर्ती शहरों में अपने पाँव जमाने शुरू कर दिए थे। इन्हीं दिनों ईस्ट इंडिया कम्पनी ने अपने सैनिक संगठन के क्रिया-कलाप आरम्भ किए थे।

ऐसे आपातकालीन समय में देश के पंजाब क्षेत्र में सिख सेना का उदय हुआ। इनका लक्ष्य आत्मरक्षा था; देश को मार-काट, लूट-खसोट एवं आगजनी की बर्बरता से समूल नष्ट होने से बचाना। इस नए सैन्यवाद के जन्मदाता गुरु गोविंदसिंह थे। आधारशिला थी गुरु के प्रति अटूट श्रद्धा तथा मातृभूमि के प्रति अगाध स्नेह। इन दोनों भावनाओं की जड़ सिख मानसिकता में बड़ी गहराई से पैठ चुकी थी। उधर दिल्ली के मुगल राज्य ने भी सिखों के विरुद्ध क्रूरता, पक्षपात तथा उत्पीड़न की नीति अपना रखी थी। इस आतंक ने भी सिख सैनिक शक्ति को संगठित होने में योगदान दिया।

सन् 1748 में 'दल खालसा' की आधारशिला रखी गई। सरदार जस्सा सिंह आहलूवालिया तथा नवाब कपूर सिंह ने नेतृत्व की बागडोर सँभाली। ग्यारह मुख्य नेताओं के गिर्द सेना का संगठन हुआ। धर्म-विरोधियों के खिलाफ लड़नेवालों को भर्ती की छूट दी गई। प्रत्येक सिख सैनिक के लिए घुड़सवारी तथा अस्त्र-शस्त्र चलाने में दक्ष होना अनिवार्य समझा गया। सेना में शामिल होनेवाले सरदार मुख्यतः

माझे के जाट वर्ग के होते थे। ये लोग खेती में बड़ी मेहनत-मशक्कत करनेवाले, स्वस्थ, हट्टे-कट्टे एवं गबरीले जवान हुआ करते थे। मोटा खाना-पीना—'रुक्खा-सुक्खा खाते ठंडा पानी पी', के सिद्धांत को अपनाते थे। थोड़े में ही गुजारा कर लेना। प्रत्येक सैनिक के पास घोड़े के ऊपर उसके खान-पान का प्रबंध तथा घोड़े का चारा रस्सियों के साथ थैलियों में बँधा। रात सोने के लिए नीलाकाश या कम्बलों से बनाई सेज। सेनानायकों के लिए चार बाँसों पर रखे गए केवल एक मोटे चँदोवे का आश्रय। वर्षा और धूप के समय। कभी-कभी कुछ हो मिनटों का डेरा और फिर कूच। साथ में भारी सामान तथा बाह्य निर्भरता का नितांत अभाव। इससे इन सैन्य दलों को अतिशय गतिशीलता तथा रण-कौशल दिखलाने की छूट मिली। एक ही दिन में पचास से सौ मील तय करना आम बात हो गई। थोड़ा-बहुत सामान साथ चल रहे खच्चरों पर। हथियारों के रूप में तलवार, ढाल, भाले, विभिन्न प्रकार के कृपाण तथा तोड़दार बंदूकें।

इनका युद्ध करने का तरीका कुछ अपने निराले ढंग का था। प्रबल वेग के साथ दौड़ता पचास-साठ घुड़सवारों का सैन्य दल शत्रु की ओर बढ़ता चला जाता था। शत्रु से चालीस-पचास गज दूर पहुँचकर प्रत्येक सवार अपने घोड़े को एकाएक रोक लेता था। घोड़ों को ऐसा प्रशिक्षण दिया गया था कि गर्दन पर हाथ की हल्की थपथपाहट से वे रुककर, शेष घोड़ों के साथ मिलकर पंक्ति बाँध लेते थे। घुड़सवार तुरंत निशाना साध, अपनी तोड़दार बंदूक दाग देते थे। सबके सब एक साथ। निशाना इतना अचूक कि एक गोली तो एक शत्रु। इसके बाद वे अचानक पीछे हटकर सौ गज दूर चले जाते थे। वहाँ पहुँच अपनी तोड़दार बंदूकें फिर से भरकर एक बार फिर दौड़ लगा, शत्रु के निकट पहुँच वही मार लगाते थे। यह क्रम तब तक चलता रहता था, जब तक शत्रु-विक्षत न हो जाए। इससे शत्रु बहुत पीड़ित तथा आतंकित हो जाता था। सहसा आक्रमण करने का एक अन्य ढंग था—घोड़ों पर सवार हो तेजी से दौड़ते हुए शत्रु के बीच पहुँच मार-काटकर अचानक फिर पीछे हट जाना और इस क्रिया को बारम्बार दोहराना। परतु इसके लिए हर बार सामने का रैंक हटकर पीछे हो जाता था और पीछेवाले सामने आ जाते थे—शत्रु के ऊपर तरोताजा वार करने के लिए। यदि ऐसे में शत्रु का दल उनका पीछा करता था तो उन्हें दूर तक पीछे आने दिया जाता था। जब यह निश्चित हो जाता था कि अब उसे मुख्य दल से कोई सहायता मिलने की उम्मीद नहीं बची तो सिख घुड़सवार अचानक मुड़कर पीछा करनेवालों पर टूट पड़ते—भयंकर निर्ममता के साथ। प्रत्येक सिख अपने प्रतिपक्षी के आमने-सामने होकर लड़ता।

इस प्रकार शत्रु की टोली टुकड़े-टुकड़े कर दी जाती। इसी प्रकार की खूँख्वार लड़ाई के माध्यम से सिख अफगानी दुर्रानियों के बर्बर आक्रमणों को शांत करने में सफल हुए। बाद में अनेक युद्धों में दूर्रानी सिख सैनिकों को देखते ही डरकर भाग जाते थे।

ऐसे में महाराजा रणजीत सिंह का आविर्भाव हुआ। उनके काल में अफगानियों की शक्ति डुबकी लगाते-लगाते अंधकार में विलीन हो गई। पूरे पंजाब में सिखों की दृढ़ सत्ता कायम की गई। अब रणजीत सिंह ने सिख सेना के पुनर्गठन का काम शुरू किया। यूरोपीय शक्तियों के आने के बाद युद्ध प्रणाली तथा हथियारों में क्रांतिकारी परिवर्तन आ गए थे। जो सामरिकी अफगानियों के विरुद्ध सार्थक हुई थी, वह फिरंगियों के सामने अब व्यर्थ-सी हो गई थी। तब सैन्य विज्ञान की कमी सिखों के धार्मिक उत्साह, पंथ के प्रति अगाध श्रद्धा, बदला लेने के जोश तथा आत्मसम्मान की संघन भावनाओं द्वारा पूरित की जाती थी। अब रणजीत सिंह ने अपनी सेना में भी यूरोपीय ढंग का प्रशिक्षण शुरू किया। इसके लिए फ्रांसीसी प्रशिक्षक भाड़े पर रखे गए। रणजीत सिंह को तोपखाने की शक्ति पर बड़ा विश्वास था। तरह-तरह की आधुनिक तोपें ढालने के छोटे-छोटे कारखाने स्थापित किए गए।

नतीजा यह हुआ कि जिस ब्रिटिश सेना को अब-तब अजेय माना जाता था, उसके साथ टक्कर लेने के लिए सिख सेना अब तैयार करा दी गई थी। फिरोजपुर के युद्ध का वर्णन लिखते हुए एक अँगरेजी लेखक मिस्टर मैल्लेसन ने लिखा है

'साहसी परंतु अशिक्षित योद्धाओं ने विजय प्राप्त कर ली थी। उन्होंने अँगरेजी आक्रामकों को खदेड़ भगाया था। अँगरेजों को पीछे धकेलकर अपने स्थान खाली करने पर मजबूर कर दिया गया। साथ-साथ अँगरेजी सेना को अव्यवस्था की स्थिति में भी डाल दिया गया। यदि सिख सेना का संचालन किसी और भी अच्छे सेनाध्यक्ष ने किया होता तो थकान से चूर हुए अँगरेजों में किसी एक का भी बच पाना असम्भव था। इस लड़ाई ने हिंदुस्तान में अंग्रेजी राज्य सत्ता की आधारशिला को हिला दिया। इसने हमारे अपने देशी सैनिकों में यह विश्वास जगा दिया कि अँगरेज अजेय नहीं हैं। इससे उनके मन में यह धारणा पनप गई कि थोड़े से सैनिक आधिक्य द्वारा विदेशी सैनिकों को आसानी से मात किया जा सकता है। अन्य कोई सैनिक उतनी अच्छी तरह नहीं लड़ पाते, जितना कि सिख सैनिक।'

एक अन्य अँगरेज लेखक मिस्टर बायरन फॉर्वेल द्वारा 13 जनवरी, 1849 को लड़े गए द्वितीय सिख युद्ध की एक घटना का ब्योरा है। इस लड़ाई में ब्रिटिश

अश्वारोहियों के कमांडर ब्रिगेडियर पोप द्वारा दिए गए असंतुलित आदेशों के कारण अँगरेजी फौज में भगदड़ मच गई थी

'अँगरेज अश्वारोही एक-दूसरे के साथ सटे हुए घोड़ों पर सवार बेतहाशा भागते चले जा रहे थे। इस भगदड़ में उन्होंने अपनी चार तोपों तथा उनके साथ बँधी गाड़ियों एवं घोड़ों को धराशायी करवा डाला। भगदड़ को रोका ब्रिटिश फौज के पादरी रेवरेंड वाइटिंग ने। उस समय वह अपने फील्ड अस्पताल में बीमार तथा घायल सैनिकों की मरहम-पट्टी में व्यस्त था। घुड़सवारों को सरपट पीछे भागते देख उसने आगे निकलकर उन्हें रुकने का इशारा किया। उनके मुखों पर हवाइयाँ छा रही थीं। 'क्या हुआ?' पादरी ने पूछा। 'हम हार गए हैं।' एक अश्वारोही ने चिल्लाकर कहा, 'हमारी फौज बुरी तरह कट-फट चुकी है। सिखों ने हमारी बंदूकें छीन ली हैं। उन्होंने हमारा सबकुछ छीन लिया है।' वह भयभीत स्वर में चिल्लाकर बोला।

'कदापि नहीं। पादरी ने और भी ऊँचे स्वर में चिल्लाकर कहा, 'आसमान में रहनेवाला हमारा शक्तिशाली पिता कभी आज्ञा नहीं देगा कि एक क्रिश्चियन फौज को इंफिडेल (काफिर) लोग पराजित कर सकें। तुम सब यहीं रुक जाओ। मैं भगवान् की मंत्रणाओं का दूत हूँ। यदि तुमलोग रुके नहीं तो उसके आदेशानुसार मैं तुम्हें गोली से उड़ा दूँगा।' उसकी चेतावनी से भगदड़ बंद हुई। बाद में उसे पदोन्नति देकर बिशप बना दिया गया।

> 'सभी एक से एक सूरमा; प्रतिभट समर-विलक्षण है!
> ये प्राणोपरि व्रत पालेंगे!—व्रत इनका ध्वज-रक्षण है!
> एक तुम्हारी जाति, धर्म, कुल, कर्म—एक है!
> सब प्रकार से तुम समान हो!
> भेद मिटा दो, भेद मरण है!
> एक हो, रहो सदा एक तुम, ऐक्य शरण है!'

उन दिनों जब अँगरेज, और अँगरेज ही क्या पूरा यूरोप, सारी दुनिया को अपना गुलाम और अपना भक्ष्य बना रहे थे, तब खुद उनमें भी इस बात की चर्चा थी कि संख्या बल के भारी आनुपातिक असंतुलन एवं सामाजिक अलगाव के बावजूद हम विजयी कैसे बने रहते हैं! इसका तुरंत जवाब 'रेशियल सुपीरियोरिटी' में खोजा गया कि हमारी नस्ल है ही सर्वश्रेष्ठ, और 'नेटिव' तो जैसे पशु हैं।

इसी का औचित्य खोजने के लिए 'ह्वाइटमैंस बर्डन' नाम के सिद्धांत का आविष्कार किया गया। तात्पर्य यह कि इन 'नेटिव्ज' को मार-मारकर इनसान बनाने का दायित्व ईश्वर ने 'ह्वाइट मैन' पर यानी गोरे यूरोपियनों को सौंपा है। पर असली कारण उन्हीं दिनों लिखी गई और काफी प्रचलित रही अँगरेजी कविता की इन दो पंक्तियों में था, जिसमें 'सुपीरियोरिटी', ईश्वर और आविष्कार तीनों का सच शामिल है। ये पंक्तियाँ थीं—

'थैंक द गॉड, दैट वी हैव गॉट
द गैटिंग गन, एंड दे हैव नॉट।'

(ईश्वर का धन्यवाद कि हमारे पास तो गैटिंग (मशीन) गन है और उनके पास नहीं)…(वरना जाने क्या होता?)

सात

हिंसा-अहिंसा : तिब्बत

अँगरेजों ने व्यापार के माध्यम से हिंदुस्तान पर अपना साम्राज्य कायम किया। शहंशाहों के आगे-पीछे होकर उन्होंने समुद्र तट पर बसे कुछ एक शहरों में अपना माल उतारने की सहूलियत की याचना की। जब तक उस माल का विक्रय न हो, उसके लिए पहरेदार रखने की आवश्यकता महसूस हुई। पहरेदार रखे गए। पहरेदारों से छोटी-छोटी सैन्य टुकड़ियों का सूत्रपात हुआ। और हिंदुस्तान में अँगरेजी फौज की नींव रखी गई। हिंदुस्तानी आपस में एक-दूसरे के दुश्मन तो थे ही। अँगरेजों ने बड़ी बुद्धिमत्ता एवं चालाकी के साथ एक को दूसरे से भिड़ाया और फिर कभी एक पक्ष को दूसरे से लड़वाया तो दूसरे को तीसरे से। प्रचलित मान्यता है कि अँगरेजों ने हिंदुस्तानियों में फूट डाली। फूट डाली या हमें बेवकूफ बनाया?

नोट : बहुत चाहते हुए भी हम यहाँ चालुक्य, चोल, पांड्य राजाओं, वीर छत्रसाल या वीर दुर्गादास जैसे देश के सपूतों का संक्षिप्त विवरण इसलिए नहीं दे पा रहे, क्योंकि एक तो पुस्तक के पृष्ठों की सीमा है और दूसरा मुख्य विषय पर शीघ्र पहुँचना। पाठक क्षमा करें।

यह एक अहम सवाल है। क्या हममें बुद्धि का अभाव था कि हम उन्के फूट डालने के खेल में शामिल होते गए? या इसके पीछे अन्य कमजोरियाँ थीं? सच्चाई जो भी हो, तथ्य यह है कि गोरों की चालीस हजार संख्यावाली फौज ने इमलोगों की ही फौज बनाकर चालीस करोड़ लोगों पर राज किया। (चालीस करोड़ आँकड़ों को सादगी के तौर पर लें; क्योंकि आज के हिंदुस्तान, पाकिस्तान, बँगलादेश और श्रीलंका की सम्मिलित जनसंख्या अँगरेजों के जमाने में तैंतीस से छत्तीस करोड़ के आस-पास थी।)।

अँगरेजों की कामना थी, पास-पड़ोस के देशों में क्रय-विक्रय करें। भला इसमें किसी को क्या आपत्ति हो सकती है? इधर का माल उधर, उधर का माल इधर। व्यापार था, हेराफेरी तो थी नहीं। फिर किसी को एतराज क्योंकर? सिक्किम भी मान गया। बर्मा भी मान गया। तिब्बत नहीं माना।

सन् 1905 में किसी बहाने की आड़ में, कैप्टन यंग-हजबैंड के नेतृत्व में फौज भेजी गई; तिब्बत को क्रय-विक्रय के साधारण मानवोचित आदान-प्रदान के लिए 'राजी' करने के लिए। इस आयोजन का वर्णन कैप्टन यंग-हजबैंड ने अपनी पुस्तक में किया है। उसमें वर्णन है कि जब वे तिब्बत के काफी भीतर प्रवेश कर गए तो उनकी राजधानी के आदेश पर, पहरेदारों का एक दल हमला थामने के लिए रवाना किया गया। तिब्बती शूरवीर तीर-कमानों से लैस थे। उनके पास दो हथियार और थे—एक था न्याय में उनका विश्वास तथा दूसरा था उनकी अपने धर्म में अटूट आस्था।

शत्रु से मुकाबला करने से लामा-लबादे पहने तिब्बती पहरेदार (सैनिक) आगे बढ़ रहे थे और उधर से इस ओर आ रहे थे ब्रिटिश फौज के हथियारबंद सैनिक। उनके पास बंदूकें थीं, मशीनगनें थीं। तीर-कमान कितनी दूर मार कर सकता है? तिब्बती बेचारे अपनी निराली स्वप्निल दुनिया के रहनेवाले; उन्हें क्या पता, मशीनगन क्या होती है? सामने से धड़ाधड़ बरसने लगीं मशीनगन के मुँह से उगली गई संघातक गोलियाँ। नजर नहीं आ रहा कि शत्रु कौन है! तिब्बती धराशायी होने लगते हैं।

पीछे आनेवालों ने देखा कि तीर-कमान लिए आगे बढ़ती अग्रिम पंक्ति के सारे-के-सारे लोग अकारण धराशायी हो रहे हैं। न नगाड़ा, न झंडा, न वर्दी, न घोड़ा, न हाथी। बस, यों ही चक्कर खा गिर रहे हैं लोग सैकड़ों की संख्या में, तो उन्होंने सोचा कि कोई अपशकुनी है। अज्ञात भूत-प्रेतो का कोई जादू। हवा के जोर से गिर रहे हैं लोग!

पीछे आ रही पाँतों को विश्वास था कि भूत-प्रेतों की बुरी नजर ही गिरा रही है उनके सामने के साथियों को। उन्होंने अस्फुट स्वर में 'ओम मणी पदमे हुम' मंत्रोच्चार आरम्भ किया होगा, शायद इससे बुरी नजर चूक जाएगी।

इसलिए वे भी अग्रिम पाँतों की भाँति छाती तानकर चलते रहे। तीर-कमान पास थे। डर कोई था नहीं। फिर अभी तो कोई शत्रु नजर ही नहीं आया था!

दूसरी पाँत गिरी। फिर तीसरी। फिर चौथी। पर कमान से तीर छोड़ने का अवसर न मिला। सारे हथियार हाथों में ही रह गए।

अब सामने से इधर आती अँगरेजी सेना की आकृतियाँ दृष्टिगोचर होने लगी थीं। शायद जादूगरों की कोई टोली आ रही है इस ओर!

□

गजनवी ने सोमनाथ पर आक्रमण किया तो मंदिर के पुजारियों ने शुचि हृदय नतमस्तक हो प्रार्थना की होगी कि 'हे जगदीश्वर! अजामिल की रक्षा करनेवाले! द्रौपदी की लाज रखनेवाले! ('मूक होइ बाचाल पंगु चढ़इ गिरिबर गहन') हमारी रक्षा करो। अपने भव्य मंदिरों की रक्षा करो। अपने सेवकों की रक्षा करो। अपने बच्चों, माताओं, बहनों की रक्षा करो। काशी की भी रक्षा करो। मथुरा की भी रक्षा करो। हमारी भी रक्षा करो।'

तो जगदीश्वर ने कहा होगा, 'हे तात! तुम अपने बाहुबल तथा बुद्धिबल से उद्यम कर आत्मरक्षा करो। मेरा आशीर्वाद तुम्हारे साथ है। जो तुम्हारा है, यदि वह तुम्हें सचमुच ही प्रिय है, तो तुम उसकी रक्षा के लिए प्राणपण से जुट जाओ। 'गीता' का संदेश भूल गए क्या? 'महाभारत' की गाथा याद है? 'रामायण' की कथा तो न भूले होंगे? इनमें भगवान् ने भी युद्ध किए। रणभूमि से कभी पलायन नहीं किया। न अपने दायित्व से। इसलिए ओ भद्र! सुख-दुःख, लाभ-हानि, जय और पराजय—इनको समान मानकर युद्ध करो। इस भाँति समभाव से युद्ध करने से तुझे पाप नहीं लगेगा।' बाद में लेखक योगेश गुप्त की एक कथा में यह विचित्र दृष्टिकोण मिला—

'30 जनवरी, 1933 को हिटलर जर्मनी का चान्सलर बना था और 30 जनवरी, 1948 को महात्मा गाँधी की हत्या हुई थी। विश्व इतिहास के ये पंद्रह साल लगता है, पिछली पंद्रह शताब्दियों के इतिहास से भी अधिक रोमांचक हैं। हिटलर और गाँधी मानव-अनुभव के दो सिरे हैं। एक हिंसा का प्रतीक बना, दूसरा अहिंसा का। अनुभव वृत्त के व्यास के दो सिरे। पर दोनों की नीतियों के परिणाम कितने

समान। जर्मनी विभाजित हुआ, भारत भी। जर्मनी के युद्ध में लाखों मरे और सन् 1947 में भारत और पाकिस्तान में भी लाखों आदमी मरे और बेघर हुए। सन् 1943 में यूरोप युद्ध से कराह रहा था और भारत भुखमरी से। इन घटनाओं का आंतरिक सम्बंध हमें बड़े होकर समझ आया। बंगाल का अकाल विश्वयुद्ध की देन था; पर गाँधी के अनुसार, उदार अँगरेजों ने चावल का एक दाना बंगाल के लिए मुहैया करके नहीं दिया, जबकि उसका मित्र देश अमेरिका लाखों टन अनाज यूरोप भेज रहा था और कुछ तो गोदामों का खर्च बचाने के लिए समुद्र में फेंक रहा था। इन्हीं दिनों समझ में आया कि अतिवादी अहिंसा, अतिवादी हिंसा से कम मानव विरोधी नहीं होती और यही कारण है शायद कि आस्थाहीनता, मूल्यहीनता और नपुंसकता का जो नंगा नाच भारत में देखने को मिलता है, शायद ही कहीं देखने को मिलता हो। क्या ऐसा ही वातावरण विश्वयुद्धों को जन्म नहीं देता? मूल्यहीनता की यह अति ही क्या मानव विनाश का कारण नहीं बनती?'

उपर्युक्त कथन की कटोंच लम्बे समय तक काँटे के समान बनी रही। फिर एक दिन अनायास विचार आया—

'अपने देश की स्वतंत्रता के लिए करीब पचास वर्ष के लम्बे संघर्ष के पश्चात् आज महामहिम दलाई लामा क्या सोचते होंगे? भारत को करीब तब ही आजादी मिली और तिब्बत गुलाम हो रहा?'

'बंदउँ संत असज्जन चरना। दुखप्रद उभय बीच कछु बरना।
बिछुरत एक प्रान हरि लेहीं। मिलत एक दुख दारुन देहीं।।'

आठ

अखिल विश्व में अतुलनीय उत्कर्ष! हमारा भारतवर्ष!

अँगरेजों ने हिंदुस्तान में एक बड़ी सुदृढ़, कार्यकुशल तथा कर्तव्यपरायण फौज का संगठन किया था। इसकी जड़ें धीरे-धीरे पनपी थीं। शुरू में इसके सारे अफसर अँगरेज थे। बाद में, प्रथम विश्वयुद्ध के समय से, थोड़े-बहुत हिंदुस्तानियों को भी अफसर बनने दिया गया। पर ये अफसर जूनियर स्तरों में तथा मुख्यतया फौज के सहायक अनुभागों में थे। आर्मर्ड कोर, तोपखाना और इन्फैंट्री में लगभग सभी अफसर अँगरेज हुआ करते थे।

फौज में यूनिटों को कमान कर रहे अफसरों के अतिरिक्त 'स्टॉफ अफसर' भी होते हैं, जो कई यूनिटों के सम्मिलित काम में समन्वय के लिए वरिष्ठ कमांडरों की नीतियों का प्रतिपालन करवाते हैं। ये सारे स्टॉफ अफसर अँगरेज हुआ करते थे। यहाँ तक कि छोटी-छोटी यूनिटों में हेड क्लर्क का काम भी अँगरेजों के सुपुर्द रखा गया था। इसका कारण यह था कि हेड क्लर्क गोपनीय दस्तावेजों एवं कागजों की पढ़त रखता है। अँगरेज नहीं चाहते थे कि उनकी अंदरूनी मंत्रणाएँ आम हिंदुस्तानियों के हाथों में पड़ें। स्थलसेना का तो यह हाल था। उधर नौसेना तथा वायुसेना अपेक्षाकृत बहुत छोटी थीं। उनका विकास हाल ही में शुरू हुआ था। इनमें अफसरों के अलावा वारंट अफसर जैसी श्रेणी में भी बहुतेरे अँगरेज भरे पड़े थे।

सन् 1932 में 'इंडियन मिलिट्री अकादमी, देहरादून' की स्थापना हुई। सन् 1947 में कर्नल रैंक पर पहुँचे ले. कर्नल मानेकशा इसी अकादमी के प्रथम कोर्स के स्नातक थे। सन् 1946 में ये दिल्ली में सैनिक मुख्यालय की मिलिट्री ऑपरेशन शाखा में कर्नल थे। उन्हीं दिनों मुख्यालय में मेजर याहिया खान भी सेवारत थे।

प्रथम विश्वयुद्ध में हिंदुस्तानी फौजों ने देश के बाहर लड़ाई के कई मोर्चों में सक्रिय हिस्सा लिया था। हमारे बहुतेरे सैनिकों ने ब्रिटिश साम्राज्य का उच्चतम वीरता पदक—विक्टोरिया क्रॉस—भी जीता। दूसरे विश्वयुद्ध के आरम्भ में हिंदुस्तानी फौज की संख्या एक लाख सैंतीस हजार से बढ़कर दो लाख हो गई थी। लड़ाई के अंत तक यह संख्या बढ़कर पच्चीस लाख तक पहुँच गई थी। लड़ाई के बाद छँटनी शुरू हुई और आजादी के समय तक यह संख्या चार लाख ही रह गई। इस बड़ी लड़ाई में हिंदुस्तानी फौज ने फिर विदेशों में हो रही लड़ाईयों में सक्रिय भाग लिया। इनमें मध्य-पूर्व अफ्रीका और यूरोप शामिल थे। जापान के लड़ाई में आने के बाद हिंदुस्तानी फौज का बड़ा भाग बर्मा मोर्चे में जूझता रहा। इस क्षेत्र में पहले जापानी फौजों ने हिंदुस्तानी फौजों को पीछे धकेलते हुए पूरे बर्मा पर काबू जमा लिया। इसके पहले वे मलाया में भी ऐसा ही कर चुकी थीं। पर इसके बाद हिंदुस्तानी फौजों ने इम्फाल और कोहिमा की लड़ाईयों में जापानी फौज को रोका, फिर उनपर हमला किया और एक के बाद दूसरी जीत प्राप्त करते हुए जापानियों को पूरे बर्मा से धकेल बाहर किया।

उन दिनों जापानी सिपाही की दिलेरी तथा निर्भीक युद्ध-निष्ठा का बड़ा बोलबाला था। उनका नेतृत्व भी उच्च कोटि का था। जापानी सामरिक परम्परा की उत्कृष्ट कोटि का लोहा सारा संसार मानने लगा था। जापानियों ने सन् 1904 में रूसियों

को मंचूरिया में करारी हार दी थी। उन दिनों यह जनश्रुति थी कि कोई भी गोरी (यानी यूरोपीय) फौज, किसी अश्वेत (यानी एशिया या अफ्रीका के किसी देश की) फौज द्वारा हराई नहीं जा सकती है। इसके मूल में दो प्रकार की आस्थाएँ थीं। एक तो यह कि बेहतर वैज्ञानिक जानकारी एवं उपलब्धियों के कारण गोरी जाति को हराया जाना असम्भव है। दूसरा यह कि गोरी जाति के लोग सब प्रकार के गुणों में—जिसमें सामरिक नीति, बुद्धि, योजनाबद्धता, युद्धोचित साहस इत्यादि सम्मिलित हैं—अश्वेत जातियों के लोगों से श्रेष्ठतर होते हैं। जापान की फौज इन भ्रांतिमूलक आस्थाओं को तोड़ने में कामयाब हुई थी। सन् 1917 की रूसी क्रांति के मूल में एक यह नाराजगी भी रही कि 'ज़ार' के काल में देश की दशा इतनी शोचनीय बना डाली गई कि अश्वेतों के समक्ष घुटने टेकने पड़े। इसी जापान ने चीनी भूमि पर आक्रमण करके उन्हें कई बार हराकर उनमें अपनी शक्ति का आतंक जमाया। चीनी सिपाही के दिल के भीतर, 'शोगन' (Shogun) सामरिक परम्परा से प्रेरित जापानी सिपाही की दिलेरी का खौफ बैठ गया था। चीनी फौज को जापानी फौज की तुलना में काफी निम्नतर माना जाने लगा था। बर्मा की लड़ाई के दौरान च्यांग काई शेक के चीनी डिवीजन भी लड़े थे। किंतु उनकी सामरिक योग्यता अथवा साहस के विषय में कोई भी सम्मानजनक चर्चा सुनने में नहीं आती। उल्टे, चीनी सिपाही को कुछ ढीला-ढाला माना जाता था। हिंदुस्तानी फौज ने उज्ज्वल परम्परावाली जापानी फौज को बर्मा में करारी हार दी। बर्मा की लड़ाई में दिए गए सत्ताईस विक्टोरिया क्रॉस पदकों में से बीस हिंदुस्तानियों ने जीते थे। तब इस सेना का नेतृत्व मुख्यतः अँगरेज अफसरों के हाथों में था।

सन् 1939 में विश्वयुद्ध शुरू होने के समय में अँगरेज अफसरों और हिंदुस्तानी अफसरों का परस्पर अनुपात 10 : 1 था। सन् 1945 में युद्ध के समाप्त होने के समय यह 4 : 1 ही रह गया था। उस समय इने-गिने हिंदुस्तानी अफसरों ने ही उच्चस्तरीय रैंक प्राप्त किए थे। आजादी के समय हमारे विरल ब्रिगेडियरों में ब्रिगेडियर करियप्पा, ब्रिगेडियर राजेंद्र सिंह और ब्रिगेडियर थिमैया वरिष्ठ थे।

आजादी आई तो फौज का भी बँटवारा शुरू हुआ। तब कुल संख्या लगभग चार लाख थी। इसमें ढाई लाख हिंदुस्तान के पास आए और डेढ़ लाख पाकिस्तान गए। बटालियनों के भी बँटवारे हुए। मुसलमान कम्पनियाँ पाकिस्तान गईं और गैर-मुसलमान कम्पनियाँ हिंदुस्तान आईं। तब की फौज में गैर-मुसलमान और मुसलमान का अनुपात 7 : 3 के आस-पास था। इसके बाद सैनिक अड्डों, हथियारों, वाहनों तथा साज-सामान के साथ-साथ सामरिक दस्तावेजों का भी बँटवारा हुआ! फौज

में हिंदु-मुसलमान-सिख-ईसाई सभी धर्मों के लोगों तथा सभी जाति एवं प्रदेशों के लोगों में बड़ा गहरा भाईचारा था। सब कंधे-से-कंधा मिलाकर बाहर के शत्रुओं से लड़ चुके थे।

हिंदुस्तानी फौज बहादुरी तथा दिलेरी में किसी से कम नहीं थी। भाईचारे में 'सारे जहां से अच्छा हिंदोस्तां हमारा, हम बुलबुले हैं इसकी ये गुलिस्तां हमारा' जैसी भावनाओं को मूर्त करनेवाली और पूर्णतया कर्तव्यनिष्ठ, रण-कुशल, अनुभव-सम्पन्न तथा सरकार के प्रति निष्ठावान्—पर राजनीति की बू तक नहीं! पर यहाँ यह भी याद रखना चाहिए कि यद्यपि फौज राजनीति के रुझानों से विमुक्त थी, उसमें देशप्रेम की भावना उजागर हो चुकी थी। आजाद हिंद फौज बन चुकी थी। इसमें हिंदू-मुसलमान-सिख-ईसाई सब साथ थे। सन् 1942 में बम्बई में नौसैनिकों की बगावत हो चुकी थी। जबलपुर में भी सैनिक विद्रोह के लक्षण परिलक्षित हो चुके थे।

सन् 1947 में जब हिंदुस्तानी फौज का हिंदुस्तान और पाकिस्तान के बीच बँटवारा हुआ तो दोनों की परम्पराओं का उद्गम स्रोत एक ही था। अपनी बटालियन अथवा रेजिमेंट के नाम के लिए अथाह गर्व, इज्जत एवं समर्पण की भावना। जैसे किसी परिवार अथवा कुटुम्ब को अपने भाईचारे तथा अपनी उपलब्धियों पर नाज होता है। और यही गर्व बढ़ते-बढ़ते देशप्रेम से अभिभूत हो, देशहित हेतु प्राण न्यौछावर करने को भी उद्यत हुआ रहता है।

फौज की बड़ी धाक भी थी। अँगरेजी वाइसराय को 'मुल्की लाट' कहा जाता था, तो कमांडर-इन-चीफ को 'जंगी लाट'। फौज अलग छावनियों में रहती थी। छावनियों को बड़ी साफ-सफाई के साथ रखा जाता था। फौज की अपनी निराली मूल्य-परम्परा थी। योग्यता सर्वोपरि थी। इसके चयन में पूरी ईमानदारी बरती जाती थी। पक्षपात निकृष्ट माना जाता था। आपसी भाईचारे की भावना प्रबल थी; परंतु स्वस्थ स्पर्धा की भावना को प्रोत्साहित किया जाता था! कर्मभूमि में सब बराबर थे। भेदभाव की कसौटी योग्यता थी, अन्य कुछ भी नहीं। ईमानदारी, निष्ठा, साहस, श्रम जैसी भावनाओं को मूल्य-परम्पराओं में उच्च स्थान प्राप्त होता था। आपसी भेदभाव का सर्वथा अभाव था। अफसरों के लिए सर्वोपरि देशहित था। उसके बाद जवानों का हित। निजी स्वार्थ की बारी आखिर में आती थी। यदि फौज का कप्तान कष्ट में पड़े अपने किसी सैनिक के परिवार के बारे में कलेक्टर को चिट्ठी लिख देता था तो उसे ऐसी मान्यता मिलती थी मानो किसी गवर्नर की चिट्ठी हो! जिला प्रशासन समस्या का उचित निदान कर डालता था; अविलम्ब!

ऐसे में सैनिक भी छंब-जौड़ियाँ में लड़ते हुए अपने अफसर के इशारे पर कोई भी बलिदान करने को उद्यत रहता था। अब भी है, पर शायद, अपने परिवार को लेकर, उतनी निश्चिंतता से नहीं।

इसी फौज के बारे में फील्ड मार्शल स्लिम ने लिखा—

'1943 के बाद मेरे हिंदुस्तान डिवीजन दुनिया में सर्वश्रेष्ठ थे। जहाँ जाने का आदेश मिले, वहाँ पहुँच जाते हैं; जो कहो वही कर दिखाते हैं और ऐसा करने के लिए उनकी आवश्यकताएँ भी न्यून ही बनी रहती हैं।'

'उत्साही, ओजस्वी, कर्मठ, उद्यम-रत,
श्रम-सुपुष्ट, श्रीयुक्त, भुजबली, श्रेयोव्रत
रण-सक्षम, दक्ष, विपक्षी पर यमवत्,
शूरों की सेना जिसकी दुर्द्धर्ष!
हमारा भारतवर्ष!!'

पहली परीक्षा: जम्मू-कश्मीर 1947-48

एक

1947 में पाकिस्तानी फौज में सेवारत मेजर जनरल अकबर खान। इन्होंने हमलावर लश्करों के कमांडर के रूप में 'जनरल तारिक' का नाम अपना लिया। इन्होंने अपनी आत्मकथा में यह स्वीकार किया है कि प्रधानमंत्री मियाँ लियाकतअली खान ने आजादी के कुछ ही हफ्तों बाद उन्हें कश्मीर के लिए 'ऐक्शन प्लान' तैयार करने को कहा था। फिर उसे मंजूरी देकर कार्यान्वित करने के आदेश भी दे डाले। हमले के लिए बीस हजार कबाइलियों के लगभग बीस लश्करों का संगठन किया गया। प्रत्येक लश्कर में फ्रंटियर प्रॉविन्स के एक हजार कबाइली, पाकिस्तानी फौज का एक मेजर, एक कप्तान तथा दस जे सी ओ थे।

पाकिस्तान का हमला 22 अक्टूबर, 1947 को शुरू हुआ। 26 अक्टूबर को कश्मीर के महाराजा ने हिंदुस्तान के साथ रियासत के विलय के दस्तावेज पर दस्तखत कर दिए। हमने बचाव करने में जरा भी देर नहीं की। 27 अक्टूबर से हिंदुस्तानी फौज की टुकड़ियाँ कश्मीर में पहुँचना शुरू हो गईं। श्रीनगर हवाई अड्डे को हमलावरों से बचा लिया गया। उसके बाद उन्हें रियासत के बाहर खदेड़ देने का अभियान चालू रहा।

कबाइलियों की मुजफ्फराबाद-डोमेल-उड़ी-बारामूला-श्रीनगर मार्ग की राह हमला करके पूरी-पूरी घाटी में छा जाने की योजना थी। मैदानी क्षेत्रों से आ रहे लश्कर शुरू में इकट्ठा हो नदी, नालों, पुलों, सीमांत नगरों में से होते हुए कश्मीर के पर्वतीय क्षेत्र में पहुँचते थे। वहाँ पहुँचकर अनेक छोटी-छोटी टुकड़ियों में बँट समस्त कश्मीर में फैल जाना जरा भी मुश्किल नहीं था। कश्मीर की अँतड़ियों तक पहुँच

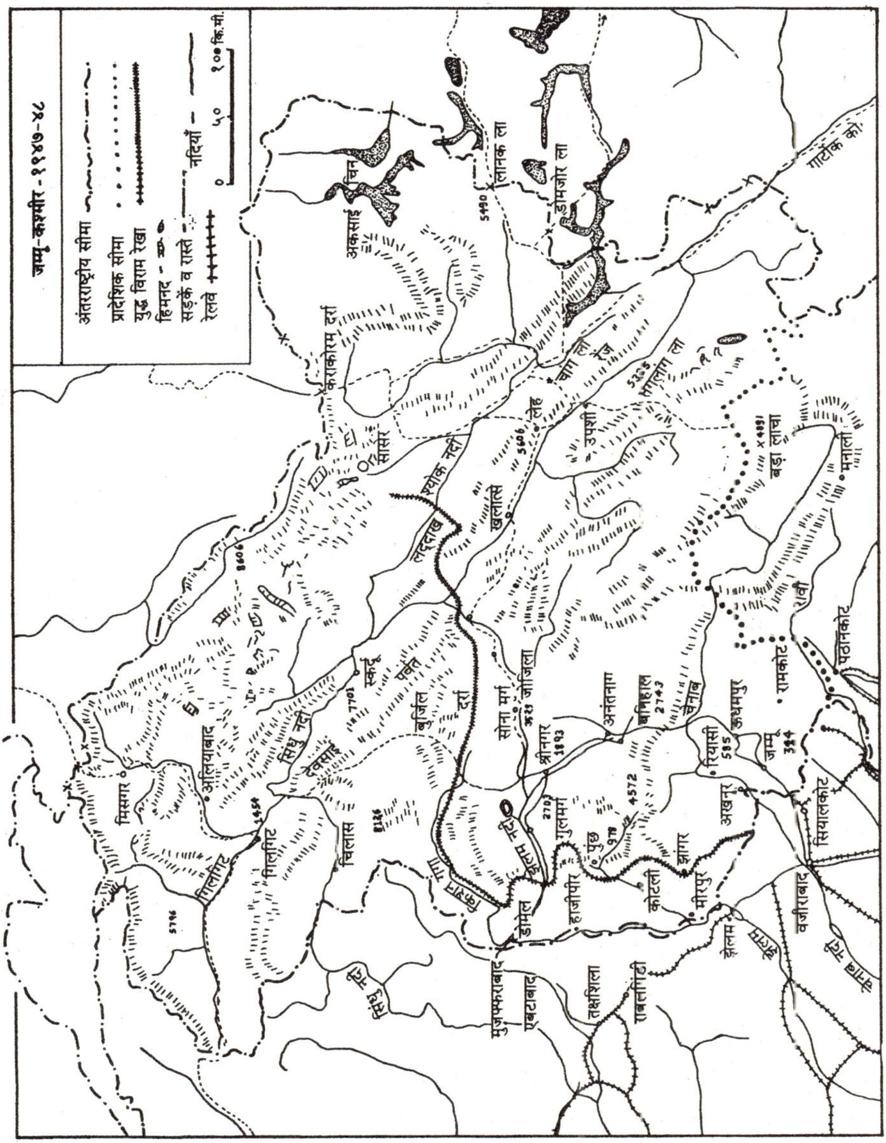
जम्मू-कश्मीर - १९४७-४८
अंतर्राष्ट्रीय सीमा
प्रादेशिक सीमा
युद्ध विराम रेखा
हिमनद
सड़कें व रास्ते
नदियाँ
रेलवे
० ५० १०० कि.मी.
कराकोरम दर्रा
अकसाई चिन
लानक ला
डोमजोर ला
सासेर
श्योक नदी
लद्दाख
खलात्से
लेह
चांग ला
उपशी
बड़ा लाचा
मनाली
गाटोक को
अलियाबाद
मिसगार
गिलगिट
सिंधु नदी
देवसाई
स्कर्दू
बुर्जिल
दर्रा
सोना मर्ग
जोजिला
श्रीनगर
अनंतनाग
बनिहाल
चेनाब
चिलास
किशन गंगा
झेलम नदी
गुलमर्ग
पुंछ
कोटली
हाजीपीर
डोमेल
मीरपुर
झांगर
अखनूर
रियासी
जम्मू
ऊधमपुर
रामकोट
रावी
पठानकोट
सियालकोट
वजीराबाद
झेलम
मुजफ्फराबाद
एबटाबाद
तक्षशिला
रावलपिंडी
सिंधु नदी

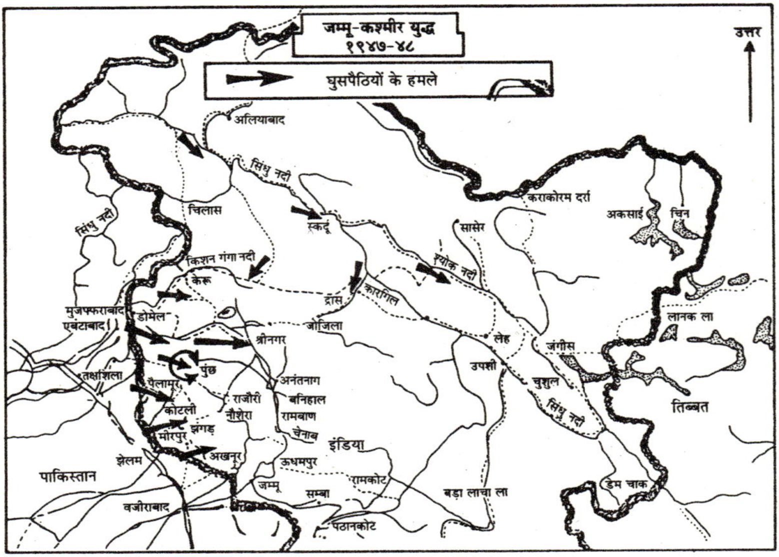

फिर विध्वंसक क्रियाकलाप के लिए दोबारा इकट्‌ठा होना भी कठिन नहीं था। पर नक्शा देखने से प्रत्यक्ष हो जाता है कि इनके प्रवेश-द्वार कहाँ पर थे और यह भी कि इनकी प्रबल रोकथाम का काम इन्हीं प्रवेश-द्वारों पर केंद्रित होना चाहिए था। उपद्रव करनेवाले आदमी की गर्दन एक बार दबोच ली जाए तो हाथ-पाँव धीरे-धीरे अपने आप ही ठंडे पड़ने लग जाते हैं। कश्मीर के अंदर अनधिकार तोड़-फोड़ तथा ध्वंस फैलानेवाली बाढ़ के प्रवेश-द्वारों का मुँह सीने के लिए हमने क्या-क्या किया और क्या नहीं किया, बारीकी से इसकी छानबीन करने से हमें पता चल जाएगा कि क्यों इतने सारे लोगों के बलिदान तथा खून-पसीना बहाने के बावजूद भी कश्मीर का सामरिक दृष्टि से अत्यंत महत्त्वपूर्ण एक-तिहाई भाग आज भी पाकिस्तान और चीन के कब्जे में है; और आज पचास वर्ष के बाद भी 'कश्मीर समस्या' बरकरार है। उसके कारण हमारी दुनिया में कितनी बदनामी हुई है। वहाँ हमारा कितना पैसा बर्बाद हुआ है। वहाँ हमारे कितने सारे सुरक्षाकर्मी वर्षों से प्राणलेवा लड़ाई लड़ते आ रहे हैं। कितनी विधवाएँ तथा अनाथ बच्चे सिसकन का जीवन व्यतीत कर रहे हैं। कितने वर्ष से कश्मीरी पंडित अपने ही देश में अपने पूर्वजों के घर-बार त्याग गर्मी से झुलसते क्षेत्रों में तम्बुओं में रहकर बेहाल जीवन बिताने पर मजबूर हुए हैं। उनके बच्चे मानसिक रोगों से ग्रस्त होते जा रहे हैं।

दक्षिण-पश्चिमी कश्मीर—१९४७-४८

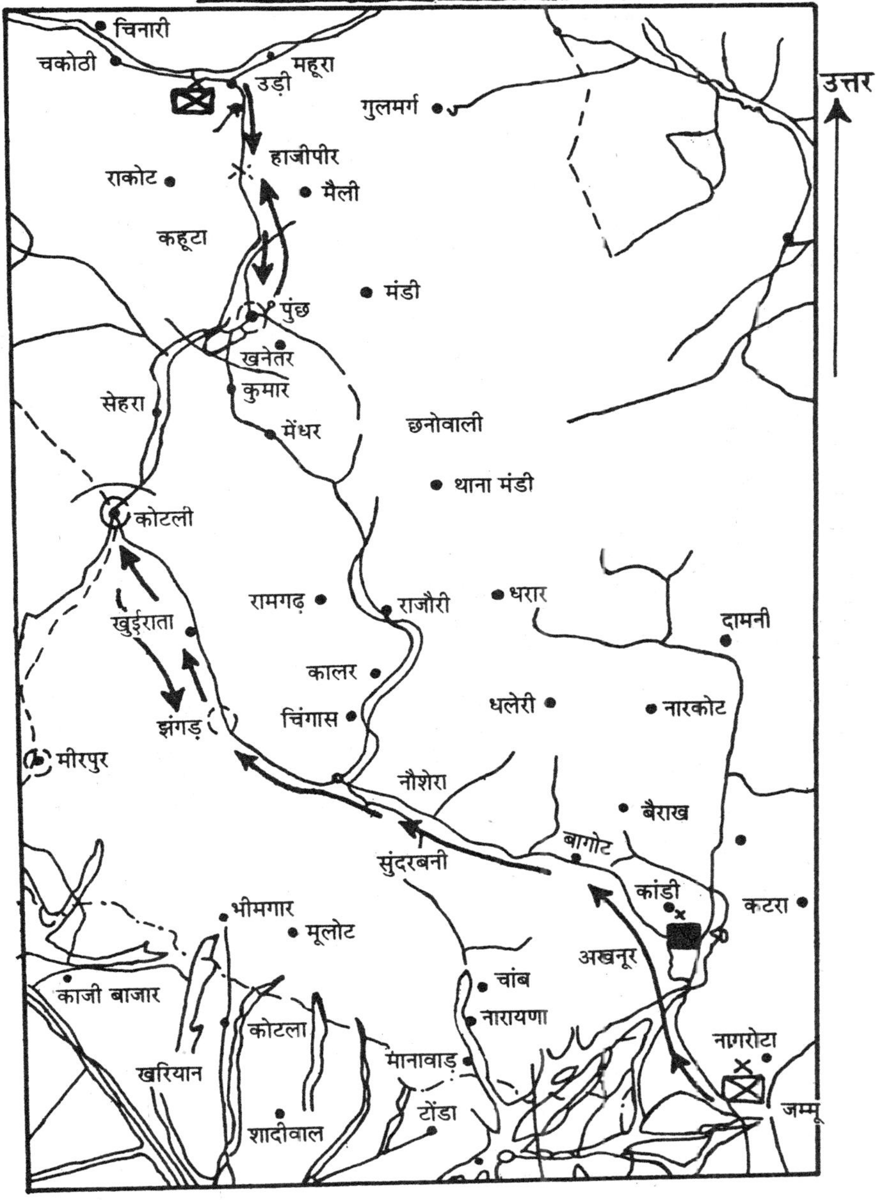

श्रीनगर-उड़ी क्षेत्र — १९४७-४८

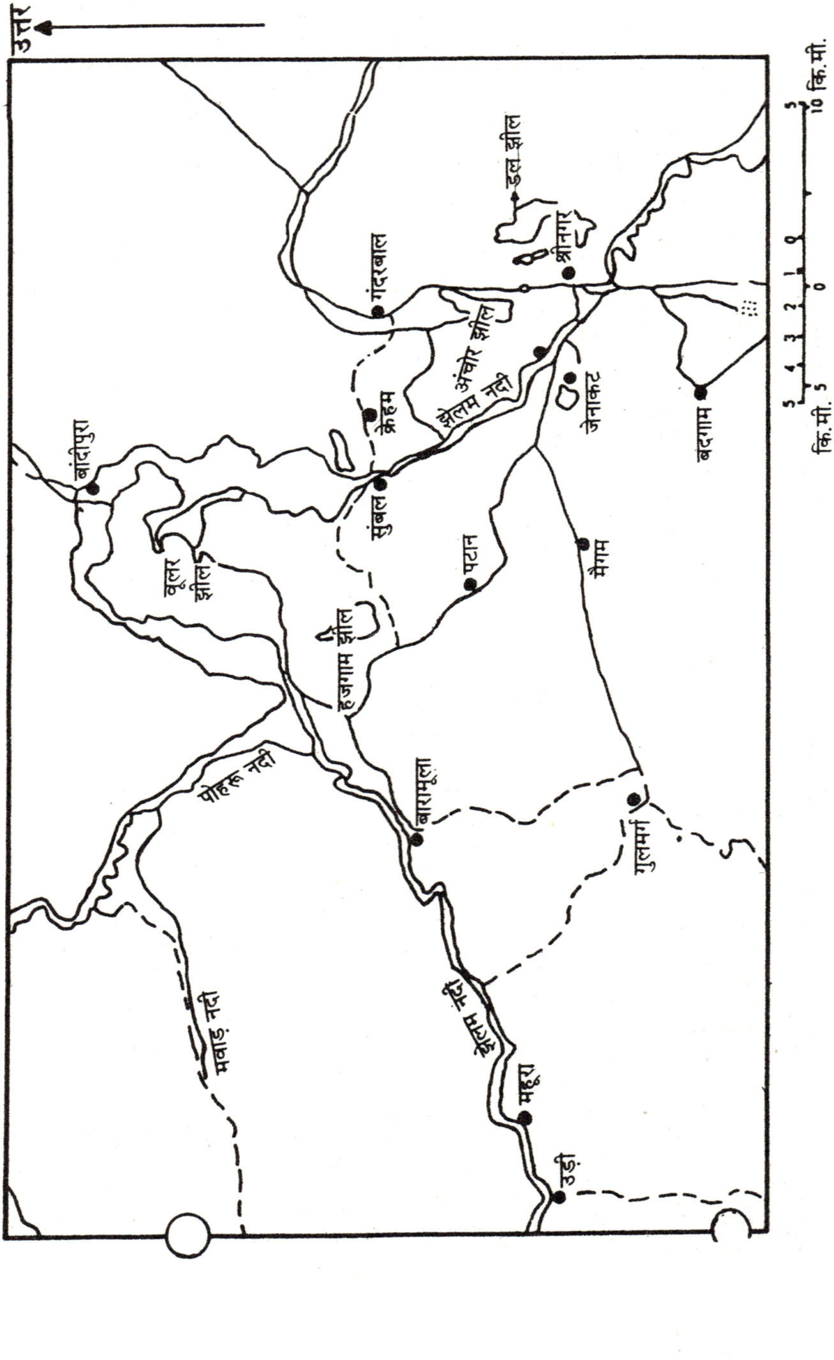

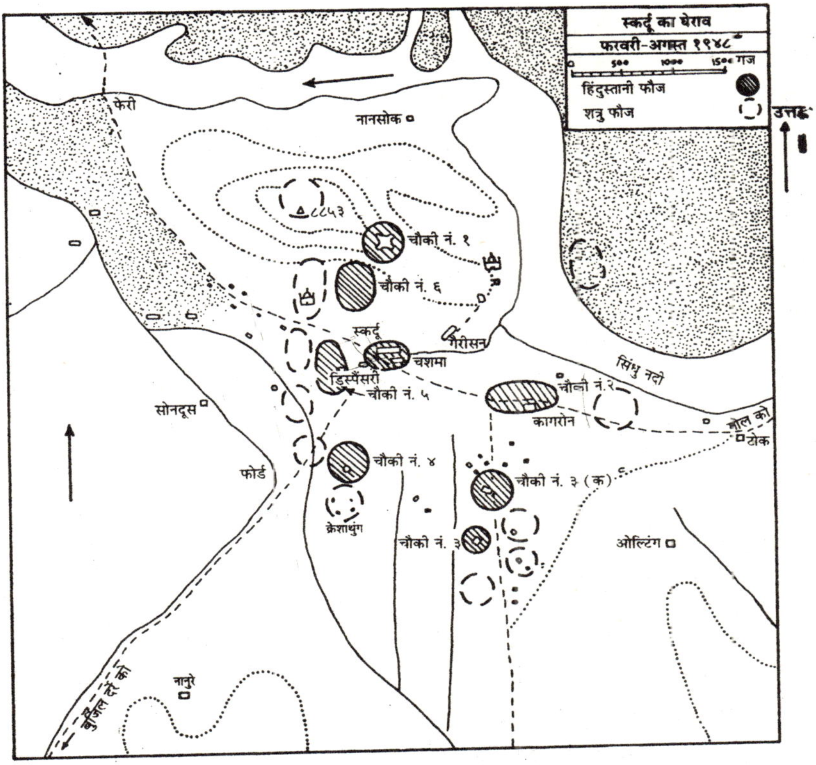

आइए देखें, यह सब कैसे हुआ। इतने लोगों का बलिदान बेकार गया तो क्यों? इसके लिए कदम-कदम पर पर्दों के पीछे छिपे कुछ तथ्यों को सीधी-सादी खुली नजर से देखना होगा।

कश्मीर के भूगोल तथा इतिहास के स्मृति अंश। हिमालय के ऊँचे पहाड़ों से घिरी घाटियों का क्षेत्र है यह। सिर पर हिंदूकुश और काराकोरम पर्वत शृंखलाएँ, जिनकी ऊँचाई बीस हजार फीट से भी ऊपर है। इस उत्तरी क्षेत्र की सीमाएँ अफगानिस्तान-पाकिस्तान-रूस-तिब्बत-चीन की सुदूर सीमाओं से मिलती हैं। इस तथ्य से उनकी सामरिक महत्ता आँकी जा सकती है। सदियों से हिमालय ने हिंदुस्तान के सिर पर आशीर्वाद का सुरक्षा हाथ रखा है। यदि यही पहाड़ी क्षेत्र हम खो दें तो हमारी सुरक्षा कहाँ जाएगी? यही क्षेत्र सिंधु, झेलम, रावी, चिनाब, सतलुज, व्यास इत्यादि बड़ी-बड़ी नदियों का उद्गम है। उद्गम के निकट, धारा पर बाँध

बाँध दें तो नीचे कितनी बूँदें आएँगी? उनकी धारा का प्रवाह बदल दिया जाए तो? आज के युग में मिस्र के पिरामिड को भी अपनी जगह से हटा दूसरी जगह उगाया जा सकता है। किम्वदंती है कि कश्मीर से लौटते हुए जहाँगीर की मृत्यु हो गई। चिंगज में उसका पेट चीरकर उसकी अँतड़ियों को दफनाया गया, जिससे शव से बू न आए। इसी हालत में उसे हाथी के हौदे पर सीधे बैठा लाहौर लाया गया और मल्लिका नूरजहाँ के सल्तनत पर काबू जमा लेने के बाद ही जहाँगीर की मौत का ऐलान किया गया; जिससे बगावत न हो या कोई बेग या शेख किसी का गला काटकर राज न हथिया ले। इतिहास की प्रसिद्ध पुस्तक पंडित कल्हण रचित 'राजतरंगिणी' में ग्यारहवीं शताब्दी में मुसलमानी आक्रमणों का विवरण है। ये सारे आक्रमण इन नदियों की घाटियों के मार्ग से हुए। इसी राह पर हस्ताचुंग दर्रा है। दुर्गम राह में एक स्थान पर एक बड़ी गहरी और विकट खाई है। आक्रमणकारी कारवाँ का एक हाथी गलती से पाँव फिसलने के कारण यहाँ से खाई में जा गिरा। हजारों फीट गहरी खाई में गिरते समय हाथी के मुँह से एक लम्बी हृदय-विदारक चिंघाड़ निकली। ऐसी चिंघाड़ उस शाह ने पहले कभी न सुनी थी। वह उसे इतनी भाई कि वह कूच स्थगित कर कारवाँ के बाकी सभी हाथियों को जबरदस्ती उस खाई के भीतर गिरवाने लगा। जब सब हाथी खदेड़-खदेड़कर इस तरह चिंघाड़ते हुए नीचे मौत के घाट उतार डाले गए तो शाह के कलेजे में ठंडक पहुँची। वह अगले साल फिर आने की कसम खाकर वापस स्वदेश लौट गया। श्रीनगर में तथा घाटी के कई अन्य स्थानों पर पुरातन मंदिरों के भग्नावशेष अब भी पाए जाते हैं।

अँगरेजों के जमाने में कश्मीर में प्रवेश की मुख्य राह मुजफ्फराबाद-डोमेल-उड़ी-बारामूला इत्यादि झेलम नदी के कंडे पर बसे शहरों से होती हुई श्रीनगर पहुँचती थी। मुजफ्फराबाद एबटाबाद तथा रावलपिंडी दोनों से जुड़ा था। दूसरी राहें हाजीपीर, मीरपुर और सियालकोट से होकर थीं। सियालकोटवाली राह जम्मू, ऊधमपुर होती हुई बनिहाल दर्रे से पीर-पंजाल शृंखला पार कर नीचे अनंतनाग तक उत्तर घाटी के दक्षिणी मुहाने तक पहुँचती थी। बनिहाल दर्रा सर्दी में बर्फ से ढक जाता था। बनिहाल सुरंग सन् 1948 के बाद बनी।

जम्मू-कश्मीर में डोगरा राजाओं का राज लगभग दो सौ साल से चला आ रहा था। पिछली शताब्दी में डोगरा जनरल जोरावर सिंह किश्तवार के रास्ते तिब्बत लाम पर गए थे। गिलगित और लद्दाख में ऊँची, बर्फ ढकी चोटियों एवं बर्फ ढके पठारों तथा हिमनदों का साम्राज्य है। कश्मीर घाटी ऊँचे देवदार-चीड़ के वनों से आच्छादित पर्वतों से घिरी, कलकल बहती धाराओं से सिंची उपजाऊ धरती

पर धान की सुनहरी फसलों से लहलहाती रहती है। पीर-पंजाल के पश्चिम में पुंछ से लेकर नौशहरा-अखनूर-सांबा-पठानकोट का इलाका अपेक्षाकृत मैदानी हो जाता है। जम्मू के निकट रणवीरसिंहपुरा के बासमती चावल अपनी सोंधी सुगंध के कारण पूरे कश्मीर में मशहूर हैं। इसी तरह रजौरी-पुंछ का क्षेत्र देवदार-चीड़ आच्छादित वनों की मलयज पवन तथा अनेक मनमोहिनी तरंगिणियों के मधुर कल्लोल से अनुगूँजित है।

हिंदुस्तान और पाकिस्तान दोनों को एक ही फौज की विरासत मिली थी। इस फौज को ब्रिटिश फील्ड मार्शल स्लिम ने संसार के सर्वोत्तम सैन्य बलों में से एक माना था। इसमें स्थल, जल, वायु फौज के तीनों अंग शामिल थे। स्लिम के अनुसार—'एशिया का लड़ाकू आदमी—हिंदुस्तानी, गोरखा, जापानी कम-से-कम उतना ही साहसी है, जितना दुनिया का कोई और लड़ाकू। सामान्यतः मृत्यु के प्रति अधिक उपेक्षारत, मानसिक संशयों तथा करुणोद्गारों से कम संतप्त तथा युद्ध की मार-काट को अधिक उदासीन भाव से देखनेवाला। सन् 1943 के पश्चात् मेरे हिंदुस्तानी डिवीजनों की गिनती संसार के सर्वश्रेष्ठ डिवीजनों में की जा सकती है।' इसके बाद आगे जाकर वे कहते हैं कि ऐसे आदमियों के ऊपर बढ़ौतरी पाने के लिए गोरे आदमी की टेक्नोलॉजी ही सहायक हो सकती है।

27 अक्टूबर को श्रीनगर हवाई अड्डे पर हमारे सैनिक बलों के उतरते ही हमारा तात्कालिक काम था श्रीनगर तथा झेलम घाटी को बचाना। मीरपुर एवं पुंछ में रियासती दस्ते अपनी अलग लड़ाई लड़ रहे थे; बिना मदद के और हमलावरों की भयंकर बाढ़ का सामना करते हुए। झेलम घाटी को बचाने के बाद हमने पठानकोट-जम्मू यातायात मार्ग को सुव्यवस्थित करने का निर्णय लिया।

जब पठानकोट से श्रीनगर जानेवाले मार्ग को सुरक्षा प्रदान की जा रही थी, रियासत के पश्चिमी भाग में स्थिति गम्भीर हो उठी थी। पुंछ, कोटली एवं मीरपुर में रियासती चौकियाँ घिर गई थीं। बिंभर 28 अक्टूबर को हमलावरों के कब्जे में आ गया था। बाग और रावलकोट चौकियों का गोला-बारूद एवं खान-पान सामग्री समाप्त हो चुकी थी। अस्तु 28 अक्टूबर को कश्मीर के सैनिक सलाहकार ने सरकार से वायुसेना की सहायता माँगी। परंतु कोटली पर एक एअर ड्रॉप के अलावा और कुछ नहीं हुआ। हाँ, आगे की कार्यवाही के लिए अमृतसर को 'बेस' (अड्डा) बनाया गया तथा आठ हवाई जहाज (स्पिट फायर/टैंपेस्ट) श्रीनगर हवाई पट्टी पर भेज दिए गए। 2 नवंबर को हवाई मदद के लिए पुरानी अपील फिर दोहराई गई। रियासत के प्रधानमंत्री मेहरचंद महाजन ने गिड़गिड़ाकर नेहरू जी

से विनती की कि वे किसी तरह मदद करके दक्षिण-पश्चिमी कश्मीर की चौकियों तथा हजारों शरणार्थियों को कत्लेआम से बचाएँ। किंतु सेना के कार्यवाहक कमांडर-इन-चीफ जनरल बूशर ने कहा कि प्राथमिकता श्रीनगर में सहायता देने की है। वहाँ कुछ ही समय में सर्दी आनेवाली है। तब बनिहाल का रास्ता बर्फ से ढक जाएगा। घाटी में पहुँची फौज के लिए सर्दी के दौरान जरूरत पड़नेवाले साज-सामान एवं रसद का भंडारन श्रीनगर में बर्फ ढलने के पहले ही करना है। अस्तु वे अन्यत्र सहायता देने में असमर्थ हैं। यह सही निर्णय नहीं था।

पुंछ, मीरपुर, कोटली, नौशहरा इत्यादि को बचाने के लिए श्रीनगर में हो रहे साज-सामान भंडारन के कार्यक्रम में ढील देना अनुचित माना गया। जब रियासत के पश्चिमी शहरों में स्थिति और भी बिगड़ गई तथा सब ओर लूटमार, कत्लेआम एवं आगजनी का बोलबाला उभर उठा तो श्रीनगर और अमृतसर से कुछ एक हवाई जहाज आक्रमण के लिए भेजे गए; परंतु ये स्थिति में कोई मूल सुधार करने में सर्वथा असमर्थ रहे। यहाँ सवाल उठता है कि वायुसेना के मालवाहक विमान लड़ाकू विमानों से भिन्न होते हैं। श्रीनगर में भंडारन के लिए मालवाहक विमानों की आवश्यकता थी, न कि लड़ाकू विमानों की। लड़ाकू विमान अमृतसर तथा देश के अन्य अड्डों से इन सब शहरों की राहत के लिए भेजे जा सकते थे। परंतु ऐसा नहीं किया गया। शायद तत्कालीन रक्षामंत्री को गोरे कमांडरों ने जो कहा, उसे उन्होंने अक्षरशः सत्य मान लिया। वे राजनीति के खिलाड़ी थे। आखिर उनका फौज के क्रियाकलापों से क्या लेना-देना?

इसी दौरान मेंहधर भी हमलावरों के हाथों में पड़ गया। इससे पुंछ के सिर पर मँडरा रहे संकट-झंझावात के बादल और भी सघन हो गए। तब कौन ज्ञानी करता संकट मोचन? इसके बाद रजौरी भी हमलावरों के मगरमच्छी गर्तमुख में जा गिरा। वहाँ तीस हजार गैर-मुसलमान या तो मारे गए या घायल हुए अथवा उनका अपहरण कर लिया गया। चिंगज में भी लगभग पंद्रह सौ शरणार्थियों का कत्लेआम किया गया। झंगड़ का घेराव कर लिया गया तथा नौशहरा बड़ी संकटपूर्ण परिस्थिति में आ घिरा। यह प्रधानतया डोगरी इलाका था, जिसपर दुश्मन की बर्बर तलवार बड़ी बेरहमी से टूटी। स्थानीय मुसलमानों को बरगलाया गया कि यह वर्षों के डोगरी शोषण का इंतकाम है।

12 नवंबर को मेहरचंद महाजन ने अंतिम बार गिड़गिड़ाकर सहायता की भीख माँगी कि जम्मू प्रदेश के डोगरों को कत्लेआम से बचाने के लिए कुछ किया जाए।

परंतु हम श्रीनगर में इस कदर उलझे हुए थे कि जम्मू-पुंछ के डोगरों को कत्लेआम से बचाने के लिए कोई ठोस कदम न उठा पाए। अपने ही देश में उनके साथ वही बीती जो आज अपने घरों से बेघर किए गए जम्मू के शरणार्थी कैम्पों के तम्बुओं में जा बसे कश्मीरी पंडितों के साथ बीत रही है।

इस विनती के जवाब में वायुसेना के लड़ाकू विमानों ने विपदाग्रस्त शहरों के ऊपर उड़ानें भरीं। कुछ गोलियाँ, रॉकेट एवं बम भी गिराए। पर इन सबका प्रभाव नगण्य ही रहा। ये कुछ वैसे ही था जैसे भीषण बाढ़ के बाद मंत्री लोग आमतौर पर क्षेत्र के हवाई दौरे पर जाते हैं।

☐

14 नवम्बर को उड़ी पर कब्जा करने के दूसरे दिन दिल्ली में केंद्रीय मंत्रिमंडल की सुरक्षा कमेटी की बैठक हुई। इसके पश्चात् सेना मुख्यालय को निम्न आदेश जारी किए गए (कोष्ठों में टिप्पणियाँ)*—

1. सबसे महत्त्वपूर्ण कार्य झेलम घाटी को शत्रु के आक्रमण से बचाना है। (भले ही डोगरा क्षेत्र हमारे हाथों से जाता रहे?)
2. उपर्युक्त कार्य सही ढंग से सम्पूर्ण करने के पश्चात् हिंदुस्तान के सैनिकों की जगह रियासती पुलिस का तैनात किया जाना आवश्यक है, जिससे हिंदुस्तानी सैनिक रियासत छोड़कर वापस हिंदुस्तान जाने के पूर्व श्रीनगर में एकत्र किए जा सकें। क्योंकि अब तक सार्वजनिक प्रशासन की संस्थापना की आवश्यकता कम हो गई थी। (कश्मीर रियासत का अधिकांश डोगरी क्षेत्र आग की लपटों में धू-धू जल रहा था और यहाँ फौज हटाकर पुलिस लाने के मसविदे तैयार किया जाना क्यों युक्तिसंगत था?)
3. यह ध्यान में रखते हुए कि सर्दी में मौसम मालवाहक विमान उड़ानों के प्रतिकूल होगा—जम्मू-बनिहाल-श्रीनगर मार्ग को खुला रखने के यथासम्भव प्रयास किए जाएँ।
4. यह आवश्यक समझा जाता है कि जम्मू में ऐसे बल का गठन किया जाए जो सार्वजनिक प्रशासन की (जरूरत पड़ने पर) मदद कर सके, मनमानी दबा सके तथा न्यून समुदाय के लोगों की सुरक्षा कर सके।

* जम्मू-कश्मीर ऑपरेशन—रक्षा मंत्रालय, 1987।

5. यह आवश्यक समझा जाता है कि जम्मू, पुंछ, उड़ी सड़क पर घिरी चौकियों की राहत (उन्हें निकालने तथा उनकी जगह पर नए सैनिक भेजने) के लिए गतियामी छोटे दस्ते भेजे जाएँ। उनका जीवन खतरे में हो तो ये दस्ते सड़क के निकट रहनेवाले लोगों को भी बाहर निकलने में मदद करेंगे।
6. उपर्युक्त (5) के अतिरिक्त पुंछ को किसी अन्य प्रकार की सहायता नहीं दी जाएगी, क्योंकि सर्दियों के आगमन के कारण हम ऐसे किसी कार्य के लिए साधन-विपन्न होंगे।

ऊपर के सरकारी लेखे से प्रत्यक्ष है कि हिंदुस्तानी मंत्रिमंडल की तात्कालिक नीति सैन्य बल द्वारा झेलम घाटी का बचाव कर जम्मू-पुंछ-उड़ी मार्ग पर तैनात रियासती सैन्य टुकड़ियों को पीछे हटाने तक ही सीमित थी। उस समय इस प्रकार की सोच भले ही तर्कसंगत लगे, अब पचास वर्ष बाद तो कुछ विचित्र ही लगती है। कश्मीर समस्या की अनेक जटिल धाराओं में से एक मुख्य धारा का सूत्रपात यहीं से होता है। हमारे वरिष्ठ नेतागण शायद यही सोचते रहे कि झेलम घाटी में एकाध पुलिस ऐक्शन करके वापस दिल्ली लौट आने से ही कश्मीर समस्या का समाधान हो जाएगा।

जनरल बूशर पुंछ के बचाव के लिए कोई ठोस कार्यवाही करने के पक्ष में नहीं थे। मंत्रिमंडल ने जनरल बूशर के सुझाव को स्वीकृति दे दी। मंत्रिमंडल इतनी भारी भूल कैसे कर गया, विचारणीय है।

□

उधर जम्मू और कश्मीर डिवीजन की कमान कर रहे जनरल कलवंत सिंह ने दो दिन बाद ही 16 नवंबर को अपनी कमान को नौशहरा, झंगड़, कोटली, मीरपुर और पुंछ की तुरंत राहत के लिए निम्नलिखित आदेश दे डाले*—

1. 50 पैरा ब्रिगेड तथा सहायक दस्ते 16 नवंबर को सुबह छह बजे तीव्रतम गति के साथ—अखनूर-बेरी पट्टन-नौशहरा होते हुए—16 नवंबर को नौशहरा पर कब्जा करने के बाद वे 17 नवंबर को झंगड़ में 'फर्म बेस'

* जम्मू-कश्मीर ऑपरेशन—रक्षा मंत्रालय, 1987।

बनाएँगे तथा 18 नवंबर को कोटली को मुक्त कराएँगे और फिर मीरपुर को अंततः 20 नवंबर तक। (यह हुई न शेरोंवाली बात!)

2. बिगेडियर एल. पी. सेन (161 इन्फैंट्री ब्रिगेड) की कमान में दो इन्फैंट्री बटालियन तथा सहायक दस्ते उड़ी की दिशा से 18 नवंबर को पुंछ पर हमला करेंगे; (उसी दिन) 161 ब्रिगेड की टुकड़ी यहीं से कूच करती हुई पुरी पहुँचकर ब्रिगेडियर परांजपे के बल के साथ मिलाप कायम करेगी। पुंछ की चौकी को अपनी एक बटालियन से सुदृढ़ करने के बाद ब्रिगेडियर सेन वापस उड़ी जा डटेंगे।
3. 238 इन्फैंट्री ब्रिगेड (1 पटियाला और 1 मद्रास—तब संगठन किए जाने की स्थिति में) 17 नवंबर को छह बजे से यातायात की जिम्मेदारी सँभालेगी, जिसमें जम्मू-कथुआ, जम्मू-बनिहाल, जम्मू-बेरी पट्टन के सड़क क्षेत्र शामिल होंगे।
4. 1 पटियाला बटालियन बेरी पट्टन में 'फर्म बेस' सुदृढ़ कर ब्रिगेडियर परांजपे की जम्मू-अखनूर-बेरी पट्टन के बीच हो रही संचार-यातायात व्यवस्था को सुरक्षित रखेगी।
5. वायुसेना के लड़ाकू विमानों का एक दल 50 पैरा ब्रिगेड का सहायक होगा। इसके लिए आवश्यक विमान अमृतसर और श्रीनगर से जम्मू लाए जाएँगे।

उपर्युक्त आदेश सुनहरे फ्रेम में जड़कर किसी श्रीसंपन्न स्थान पर लगाने के योग्य है। यदि इस आदेश का समय पर सफल कार्यान्वियन हो जाता तो आज जम्मू-कश्मीर ही नहीं, हिंदुस्तान के इतिहास में भी परिवर्तन हुआ रहता। कार्यक्रम पर गौर कीजिए—मीरपुर और कोटली 16 नवंबर को। 18 नवंबर तक उड़ी से पुंछ और फिर उत्तरी-दक्षिणी, दोनों दलों का मिलाप। ऐसे समय जब शत्रु-हमलावरों के हाथ कच्चे थे, हिंदुस्तानी सेना तथा वायुसेना की धाक उनके दिलों में बनी हुई थी। कोई चूँ-चपड़ करनेवाला भी नहीं था, पर—

'हुई मुद्दत के गालिब मर गया, पर याद आता है,
वो हर इक बात पर कहना, के यों होता तो क्या होता!'

अपने देशी जनरल कलवंत सिंह का यह प्लान उच्चस्तरीय मंजूरी नहीं प्राप्त कर पाया और इसे रद्द कर देना पड़ा। यह प्लान इसलिए रद्द कर दिया गया

कि यह केंद्रीय मंत्रिमंडल की 14 नवंबर की बैठक के फैसलों के अनुकूल नहीं था। काश, इसपर देश के रक्षामंत्री तथा प्रधानमंत्री एवं सम्पूर्ण सशस्त्र सेनाओं के सुप्रीम कमांडर की टिप्पणी मिल पाती!

यदि कबाइली हिंदुस्तानी सेना के जम्मू से पुंछ जानेवाले यातायात मार्ग को बगल के रास्तों से हमले करके संकट में डाल सकते हैं तो हमने उनके प्रवेश-द्वारों तथा यातायात मार्गों को संकट में डालने के बारे में क्या सोचा? हमारे पास फोटो लेनेवाले हवाई जहाज थे। लड़ाकू हवाई जहाज थे, जिन्हें बर्मा में पुल तोड़ने का काफी तजुर्बा मिल चुका था। हमारे पास छापामार सैनिक थे। हमारे पास डायनामाइट लगाकर पुल तोड़नेवाले तथा अनेक प्रकार के गतिरोधक अवरोध पैदा करनेवाले इंजीनियर थे। दुश्मन के आगमन मार्गों पर स्थित कौन-कौन से पुल तोड़े हमने? कहाँ लगाई तारें? रियासत में प्रवेश करनेवाले मार्गों में प्रत्येक पर अनेकानेक पुल थे। क्या किसी का बाल भी बाँका हुआ?

मीरपुर, कोटली, बिंभर, हाजीपीर, डोमेल—इन सबके प्रवेश-द्वार समय पर दबोचने की जगह हमने हमलावरों को रियासत के भीतर गहराई तक घुस आने दिया और फिर जब उनका कब्जा कई जगहों पर हो गया, तब भी उनकी जड़ें खोदने की बजाय हम द्वितीय विश्वयुद्ध के फैशन में मार्क टाइम (कदम ताल) करते हुए सड़क पर तरतीबवार किताबी लड़ाई लड़ने के दलदल में गहरा, और गहरा ही धँसते गए। यदि कोई त्रुटियों की ओर इस मंशा से इंगित करे कि उनका पुनरावर्तन न हो तो उसकी धुरंधर आलोचना होगी। पर जरूरत है इन बातों को ठंडे दिमाग से सोचने की।

26 नवंबर को कोटली हमारे वश में आ गया। परंतु इसके बाद इस सारे क्षेत्र में हमारी ओर से आक्रामक कार्यवाहियों का समापन कर दिया गया। सर्दी आनेवाली थी, (जैसे बर्मा में कभी मानसून आया ही नहीं करता था) कश्मीर में बर्फ गिरेगी। इसलिए बर्फ पिघलने तक कश्मीर को हलचल-बंद चाल में डाल दिया गया। गिलगित का सारा क्षेत्र हमारे हाथों से पहले ही निकल चुका था। वहाँ विश्वासघाती सैनिकों ने शहर में पाकिस्तानी झंडा फहरा दिया था। लद्दाख फिलहाल हमारी पहुँच से बहुत दूर था। झेलम घाटी उड़ी तक हमारे वश में थी। अगर सर्दी और बर्फ की फिक्र है तो यही समय था कश्मीर के जम्मू-मीरपुर इत्यादि मैदानी क्षेत्रों की ओर ध्यान देने का। हमने उच्चस्तरीय नीति निर्धारण व्यवस्था की प्रतिकूलता के कारण यह मौका हाथों से गँवा डाला।

□

24 नवंबर, 1947 को केंद्रीय मंत्रिमंडल की सुरक्षा समिति की एक और बैठक हुई। प्रधानमंत्री ने कहा कि यद्यपि कश्मीर की समस्या अग्रणी थी; परंतु 'वे लड़ाई के क्षेत्र में किसी भी प्रकार का जोखिम उठाने के पक्ष में न थे।' जनरल लोकहर्ट तब तक हिंदुस्तानी फौज के कमांडर-इन-चीफ का पदभार सम्भाल चुके थे। उन्होंने राय दी कि इस समस्या पर निर्णय कुछ दिन स्थगित किया जाए, क्योंकि वे स्थिति का गौर से तर्कसंगत जायजा लेने के लिए (एप्रीसिएशन करने के लिए) आदेश दे चुके हैं। सवाल यह है कि ऐसे नाजुक समय में जब हमें दृढ़ निश्चय की जरूरत थी, देश के प्रधानमंत्री ने यह क्यों कह डाला कि वे इस क्षेत्र में 'जरा भी जोखिम उठाने के' पक्ष में न थे?

□

26 नवम्बर को सम्मिलित-योजना परामर्शकर्ताओं ने कश्मीर के ऊपर एक दस्तावेज तैयार किया। इसमें ब्योरा था कि हमलावरों के आक्रमण की पृष्ठभूमि में स्थलसेना तथा वायुसेना को किन दायित्वों का परिपालन करना है, जिससे सार्वजनिक प्रशासन की समुचित सहायता की जा सके। कश्मीर पर नियंत्रण कायम रखने के लिए यह आवश्यक माना गया कि डोमेल, पुंछ और कोटली में चौकियाँ कायम करके उन तक जानेवाले यातायात मार्गों को खुला रखा जाए।

इसके बाद 28 दिसम्बर, 1947 को जनरल रसल (पंजाब और हिमाचल प्रदेश एरिया के जी.ओ.सी.) की 'एप्रीसिएशन' रक्षा समिति की बैठक में पेश की गई। असल में डोमेल ही वह मुख्य द्वार था, जिसके बुलंद दरवाजे खोलकर पाकिस्तानी हमलावरों के अधिकतर दस्ते कश्मीर में प्रवेश कर रहे थे और पीछे-पीछे गोला-बारूद पहुँचाने का सिलसिला चल रहा था। किंतु डोमेल पर कब्जा जमाने के लिए कोई तात्कालिक प्लान नहीं बनाया गया। अपने पर्चे में जनरल रसल ने यही जोर दिया कि डोमेल की ओर बढ़त अगले साल तक स्थगित कर दी जाए, क्योंकि तब वसंत ऋतु के बाद बर्फ पिघलनी शुरू हो जाएगी। साथ ही कुछ अजीब-सा सुझाव भी दिया कि डोमेल पर हमला करने के लिए 'पुंछ को हमलावरों के हवाले कर देना' अनिवार्य है। उनका तर्क साधारण आदमी के दिमाग में आनेवाला नहीं था। वह तर्क यह था कि पुंछ को हम खाली कर देंगे तो दुश्मन उसे अपने काबू में ले लेगा। उसकी हिफाजत के लिए उसे वहाँ अपने दस्ते रखने पड़ेंगे। ये दस्ते वह डोमेल को कमजोर करके पुंछ में भेजेगा। और तब जाकर वह शुभ घड़ी आएगी, जब हमारा डोमेल पर आक्रमण करना मुनासिब होगा। विचित्र बात यह

है कि इस मुद्दे पर कार्यवाहक कमांडर-इन-चीफ जनरल बूशर ने भी उनका जोरदार समर्थन किया और हमारे वरिष्ठ नेताओं ने यह चुपचाप सिर हिलाकर स्वीकार किया।

डोमेल पर कब्जा करने के लिए अकर्मण्य बन रहना नेहरू जी को भी शायद कुछ खटका हो। पर उन्होंने यह कहकर इसे स्वीकार कर लिया कि वे खालिस फौजी मामलों में हस्तक्षेप करना नहीं चाहते। नवंबर-दिसंबर में ही सरदार पटेल कश्मीर होकर लौटे थे। गृहमंत्री होने के नाते उन्हें पता था कि पुंछ के पश्चिमी तथा रजौरी-मीरपुर क्षेत्रों में पाकिस्तानी हमलावरों ने आतंक का वातावरण बना रखा है। वहाँ हिंदुओं का खुलेआम कत्लेआम किया जा रहा था तथा उनके घर जलाए जा रहे थे। सीमा क्षेत्र से भागकर आए हजारों विस्थापित पुंछ में जमा थे। हमलावरों ने पुंछ का घेराव कर रखा था। ढेरों विस्थापित भागकर अखनूर और जम्मू तक पहुँच चुके थे। जब उन्होंने अपनी दर्दनाक आपबीती सुनाई तो जम्मू के डोगरा समुदाय में काफी रोष तथा असंतोष फैला। पुंछ को हमलावरों की तलवार के सामने असहाय छोड़ने से यह असंतोष बहुत उग्र हो जाता। इसलिए नेहरू जी ने जोर दिया कि राजनीतिक कारणों से वे पुंछ छोड़ने के पक्ष में नहीं हैं। बस इसी आधार पर डोमेल को अपने कब्जे में करने के लिए न कोई प्लान बनाया गया, न कोई सुदृढ़ अभियान कारगर किया गया। यहाँ तक कि डोमेल के बड़े महत्त्वपूर्ण पुल को तोड़ने का भी कोई ठोस यत्न नहीं किया गया। पुल को तोड़ने के लिए कमांडों दस्तों के अतिरिक्त छापामार सैनिक भी भेजे जा सकते थे। पर ऐसा कोई प्रयत्न नहीं किया गया।

□

उस समय जम्मू और कश्मीर में हमने अपनी वायुसेना का भी आंशिक इस्तेमाल ही किया। उन दिनों हमारे तीन लड़ाकू स्क्वाड्रन (प्रत्येक में आठ लड़ाकू विमान) पूना में थे, दो स्क्वाड्रन कानपुर में, बीस लड़ाकू विमान अंबाला में तथा बारह लड़ाकू विमान जम्मू में थे। कुल मिलाकर इनकी गिनती बहत्तर होती है। इनमें से केवल आठ टैंपेस्ट तथा चार हार्वड लड़ाकू विमान जम्मू और कश्मीर के लिए दिए गए थे। पूरी लड़ाई के दौरान इनकी संख्या यही बनी रही। यह लड़ाकू विमान तो न रसद उठाने के काम आते हैं, न शरणार्थियों को उठाने के। फिर ऐसा अनर्थ क्योंकर? जब किसी क्षेत्र में भयंकर बाढ़ आती है तो सहायता-राहत आदि के तौर पर दो किश्तियों को रसद पहुँचाने अथवा डूबतों की रक्षा करते दिखा

देना ही पर्याप्त कार्यवाही मान लेने की प्रथा का सूत्रपात भी संभवतः ऐसी ही अकर्मण्यता से हुआ होगा

□

डोमेल का पुल तोड़ने से हमलावरों की जम्मू-कश्मीर रियासत में घुसपैठ करने की सामर्थ्य को बड़ा गहरा तथा कारगर आघात लगता। इसी तरह मीरपुर शहर तथा पश्चिमी सीमावर्ती क्षेत्र के ढेरों कस्बे हमलावरों ने हथिया लिए थे। इन्हीं रास्तों पर से घुसपैठ करते हुए वे रियासत में फैलते चले गए। इन रास्तों पर जगह-जगह कई पुल थे, जिनसे नदी-नाले पार करने पड़ते थे। विमानों की सहायता से इन्हें तोड़ने तथा शत्रु के जमघटों पर बराबर आक्रामक दबाव बनाए रखने से घुसपैठ को काफी नुकसान पहुँचता। इस क्षेत्र का काफी इलाका मैदानी था। इसलिए यहाँ बर्फ के कारण रास्तों के बंद होने का सवाल ही नहीं उठता था। साथ-साथ इसी इलाके में टैंकों तथा लंबी मार के तोपखाने का अच्छा इस्तेमाल हो सकता था। पाकिस्तान ने इसी क्षेत्र में सन् 1965 और 1971 में हमपर छंब-झंगड़ आदि में भारी हमले किए हैं, जिनमें टैंकों तोपखाने तथा लड़ाकू विमानों का उपयोग भारी मात्रा में किया गया।

उन दिनों कबाइलियों को मिल-जुलकर लड़ने का कोई खास अच्छा तजुर्बा भी न था। न ही उनका संगठन परिपक्व हुआ था। हिंदुस्तानी फौज की धाक भी थी। शुरू के उन दिनों में इनपर काबू पाना उतना मुश्किल नहीं था, जितना बाद में हो गया। बाद में उन्हें पाकिस्तानी सेना की खुलेआम मदद मिलनी शुरू हो गई।

लेकिन अफसोस! उन दिनों हमें श्रीनगर घाटी के लोगों को ही बचाने की चिंता कहीं अधिक थी और हमारा सारा ध्यान वहीं केंद्रित रहा। परिणामस्वरूप हम आफत की जड़ को उखाड़ न फेंकने की भारी भूल करते चले गए। अब आँकड़े कहते हैं कि पिछले पचास वर्षों में जम्मू और कश्मीर में हिंदुस्तान के दस लाख करोड़ रुपए खर्च हो चुके हैं और मूल समस्या उत्तरोत्तर उग्रतर ही होती चली गई है।

यहाँ अनेक कारणोंवश हमसे एक के बाद दूसरी भूल-ही-भूल होती चली गई। विलय के समय महाराजा ने 'प्लेबिसिट' की कोई शर्त नहीं रखी थी। हमने ही खुद सलाह दी कि रियासत के हिंदुस्तान में विलय का अंतिम फैसला प्लेबिसिट के बाद करवाएँगे। यह नेहरू जी की राय के अनुसार ही हुआ। फिर हमने महाराजा

को एक ओर करके शेख अब्दुल्ला को बढ़ावा दिया। उन्होंने जमींदारी उन्मूलन की दिखावी समाजवादी नीति की आड़ में पहले ढेरों डोगरा जमींदारों को अपनी जमीन से वंचित करवा डाला, फिर वही जमीनें आज के राजनेताओं के कब्जे। इसके अनुसार भारत के कानून वहाँ तब तक लागू न होने का प्रावधान था, जब तक प्रदेश की असेम्बली उसे-तीन-चौथाई बहुमत से पारित न कर दे। इससे प्रदेश को हमारी शिक्षा सम्बंधी नीतियाँ अपनाने से राहत मिल गई। इसके कारण वहाँ के अनगिनत मदरसों को बाहर से चंदा लेकर जनता में धर्म तथा राजनीति के घोल से मिले 'अलगाववाद' के बीज बोने की खुली छूट मिल गई।

इसके बाद हम खुद कश्मीर का मामला संयुक्त राष्ट्र संघ में लेकर गए। क्या हमने ऐसा अंतरराष्ट्रीय देशों में अपनी छवि उजागर करने के लिए किया? इतनी भारी भूल क्यों कर डाली हमने? ऐसा कर देने के बाद श्री कृष्ण मेनन ने संयुक्त राष्ट्र में लंबे भाषण देने के सारे पुराने रिकॉर्ड तोड़कर नए रिकॉर्ड कायम कर दिए। उनके भाषणों में अमेरिका सहित बाकी पाश्चात्य देशों के लिए व्यंग्यात्मक कटुता थी। इससे उनके अहंकार को तुष्टि मिली होगी; पर क्या इससे स्थिति में सुधार हुआ? देशहित हुआ?

अगस्त 1948 में संयुक्त राष्ट्र ने युद्धविराम का प्रस्ताव पारित किया। तब से हमारी आक्रामक कार्यवाहियों में ढील आ गई। आमतौर पर निरपेक्ष लोगों की यह राय है कि जब दिसंबर 1948 में हमने युद्धविराम पूर्णतया लागू किया, उस समय हमारी फौजें विजय के पथ पर अग्रसर थीं। थोड़ा समय और मिलने से हमने वे काँटे निकाल लिए होते जो कारगिल से लेकर हाजीपीर और हाजीपीर से लेकर छंब-झंगड़ में देश की पसलियों में तब से अब लगातार चुभते रहे हैं।

इतना ही नहीं, कुछ वर्ष बाद हमने अपने तथा कश्मीर की जनता के लाडले नेता शेख अब्दुल्ला को जेल में डाल दिया। पाँच साल तक उन्हें जेल में बंद रखा। इसकी-उसकी सरकार चलवाते रहे। पाँच साल तक हम कोई चार्जशीट दर्ज न कर पाए। फिर उन्हें कैद से छुड़वा दिया गया और उसके बाद एक बार फिर से प्रदेश के मुख्यमंत्री के पद पर बहाल कर दिया गया। कुल मिलाकर हुआ क्या?

शुरू से इस क्षेत्र में हमारी नीति सुरक्षात्मक ही रही; आक्रामक कभी भी नहीं। हमने कोई पहल करना उचित नहीं समझा। चाहे सन् 1965 हो, चाहे सन् 1971, हम होनी के घटने के बाद ही कार्यरत हुए। पहल लगातार हमेशा पाकिस्तान की ओर से होती रही। इन नीतियों का सामरिक प्रभाव अवश्यम्भावी है।

सन् 1947-48 में हमारी फौज कबाइली हमलावरों को पूरे कश्मीर से निकाल देने में क्योंकर सफल नहीं हुई, यह ऐसा सवाल है, जिसका विवेचन तथ्यों को

सामने रखते हुए शायद गहराई से कभी नहीं किया गया। शायद यही सोचकर कि 'अब चिड़िया चुग गई खेत' सो रोने-धोने से क्या बनेगा। परंतु क्या आज को बीते कल से अलग किया जा सकता है? या भावी कल को? यदि नहीं, तो इस सवाल में डुबकियाँ लेने की जरूरत है, जिससे खरी सच्चाई का पता चले और आगे से पुरानी भूलें स्वभावतः ही न दोहराई जाएँ।

□

निस्संदेह, उन दिनों देश के महान् राजनीतिज्ञों पर कई बोझ थे। उनके सिर पर अनगिनत समस्याओं का पहाड़ था। वे इस ओर कुछ अधिक ध्यान नही दे पाए कि जम्मू और कश्मीर में फौजी तौर पर क्या हो रहा है। इसीलिए आवश्यकता थी ऐसी व्यवस्था की जो देश पर आए संकटकाल के वक्त राजनीतिक-सामरिक पहलुओं पर एकरसता से गौर कर समग्र रूप से देश के अंततोगत्वा हित में उपयुक्त नीतियों का निर्धारण कर सही निर्णय ले सके।

क्या ऐसे दिग्गज निर्णय 'एडहॉक' रूप से करना उचित है? क्या यह तब ही करना उचित है, जब संकट सामने खड़ा हो या पीठ पीछे से हमारा गला ध र दबोचे? क्या इसपर समय-समय पर विचार करते रहने की जरूरत नहीं? क्या इसके लिए अनुरूप व्यवस्था की जरूरत नहीं, जिसमें राजनीतिक विवेचन, सामरिक पहलुओं के पृथक्त्व में न होकर उसके तालमेल में हो? वह ऐसे सज्जनों द्वारा किया जाए जो विषय-मर्मज्ञ हैं। मर्मज्ञ न सही, तो 'कॉमन सैंस' के साथ-साथ रुचि भी रखते हों; तथा सैनिकत्व को हेठी अथवा बेरूखी अथवा भर्त्सना की अपेक्षा आज की वास्तविकता के परिप्रेक्ष्य में साफ-सुथरी व्यवहारिक दृष्टि से देखते हों।

फिर फौज के प्रति यह सालों से चली आ रही बेरुखी क्यों? तालमेल का अभाव क्यों? क्या यह डर वाजिब है कि फौज शासन की बागडोर हथिया लेगी? क्या हमारी फौज ने यह सिद्ध नहीं कर दिया कि शासन हथियाने का उसको जरा भी चाव नहीं?

एक बार किसी विदेशी पत्रिका में एक तसवीर निकली थी। उसमें विख्यात कलाकार साल्वेडोर डाली का चित्रण था। अपने ही घर के एक कमरे में वह केवल जाँघिया पहने एक पुख्ता मेज के तले घुसे, पालथी मारकर दत्तचित्त पढ़ने की मुद्रा में दिखाए गए थे—कैमरे की ओर अपनी लम्बी कलफ लगी मूँछ की नोक उघाड़े। नीचे तसवीर का खुलासा दिया था कि जनाब डाली भौतिकशास्त्र

का अध्ययन कर रहे हैं (जिसका उन्हें लेशमात्र भी ज्ञान नहीं) चीनी भाषा की पुस्तक से (चीनी भाषा का उन्हें जरा भी ज्ञान नहीं, न ही चीनी लिपि का)। इसपर तुर्रा यह कि वे किताब को उल्टा पकड़े हुए हैं और दाएँ से बाएँ पन्ने पलटते हुए पढ़ रहे हैं।

फौजी भाषा इतनी क्लिष्ट तो नहीं कि काला अक्षर भैंस बराबर। नाम विद्यापति।

थोड़ी रुचि तो हो। बस थोड़ी-सी रुचि। जैसी श्री अरुणसिंह जी ने दिखाई थी। वास्तव में उन्होंने सुरुचि दिखाई थी। फौज के बारे में जानकारी प्राप्त करने का चाव दिखलाया था। अपना दायित्व निभाने का। फौज में आज भी उनका बड़ा आदर है। उनको छोड़कर क्या पिछले पचास सालों में हमारे अन्य कोई रक्षामंत्री ऐसे रहे हैं, जिन्होंने फौज में असली दिलचस्पी दिखलाई?

□

अब हमारी फौज देश की एकता का प्रतीक है। इसमें सब धर्मों, संप्रदायों, प्रांतों, वर्णों, जातियों के लोग बड़े सद्भाव से मिल-जुलकर हिंदुस्तानी के रूप में रहते हैं। उन्हें देश के क़ोने-कोने तथा चप्पे-चप्पे से प्रेम है। वे सरल हिंदुस्तानी भाषा बोलते हैं। मिल-जुलकर हँसी-खुशी दीपावली मनाते हैं, ईद भी, क्रिसमस भी। देश की छावनियों को साफ-सुथरा, हरा-भरा तथा सुंदर बनाकर रखते हैं। जगह-जगह पेड़-पौधे लगाते हैं। पर्यावरण सुरक्षित रखते हैं। बाहर से कोई भी विदेशी गण्यमान्य आए, उसे सलामी गार्द देते हैं। हर साल 26 जनवरी को गणतंत्र दिवस की परेड में अग्रिम हिस्सा लेते हैं। 29 जनवरी को लोग उनके बैंड-बाजों की धुनों को मस्त होकर चाव से सुनते हैं। नेतागण राजपथ पर जमा होकर शहीद हुए सैनिकों की स्मृति में नतमस्तक होते हुए दो मिनट का मौन भी धारण करते हैं। यहाँ तक कि विदेशों से मुख्यातिथियों को बुलाकर उन्हें अपनी सालाना परेड दिखाने में गर्व महसूस करते हैं। चुनाव के दिनों में भी फौजी टुकड़ियों का सहारा लेते हैं। गणतंत्र दिवस पर सारे प्रदेशों में परेडें की जाती हैं। स्कूल के बच्चे-बच्चियाँ भी बैंड बाजे बजाते हुए जगह-जगह परेड करते देखे जाते हैं। एन.सी.सी. दिवस पर भी परेड होती है। यहाँ तक कि अब रेलवे आदि मंत्रालयों के मुखियों ने भी अपने-अपने डिपार्टमेंट के सुरक्षाकर्मियों की गार्द से छाती फुलाकर सलामी लेना शुरू कर दिया है। पुलिसवालों ने भारी मात्रा में फौजी शैली के पहचान-चिह्नों, वाहनों पर स्टार एवं झंडियाँ आदि लगाने की विधा शुरू कर दी है। फिर सीमा रक्षा दलादि क्यों पीछे रहें? और तो छोड़ो, अब बैंकों, बाजारों में आम दुकानदारों, सुनारों, डिपार्टमेंटल स्टोरों में फौज की नकल के वर्दीधारी, पदक-बिल्लों-पेटियों-पी

कैप से सुसज्जित सैनिक जैसे दिखनेवाले बड़ी-बड़ी मूँछोंवाले दरबानों को द्वार खोलने के लिए 'डोरमैट' की बगल में खड़ा करने की होड़-सी लग गई है। हमारी फौज ने चूँ किया? न ही न्याय-संहिता इसमें हस्तक्षेप करने के उतावली होगी। फौज को अपनी अनुशासनबद्धता पर गर्व है। उनमें भद्रता है। भव्यता है। धैर्य है। उनकी धमनियों में देश की उन्नति की सच्ची धड़कन है। क्योंकि उन्होंने सारी युवा जिंदगी भारत दर्शन करने में बिताई है। उन्हें भारत के हर एक प्रांत से लगाव है। अनुशासन तथा परंपरा उन्हें एक डोर में बाँधे है।

जम्मू-कश्मीर की लड़ाई में सन् 1947-48 के दौरान हिंदुस्तान के छह हजार सिपाही हताहत हुए। इनमें पंद्रह सौ की मृत्यु हुई, तीन हजार पाँच सौ घायल हुए और एक हजार गुमशुदा। इन ऑपरेशनों में पाँच परमवीर चक्र, तिरपन महावीर चक्र तथा तीन सौ तेईस वीर चक्र वितरित किए गए।

□

कश्मीर का सौंदर्य किसे नहीं मोह लेता? तभी तो अनेकों ने इसे 'भूतल का स्वर्ग' कहा है। यहाँ विराट् का नैसर्गिक वास है। श्रीअरविंद के शब्दों में—

'निराकार एकांत व्याप्त था मेरे चहुँ दिशि,
सबकुछ था बन गया अनोखा और अनामी।'

अमरनाथ की गुफा तक पहुँच यात्री साथी के कंधे पर हाथ रखकर कहता है, 'उस तरफ देखो! वह रहा कैलास! उसकी तलहटी में मानसरोवर है।'

'राजतरंगिणी' के कवि पंडित कल्हण ने लिखा है—

'यह तीनों लोकों में रत्नों को पैदा करनेवाली धरती सबसे सुंदर है। उसके उत्तर दिशा में कुबेर का लोक है। उससे अधिक सुंदर गिरिराज हिमाचल है। हिमाचल से भी अधिक सुंदर है उसकी गोद में बसा हुआ देश कश्मीर। यहीं नीलकंठ शंकर का निवास स्थान है। सचमुच यह पृथ्वी का नंदन कानन है।'

यहीं कालिदास, मम्मट, सोमदेव और क्षेमेंद्र ने काव्य-प्रेरणा पायी है। कविवर पंत के शब्दों में—

'गिरिवर के उर से उठकर
उच्चाकांक्षाओं से तरुवर
हैं झाँक रहे नीरव नभ पर
अनिमेष, अटल⋯।'

दो

जब हमारा ध्यान जोजीला और लद्दाख की ओर बँटा हुआ था तो पाकिस्तानियों ने सोचा कि टिथवाल पर दोबारा कब्ज़ा करने का यही मौका है। दरअसल, टिथवाल पर हमारा प्रभुत्व उन्हें बेहद अखरता था। कृष्णगंगा नदी के तट पर स्थित टिथवाल मुजफ्फराबाद और डोमेल से थोड़ी ही दूरी पर है।

अगस्त 1948 से उन्होंने टिथवाल शहर पर तोपखाने तथा मोर्टारों से लगातार फायर करते हुए वहाँ के लोगों का जीना हराम कर डाला। कुछ ही दिन पहले मई के महीने में हमारी फौजों ने उन्हें टिथवाल से खदेड़ भगाया था। तब दुश्मन ने बड़ी तैयारी के बाद जवाबी हमला करने की ठानी। दुश्मन की लंबी मार की तोपों के गोलों से साफ जाहिर था कि अब पाकिस्तान की सेना लुके-छिपे नहीं, दल-बल सहित खुले रूप से मैदान में उतर आई है।

यह हमला इतना प्रबल था कि नदी पार की शहरी चौकियों को छोड़कर हमें कृष्णगंगा नदी तट से पीछे हट, उत्तर-दक्षिण के ऊँचे पहाड़ पर मोर्चे बनाने पड़े।

अब दुश्मन ने अपना सारा जोर रिचकार गली के क्षेत्र में मोर्चा बाँधे बैठी 1 सिख बटालियन के विनाश पर लगाया। इसपर दुश्मन ने अपना एक पूरा ब्रिगेड झोंक डाला।

सबसे पहला हमला तो बटालियन के मुख्य मोर्चों के जमघट के काफी आगे लगी एक चौकी पर किया गया। इस चौकी पर लांस नायक करम सिंह की देख-रेख में केवल एक सेक्शन तैनात था। संख्या कम होने के कारण उसमें उस समय केवल चार सैनिक मौजूद थे। हमला किया दुश्मन के चालीस सैनिकों ने। यानी दस गुना। हमला एक नहीं, कई बार करना पड़ा। इसका कारण यह था कि लांस नायक करम सिंह वहाँ यमदूत की तरह डटे बैठे थे। उन्होंने दुश्मन के गोलों तथा फायर की परवाह किए बिना अपनी लाइट मशीनगन से सब ओर फायर की झड़ी-सी लगा दी। दुश्मन ने लगातार आठ बार हमला किया, पर हर बार उसे पीछे हटने पर विवश होना पड़ा।

दुश्मन हैरान था कि अब आगे और क्या करे। परंतु आगे बढ़ने के लिए इस चौकी पर फतह पाना लाजिमी था। हमला करनेवाली कंपनी को पीछे से बार-बार लताड़ा जा रहा था कि वे सिर्फ एक सेक्शन पर क़ाबू पाने में नाकामयाब हो रहे हैं।

लेकिन तब तक लांस नायक करम सिंह का सारा एम्युनिशन खत्म होने पर आया था। दो साथियों को गहरी चोटें आई थीं।

लांस नायक करम सिंह ने फैसला किया कि अब पीछे हटकर बटालियन की मुख्य पोजीशन में पहुँच, आगे की लड़ाई वहीं से जारी रखेंगे। पर वहाँ पहुँचना कौन आसान काम था! पूरी पोजीशन पर काफी देर से दुश्मन के तोपखाने से फायर हो रहा था। बीच राह में अपनी माइनफील्ड लगी थी और वह क्षेत्र भी दुश्मन की मशीनगनों की मार के अंदर था। वह खुद भी घायल हो चुके थे और उनके जख्म से लगातार खून बहता जा रहा था।

पर करम सिंह हिम्मत हारने के लिए पैदा नहीं हुए थे। खुद सहारा देते हुए, अपने दूसरे साथी की मदद के साथ उन्होंने दोनों घायल साथियों को लेकर पीछे की ओर रेंगना शुरू कर दिया। शायद यही सोचा कि–'हो गईं मुश्किलें इतनी कि आसां हो गईं।'

बीच राह उनके साथियों की हिम्मत टूटने लगी। जख्मों का दर्द, ऊपर से तोपों के गोलों का धरती दहलानेवाला प्रस्फुटन। आस-पास से मशीनगनों की गोलियों की बौछार। भूमि में धँसी माइनों के फटने का अंदेशा, जो रेंगने के कारण और भी बढ़ गया था। आगे की मंजिल क्या थी। न बाग, न बगीचा। न घर का सुख, न अस्पताल की मरहम-पट्टी। आगे भी वही मोर्चे जो अभी छोड़कर आए थे। उन मोर्चों पर भी तोपों के गोले, मोर्टारों के गोले और आखिरी फैसले खून-पसीने के अलावा संगीनों की चीर-फाड़ के साथ।

लांस नायक करम सिंह ने अपने जख्मी साथियों को ढाढ़स बँधाया। उन्हें वहीं छोड़कर चले जाने की फरियाद जरा भी न मानी। बड़ी हिम्मत के साथ अपनी सारी ताकत लगाकर उन्हें घसीटते हुए बटालियन की पोजीशन की ओर ले चले।

वहाँ भी बुरा हाल था। ढेरों हताहत। ढेरों जख्मी। तोपों के गोले-पर-गोले। दुश्मन की 3.7 मिलीमीटर तोपें तो खास कयामत ढा रही थीं। लगभग हर एक गोला हमारे बंकरों के ठीक सिर के ऊपर पड़ रहा था। ऐसा होने से तो मजबूत बंकर का भी कचूमर निकल जाता है।

बटालियन के अग्रिम मोर्चों तक पहुँचे घायलों को स्ट्रेचर पर डालकर रेजिमेंटल एड पोस्ट की ओर ले गए–जख्म साफ कर पट्टी बाँधने के लिए। फिर लौटकर लांस नायक करम सिंह को लेने आए तो उन्होंने जाने के साफ इनकार कर दिया। खून, मिट्टी और कालिख से लथपथ उनका चेहरा और कई जगहों से कटी-फटी वर्दी बड़ी भयानक लग रही थी।

मरहम-पट्टी करवाने की बजाय लांस नायक करम सिंह सामनेवाले मोर्चे में जा धँसे। उन्होंने मरहम-पट्टी की जगह लाइट मशीनगन की गोलियों से भरी मैगजीनों की माँग की। ये उन्हें दे दी गईं। इसी मोर्चे से उन्होंने बढ़ते शत्रु पर दनादन गोलियाँ बरसाना शुरू कर दिया।

दुश्मन ने एक-एक करके चार बार हमले किए। 1 सिख पल्टन के रणबाँकुरे जवानों ने चारों विफल कर दिए। दोनों ओर से घमासान लड़ाई। दोनों ओर भारी संख्या में हताहत। एक बटालियन के खिलाफ एक ब्रिगेड। एक आदमी के ऊपर एक साथ टूट रहे चार आदमी!

अब पाँचवाँ हमला शुरू हो गया था। पहले चार हमलों से भी अधिक भयानक और खूँखार। शत्रु बुरी तरह बौखला गया था। इधर सिख पल्टन के जवानों ने भी मानो प्रण कर रखा था कि कट जाएँगे, पर पीछे न मुड़ेंगे।

लांस नायक करम सिंह के मोर्चे के दाईं ओर एक और मोर्चा था। अब दुश्मन के हमलावर इसके पिछवाड़े की ओर से आक्रमण करने लग गए। हालत बड़ी नाजुक हो गई थी। लांस नायक करम सिंह ने देखा कि यदि वह अपना फायर जारी रखते हैं तो अपने ही सिपाहियों के सिरों पर गोलियाँ लगने का खतरा है। इतना निकट आ गया था दुश्मन!

ऐसा होने पर उनके साथियों ने सहसा देखा! राइफल पर संगीन चढ़ाए लांस नायक करम सिंह अचानक मोर्चे के बाहर निकल आए और आगे बढ़ रहे दुश्मन पर प्रचंड वेग के साथ झपट्टा मार टूट पड़े। संगीन की मार से दो हमलावर वहीं ढेर कर डाले।

करम सिंह के इस जुझारू कर्मकांड की भयंकरता ने दुश्मन को हक्का-बक्का कर दिया। पलक झपकते वे समझ गए कि जिस पल्टन के सैनिक इतने जाँबाज हों, उस पत्थर पर सिर मारने से क्या फायदा! दुश्मन के मनोबल को गहरा झटका लगा। उसके हमले का वेग ढीला पड़ गया; और धीरे-धीरे फतह की उम्मीदों पर पानी पड़ गया। अबकी बार वह फिर से हमला करने की हिम्मत न जुटा पाया। ईद के मौके पर टिथवाल को उपहार के स्वरूप पाने का उसका सपना मिट्टी में मिल गया।

इस युद्ध में जो बहादुरी लांस नायक करम सिंह ने कर दिखाई, उसकी मिसाल कम ही मिला करती है। चार सैनिक अकेले मोर्चे से चालीस से लड़ते रहे। एक नहीं, दो नहीं, आठ बार हमले! फिर घायल होने के बावजूद लड़ाई जारी रखना। सेक्शन के घायलों को सहारा देकर रेंगते हुए पीछे बटालियन की मुख्य पोजीशन

पर पहुँचकर वहाँ से फिर लड़ाई जारी रखना और अंत में मोर्चे से कूद, दुश्मन की ओर धावा बोल उसे संगीनों की मार से खदेड़ डालना—ऐसी जाँबाजी से कि वह दुबारा हमला करने की हिम्मत ही न करे और हमारे कब्जे में आया टिथवाल फिर से हमारा ही रहे।

कई बार सोचकर अचंभा होता है कि बनानेवाले ने इनसान को किस धातु से बनाया है? इसकी सहनशक्ति की सीमाएँ क्या हैं? क्या वीरत्व एक बैंक में जमा पूँजी की तरह है, जो धीरे-धीरे खर्च होती चली जाती है। या बैटरी की तरह जिसे फिर-फिर चार्ज करते रहना पड़ता है? या कोई ऐसा पक्का रंग, जिसे जितना धोओ, जितना मलो, जितना पटको उतना तीखा और चटख निखर निकलता चला आता है?

अनुभूति के किसी चरम शिखर पर पहुँचकर शायद भगवान् शंकर के ही वरदान से सामान्य मानव की भी तीसरी आँख खुल जाती है। फिर उसमें फौलाद को भी भस्मित करने की शक्ति आ जाती है। लेजर बीम की तरह, मातृभूमि के इस सपूत श्री करम सिंह को असाधारण वीरता के लिए परमवीर चक्र के वीरोचित पदक से अलंकृत किया गया। इनका जन्म बरनाला (पंजाब) में हुआ था। इनकी भव्य वीरता तथा ओजस्वी बलिदान की पुण्य स्मृति को हमारा शत-शत बार विनयातीत नमन।

'असि-ब्रत धारयौ धर्म पै, उँमगि उधारयौ हिंद।
किए सिक्ख तें सिंह सब, धनि-धनि गुरु गोविंद।।'

तीन

द्वितीय विश्वयुद्ध के दिनों में फील्ड मार्शल वेवल का नाम काफी प्रसिद्ध था। इसमें संदेह नहीं कि वे अच्छे सिपाही और उच्च कोटि के सेनापति थे। जब वे मिडल ईस्ट कमांड के कमांडर-इन-चीफ थे तो हिंदुस्तानी फौजों ने उनकी कमान के दौरान कई महत्त्वपूर्ण लड़ाइयों में सक्रिय भाग लिया। बाद में वे हिंदुस्तानी फौज के कमांडर-इन-चीफ बने और तत्पश्चात् हिंदुस्तान के लाट साहब भी।

फील्ड मार्शल वेवल हिंदुस्तानी सेना के मुक्तकंठ प्रशंसक रहे। लड़ाई के बाद दिन फिरने लगे थे। हिंदुस्तान में नई हवा की खुशबू फैल रही थी। माउंटबेटन

के आगमन से पहले, मार्च '47 में वेवल ने हिंदुस्तान से विदा ली। 21 मार्च को उन्होंने रेडियो पर अपना विदाई संदेश देते हुए कहा, 'मेरा विश्वास है कि हिंदुस्तानी फौज का स्थायित्व भारत के भविष्य के लिए संभवतः निर्णायक सिद्ध होगा। हिंदुस्तानी फौज ने यह कार्यान्वित कर दिखाया है कि कैसे विभिन्न संप्रदायों के लोग, अपना भेदभाव भूलकर, आपस में मिल-जुलकर काम करते हुए किसी भी साझे संकट को भाईचारे तथा लगन के साथ, सफलता से निपटा सकते हैं।'

वातावरण कितना भी कीचड़-भरा क्यों न हो, हमारी फौज अभी तक राजनीतिक महत्त्वाकांक्षाओं से सर्वथा असम्बद्ध तथा अछूती रही है—देश के गणतंत्र में उसे अटूट विश्वास ही नहीं, वह उसकी रीढ़ की हड्डी बनी हुई है। फौज में न संप्रदाय का भेदभाव है, न जाति का, न प्रदेश का, न काले का, न गोरे का। हमारी सशस्त्र सेनाएँ देश के कोने-कोने में छाई हैं। कन्याकुमारी और समुद्र तट की दूरियों से लेकर हिमाद्रि-तुंग-शृंग तक, देश को लपेटे समुद्र तट में और हिंदुस्तान की हवा में भी, आकाश में भी जहाँ से भविष्यवाणियाँ होती थीं और देवगण फूल बरसाया करते थे। फौज का सैनिक आज बाड़मेर के बालू कणों की तपती झुलस महसूस कर रहा है, तो कल असम के जंगलों की घनी छाँव, तो परसों सियाचिन ग्लेशियर की हड्डी जमा देनेवाली सर्दी, तो अतरसों अंडमान पहुँचने के हिचकोले। अनगिनत सिपाहियों की जवानी हिमालय के बर्फीले पहाड़ों के वीरान एकांत में बीत जाती है अथवा नगालैंड-मणिपुर-बारामूला में, गोलियों की कँटीली छाती पर लेटे। पितामह भीष्म ने तो यह काम ढलती वयस में किया था। हिंदुस्तानी फौज का जवान और अफसर देश के जिस भाग, जिस कोने में जाता है, सर्विस करता है, अल्पकाल के लिए रहता है, वहीं का ढलकर रह जाता है। वह जगह-जगह मोह-रंजित हो जाता है। हिंदुस्तान का हर प्रदेश उसकी प्रेमिका की तरह है। देश की पावन धरती के सभी रंग-बिरंगे परिधानों से उसका लगाव है। फौजी घरों में जहाँ एक तरफ नगालैंड का सजावटी भाला नजर आएगा तो दूसरी तरफ कश्मीरी कालीन, गुजराती झूला, तमिलनाडु का दीवा-लैंप, हिमाचली टोपी, कोचीन की कौड़ियाँ, अंडमान के शंख। मात्र पैंतीस साल की आयु में जवान रिटायर हो जाता है और पचास साल में जूनियर अफसर। रिटायर होते ही उन्हें लगता है, बुढ़ापा आ गया। यही समय मिलता है उन्हें घर के काम सँभालने का। ढलान की इस वेला में उनका दिल हिंदुस्तान की खुशबू से भरा रहता है। क्या नहीं है अपने देश में? दुनिया के सबसे ऊँचे पहाड़। सुंदरतम जंगल, पेड़, नदियाँ, फूल, मोर, हाथी, शेर, गैंडे और हिरण। मंदिर, घाट, मस्जिदें, गुरुद्वारे, गिरजाघर। अतीत के भग्नावशेष।

दुनिया की सबसे सुंदर मूर्तियाँ। सबसे सुंदर नजारे। चंदन, नीम, पीपल, बरगद, ढाक के पेड़। हरे-भरे खेत। अजंता, एलोरा, कोणार्क, खजुराहो। ढाका जैसी मलमल, आगरा का पेठा, कांजीवरम की साड़ियाँ, ताजमहल बनानेवाले हाथ। रंग-बिरंगे लोग। शस्य-श्यामला धरती। क्या नहीं है भारत में? शायद थोड़ा-सा असली भाईचारा। और भारत की खुशबू से भरा नेतृत्व। बस, और कुछ नहीं चाहिए हिंदुस्तान को। बाकी सब अपने आप हो जाएगा। ऐसी आस्था निर्मूल है क्या?

लॉर्ड वेवल ने जिस सेना की तारीफ की उसी की अग्रिम टुकड़ियाँ जा पहुँची श्रीगर में 27 अक्टूबर के दिन। श्रीनगर अर्थात् वह नगर, जहाँ श्री का निवास हो। अरे! इतने दिनों से यह नाम कानों में पड़ता आया है, परंतु इस दृष्टि से तो देखा ही नहीं इसे। सुना अवश्य, पर देखा नहीं; 'श्री' अनेकार्थी शब्द है। विष्णु पत्नी लक्ष्मी को 'श्री' कहा जाता है—

'नील वसने देवि पर्वत स्तनमंडले।
विष्णुपत्नी नमस्तुभ्यं पादस्पर्श क्षमस्व ने।।'

'हे देवि! ओ भारतमाता! जिसकी देह के वसन समुद्र नील हैं, हिमाद्रि तुंग शृंग जिस शोभायमान सुंदरी के स्तनों के समान है, उस पावन धरती पर पाँव रखकर चलना मेरी विवशता है, जिसके लिए हे देवि! मुझे तुम क्षमा करना।' 'श्री' शब्द में निहित हैं शोभा, सौंदर्य, विभूति, राजोचित गौरव। सरस्वती, वाणी, प्रभा, कीर्ति, यश। इसके अतिरिक्त यह आदरसूचक शब्द व्यक्तियों के नाम के आगे लगाया जाता है। श्रीनगर! ऐसे ही ओजस्व से परिलिप्त सुंदर-सलोना नगर।

बड़गाम श्रीनगर के दक्षिण-पश्चिम में एक कस्बा था, जो हवाई अड्डे की बगल में ही स्थित था। उस दिन खबर बड़ी खतरनाक थी। उस समय घाटी में हमारे पाँवों के पंजे ही लगे थे। और ये पंजे हवाई अड्डे में ही टिके थे। यदि उन्हें यहाँ से उखाड़ फेंका गया तो सारे किए-कराए पर पानी फिर जाएगा।

बड़गाम में पीछे रह जानेवाली कंपनी के कमांडर युवा मेजर सोमनाथ शर्मा थे। दिल्ली में हॉकी खेलते हुए चोट लग जाने से उनका दाहिना हाथ पलस्तर में लिपटा था। हाथ में चोट लग जाने के कारण उन्हें कंपनी के साथ श्रीनगर आने की मनाही थी। पर उन्होंने जोर देकर कहा था कि वे अपनी कंपनी को अच्छी तरह जानते हैं और आनेवाले परीक्षा के मौके में वे अपनी कंपनी का साथ नहीं छोड़ेंगे।

जब कबाइली हमलावरों को यकीन हो गया कि कुमाऊँ पल्टन की यह कंपनी अलग-थलग पड़ गई है, तो उन्होंने दोपहर, दो बजकर पैंतीस मिनट पर अचानक उसके ऊपर पहले मोर्टार के गोले बरसाने शुरू किए और बाद में सहसा मशीनगनों के फायर की बौछारें। इससे कुमाऊँनी सैनिक चौंक गए; पर शीघ्र ही मेजर शर्मा ने स्थिति पर नियंत्रण जमा, अपनी लाइट मशीनगनों द्वारा तीखा जवाबी फायर आरंभ कर दिया। थोड़ी ही देर में हमलावरों ने एक पार्श्व से कंपनी पर भारी धावा बोल दिया। धावा बोलनेवालों की संख्या सात सौ के लगभग थी, जबकि कंपनी की संख्या एक सौ के आस-पास थी। यानी कि एक आदमी पर धाबा बोलनेवाले सात।

मेजर शर्मा बड़ी भारी विपत्ति से घिर गए थे। पर उन्होंने हिम्मत नहीं हारी। एक ओर तो उन्होंने कंपनी के सैनिकों का उत्साह बढ़ाने का यत्न किया। पर साथ-साथ ब्रिगेड हेडक्वार्टर में और कुमुक के लिए संदेश भी भेजा। इन्हें बताया गया कि हवाई अड्डे के लड़ाकू विमानों को उनकी मदद करने का आदेश दे दिया गया है। सैनिकों की कमी के कारण मेजर शर्मा ने स्वयं हवाई हमले के लिए धरती पर पैनल (पहचान-फीतियाँ) लगाकर टार्गेट को इंगित किया। शीघ्र ही दो लड़ाकू विमानों ने आकर हमलावरों पर गोलियाँ बरसाईं। परंतु इससे हमलावरों के हमले की प्रचंडता में कोई गतिरोध नहीं पड़ा। मेजर शर्मा ने वहीं डटकर लड़ने की ठानी। उन्हें पता था कि हमलावरों का असली लक्ष्य श्रीनगर का हवाई अड्डा था।

चौबीस वर्षीय मेजर शर्मा ब्रिगेडियर सेन से वायरलैस पर बात करके उन्हें बता रहे थे कि कैसे वे कोई सात सौ कबाइलियों से घिर गए हैं और दुश्मन अपने फायर का वेग बढ़ाता हुआ उनकी ओर बढ़ रहा है। वह बातें कर ही रहे थे कि दूसरी ओर ब्रिगेडियर सेन को बड़े धमाके की आवाज आई और उसके साथ ही वायरलैस सेट का बोलना बंद हो गया।

'सरफरोशी की तमन्ना अब हमारे दिल में है।'

मेजर शर्मा ने निश्चय कर वहीं दुश्मन के साथ लड़ने-मरने की ठान ली। एक हाथ तो पलस्तर में बँधा था। दूसरे के इशारों से एक मोर्चे से दूसरे तक, खुले में, दुश्मन की गोलियों, मोर्टार फायर, मशीनगन फायर से बेखौफ भाग-भागकर अपने बहादुर ज़वानों को निर्देश देते, उन्हें लड़ते रहने को प्रोत्साहित करते रहे। ऐसे चुनौती-भरे संकटपूर्ण अवसरों में ही नेतृत्व की परीक्षा हुआ करती है।

□

उन्हीं के उदाहरण से प्रभावित उनकी कंपनी ने 11 नंबर प्लाटून के सिपाही दिवान सिंह ने तो कमाल ही दिखा दिया। वे लाइट मशीनगन के नंबर एक गनर थे। दुश्मन के फायर का सबसे प्रबल वेग इन्हीं की प्लाटून पर आ रहा था। जब यह देखा गया कि अब प्लाटून का शीघ्र ही रौंदा जाना लगभग निश्चित ही है, तो उसे पीछे हट दूसरी पोजीशन लेने के निर्देश दिए गए। पर तब तक दुश्मन इतना निकट आ गया कि पीछे हटकर दूसरा मोर्चा लेना असंभव-सा था। ऐसी घड़ी में सिपाही दिवान सिंह ने अपनी लाइट मशीनगन से, दुश्मन की गोलबारी से अविचलित रह तथा अपने जीने-मरने की कतई भी चिंता किए बगैर, इस विलक्षण दुस्साहस से दुश्मन पर फायर करना जारी रखा कि दुश्मन के पंद्रह आदमी कुछ ही देर में आँखों के सामने ही ढेर हो गए। इस बीच सिपाही दिवान सिंह के कंधे में गोलियों की बौछार लगी, जिससे वे बुरी तरह घायल हो गए। अब तक उनके साथी कुछ पीछे हट चुके थे और वे अकेले ही अपने मोर्चे से फायर की घातक बौछारें उगलते चले जा रहे थे। जब दुश्मन ने देखा कि प्लाटून के बाकी मोर्चों से फायर आना बंद हो गया है और केवल एक मोर्चे से दनादन गोलियाँ बरस रही हैं तो उन्होंने अपना सारा ध्यान और सारी मेहनत इसी मोर्चे की बरबादी पर अटका दी। पर सिपाही दिवान सिंह ने न अपनी मशीनगन का फायर छोड़ा, न अपना मोर्चा। उनका फायर तथी रुका जब दुश्मन की मशीनगन की गोलियाँ उनकी छाती को छलनी करके आर-पार हो गईं और वे वहीं-के-वहीं अडिग ही रहे। वीरगति प्राप्त करने के समय उनकी आयु भी अपने कंपनी कमांडर की तरह कुल चौबीस साल की थी।

सौ संख्या की कंपनी बड़ी बहादुरी से लड़ती हुई सात सौ संख्यावाले दुश्मन को छह घंटे तक दूर रोके रही। यह बहुत ही महत्त्वपूर्ण सफलता थी। इसने श्रीनगर हवाई अड्डे को दुश्मन के हाथों में पड़ने से बचा लिया। मेजर शर्मा के जवान घायल होते चले जा रहे थे। एक जे.सी.ओ. तथा बीस जवानों की तो मृत्यु हो ही चुकी थी तथा छब्बीस घायल हो गए थे। इस सारी लड़ाई के दौरान मेजर शर्मा ने हर तरह से अपनी कंपनी का मनोबल ऊँचा रखा। जहाँ उनके मशीनगनों के चालक जख्मी हुए, उन्होंने अपने पलस्तर लगे हाथ की अटकल लगा चालकों को गोलियाँ भर-भरकर मैगजीनें दीं, जिससे दुश्मन पर किए जा रहे जवाबी फायर की गति धीमी न पड़े। कंपनी कमांडर का एक हाथ पलस्तर में है, फिर भी वह दिल्ली के अस्पताल में भर्ती न होकर जिद करके लड़ाई में कम्पनी के साथ होते यहाँ श्रीनगर चला आया है। और सात गुना संख्यावाले शत्रु के खूँखार हमलों

का घंटों से बड़ी निडरता और साहस के साथ सामना कर रहा है, इससे कंपनी में पैदा हुए जोश ने ही कंपनी को इतने देर अकेला लड़ने की शक्ति दी।

मेजर शर्मा एक जगह लाइट मशीनगन की मैगजीन में गोलियाँ भर ही रहे थे कि दुश्मन का एक मोर्टार बम उनकी बगल में पड़ी एम्युनिशन के भंडार पर ही आ गिरा और उसके भयंकर धमाके से इस योद्धा ने वहीं वीरगति पाई। मृत्यु से कुछ ही समय पूर्व ब्रिगेड हेडक्वार्टर में वायरलैस पर भेजा उनका अंतिम सेदश था—

'दुश्मन हमसे अब सिर्फ पचास गज की दूरी पर है। हम दुश्मन की भारी संख्या के कारण घिर गए हैं। उसका फायर तेजी से चल रहा है। पर मैं एक इंच भी पीछे नहीं हटूँगा। हम अंतिम जवान और अंतिम गोली तक लड़ेंगे।'

चौबीस वर्षीय मेजर सोमनाथ शर्मा को मरणोपरांत परमवीर चक्र प्रदान किया गया। हिंदुस्तानी फौज का सबसे पहला परमवीर चक्र। हमारा सर्वोच्च वीरता पदक। मेजर जनरल ए.एन. शर्मा के सुपुत्र, मेजर सोमनाथ शर्मा का जन्म 31 जनवरी, 1923 को कांगड़ा, हिमाचल प्रदेश में हुआ था। इनके भाई जनरल विश्वनाथ शर्मा 1990 में भारतीय थल सेना के अध्यक्ष पद से सेवानिवृत्त हुए।

सिपाही दिवान सिंह, सुपुत्र श्री उदय सिंह को मरणोपरांत महावीर चक्र से अलंकृत किया गया। उनका जन्म 4 मार्च, 1923 को पिथौरागढ़, उत्तर प्रदेश में हुआ था। इन दोनों के बलिदान ने ऐन समय पर श्रीनगर को हमलावरों के हाथों में पड़ने से बचाने में लोमहर्षी योगदान दिया। यह बहुत ही महत्त्वपूर्ण उपलब्धि थी।

□

4 नवंबर को स्थिति का ठीक आकलन करने सरदार पटेल श्रीनगर पधारे। उन्होंने और कुमुक भेजने के लिए अपनी हामी प्रकट की तथा श्रीनगर घाटी को बचाने की आवश्यकता पर जोर दिया।

अब ब्रिगेडियर सेन क्या करते? या तो तुरंत कुछ करते या और कुमुक के आने का इंतजार करते, जिसके लिए सरदार पटेल राजी हुए थे। उन्होंने सोचा कि एक बार दुश्मन के मोर्चे तैयार हो गए तो बाद में उन्हें निकाल खदेड़ना बड़ा कठिन हो जाएगा। यही समय है जब कुछ किया जा सकता है।

उनका प्लान इस प्रकार था—1 सिख पल्टन को हिदायत दी गई कि वे अपना फायर जारी रखते हुए दुश्मन को उलझाए रखें। 1 कुमाऊँ पल्टन को आदेश दिया गया कि कबाइलियों पर, उनके जमघट के दक्षिण में बह रही नहर की

ओर से, उसी दिन हमले की तैयारी करें। कुमाऊँ की एक कंपनी को भावी हमले का एफ.यू.पी. (क्षेत्र, जहाँ से आक्रमण आरंभ करना होता है) सुरक्षित करने के आदेश दिए। साथ ही उन्होंने एक काम और किया। दो दिन पहले 7 केवेलरी का एक ट्रूप जम्मू से बनिहाल दर्रा पार कर श्रीनगर भेजा गया था। आज तड़के सवेरे ही उन्हें बांदीपुर की ओर गश्त पर भेजा गया था। उनके कमांडर के साथ रेडियो संपर्क करके ब्रिगेडियर सेन ने उनका बांदीपुरवाला कार्य खारिज करते हुए आदेश दिया कि फौरन वापस लौटकर इकट्ठा हो रहे कबाइली लश्करों के पीछे पोजीशन लेकर रेडियो पर कार्य-पूर्ति की रिपोर्ट दें। दोपहर तक उन्हें टैंक कमांडर की रिपोर्ट मिल गई। रिपोर्ट मिलने के साथ ही ब्रिगेडियर सेन ने 1 कुमाऊँ को हमला शुरू करने की मंजूरी दे दी। दक्षिण से 7 कुमाऊँ का हमला होगा और उत्तर से रास्ता रोके खड़े टैंको का फायर। दोनों के बीच में दुश्मन।

प्लान के अनुसार हमला शुरू होते ही कबाइलियों के जमघट में भीषण हंगामा मच गया; जैसे चींटियों के दल पर गरम पानी डाला गया हो। कहाँ वे हमलावर सिख पल्टन पर हावी होकर श्रीनगर फतह करने के सपने देख रहे थे और अचानक, मानो आसमान की ओर से आया यह भीषण वज्रघात। दक्षिण एवं उत्तर तथा पूर्व से एक साथ। उनमें भयंकर भगदड़ मच गई। गाँवों के आस-पास की धरती में हाल ही में हल चलाए गए थे। आतंकित हो भागने के उपक्रम में उसी में धँसते-फँसते वे जहाँ-तहाँ भारी संख्या में गोलियों के शिकार होने लगे। दोपहर को शुरू हुई लड़ाई शाम पाँच बजे तक समाप्त भी हो चुकी थी। इस हमले के दौरान हवाई मदद भी माँगी गई और वह साकार भी हुई। घुसपैठिए लश्कर पर ऊपर से हवाई जहाजों की गोलियाँ भी बरस उठीं। नतीजा यह हुआ कि हमलावर भारी संख्या में हताहत हुए और अपना साज-सामान वहीं छोड़ पहाड़ों की ओर तेजी से भाग खड़े हुए। इसी विजय के कारण बाद में हमारे सैनिक पहाड़ों में आगे अग्रसर हो उड़ी तथा टिथवाल पर कब्जा जमाने में समर्थ हुए।

इस प्रकार मेजर सोमनाथ शर्मा तथा सिपाही दिवान सिंह जैसे वीरों के रक्त से तथा अनगिनत सिपाहियों के खून-पसीने से कश्मीर की धरती को सींचा गया। श्रीनगर को बचा लिया गया तथा कश्मीर घाटी को हमलावरों के आसुरी चंगुल से उन्मुक्त करवाया गया। हजार बाधाओं तथा भीषण कठिनाइयों के बीच श्रीनगर में हमारी फौज किस मुस्तैदी से पहुँची और फिर किस फुर्ती और दिलेरी के साथ घाटी को शत्रु के आतंक से मुक्त करवाने में सफल हुई, यह अपने आपमें एक मिसाल है।

याद रखनेवाली एक बात यह भी है कि उस समय हिंदुस्तानी और पाकिस्तानी दोनों फौजों के चीफ तब भी अँगरेज थे। भारत में जनरल लोकाहर्ट और पाकिस्तान में जनरल ग्रेसी। हिंदुस्तान में अपना पदभार सँभालने से पूर्व जनरल लोकाहर्ट फ्रंटियर प्रॉविन्स के गवर्नर रह चुके थे। बाद में पता चला कि भावी कबाइली हमले की पूर्व सूचना उन्हें काफी पहले जनरल ग्रेसी के द्वारा टेलीफोन पर मिल चुकी थी; पर उन्होंने इसे छिपाए रखा। नेहरू जी को जब इसका पता चला तो जनरल लोकाहर्ट को अपना त्यागपत्र देने पर विवश किया गया। उसके बाद चीफ का पदभार जनरल बूशर ने सँभाला। क्या इसी कारण जम्मू के डोगरा क्षेत्र की ओर ध्यान नहीं के बराबर दिया गया? या यों कहें कि शुरू में किसी-न-किसी बहाने बिलकुल ही नहीं दिया गया?

जम्मू-कश्मीर में हुए युद्ध में इतना तो प्रत्यक्ष था कि जहाँ हमारी फौज ने भूमिगत स्तर पर बड़े उच्चस्तरीय बलिदानों की झड़ी लगा दी, वहाँ वरिष्ठ स्तर पर युद्ध की गरिमा तथा मर्यादा को समझकर, ज्ञानमय मंथन कर, उपयुक्त योजना-निवारण करने में सामरिक-राजनीतिक नेतृत्व की साँझ का एकजुट-एकरस हो, देशहित की उन्नति करने की क्षमता में कमियाँ तथा दरारें सामने आईं। संपूर्ण युद्ध में अग्रिम दाँव-पेंच शुरू से अंत तक पाकिस्तान के ही हाथों रहा। हमने हर बार, हर जगह उनके सवालों का जवाब देने का तो यत्न किया, पर उन्हें भी ऐसा ही करने पर मजबूर नहीं किया। हमने 'एक्ट' नहीं 'रिएक्ट' किया। कश्मीर समस्या को संयुक्त राष्ट्र तक ले जाने में हमने जरूर पहल की, इसमें कोई संदेह नहीं। इसी का फल आज तक भुगत रहे हैं और आगामी पीढ़ियाँ भी भुगतेंगी। जून '48 में हमने संयुक्त राष्ट्र की बातों में आकर कश्मीर में अपनी आक्रामक कार्यवाहियों पर अचानक रोक लगा दी—ठीक ऐसे समय जब इतना खून-पसीना बहाने के बाद हमारी फौजें हर जगह जीत की धुन पर थीं। इस तरह कितना बड़ा नुकसान हुआ, किसी ने सोचा? जरूर सोचा होगा। पर क्यों हुआ, किसने, कैसे, क्योंकर किया, यह भी सोचा? इसलिए नहीं कि किसी को बदनाम किया जाए; बल्कि इसलिए कि हम वैसी गलती दोबारा न करें। पर यह हमारी आदत ही है कि हम गलतियाँ दोबारा, तिबारा, चौबारा करते ही चले जाएँ?

क्या इस प्रश्न का उत्तर अमर जवान ज्योति पर बदस्तूर गाहे-बगाहे राष्ट्रीय दिग्गजों द्वारा रखा जानेवाला दो मिनट का मौन दे सकता है?

'शूर हटै नहँ समर सूँ, हट्ट निभावै शूर।
सीस नमावै शूर नहँ, सीस कटावै शूर।।'

चार

22 अक्टूबर, 1947 को तड़के कबाइली लश्करों के मुख्य जमघट ने पाकिस्तान के एबटाबाद शहर के सामने जम्मू-कश्मीर के सीमावर्ती नगर मुज्फ्फराबाद पर आक्रमण कर दिया। सीमा को गढ़ी-हबीबुल्ला के इलाके में पार करके ये लश्कर मुजफ्फराबाद पर हावी हो उठे। उस समय 4 कश्मीरी इन्फैंट्री के जवान लोहार गली और रामकोट की सीमा चौकियों पर तैनात थे। खेदवश, ये नमकहराम निकले। उन्होंने कश्मीर के अंदर तैनात रियासती फौज की पूरी जानकारी दुश्मन को सौंप दी।

शहर में कत्लेआम करने के बाद हमलावर डोमेल पुल की ओर बढ़े। डोमेल में रियासती फौज के ले. कर्नल नारायण सिंह की कमान थी। मुजफ्फराबाद से आ रही गोली का फायरिंग तथा हो-हल्ले की आवाजों को सुनकर वे काफी चिंतित थे। वहाँ से लौटे एक घायल सिपाही ने उन्हें बताया कि वहाँ क्या हो रहा है। इससे पहले कि वे कुछ भी निर्णय कर पाएँ, हमलावरों ने उनके मुख्यालय पर हमला बोल दिया। उनके मुसलमान सैनिकों ने उनके साथ विश्वासघात करते हुए दुश्मन का साथ दिया। इस तरह जब अपने ही बेगाने हो जाएँ तो अपना बचाव असम्भव हो जाता है। वहाँ के फौजी दस्ते के एडजुटेंट कैप्टेन राम सिंह हथियार निकलवाने के लिए कोत को खोलने ही चले थे कि हमलावरों की गोलियों ने उन्हें भून डाला। दस्ते के मुख्यालय तथा मोर्टार प्लाटून ने सारा दिन बड़े साहस और निष्ठा के साथ दुश्मन का मुकाबला किया और उन्हें काफी क्षति भी पहुँचाई। पर रात होने तक केवल पंद्रह आदमी जिंदा बचे थे। वे भी बुरी तरह थकान से चूर तथा घायल थे। वस्तुतः वे रात के अंधकार में पहाड़ों की ओर तितर-बितर हो गए। बाद में उनकी कोई खोज-खबर नहीं मिली।

बाकी चौकियों एवं दस्तों की भी इस प्रकार की ही गाथा थी। मुजफ्फराबाद में रियासती दल के मीडियम मशीनगन सेक्शन के मुखिया हवलदार बिशनसिंह किसी तरह पहाड़ों की ओर निकल भागने में समर्थ रहे। कई दिनों बाद वे भूखे-प्यासे श्रीनगर पहुँचे और उन्होंने अपना हाल सुनाया। चौकी पर तैनात दल पीछे हटने के उपक्रम में पकड़ा गया। उनके हथियार छीन, सारे कपड़े उतरवा, उन्हें झेलम नदी तट की ओर खदेड़, एक पंक्ति में खड़ा होने का हुक्म देकर वहीं गोलियों से ढेर कर दिया गया।

कोटली की एक टुकड़ी पाँच सौ विस्थापितों के साथ उड़ी आ पहुँची। इन्होंने राह में कई जगह हमलावरों का मुकाबला काफी दिलेरी से किया। तभी उनका

जान बचाकर निकल आना संभव हो पाया। इसी तरह लेफ्टिनेंट लाभ सिंह के नेतृत्व में एक दस्ता नौ हजार विस्थापितों के साथ कोहाला से पीछे हटता हुआ 31 अक्टूबर को पुंछ आ पहुँचा। हमलावरों के साथ इनकी कई मुठभेड़ें हुईं। परंतु लेफ्टिनेंट लाभ सिंह के दस्ते ने बड़ी कुशलता तथा बहादुरी के साथ उनका मुकाबला किया। बड़ी दुर्गम परिस्थितियों से गुजरते हुए वे बड़ी भयानक कठिनाइयाँ झेलते हुए किसी तरह पुंछ पहुँचने में सफल हुए। पर वहाँ भी संघर्ष तथा लड़ाई का माहौल तैयारी पर था। कहते हैं कि कोहाला में दो अँगरेज अफसर भी तशरीफ-फर्मा हुए और इन्होंने रियासती फौजों को अपने हथियार डाल देने की सलाह दी; पर उनकी सलाह पर अमल नहीं किया गया।

उस समय रियासती फौज की संख्या कुल मिलाकर एक डिवीजन के लगभग थीं। सारी फौज छोटे-छोटे दस्तों में बँटी ढेरों अलग-अलग चौकियों पर तैनात थी। इन चौकियों पर भारी हमला करके इन्हें बारी-बारी से हथियाना कोई कठिन काम नहीं था। रियासत की फौज की कमान आमतौर पर किसी-न-किसी सेवानिवृत्त ब्रिटिश जनरल के सुपुर्द हुआ करती थी। सन् 1947 में यह जनरल स्कॉट के अधीन थी। पर अगस्त में आजादी मिलने के बाद यह कमान रियासती फौज के ब्रिगेडियर राजेंद्र सिंह ने सँभाल ली थी।

रियासत में यद्यपि सड़कों की व्यवस्था का फैलाव इतना व्यापक नहीं था, परंतु छोटे-छोटे शहरों में भी रेडियो सैट मौजूद थे। इनसे रियासत की मोटी-मोटी खबरें बिना विशेष विलंब के राजधानी पहुँच जाया करती थीं। डोमेल पर हुए शत्रु के कब्जे की खबर ले. कर्नल नारायण सिंह ने श्रीनगर तक वायरलैस से पहुँचा दी थी। इसके कुछ ही समय पूर्व रियासत की रिजर्व बटालियन (9 जे. के. राइफल्ज) हमलावरों का सामना करने के लिए पुंछ की ओर रवाना हो चुकी थी। इनकी अनुपस्थिति में यहाँ-वहाँ से बटोरकर, एक सौ पचास सैनिकों का एक खिचड़ी दस्ता तैयार किया गया। इसमें जे.के. राइफल्ज के ट्रेनिंग स्कूल में ट्रेनिंग पा रहे रंगरूट भी शामिल थे। इस छोटे दस्ते को लेकर स्वयं ब्रिगेडियर राजेंद्र सिंह श्रीनगर से 22 अक्टूबर की शाम को साढ़े छह बजे डोमेल के लिए रवाना हो गए। आधी रात तक वे उड़ी पहुँच गए। 23 अक्टूबर की सुबह उड़ी से एक एडवांस दस्ता गढ़ी की ओर रवाना हुआ। यह दस्ता अभी राह में चकोथी तक ही पहुँचा था कि इन्हें डोमेल के पतन की बुरी खबर मिली। डोमेल शहर झेलम के किनारे रियासत की पाकिस्तानी सीमा पर था। पाकिस्तान की ओर से रियासत में आने के लिए सबसे प्रमुख रास्ता झेलम की घाटी में से होता हुआ यहीं से

था। लगभग मैदानी निचला इलाका था। इसके बाद घाटी के आस-पास ऊँचे-ऊँचे पहाड़ों की श्रृंखलाएँ शुरू हो जाती थीं। यहाँ पहुँचकर हमलावरों के लिए घुसपैठियों की छोटी-छोटी टुकड़ियों में बँटकर अनेक धाराओं में बारामूला, सोपोर, श्रीनगर इत्यादि पहुँचना उतना ही सरल हो जाता था, जितना कठिन उनको रोकना। क्योंकि सघन जंगलों से ढके दुर्गम पहाड़ों में छोटी-छोटी टुकड़ियों की तलाश करना और उनका विनाश करना बहुत ही कठिन हो जाता है।

डोमेल के शत्रु के हाथों में चले जाने की खबर सुन सब पर मातम छा गया। यह भी खबर मिली कि सड़क पर विस्थापितों का खचाखच ताँता लगा हुआ है। इनमें बूढ़े, बच्चे, स्त्रियाँ सभी शामिल थे। ये सब अपने पीछे हो रहे कत्लेआम के आतंक को छोड़कर अपनी-अपनी जान बचाने गाड़ियों में या पैदल ही श्रीनगर की ओर भाग निकले थे। कैप्टेन पृथ्वी सिंह की अगुआई में आगे भेजा एक दस्ता बड़ी भारी तादाद में हमला कर रहे शत्रु से मार खा वापस लौट आया।

24 अक्टूबर को श्रीनगर की ओर से कुछ सहायता और आ पहुँची। यह थी कश्मीर इन्फैंट्री की एक प्लाटून; साथ में एक 3 इंच मोर्टार डिटैचमेंट तथा दो मशीनगनें। भला इतने से छुटकू दस्ते से हजारों में आगे बढ़ रहे दुश्मन के लश्करों के आतंक का कैसे मुकाबला किया जा सकता था?

इस सहायता के साथ कैप्टेन ज्वाला सिंह महाराजा हरी सिंह का एक लिखित आदेश भी लाए। महाराजा चाहते थे कि ब्रिगेडियर राजेंद्र सिंह हर हालत में दुश्मन को किसी तरह रोकें।

सामने से आ रही हमलावरों की प्रलयंकारी बाढ़ का मुकाबला करने के लिए ब्रिगेडियर राजेंद्र सिंह ने उड़ी में मोर्चे खुदवाने आरंभ करवा दिए। अभी मोर्चे खोदे ही जा रहे थे कि हमलावर ऊपर आ धमके। उनके हमले की पहली लहर को किसी प्रकार थाम दिया गया। लड़ाई कई घंटे लगातार चलती रही। 24-25 अक्टूबर की रात को ब्रिगेडियर राजेंद्र सिंह के आदेशानुसार उनके बहादुर सैनिकों ने अपने हथियारों तथा बचे-खुचे गोला-बारूद के साथ पीछे हटकर पहूड़ा के निकट एक दूसरा मोर्चा सम्भाल लिया। यहीं से सारा दिन बड़ी आफत में गुजारते हुए, गिनती में अब बहुत ही थोड़े बच रहे सैनिकों ने हमलावरों के भीमकाय हुजूम को किसी तरह हावी होने से दूर रखा। आगे बढ़ते-बढ़ते वे हमारे मोर्चों से बस चालीस गज की दूरी पर रह गए। पर यहीं उनका डटकर मुकाब्ला किया गया। उन्हें एक इंच भी आगे नहीं बढ़ने दिया गया। ऐसी विलक्षण वीरता दिखाई रियासत के वीरों ने अपनी मातृभूमि की रक्षा के लिए।

अब ऐसी घड़ी आई कि एम्युनिशन समाप्त हो चला था। अपनी पोजीशन के चारों ओर से घेरे जाने का भी संकट था। पीछे लौटते समय सुरक्षा दल को कई रोड ब्लॉक लाँघने पड़े। इन सबको बड़ी विपदाएँ झेलते हुए पार करने में सुरक्षा दल के कई सैनिक काम आए और बहुतेरे अन्य घायल हो रहे।

रामपुर पहुँचकर ब्रिगेडियर राजेंद्र सिंह ने फिर से मोर्चे खुदवाने शुरू किए। अँधेरा होने तक यह काम पूरा करवा लिया। अब इसी पोजीशन पर डटकर उन्होंने सुबह दो बजे तक दुश्मन के लगातार हो रहे हमलों को रोके रखा। दुश्मन को यहाँ भी पर्याप्त विलंब करवा अब ब्रिगेडियर राजेंद्र सिंह ने पीछे हटकर एक और पोजीशन पर मोर्चे बनाने की ठानी। परंतु निष्ठुर होनी ने ऐसा होने देना न लिखा था। वे कोई दो सौ गज ही दूर हटे होंगे कि एक लाइट मशीनगन की गोलियों की बौछार उनकी दाईं बाँह और पाँव छलनी कर गई। फिर भी वे अपने सैनिकों को दुश्मन के साथ पड़ते रहने को प्रोत्साहित करते गए, जिससे विपदा की वेला में उनका ढाढ़स बँधा रहे। उनका लक्ष्य यही था कि मार-धाड़ करते हुए तेजी से श्रीनगर की ओर बढ़ रहे दुश्मन को किसी-न-किसी तरह ज्यादा-से-ज्यादा देरी तक रोका जा सके।

हमारे कमांडर बुरी तरह जख्मी हो गए हैं और वैसे भी इतने दिन की लगातार हो रही लड़ाई की थकान से चूर हैं, यह सोचकर उनके सैनिकों ने कंधा देकर उन्हें डॉक्टरी मदद के लिए पीछे ले जाने का अनुरोध किया। पर यह देखते हुए कि ऐसा करने से उनके सैनिकों की जान को भी खतरा पड़ सकता है, ब्रिगेडियर राजेंद्र सिंह ने पीछे लिवाए जाने से इनकार कर दिया। उन्होंने सैनिकों को आदेश दिया कि वे उन्हें वहीं छोड़कर स्वयं पीछे हट चलें। उनकी इस आज्ञा का उल्लंघन उनके सैनिक न कर पाए। इसलिए उन्होंने बुरी तरह घायल ब्रिगेडियर राजेंद्र सिंह को मार्ग में बनी एक छोटी-सी पुलिया के तले लिटा दिया। किंतु इतनी बुरी तरह जख्मी होने तथा इतना अधिक खून बह जाने के बाद ब्रिगेडियर राजेंद्र सिंह के जीवित बचने का सवाल ही नहीं उठता था। आगे बढ़ते हमलावरों में से किसी एक की संगीन की घोंप; और वह वीर वहीं वीरगति को प्राप्त हुए।

इसके बाद तो दुश्मन की हमलावर बाढ़ का आगे बढ़ने का रास्ता एकदम साफ हो गया। वे तीव्र गति से बाकी रास्ता पार कर बारामूला आ धमके। वहाँ पहुँचते ही उन्होंने सारे शहर में लूटपाट मचा दी।

अब आगे क्या किया जाए? लूटी-खसोटी दौलत उनकी सलवारों की जेबों में नहीं समा रही थी। उससे तो बोरियाँ भर रखी थीं। ऐसे में उन्होंने जिहाद

के नारे एवं कश्मीरी भाइयों की आजादी की सोच को अस्थायी तलाक देते हुए, वापस घर जाकर अपने खजानों के भंडार घरों तक पहुँचाने की ठानी। पर इस क्रूर, शर्मनाक होनी के कारणवश श्रीनगर की ओर बढ़ता बवाल थोड़ी देर के लिए थम गया। इस थमाव से ही श्रीनगर को राहत मिली; अन्यथा श्रीनगर में भी वही किया जाता जो बारामूला में किया गया था।

कहते हैं, बारामूला शहर में जब घुसपैठियों ने कत्लेआम किया तो एक औरत ने भागकर बस्ती के कोने में बने लकड़ी के एक पुल के तले शरण ली उसके साथ उसका दुधमुँहा बच्चा और बकरी भी थे। कुछ देर के बाद घुसपैठियों ने पास के मैदान में डेरा डाल दिया। बच्चे के रोने की आवाज आई तो एक सिपाही को उसका काम तमाम करने के लिए भेजा गया। जब वह पुल के तले पहुँचा तो उसने देखा कि डरी हुई औरत ने बच्चे का मुँह हाथ से दबोच रखा है। उसने अपनी संगीन के वार से बकरी को मार डाला और वापस लौट अपने अफसर को खून रँगी संगीन दिखला दी। 'यह आदमी का खून नहीं है,' अफसर ने टोका—'बच्चे को मारकर आओ, नहीं तो मैं तुम्हें मार दूँगा।' फिर पुल के नीचे जाकर सिपाही ने बच्चे के हाथ की छोटी उँगली काट ली और रक्त संगीन पर मल दिया। मामला वहीं समाप्त हो गया। तीस साल बाद जब वह दरगाह पर चादर ओढ़ाने अजमेर शरीफ आया तो रेलगाड़ी के सफर में बगल में बैठे शख्स के साथ गपशप होने लगी। वह लड़ाई की यादें सुनाने लगा। सबसे अविस्मरणीय तजुर्बा क्या था? तो उसने छोटे बच्चे की उँगली काटनेवाली घटना सुनाई; उसपर साथ बैठे शख्स ने उसे अपना हाथ दिखाया, जिससे वह उँगली गायब थी। वे गले मिल, दोस्त बनकर बिछुड़े।

उधर बारामूला की एक चौकी पर कब्जा करते ही कबाइली मरे हुए सिपाहियों पर टूट पड़े। जब वे फ्रंटियर से भर्ती के लिए बुलाए गए तो उन्हें पाकिस्तानी ब्रिगेडियर ने साफ कहा था कि वे जहाँ कहीं भी कब्जा करेंगे, वहाँ लूट-मार उनका हक होगा।

□

'कश्मीर में हमलावर' नामक पुस्तक के गर्वीले लेखक का नाम मेजर जनरल मुहम्मद अकबर खान था। सन् 1947 में ये पाकिस्तान फौज की सर्विस में थे। हमलावरों के बीच ये 'जनरल तारिक' नाम से जाने जाते थे। उनको पाकिस्तानी फौज के ब्रिगेडियर सिद्दिकी द्वारा उनसे पूछे गए प्रश्नों के उत्तर के अंश उद्धृत हैं।

सवाल—कश्मीर ऑपरेशन के शुरू के दिनों का बयान देने की गुजारिश है?

जवाब—पार्टिशन के कुछ ही हफ्तों के बाद जनाब लियाकत अली खान के नुमाइंदे मिया इफ्तिखारुद्दीन ने मुझसे कश्मीर के लिए एक्शन प्लान तैयार करने की ख्वाहिश की। मैंने कहा कि फौज के पास सिविल पुलिस को देने के लिए चार हजार राइफलें हैं। यदि ये स्थानीय लोगों को दे दी जाएँ तो कश्मीर के अंदर बगावत शुरू करवाई जा सकती है। मैंने इस मकसद के लिए एक प्लान लिखा और उसे वजीरे आजम के नुमाइंदे को सौंप दिया। बाद में मुझे उनके साथ मीटिंग के लिए बुलाया गया, जिसमें प्लान को मंजूरी देकर जिम्मेवारियाँ बाँटी गईं और हुक्म दे डाले गए। सबकुछ फौज से खुफिया रखने का भी हुक्म था। 24 अक्टूबर को कबाइली लश्कर ने मुजफ्फराबाद पर हमला करके उसपर कब्जा जमा लिया। अगले दिन आगे बढ़कर उड़ी हथिया लिया गया और 26 को बारामूला। तभी महाराजा ने रियासत भारत में विलय करने की मंजूरी दे दी। शाम को मुझे जनाब लियाकत अली ने बुलाकर पूछा कि अब हिंदुस्तान कश्मीर में हस्तक्षेप करेगा तो हमें क्या करना चाहिए। मैंने कहा कि हमें जम्मू पर हमला कर देना चाहिए, क्योंकि हिंदुस्तानी फौजें यहीं से होकर कश्मीर घाटी में जाएँगी। कायदे आजम ने भी जम्मू पर हमले को मंजूरी दे दी। यह नहीं हुआ, शायद इसलिए कि इससे दोनों मुल्कों में खुली जंग छिड़ जाती। पर बाद में मैं खुद हालात का जायजा लेने श्रीनगर के नजदीक तक हो आया।

सवाल—लश्करों की लड़ाई कैसी रही?

जवाब—बहुत बढ़िया। उनके लीडर मेजर खुर्शीद अहमद खान थे। उनके साथ हमारा समझौता था। उनके द्वारा गैर-मुसलमान तबकों को लूटने की छूट शामिल थी। इसके सिवा उन्हें इस लड़ाई से कोई आर्थिक लाभ न था। मेजर खुर्शीद ने बारामूला पहुँचकर वहाँ लश्करों की दो दिन देरी करवा दी। किस कारण से, इसका कुछ पता नहीं।

सवाल—आप कश्मीर फ्रंट में कब तक रहे और वहाँ किन ऑपरेशनों में आपने हिस्सा लिया?

जवाब—शुरू में मैंने कश्मीर फ्रंट में छह महीने बिताए। उसके बाद मैं कोहाट चला गया, जहाँ से एक महीने में अपने ब्रिगेड की कमान सँभाल उन्हें लेकर वापस उड़ी आ गया; ताकि हिंदुस्तानी आक्रमण का सामना किया जा सके। दिसंबर 1948 में विराम संधि तक मैं अपने ब्रिगेड के साथ वहीं रहा। हमने उड़ी पुल

को आग लगा दी। मैंने इलाके के रिटायर्ड सिपाहियों को हथियार देकर उन्हें हिंदुस्तानी फौज पर दबाव बनाए रखने के लिए राजी करवाया। उड़ी और पुंछ के बीच एक फौजी कॉन्वॉव की कामयाबी से एंबुश करके छत्तीस गाड़ियों को जला डाला गया था; यह काम मेरे निर्देशानुसार सरेअंजाम किया गया। फिर मैंने लश्करों को राजी किया कि उड़ी को घेरकर उसपर फायर करते रहें, जिससे वहाँ से हिंदुस्तानी फौज को आगे बढ़ने से रोका जाए। हमने बाग की तहसील पर आक्रमण करके उसे अपने काबू में किया। हमने लश्कर भेजकर पुंछ का घेरा डाला, जिससे श्रीनगर के साथ उसका संबंध कट जाए। हमने कोटली, मीरपुर, बेरी पट्टन और जम्मू से पुंछ की दूरी तक जाती सारी सड़क के दोनों ओर का इलाका अपने काबू में कर लिया। मई 1948 में जब हिंदुस्तानी फौज ने उड़ी के इलाके से हमलावर कार्यवाहियाँ शुरू कीं तो हमने चकोती पर ही उनपर रोक लगा दी। अगस्त में जवाबी हमला करके हमने पांडू समेत सौ मील वर्ग का इलाका अपने काबू में ले लिया।

□

ऊपर के इंटरव्यू से स्पष्ट हो जाता है कि यदि लश्करवालों को बारामूला तथा अन्य शहरों में पाकिस्तान की तरफ से छूट नहीं थी, तो मनाही भी नहीं थी। तनख्वाह न थी, क्योंकि लूट थी। लूट-खसोटकर खुद को वेतन देने की रस्म बर्बर श्रेणी के आक्रमणों में आमतौर पर अपनाई जाती रही है।

ब्रिगेडियर राजेंद्र सिंह ने बहुत छोटे से दल का स्वयं अगुआ बनकर अत्यंत जोखिम-भरी परिस्थितियों में भारी, बर्बर आक्रमण का प्राणलेवा मुकाबला किया। बड़ी सोच-समझ के साथ, एक के बाद एक मोर्चे लेने के लिए पीछे हटते हुए उन्होंने आक्रमणकारी लश्करों के श्रीनगर पहुँच लूट-मार करने के इरादे में विघ्न डाला। इस परम बहादुर सेनापति के प्राण दान करने के कारण ही कश्मीर का एक महत्त्वपूर्ण भाग दुश्मन के हमले की लपेट में आने से बच गया। ऐसे वीर की वीरता को हमारा शत-शत नमस्कार।

इस वीर सैनिक को 11 दिसम्बर, 1949 से हिंदुस्तानी फौज में कमीशन देकर मरणोपरांत 'महावीर चक्र' से सम्मानित किया गया।

'अब तौ झूझ्या ही वणै, मुड़ि चाल्या घर दूर।'

पाँच

सर्दी में बर्फ गिरने के कारण अस्थायी एवं कृत्रिम शांति बनी रही; जैसी बर्मा में मानसून के दौरान हुआ करती थी। आखिर हमारी फौज ने भी बर्मा की लड़ाई में प्रशिक्षण प्राप्त किया था।

पीर पंजाल पर्वत श्रृंखला के पश्चिम में जब हमारी फौज नौशहरा और झंगड़ क्षेत्रों पर वापस अपना प्रभुत्व जमाने में व्यस्त थी, फरवरी-मार्च '48 के आस-पास, पीर पंजाल के पूर्व में टिथवाल-हिदवाड़ा की ओर से श्रीनगर की तरफ, फिर से खतरा पैदा होना शुरू हो गया था।

यह चिंता का विषय था कि बड़े जोखिम के साथ एक बार काबू किए गए मोर्चे, न जाने किस कारणवश, हमारे हाथों से खोए चले जा रहे थे। उन्हें दोबारा काबू में करने के लिए क्या फिर से खून बहाना पड़ेगा? होने ही क्यों दिया गया ऐसा? क्या हमारे पास फौज की कमी थी कि अधिकार किए क्षेत्र पर अपना प्रभुत्व बनाए न रख सकें? पहाड़ी युद्ध के बारे में तो यह विख्यात है कि भौगोलिकता तथा भूमि-विन्यास सुरक्षा दलों के पक्ष में पलड़ा भारी किए रहता है। आमतौर पर, सुना जाता है कि सुरक्षा-प्रदायक पर्वत चोटी पर मुस्तैदी से मोर्चा बनाए तैनात एक प्लाटून एक पूरी बटालियन को दिनों तक मुँह की दिखा सकती है। फिर हमारा सामना तो मात्र कबाइलियों से था। पाकिस्तानी सेना ने सक्रिय रूप से कश्मीर के अंदर मोर्चे सँभालने की तथा अन्यान्य आक्रामक कार्यवाहियाँ जून '48 में ही प्रारंभ की थीं। खैर, इस प्रश्न का समुचित उत्तर तो उस समय का राजनीतिक-सैनिक नेतृत्व ही दे सकता है। सरदार बलदेव सिंह उन दिनों रक्षामंत्री का पदभार सम्भाले हुए थे। कैबिनेट की डिफेंस कमेटी के मुखिया स्वयं प्रधानमंत्री थे। यह भी संभव है कि अन्यान्य समस्याओं में व्यस्त हो रहने के कारण वे देश की सुरक्षा के लिए पर्याप्त समय न जुटा पाते हों, या उन्होंने इस काम के लिए राजनीतिक तथा अंतरराष्ट्रीय समाधान बेहतर समझा हो। फिर भी इस बारे में पूछताछ तो हो ही सकती थी कि ऐसा क्योंकर होने दिया गया और इसके लिए कौन जिम्मेदार है?

कृष्णगंगा नदी क्षेत्रों में अपनी पोजीशनों से हमें हटा देने के बाद दुश्मन ने उड़ी क्षेत्र में अपने बल को परिपक्व करने का काम शुरू किया। जनरल थिमैया ने स्थिति का गौर से जायजा लिया। वे इस नतीजे पर पहुँचे कि दुश्मन हमारी सुरक्षा चौकियों के दाएँ-बाएँ से होकर पहाड़ी रास्तों से बारामूला-श्रीनगर की ओर

घुसपैठिए भेजने की ताक में है और हमारा काम है, इनको हर हालत में रोकना। इसके लिए उन्होंने झेलम नदी के पूर्वी-पश्चिमी बहाव रेखा के दक्षिण में स्थित विशाल कादिर खान पर्वत शृंखला पर अपना प्रभुत्व कायम करने की ठानी। टिथवाल से चकोथी के क्षेत्र को अपने नियंत्रण में लाने के लिए इस शृंखला पर प्वाइंट 7802 से लेकर काफिर खान चोटी तक और झेलम के कंडे पर के ऊँचे पहाड़ी पठार पर, सुरक्षा बलों को तैनात करने की अनिवार्यता स्पष्ट थी। इसके लिए रेशियाँ गली का इलाका सुदृढ़ करना जरूरी था। उन्होंने हिसाब लगाया कि इस सारे काम के लिए उन्हें 18 बटालियनों की आवश्यकता पड़ेगी; जबकि उनके पास 15 बटालियनें ही मौजूद थीं। फिर भी उन्होंने बटालियनों का बँटवारा इस दक्षता से किया कि यह कमी महसूस न होने पाए।

कृष्णगंगा नदी क्षेत्र से पीछे होने के बाद 1 मद्रास बटालियन ने टिथवाल रिज पर मोर्चे बनाए। 6 राजपूताना राइफल बटालियन भी उड़ी से हटकर टिथवाल आ गई। ब्रिगेड ने 6 राजपूताना राइफल को बगल की पहाड़ी से दुश्मन को ध केलने का काम सौंपा। इसके लिए दो रिंग कॉण्टूर (गोल पहाड़ियों) पर कब्जा करना जरूरी था। परंतु दोनों पोजीशनों के बीच में एक नाला पड़ता था। नाला पार करने के लिए इंजीनियरों को पुल बनाने का काम दिया गया। यह काम 11 जुलाई तक पूरा करना था, पर हो नहीं पाया। परंतु तब तक इंजीनियरों ने एक लंबा पेड़ काटकर नाले के ऊपर डाल दिया।

इसके बाद इन्हीं मोर्चों की राह होते हुए गढ़वाल पल्टन को आगे बढ़कर दुश्मन के अगले कठिन पड़ाव पर कब्जा करना था। इसमें राजपूताना राइफल की बी कंपनी ने उनकी प्रशंसनीय सहायता की। बी कम्पनी पर दुश्मन ने सवेरे चार बजे जवाबी हमला कर डाला; पर उसे असफल कर दिया गया।

इतना करने के बाद राजपूताना राइफल ने और आगे बढ़ने का निश्चय किया। सामने के दो पहाड़ों पर दुश्मन डटकर जमा हुआ था। डी कंपनी ने 18 जुलाई को प्रथम पहाड़ी के ऊपर रात डेढ़ बजे हमला किया। हमारे सामनेवाले पड़ाव से इस पहाड़ी की ओर जानेवाला रास्ता अत्यंत कठिन तथा सँकरा था। बस एक मीटर चौड़ा। और दोनों ओर बड़ी ही तीखी गहराई। इस नाजुक, सँकरे मार्ग को कवर (फायर के साथ नाकाबंदी) करने के लिए दुश्मन ने पाँच बंकर ऊपर की पहाड़ी पर बना रखे थे। इनके कारण इस मार्ग के रास्ते आगे बढ़ना प्रायः असम्भव-सा हो गया था। इसके लिए जरूरी था पहले उन पाँचों बंकरों का सफाया करना। पर वहाँ तक पहुँचा कैसे जाए?

डी कंपनी द्वारा इस सँकरे मार्ग पर आगे बढ़ते समय उनपर फायर की बौछारें आ टूटीं। इसमें मशीनगन, राइफल से लेकर मोर्टार और ग्रेनेडों का फायर शामिल था। इससे कंपनी का आगे बढ़ना वहीं ठप्प हो गया। इन्हीं बंकरों में दुश्मन की एक ऐसी चौकी थी जो सजग रह, रात के अँधेरे में भी किसी प्रकार की हलचल की टोह ले, बाकी चौकियों को सजग कर, उस सँकरे मार्ग पर फायर की बौछारें ढा सकती थी। बढ़त रुकने के आधे घंटे के भीतर ही डी कंपनी के कोई इक्यावन जवान हताहत हो गए। रणभूमि के ऐसे क्लिष्ट मोड़ पर नैया पार करने के लिए किसी रणबाँकुरे के असाधारण शौर्य की आवश्यकता थी। यह निराला काम डी कंपनी के हवलदार मेजर पीरू सिंह ने कर दिखलाया। वे उस समय कंपनी के अगुआ सेक्शन के साथ थे। उन्होंने तेज गति से दौड़ते हुए दुश्मन के पहले बंकर पर धावा बोल दिया। उनके ऐसा करते ही दुश्मन के ग्रेनेड उनके ऊपर फट पड़े। उनकी वर्दी के चीथड़े कर ग्रेनेड के लौह टुकड़ों ने उनकी देह को कई जगहों से जख्मी कर दिया। पर ये घाव उनके आगे बढ़ते जाने के बेग को थाम नहीं पाए। अपनी बटालियन का नारा—'राजा रामचंद्र की जय!'—उच्च स्वर से लगाते हुए पीरू सिंह ने बंकर पर अपना धावा जारी रखा। बंकर के अंदर घुसते हुए उन्होंने अपनी संगीन से मशीनगन के चालकों को मार डाला और स्वयं उनके मोर्चे में ही रहे। परंतु उन्होंने पाया कि अब वे अकेले हैं। उनके सेक्शन के सारे साथी तब तक धराशायी हो चुके थे। अब बाकी बंकरों के साथ कौन निबटेगा?

पीरू सिंह की देह से खूब खून बह रहा था। उन्होंने सोचा, जो करना है, इसी गरमागरमी में होना चाहिए; अन्यथा बाद में बहुत देर हो जाएगी और अब तक की उनकी सफलता पर पानी फिर जाएगा। इस सोच के साथ धीरे-धीरे आगे सरकते हुए उन्होंने पूरा जोर लगाकर दुश्मन के दूसरे बंकर पर वार किया। इसी समय एक ग्रेनेड उनके ठीक सामने फटा, जिसकी मार से उनका सारा चेहरा लहूलुहान हो गया। सिर तथा माथे से चूती रक्तधाराओं के कारण आँखों से दिखना भी मुश्किल हो गया। अब तक उनकी स्टेनगन की सारी गोलियाँ समाप्त हो चुकी थीं। पीरू सिंह मोर्चे से रेंगते हुए धीरे-धीरे बाहर की ओर सरके और फिर उन्होंने अगले मोर्चे में ग्रेनेड दे फेंके। ग्रेनेडों के फटने के साथ वे एड़ी-चोटी का पूरा जोर लगाकर, मानो एक अथक अंतिम प्रयास में, दुश्मन के मोर्चे में जा कूदे और अपनी संगीन के वारों से दोनों प्रतिस्पर्धियों का काम तमाम कर डाला। इसके बाद उन्होंने मानो हिमालय-जैसी शक्ति अपनी काया में ढाल किसी तरह बाहर

सरककर अगले मोर्चे में कूदने का प्रयास किया। तभी उन्के सिर में दुश्मन की गोली लगी। पर तब तक वे अपनी बाँह घुमाते हुए उनके मोर्चे के भीतर एक ग्रेनेड फेंकने में सफल हो चुके थे।

पीरू सिंह ने यहीं पर अंतिम साँस तक लड़ते हुए अपने प्राण न्योछावर कर डाले और उनका रक्त कश्मीर की चट्टानों में ही रम गया। सरकार ने बाद में उन्हें 'परमवीर चक्र' के सम्मान से सुशोभित किया।

'सर्वस्व दान कर जाते हाथों खाली
कम हैं तुम उनपर जितने फूल चढ़ाओ।'

छह

सन् 1942 में मलाया में अँगरेजी फौजों की करारी हार के बाद जापानी फौजों ने बर्मा पर आक्रमण किया। उनका हमला इतना आक्रामक था कि वे बर्मा में तैनात चीनी फौज को उत्तर बर्मा के पहाड़ों के पार धकेलने के बाद हिंदुस्तानी फौज को बर्मा में किए कई व्यापक हमलों में हराकर वापस असम की भीतर तक खदेड़ते चले गए। अराकान के समुद्रवर्ती क्षेत्र समेत पूरा बर्मा क्षेत्र अब जापानियों के कब्जे में आ गया था।

सन् 1944 में हिंदुस्तानी फौज ने तैयारी करने के बाद बर्मा के आंशिक भागों पर फिर से अपना प्रभुत्व जमाने के लिए उत्तर बर्मा तथा अराकान क्षेत्र में मुख्यतः हवाई तथा इन्फैंट्री की मिली-जुली ताकत का इस्तेमाल किया।

सबसे अगुआ सेक्शन के कमांडर नायक नंदसिंह थे। दुश्मन की पोजीशन एक धारवाली पहाड़ी की बहुत तीखी ऊँचाई पर थी। जाहिर था कि ऐसी दुर्गम राह पर चढ़नेवालों पर गोला-बारूद बरसाने के प्रयत्न में दुश्मन कोई कसर न छोड़ेगा। हुआ भी यही। अपने सेक्शन का नेतृत्व करते अगुआ बने नायक नंदसिंह ने बड़ी मुस्तैदी, आत्मविश्वास तथा बेहद जोशो-खरोश के साथ ऊपर चढ़ना शुरू किया। बाकी सैनिक लगभग एक पाँत बनाए उनके पीछे थे। तत्क्षण दुश्मन ने भारी मशीनगन एवं राइफलों से पूरा फायर खोल दिया। ऊपर चढ़नेवालों में से अधिकतर को गोलियाँ लगीं। पर चढ़ाई रोकी नहीं गई। एक गोली नंदसिंह की जाँघ के आर-पार हो गई। पर वे लपककर आगे बढ़े और शीघ्र ही उन्होंने अपनी

संगीन की मार से प्रथम मोर्चे पर अकेले ही काबू कर लिया। एक अकेला सैनिक, पहाड़ी पर ऊपर चढ़ते हाँफते हुए; जाँघ पर लगी चोट का भीषण दर्द अपने मनोबल से खदेड़ता मोर्चे के अपेक्षाकृत अधिक सुरक्षित वातावरण में चौकस बैठे तीन सैनिकों पर काबू पा ले और उनको अपनी संगीन की वेगवान् भोंकों से मार गिराए, वास्तव में यह वीरत्व के विस्मय की माया से अभिभूत ही कोई घटना है।

इसी समय अचानक दुश्मन का एक ग्रेनेड नंदसिंह के सामने बस दो हाथ के फासले पर फटा, जिससे उनका चेहरा तथा कंधा बुरी तरह घायल होकर लहूलुहान हो गए। पर इतने पर भी रुकने या औंधा होने की अपेक्षा नंदसिंह रेंगते हुए आगे बढ़े और एक बार फिर उसी तरह झपट्टा मारते व्याघ्र की तरह कूदकर अपनी संगीन की किटकिटाती धार के प्रकोप से दूसरे मोर्चे पर भी काबू कर लिया। जुझारू साहस का एक और उच्च कोटि का करिश्मा।

इसके बाद थोड़ी देर मौन, जैसे कुछ भी न हुआ था; सिवाय इसके कि नंदसिंह के पीछे आनेवाले सारे साथी या तो गोलियों से मारे गए या बुरी तरह घायल होकर जहाँ थे, वहीं ढेर हो गए। फिर धीरे-धीरे हरकत शुरू हुई। उन्नीस बरस का एक बाँका सरदार, जिसकी देह खून और जख्मों से लथपथ थी और चेहरा ग्रेनेड की मार से काला-लाल—पहचान में ही न आ रहा था—धीमे-धीमे, बिना कराहे, मोर्चे से रेंगता हुआ बाहर निकला और फिर जैसे किसी दैवी शक्ति की भयंकर झकझोर से उत्प्रेरित हो बगलवाले तीसरे मोर्चे में कूद पड़ा। एक बार फिर व्याघ्र के झपट्टेवाली प्राणघातक मार। तीन बार बिजली की कौंध की तेजी से चली संगीन के चमचमाते लोहे की धार। धकेल की आवाज। कराह की आवाज। और फिर से चुप्पी। खून के बूँद-बूँद रिसने की आवाज। और फिर चुप्पी।

पहाड़ी पर बनी दुश्मन की इस पोजीशन पर किए गए हमले में दुश्मन के सात सिपाही एक अकेले वीर के बाहुबल से मौत के घाट उतारे गए। नायक नंदसिंह द्वारा काबू किए हुए इन मोर्चों की सहायता से उनके प्लाटून ने सारी पहाड़ी के मोर्चों पर कब्जा कर लिया और दुश्मन को वहाँ से खदेड़ डाला। दुश्मन ने भी वहाँ सबक सीखा होगा कि हिंदुस्तानी फौज के साथ खिलवाड़ करना बड़ा महँगा सौदा हो सकता है।

नायक नंदसिंह को उनके अद्वितीय मनोबल, वीरोचित जोश तथा अद्भुत शौर्य के लिए ब्रिटिश साम्राज्य के सर्वोच्च साहस पदक 'विक्टोरिया क्रॉस' से सम्मानित किया गया।

वास्तव में विस्मय की बात नहीं कि भटिंडा जिले में उनके गाँव का नाम 'बहादुरपुर' था और उनके पिता का नाम भागसिंह था। यही वीर आगे चलकर 1 सिख पल्टन में जमादार बना। सिपाही आदमी था; ओहदे में बढ़ोतरी तो पसंद आई ही, साथ वही अक्खड़ दिलेरी से चलने की आदत, भले ही डील-डौल साधारण-सा हो।

□

सन् 1947 में यही जमादार नंदसिंह अपनी पल्टन के साथ कश्मीर पहुँच गए। पल्टन उड़ी में तैनात थी। उस क्षेत्र में दुश्मन पहले से सुदृढ़ बंकर तथा सुरक्षा चौकियाँ बना अच्छी स्थिति में जमा हुआ था। अपनी मार के क्षेत्र में हस्तक्षेप होते देख दुश्मन ने बंकर से फायरिंग शुरू कर दी और सिख बटालियन की अगुआ कंपनी के दस सैनिक वहीं ढेर कर डाले। साथ-साथ अन्य पंद्रह को जख्मी कर दिया। यह बहुत हानिकारक क्षति थी। जिन पंद्रह सैनिकों को जख्मी किया गया, वे सब दुश्मन की पोजीशन से लगभग दस गज की दूरी पर थे। दुश्मन अब यह प्रयत्न कर रहा था कि किसी उपाय से इन घायल सैनिकों को अपने बंकरों में घसीट ले जाए तथा उनके सारे हथियार और साज-सामान जब्त करने के पश्चात् कोई और हथकंडा भी खेल सके।

सिख पल्टन की कंपनी ने दुश्मन के बंकरों पर कई जवाबी हमले किए, मगर ये सारे-के-सारे असफल हुए। उल्टे इससे मृतकों तथा घायलों की संख्या में भारी वृद्धि आई।

तत्पश्चात्, हिम्मत न हारते हुए, सिख पल्टन के कमांडिंग अफसर ने एक विभिन्न दिशा से हमला करने का दायित्व एक नई कंपनी को सौंपा। इसी कंपनी के अगुआ प्लाटून की कमान कर रहे थे हमारे पूर्वोक्त विक्टोरिया क्रॉस विजेता जमादार नंदसिंह।

हुक्म मिलने पर उचित तैयारी करने के बाद जब नंदसिंह अपनी प्लाटून के साथ कमर कसकर संग्राम भूमि में कूदे तो जी-जान लगाकर।

सच है, जब इनसान अपना शीश हथेली पर रखने की ठान चल पड़ता है तो उसे रोकना लगभग असंभव-सा हो जाता है। थोड़ी देर के लिए तो मौत भी नहीं रोक पाती उसे।

भयंकर हाथापाई। इसका सिर फटता है तो उसकी आँत ऊपर आती है। इस हाथापाईवाली लड़ाई में सबसे पहले रुधिर बहानेवाले स्वयं नंदसिंह ही थे—अपनी

संगीन के भयंकर वार के साथ। स्वयं घायल होने के बाद भी उन्होंने शत्रु के पाँच सैनिकों को मार डाला। विक्टोरिया क्रॉस जीतनेवाले साथी को अब अपनी आँखों के सामने, अपने ही बीच, फिर से अनोखे करतब करते देख उसके बचे-खुचे साथी सचमुच में दीवाने जैसे हो गए। उनकी आँखों में खून उतर आया और उनके दिलों में मरने-मारने की बेहरम तमन्ना। वे दोगुनी शक्ति से दुश्मन पर अपनी संगीनों से दाएँ-बाएँ, आगे-पीछे वार-पर-वार करने में जुट गए। मरने-मारने के ऐसे दीवानेपन ने सचमुच दुश्मन के छक्के छुड़ा दिए और बचे-खुचे दुश्मनों ने उस उच्चस्थलीय शिखरवर्ती रणभूमि से पलायन करने में ही अपने प्राणों की रक्षा करना उचित समझा।

जमादार नंदसिंह एक बार फिर वीरत्व के सिरमौर बने। विजेता गर्व से दुश्मन के बंकर के ऊपर जा खड़े हुए; वैसे ही जैसे एवरेस्ट विजेता लाख आपदाओं के पश्चात् जब अंततः शिखर पर पहुँचता है तो सबसे पहले गर्व के साथ उस पुण्य भूमि पर अपने देश का झंडा गाड़, उसकी फहरान की आनंदमय छत्रच्छाया में खड़ा हो सुख-चैन की पहली साँस लेता है।

मानो जीवन में प्रथम (या दूसरी) बार उसका अभी-अभी जन्म हुआ हो। वह प्रसन्नचित्त, उत्फुल्ल तथा उल्लासमय होता है और उसके गौरवान्वित मस्तक पर तेजस्व की आभा सुशोभित होती है।

ऐसे में ही पुरातन काल के किम्वदंतीय देवतागण आकाश से पुष्पों की वर्षा किया करते थे।

तभी दुश्मन की ओर से लाइट मशीनगन की एक तीखी बौछार आई और ढेरों गोलियाँ सनसनाती हुई नंदसिंह की भीष्म छाती के आर-पार हो गईं। उसी क्षण उनके प्राण-पखेरू उड़ गए।

इस सघन सांत्वना के साथ कि उसके मर्मस्थल में कुलबुलाती लक्ष्य प्राप्ति की कामना का अभी-अभी समग्र निवारण हुआ था।

नंदसिंह की प्लाटून, कम्पनी तथा बटालियनवालों को जहाँ उसकी मृत्यु का गहरा दुःख हुआ, वहाँ उस जाँबाज के विलक्षण बलिदान को याद करके वे स्तब्ध, विस्मित तथा भौंचके भी हुए। साथ-साथ उनकी छाती गर्व से भी फूल उठी। क्या अनहोने कृतत्व केवल कवित्व में ही पढ़ने को मिलते हैं? उन्होंने जाना कि वे असली जिंदगी में भी होते हैं और उन्हें अपनी आँखों से देखा भी जा सकता है! और उन्हें वैसे देवता-तुल्य मानव कर सकते हैं, जिन्हें हम रोजमर्रा की जिंदगी में देखते-सुनते हैं। उनके साथ उठते-बैठते हैं, हँसी-मजाक करते हैं, उनकी बातें

सुनते हैं। पर सबको भलीभाँति से यह पता नहीं होता कि कोई छोटा-सा क्षुद्र बीज किस दिन, किस शुभ घड़ी बरगद अथवा अश्वत्थ में परिणत हो भव्य रूप में तेजोन्मय जगमगा उठेगा।

भारत के इस वीर योद्धा ने वीरत्व, शौर्य, नेतृत्व तथा आत्मबलिदान का जो शिखर अर्जित किया, उसकी अगाध भव्यता के प्रति हम विनीत मन नतमस्तक हैं, कोटि-कोटि बार। धन्य हैं वीर नंदसिंह जी! धन्य भारतभूमि पुनीत! धन्य भारत माटी! धन्य भारत गंध!

जमादार नंदसिंह को मरणोपरांत 'महावीर चक्र' के वीरता पदक से सम्मानित किया गया और इस तरह उन्होंने अपने पूर्व अर्जित विक्टोरिया क्रॉस की लाज अपनी जान की बाजी लगाकर रखी।

'माथ रहौं वा न रहौं, तजैं न सत्य अकाल।
कहत-कहत ही चुनि गए, धनि गुरुगोविंद लाल।।'

सात

सन् 1947 में कश्मीर को भारत के साथ जोड़नेवाली दो प्रधान सड़कें थीं। एक सड़क पठानकोट, जम्मू, ऊधमपुर, बनिहाल, श्रीनगर जो आगे सँकरी होकर जोजीला दर्रे के पार होते हुए कारगिल के रास्ते लेह तक जाती थी और दूसरी सड़क थी जम्मू, अखनूर, नौशहरा, चिंगज, रजौरी, मेंढधर, पुछ।

असल में पहाड़ी क्षेत्र में लड़ाई की यही विशेषता है। सड़कें बहुत कम होती हैं और जो होती हैं, उनका महत्त्व बहुत बढ़ जाता है; और यदि एक ही सड़क है तो वह कमलनाल के समान प्राणवाहिनी बन जाती है।

हमारा एडवांस 8 अप्रैल, 1948 को नौशहरा से शुरू हुआ। नौशहरा के ग्यारह किलोमीटर उत्तर में बड़वाली रिज आता था, जिसपर दुश्मन कब्जा किए बैठा था। यह पाया गया कि दुश्मन ने कई तरीके अपनाकर सड़क पर ऐसे रोडब्लॉक बनाए हुए हैं, जिनसे हमारे टैंकों, तोपखाने की गाड़ियों तथा सड़क पर चलनेवाले अन्य वाहनों की गति में रोक लग जाए। ये रोड-ब्लॉक मौके के अनुसार भिन्न-भिन्न विधियों से बनाए गए थे। पर सबके सामने तथा आस-पास 'माइंस' भी लगा दी गई थीं। जरूरी यह था कि रोड-ब्लॉक को जल्दी-से-जल्दी हटाया जाए और एडवांस

जारी रखा जाए। इस जोखिम-भरे काम को इंजीनियर कोर की 37 असॉल्ट फील्ड कम्पनी ने अपने शूरवीर कमांडर सेकेंड लेफ्टिनेंट राम रघुबर रणे के नेतृत्व में बड़ी बहादुरी एवं मुस्तैदी से सरअंजाम किया।

एडवांस कर रहे इस कॉलम को पहला रोड-ब्लॉक 8 अप्रैल के दिन ही मिला। रोड-ब्लॉक पर दुश्मन का तोपखाना तथा मोर्टार कवरिंग फायर गिरा रहे थे। इसी कारण पहले ही दिन ब्लॉक को हटाने के यत्न में लगे फील्ड कम्पनी के सैनिकों में से दो वहीं पर ही मारे गए और पाँच जख्मी हो गए, जिनमें कंपनी के कमांडर से. ले. रणे भी शामिल थे। से. ले. रणे बड़े तजुर्बेकार अफसर थे और पहले बर्मा तथा असम में सर्विस कर चुके थे। वे अपने जख्मों की परवाह न करते हुए अपने काम में लगातार जुटे रहे और शाम तक उन्होंने रोड-ब्लॉक का सफाया कर सड़क पर टैंकों के आगे बढ़ने के लिए हरी झंडी दिखाने के बाद ही चैन की साँस ली। इसके लिए उन्हें दुश्मन के तोपखाने तथा मशीनगन फायर, दोनों का सामना करना पड़ा और ऐसा करते हुए उन्होंने रात के दस बजे तक टैंकों के जाने के लिए एक डायवर्जन (दूसरी राह) पर भी काम शुरू कर दिया। अपने दो साथियों की मौत तथा चार अन्य के तथा खुद के जख्मी हो जाने के बाद भी काम पर डटे रह अपने सैनिकों को भी खतरे के बावजूद काम पर लगाए रखना उच्च कोटि के नेतृत्व का एक बेहतरीन उदाहरण था।

दूसरे दिन यानी 9 अप्रैल को से. ले. रणे ने सुबह बहुत जल्दी उठकर छह बजे तक फिर से डायवर्जन पर काम शुरू करवा दिया। दुश्मन के फायर के बावजूद लगातार काम में लगे रहने पर यह डायवर्जन दोपहर बाद तीन बजे तक तैयार हो पाया और इसके बाद ही टैंक आगे बढ़ सके। यह देखने के लिए कि आगे भी रास्ता ठीक है, ले. रणे आगे चल रहे एक आर्मर्ड पर्सनल कैरियर (बख्तरबंद पैदल सेनावाहक गाड़ी) में खुद सवार हो गए। वे अपने काम में ऐसी एकाग्र तत्परता से जूझे थे कि उन्हें अपने खाने-पीने का भी होश नहीं था।

ले. रणे का अनुमान सही निकला। कैरियर में बैठे आधा घंटे तक आगे चलने के बाद उनकी मुठभेड़ एक और रोड-ब्लॉक से हुई, जो ढेरों लंबे तथा मोटे तनोंवाले चीड़ के पेड़ों को रास्ते के आर-पार गिराकर बनाया गया था। ले. रणे तुरंत अपने कैरियर से नीचे उतरे और थोड़ी ही देर बाद उन्होंने डायनामाइट लगाकर राह में आ रहे उन पेड़ों को उड़ा डाला। तत्पश्चात् एडवांस फिर शुरू हुआ।

पर तीन सौ गज आगे चलने पर इसी तरह चीड़ के पेड़ों का बनाया एक और रोड-ब्लॉक मिला। इसे भी साफ करवाकर ले. रणे ने फिर कॉलम को आगे

बढ़ने में सहूलियत दी। कुछ ही आगे पहाड़ी के गिर्द घुमाव पर, चक्कर काटती सड़क पर बनी पहाड़ी नाले की पुलिया को उड़ाकर एक और रोड-ब्लॉक राह रोके खड़ा मिला। शाम के पाँच बज रहे थे और दिन ढलने ही वाला था। ले. रणे ब्लॉक हटाने का काम शुरू ही करनेवाले थे कि उस मुकाम पर मशीनगनों का फायर आने लग गया; लेकिन ले. रणे ने न अपना धैर्य खोया, न साहस और न ही दिमाग। उन्होंने भूमि का निरीक्षण कर उस पुलिया से थोड़ा हटकर, टैंक कॉलम के लिए फिर से एक नया डायवर्जन बनवाना शुरू करवा दिया। थोड़ी देर में यह तैयार हो गया और टैंक कॉलम ने फिर आगे कूच किया। कुछ आगे जाने पर फिर से एक और ब्लॉक का नए सिरे से सामना करना पड़ा। इस समय साँझ के सवा छह बज रहे थे। मौजूदा ब्लॉक पाँच मोटे चोड़ के वृक्षों को गिराकर बनाया गया था और इसके आस-पास माइंस लगा दी गई थीं। ऊपर कहीं से मशीनगन का फायर आ रहा था। अँधेरा भी तेजी से घिरने लगा था; किंतु इन हौसला पस्त करवानेवाली चुनौतियों का सामना ले. रणे ने मुट्ठी कस और दाँत भींचकर ही किया। वे बड़ी निर्भीकता के साथ नीचे उतरकर ब्लॉक हटवाने की तैयारी में जुट गए।

रात को अपने साथियों से सलाह-मशविरा कर देर तक जागते रहकर उन्होंने तड़के ही फिर ब्लॉक हटाने की पूरी तैयारी कर ली। 10 अप्रैल को सवेरे पौने पाँच बजे ब्लॉक साफ करने का काम शुरू कर दिया गया। हलचल होते ही दुश्मन का मशीनगन फायर फिर से आने लगा। अबकी यह फायर दुश्मन के पीछे हट रहे टैंक ट्रूप से आ रहा था; लेकिन बढ़ती कठिनाइयों ने ले. रणे के मनोबल में जरा भी कमी नहीं आने दी। उलटे उन्होंने और भी अधिक निडर एवं कर्तव्यपरायण होने का सबूत दिया तथा अपने साथियों को उकसाते-प्रोत्साहित करते साढ़े छह बजे तक ब्लॉक साफ करने में समर्थ हो गए।

पर अफसोस! इसके आगे सड़क का कोई एक हजार गज लंबा भाग डायनामाइट से उड़ाए गए पत्थरों, चट्टानों तथा पुलियों के मलबे से भरा हुआ था। पूरा क्षेत्र दुश्मन के मशीनगन फायर की बौछारों की चपेट में था; किंतु थकान से चकनाचूर तथा घायल-उत्पीड़ित होने के बावजूद ले. रणे में मानो किसी अज्ञात शक्ति की प्रेरणा से अतुलनीय साहस भर आया। वे इन सब कमरतोड़ कठिनाइयों तथा आफतों की परवाह न करते हुए भक्ति-भाव तथा समग्र तन्मयता से अपने एकसूत्रीय लक्ष्य में जूझ गए। बढ़ते कॉलम की चाल कायम रखने के लिए सड़क साफ करवाना उनकी ड्यूटी बनती है और इस जिम्मेदारी को जी-जान से निभाने का उनका

अपने ही साथ किया प्रण अटल था। थकान, जख्म, भूखा पेट, उनींदी—इन सबकी उस उत्कट मनोबल के समक्ष बहुत मामूली हस्ती थी। इसे कभी भी नजरअंदाज किया जा सकता था। ले. रणे ने ऐसा ही किया और साढ़े दस बजे तक सड़क को फिर से आगे बढ़ने के लिए तैयार करवा दिया। कितना जोखिम-भरा काम था यह, इसका सही अनुमान देखनेवाले ही लगा सकते थे।

टैंक कॉलम के पार हो जाने से ही ले. रणे के काम की समाप्ति नहीं हुई। पीछे से आ रहे रसद कॉलम के लिए भी सड़क चालू करवानी थी। टैंक तो अपने लोहे के ट्रैक पर ऊबड़-खाबड़ धरती रौंदते हुए भी चल सकते हैं, पर टायरोंवाली गाड़ियों के लिए सड़क का अधिक सपाट तथा सुस्थिर होना जरूरी है। टैंक कॉलम तवी नदी के पास से होता हुआ दोपहर दो बजे तक चिंगज पहुँच गया, जिससे वहाँ के कई निवासी जान से हाथ धोने से बचा लिए गए। ले. रणे रात नौ बजे तक सड़क दुरुस्त करवाने में जूझे रहे। तब तक उन्होंने न विश्राम किया, न भोजन। नौ बजे के बाद ही उन्होंने कुछ खाकर देह को विश्राम करने का अवसर दिया।

अगले दिन 11 अप्रैल को सवेरे छह बजे से ही ले. रणे अपनी कंपनी के बहादुर जवानों का नेतृत्व करते अपने उसी सड़क-सफाई की तैयारी के पुराने काम में जूझ गए। इसके पश्चात् वे फिर आगे की सड़क तैयार करने के जोखिम-भरे काम में देर रात तक संलग्न रहे।

□

हमारी फौज जब चिंगज पहुँची तो बस्ती को आग की लपटों में जलते पाया। वहाँ के लोगों की जान बचाई गई। अगले दिन 12 अप्रैल को जब हमारी फौजों ने रजौरी पर कब्जा किया तो वहाँ तीन बड़े गड्ढे मिले—नौ फीट चौड़े, पाँच फीट लंबे तथा साढ़े चार फीट गहरे—इनमें लाशें भरी हुई थीं। इसके अलावा हमारी फौजों को तींन सौ ऐसे शरणार्थी मिले, जिन्हें गोली से उड़ाने के लिए बाँध दिया गया था। हमारी फौज के पहुँचने में यदि थोड़ी और देर हो जाती तो ये सब अपनी जान से हाथ धो बैठते।

इन सबलोगों की जान बचाने में क्या ले. रणे का योगदान था…? निश्चित तौर पर था, भले ही वे इस तथ्य से उस समय अनभिज्ञ रहे हों। इन तीन सौ बंदियों की कातर प्रार्थना आखिर भगवान् ने सुन ही ली। भगवत्कृपा ने ले. रणे के हाथ दैवीय बल से, उनका हृदय अदम्य साहस से और मन पहाड़ उठा सकनेवाली

विलक्षण शक्ति से लबालब भर दिया था। एक होता है फुलझड़ी की चकाचौंध से अनायास जल उठनेवाला साहस, दूसरा होता है दीपक की लौ की तरह स्थितप्रज्ञ हो देर, बहुत देर तक ज्योति-स्फूर्णियों को ज्वलंत रखनेवाला साहस। ले. रणे इस दूसरी कोटि के विरल साहस के धनी थे।

अपने अंतर में देर तक अनथक एवं अपलक जल सकनेवाली साहस की बेजोड़ मशाल के प्रकाश ने इतनी आभा विकसित की कि 'मैंशन इन डिस्पैचेज' के इस वीरता का वरण अबकी बार परमवीर चक्र ने भी किया। सन् 1968 में सेवानिवृत्त होने तक इस वीर सैनिक को चार बार और 'मैंशन इन डिस्पैचेज' से सम्मानित किया गया। धन्य है कर्नाटक के चेंदिया गाँव की धरती, जिसने ले. रणे जैसे सुधीर वीर को जन्म दिया।

'तब भला वह 'मूसलों' को क्या गिने,
जब किसी ने ओखली में सिर दिया।'

आठ

स्कर्दू। एक छोटे से शहर का नाम। लद्दाख जिले की वह तहसील, जो सिंधु नदी के दक्षिण में स्थित है। आस-पास बहुत ही ऊँचे दुर्गम पहाड़ और उत्तर में गिलगित का क्षेत्र, जिसपर पाकिस्तान ने कब्जा कर रखा था। कारगिल और लेह से उत्तरवर्ती जानेवाले मार्गों में स्कर्दू का महत्त्वपूर्ण स्थान था। दिओसई पर्वत शृंखला के पार सिंधु नदी इसी राह से होती हुई पहाड़ों से नीचे उत्तर मैदानों में जा मिलती है।

सन् 1947 में पाकिस्तान से आए कबाइली हमलावरों ने धोखाधड़ी से गिलगित क्षेत्र पर अपना आधिपत्य जमा लिया। इसी कारण स्कर्दू की सुरक्षा खतरे में पड़ गई। 21 नवम्बर, 1947 को 6 जम्मू और कश्मीर इन्फैंट्री के कमान अफसर कर्नल शेरजंग थापा को आदेश दिया गया कि वे आस-पास के सभी क्षेत्रों तथा लेह-कारगिल से यथासंभव सैनिकों को एकत्र करके फौरन स्कर्दू पहुँचें।

24 नवम्बर को कर्नल थापा दो अफसरों, दो जे सी ओ और पचहत्तर जवानों के साथ स्कर्दू पहुँच गए। उन्होंने तय किया कि उत्तर-पश्चिम की ओर बहती सिंधु नदी के आस-पास की पहाड़ियों पर चौकियाँ बनाई जाएँ, जिनसे गिलगित से आनेवाले हमलावरों का मुकाबला शहर के बाहर ही किया जा सके।

9 फरवरी, 1948 की रात को कोई छह सौ पाकिस्तानी हमलावरों ने हमारी दोनों प्लाटून चौकियों पर हमले किए। सिखों की चौकी पर कब्जा करके सबको हताहत कर दिया गया। दूसरी चौकी भी आसानी से दुश्मन के हाथों में जा गिरी। इस प्रकार जबकि स्कर्दू नगर के वासी गहरी नींद में सोए हुए थे, उसे सुरक्षा प्रदान करनेवाली दोनों अग्रिम चौकियों का दुश्मन ने चुपचाप रातोरात सफाया कर डाला। 11 फरवरी की सुबह दुश्मन स्कूर्द शहर आ पहुँचा। शहर की सुरक्षा करनेवाले सैनिक चौंक गए। सैनिक शहर के किले में बने मोर्चों की ओर जा लपके छह घंटे तक गोलाबारी होती रही। असफल होने के कारण दुश्मन हताहतों को वहीं छोड़ पीछे हटने पर विवश हुआ। इनकी गिनती दस मृत तथा एक घायल थी। हमारी ओर सात मृत तथा सोलह घायल, जिनमें एक अफसर भी था। दुर्भाग्यवश जम्मू-कश्मीर स्टेट फोर्स के तीस सिपाही स्कर्दू में अपने मोर्चे छोड़ दुश्मन के हमलावरों के साथ जा मिले।

14 फरवरी की रात को हमलावर फिर आए। उन्होंने किले के पिछवाड़े की एक पहाड़ी पर कब्जा जमा वहीं से किले में घिरे शरणागतों को परेशान करने के लिए फायर करना आरंभ कर दिया। कर्नल थापा ने हर तरह से किले के भीतर की फौज तथा वहाँ शरण लेने पहुँचे नगरवासियों का हौसला बढ़ाए रखने के यत्न किए। उन्होंने छोटे लड़ाकू दस्तों का भी गठन किया, जो किले के बाहर जाकर आस-पास इकट्ठा को रहे दुश्मनों का सफाया कर सकें।

स्कर्दू किले की सुरक्षा के लिए भेजी जा रही अधिक कुमुक वहाँ पहुँचने मे असफल हुई, क्योंकि छिपकर बैठे दुश्मन ने 17 फरवरी को उनपर अचानक फायर करके उन्हें हताहत कर डाला। उनके हथियार तथा गोला-बारूद भी दुश्मन के हाथ लग गए। 23 मार्च को भारी गोलाबारी की मदद से दुश्मन ने एक तीखा आक्रमण किया। लड़ाई सारा दिन चली। 7 अप्रैल को दुश्मन ने एक और बड़ा हमला किया; पर कर्नल थापा के उत्प्रेरक नेतृत्व में उनके सैनिकों ने इसका डटकर मुकाबला किया तथा दुश्मन को फिर पीछे हटने पर मजबूर कर दिया।

इस दौरान कर्नल थापा लगातार अधिक कुमुक की माँग करते रहे, जिससे वह किले की सुरक्षा व्यवस्था को इतने ताकतवर दुश्मन के हमलों से बचाने के लिए सुदृढ़ बना सकें। मदद भेजी भी गई, परंतु हमलावर दस्तों ने उन्हें किले तक पहुँचने से रोके रखा।

16 मई को पश्चिमी कमान के चीफ जनरल थिमैया ने कर्नल थापा को किले का घेराव तोड़ निकलने के लिए संदेश भेजा। पर अब किले में घिरे सैनिकों में

इतनी ताकत नहीं थी कि वे घेराव को तोड़ते हुए बचकर बाहर निकल सकें। उनके पास अब काफी मात्रा में विस्थापित भी जमा हो गए थे, जिनमें बूढ़े, बच्चे तथा स्त्रियाँ शामिल थीं। इसके अलावा काफी जख्मी भी थे, जिन्हें पीछे छोड़ना भारी भूल होती; क्योंकि दुश्मन की पाशविक बर्बरता अब तक विख्यात हो चुकी थी।

ऐसी स्थिति में दुश्मन ने 9 अगस्त को तोपखाने की मदद के साथ फिर से हमला किया। ऐसा ही हमला दूसरे दिन 10 अगस्त को फेर किया गया। फिर 12 अगस्त को दो सौ हमलावरों ने किले की एक चौकी पर धावा बोल दिया। चार घंटे तक लड़ाई चलती रही। हमलावर दुर्ग की दीवारों के ऊपर चढ़ आए और खूब जोरों से आमने-सामने की लड़ाई हुई। परंतु कर्नल थापा का नेतृत्व इतना उत्साहवर्धक रहा कि हमलावरों को अंत में भारी क्षति के साथ पीछे हटना पड़ा।

□

पर अब कर्नल थापा ने समझ लिया कि इसके आगे लड़ाई जारी रखना असंभव होगा। थक-हारकर चूर, घायल घोड़े को आखिर कितनी बार चाबुक मारे-मारकर लताड़ते हुए खड़ा किया जा सकता है! किले में शरण लिए हुए विस्थाप्तितों की जान बचाने के लिए उन्होंने निर्णय किया कि अब किले को छोड़ देना ही उचित होगा। उन्होंने किले में बंद लोंगों को छोटी-छोटी टुकड़ियों में विभाजित कर, आगे-पीछे छुप-छुपकर किले के बाहर निकलने की योजना बनाकर उसे सफलता के साथ कार्यान्वित किया। दूसरे दिन यानी 14 अगस्त को महत्त्वपूर्ण यातायात केंद्र स्कर्दू दुश्मन के हाथों में चला गया। इस प्रकार इस छह महीने लंबी घेराबंदी का समापन हुआ। अभय का आश्वासन मिलने पर सफेद झंडी भेजकर हथियार डाल दिए गए। तात्पर्य था कि यदि अपने नागरिकों को और मार-काट से बचाने के लिए हम हथियार डाल देने को तैयार हैं। दूसरे ही दिन पाकिस्तान के कमांडर ने बड़े गर्व के साथ अपने मुख्यालय में संदेश भेजा—'स्कर्दू पर कब्जा बहाल। सारे सिखों को गोली से उड़ा दिया गया। सभी औरतों की इज्जत लूट ली गई।'

कठोरतम परिस्थितियों में हिम्मत-हौसला हारे बिना असाधारण साहस के साथ कर्नल थापा ने छह महीने तक लम्बी लड़ाई लड़ी। बहादुरी तथा कठोर संयम के विलक्षण कारनामों के लिए चालीस वर्षीय कर्नल शेरजंग थापा को 'महावीर चक्र' से सुशोभित किया गया।

'था शोर मौत से बचो-बचो, तलवार गिरी तलवार गिरी।'

नौ

सन् 1948 के उत्तरार्द्ध में जम्मू-कश्मीर में होनेवाली लड़ाई के दौरान छंब क्षेत्र में युद्ध का बहुत ही घमासान तथा उग्र रूप देखने को मिला। वहाँ चप्पा-चप्पा धरती के लिए खूब जमकर और खूब डटकर लड़ाई हुई। पाकिस्तान के हमलावरों में इस बात की गरमजोशी थी कि अगर वे छंब क्षेत्र में हमें हमें नीचा दिखाने में कामयाब हो गए तो जम्मू-रजौरी-पुंछ मार्ग को काटकर; वे हमारे इन्फैंट्री डिवीजन को पूरी तरह से घेर ही नहीं लेंगे, उन्हें रसद न पहुँचने देकर, इस तरह उनका गला भी घोंट डालेंगे। फिर पीर-पंजाल पर्वत शृंखला का यह पश्चिमोत्तर भाग उनकी झोली में होगा और इस बहुत बड़ी फतह का ताज उन्हें मिलेगा। इधर हिंदुस्तानी फौजों को पता था कि यदि वे चुके तो यह नुकसान सारे देश को बहुत ही भारी पड़ेगा।

सितम्बर तक झंगड़ के आस-पास दुश्मन की आगे बढ़ने की हरकतों में खास तेजी आ गई। ऐसे ही प्रयत्न की बलपूर्वक रोकथाम के लिए गोरखा बटालियन का एक लड़ाकू पेट्रोल झंगड़ के छह किलोमीटर पश्चिम में स्थित 'भेज' के इलाके में भेजा गया। यह 27 सितंबर की बात है। इस पैट्रोल पर तीन दिशाओं से दुश्मन का फायर आ पहुँचा। फायर में बंदूकों के अलावा मशीनगन का फायर भी शामिल था। उस क्षेत्र की आस-पासवाली पहाड़ियों पर दुश्मन का बोलबाला था। सामने का ऊँचा, टीलेवाला इलाका भी उन्हीं के कब्जे में था।

इस मौके पर हमारा पेट्रोल जिस स्थान पर था, उसने वहीं अपना अस्थायी मोर्चा बना लिया। मोर्चे के दाएँ भाग का सेक्शन लांस नायक रबी लाल थापा की कमान में था। उन्होंने दूरबीन से देखा तो दुश्मन की हरकतों से उन्हें लगा कि दुश्मन उन्हें चारों ओर से घेरने के प्रयास में गतिशील हो रहा है और वह भी काफी निकट आकर। वे समझ गए कि इस तरह निकट से घेरे जाने से उन सबके लिए कितना भयानक खतरा उत्पन्न हो सकता है। ऐसी हालत में दुश्मन या तो उन सबको मार डालेगा या अपने कैदी-पिंजरे में डाल झूठा प्रचार करेगा। इस विकट परिस्थिति में जब मौत आस-पास झाँकती नजर आई, तो वे जरा भी विचलित नहीं हुए। उन्होंने इस परिस्थिति का मुकाबला डटकर करने की ठानी। उन्होंने अपनी स्टेनगन सेक्शन के ब्रेन गनर को सौंप उसकी ब्रेन गन (बड़ी गन, जिसकी मार अपेक्षाकृत काफी दूर तक की होती है) उठा ली और इसी ब्रेन गन से लैस होकर उन्होंने एक ओर दिख रहे दुश्मन पर धावा बोल दिया। दुश्मन

के तीन आदमी वहीं लोट गए। हमला अचानक, इतनी तेजी से किया गया था कि दुश्मन देखता ही रह गया। अपने तीन साथियों को गिरते देख और सामने से घातक गोलियों की बौछारें उगलती साक्षात् मृत्यु को देख वे पीठ मोड़, बिखरकर इधर-उधर भाग खड़े हुए। दुश्मन को इस तरह खदेड़कर लांस नायक थापा अपने सेक्शन में वापस लौट आए।

इस समय पैट्रोल को वायरलैस से आदेश मिला कि वे दो सौ मीटर पीछे हटकर एक दूसरी पहाड़ी पर चौकी जमाएँ और यह भी कि लांस नायक थापा का सेक्शन सबके बाद पीछे हटेगा। पीछे हटना एक तो भगदड़ में होता है, जबकि टुकड़ियाँ बिना किसी पूर्व निर्धारित योजना के बरबस इधर-उधर मन-मर्जी से तितर-बितर हो बिखर जाती हैं। दूसरा है पूर्व नियोजित सुचारु ढंग से, जिससे पीछे जाकर और अधिक मजबूती के साथ नई जगह पर चौकी जमा दुश्मन से लड़ा जा सके। ऐसे में टुकड़ियाँ एक-दूसरे की मदद करती हुई पीछे की ओर हटती हैं। जब एक टुकड़ी हरकत में होती है तो दूसरी टुकड़ी नियत स्थान पर मोर्चा ले इस हरकत को फायर से 'कवर' (बचाव) देती है।

लांस नायक थापा ने अपने सेक्शन को भी पीछे हटने का निर्देश दिया। किंतु उन्होंने अपने लिए एक अलग ही राह चुन रखी थी कि वे स्वयं अपने मोर्चे पर एकल पंथी पाषाण की तरह मुस्तैद डटे रहेंगे; जबकि उनके बाकी सेक्शनवाले उनके फायर की मदद से दुश्मन से बच निकलेंगे।

साथियों के जीवन की रक्षा के लिए वे अकेले अपने मोर्चे से दुश्मन पर लगातार गोलियाँ बरसाते रहे, जब तक कि गोलियों की मार से वे स्वयं छलनी नहीं हो गए। उनके दम तोड़ने के बाद ही उनकी गोलियों की बौछार में थमाव आया। तब तक उनके साथी दूसरी पोजीशन तक सकुशल पहुँच गए थे। अपने प्राणों की परवाह किए बगैर लांस नायक रबी लाल थापा ने अपने साथियों की प्राणरक्षा की और स्वनिर्णय से अपने प्राण न्योछावर कर डाले। इस ओजपूर्ण विधा से यह महावीर वीरगति को प्राप्त हुआ। 'महावीर चक्र' से अलंकृत कर बलिदान की इस उत्कृष्ट परंपरा की मान रक्षा की गई।

'अंत का यह दृश्य आया था कभी क्या ध्यान में,
सो रहा तू अब धरा पर शुष्क बिखराया हुआ।'

दूसरी परीक्षा : एक ऐतिहासिक हार—1962

एक

'ऐ मेरे वतन के लोगों, जरा आँख में भर लो पानी।'

देश की आजादी के बाद हमारे वरिष्ठ नेताओं को यह महसूस होने लगा था कि देश के विकास की समस्या सर्वोपरि थी। यह सही भी था। पर इसके साथ ही कुछ ऐसा भी होता रहा, जो न होता तो बेहतर होता। यह था देश की सशस्त्र सेनाओं का अवमूल्यन तथा उनके प्रति उपेक्षा तथा संशय की आहट देनेवाला बर्ताव। इसके कई कारण थे। यह भी कि स्वतंत्रता तथा जनतंत्र और गणतंत्र में नागरिक शक्ति प्रधान होनी चाहिए। पर इसका अभिप्राय कुछ गलतफहमी से समझने के कारण, फौल की बागडोर पर एक तरह से शासकीय तंत्र का वीटो लग गया। क्योंकि वित्त नियंत्रण फौज को लेकर अत्यधिक और जरूरत से ज्यादा ही कड़ाई एवं परायापन बरतने लगा था। एशिया और अफ्रीका में कई छोटे देशों में सैन्य बलों के नेतृत्व ने जनतांत्रिक व्यवस्थाओं का तख्ता पलट डाला था। दुर्भाग्यवश, हमारी खुफिया एजेंसियों के कुछ स्वार्थी लोगों ने हमारे नेता वर्ग की चेतना में ऐसा बीज बोना अपनी बढ़ोतरी का साधन समझा।

जब सेना के अँगरेजी कमांडर-इन-चीफ के पद पर देशी अफसर नियुक्त करने की चर्चा आई तो कई खद्दरधारी नेताओं ने सर्वाधिक सीनियर जनरल करियप्पा के नाम के प्रति कुछ हिचकिचाहट दिखाई—यह मानकर कि वे 'अँगरेजों से भी ज्यादा अँगरेज हैं'। वे चाहते थे कि इस पद पर जनरल राजेंद्र सिंह को बैठाया जाए (जो अपेक्षाकृत नाटे कद के थे); पर वे बड़े जीवटवाले निकले। उन्होंने जनरल करियप्पा

चीनी आक्रमण क्षेत्र-लद्दाख- १९६२

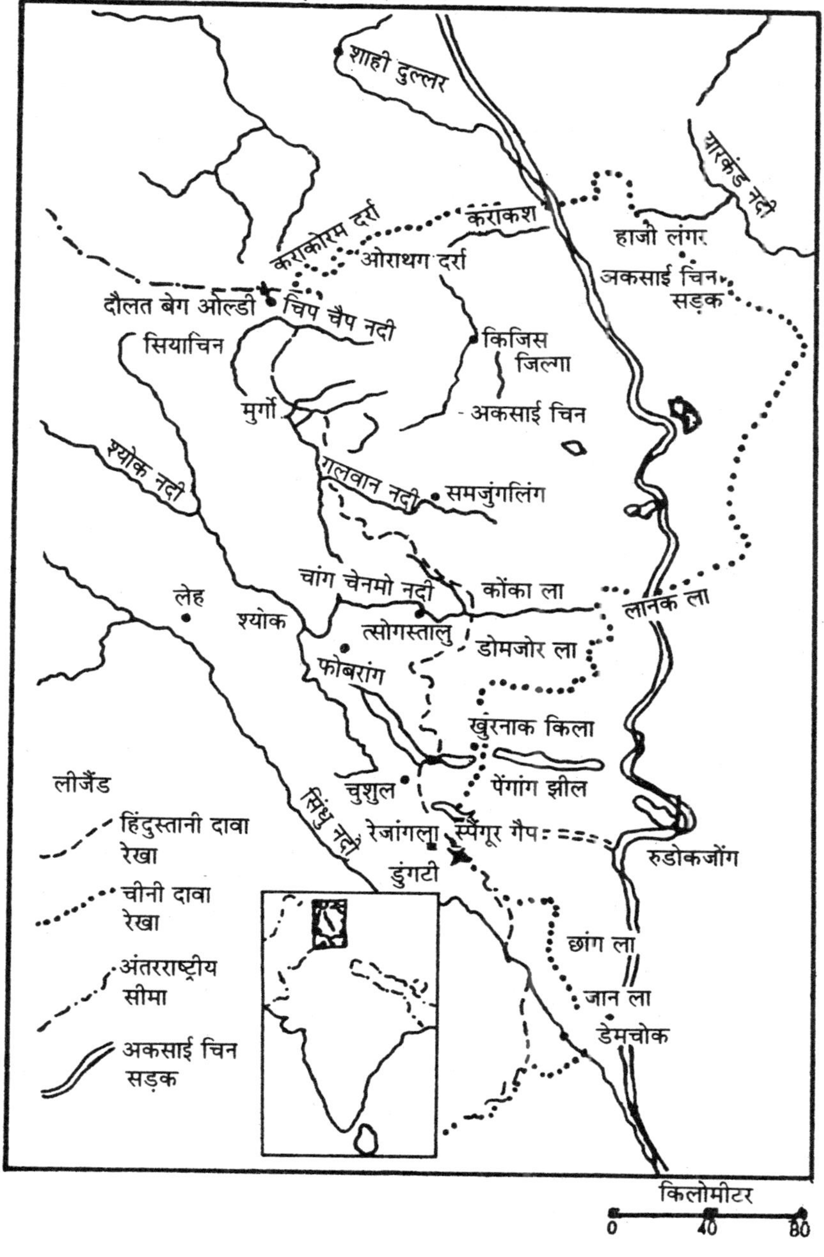

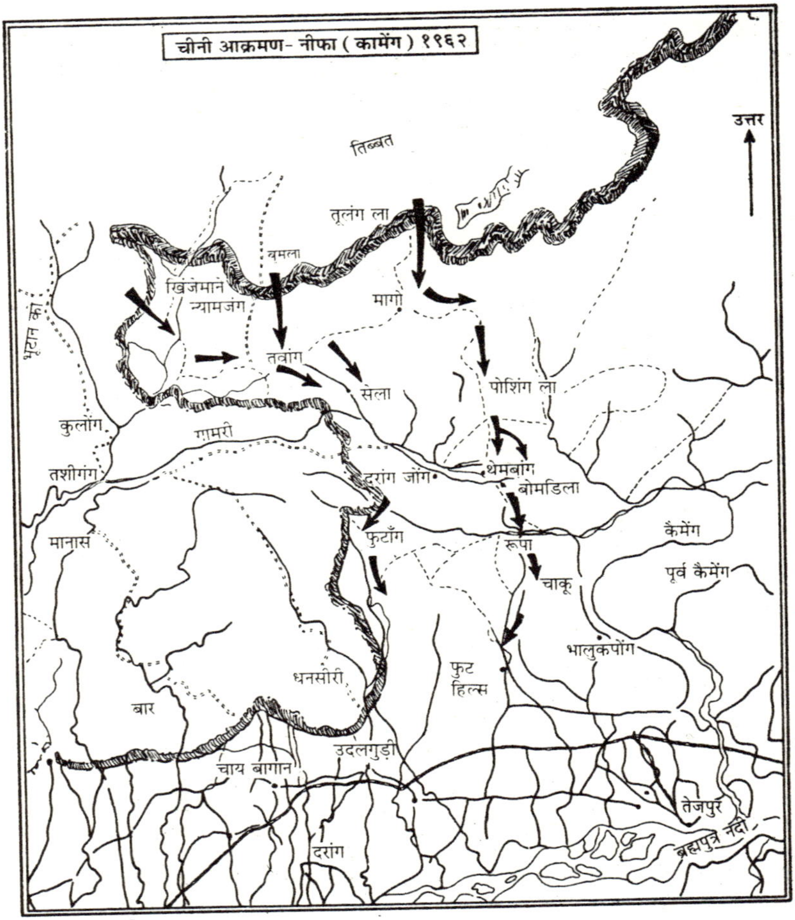

के होते हुए सेनाध्यक्ष बनने से इनकार कर दिया। उनके इस कृतत्व में फौज की अच्छी परंपरा निहित थी। निजी स्वार्थ का अभाव था। जनरल करियप्पा चीफ बने। वे हृदय से देशभक्त थे और उन्होंने फौज को देश के रंग एवं वातावरण में ढालने के सहृदय प्रयास किए तथा सिविल शासनतंत्र के प्रति सहयोग करने तथा उनके वरिष्ठ होने की स्वीकृति की भावना अंकुरित होने में जरा भी आनाकानी नहीं की। उलटे, साथ ही दिया। ऐसी एक बहुत ही महत्त्वपूर्ण घटना इस प्रकार है।

सन् 1941 में असम सरकार ने वहाँ एक चीनी टुकड़ी के हमारे क्षेत्र में आ जाने की बात कही और उसके निष्कासन के लिए जनरल करियप्पा से मदद माँगी।

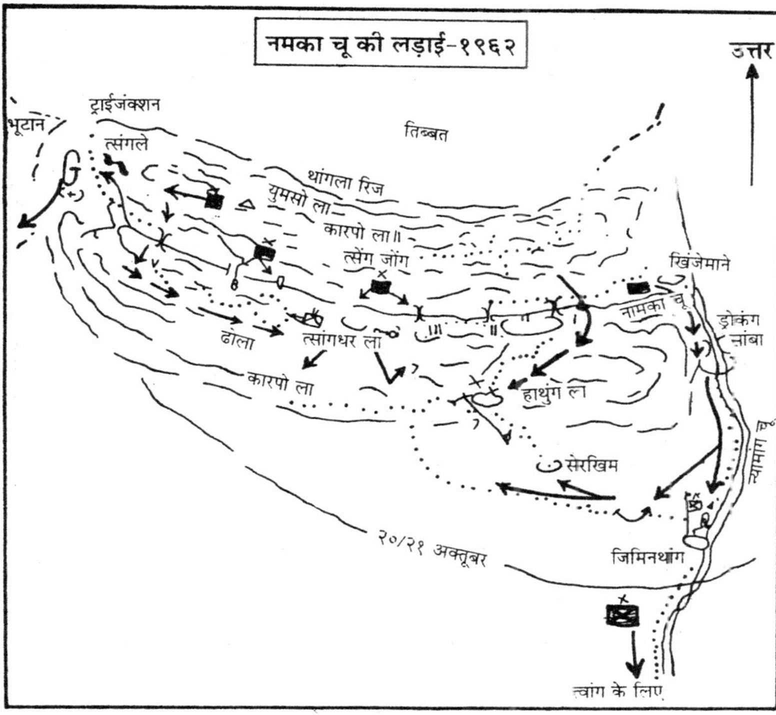

उन्होंने तत्काल हवाई सहायता भेजी और प्रधानमंत्री को सलाह दी कि सुरक्षा के लिए चीन का सीमांत क्षेत्र फौज को सौंप दिया जाए। इसपर प्रधानमंत्री यह कहकर रुष्ट हुए कि उन्हें सलाह देनेवाले जनरल करियप्पा कौन होते हैं? उलटे उन्होंने जाहिर किया कि हमारे देश की पूर्वी सीमाओं की रक्षा चीन ही करेगा! हो सकता है, उनकी सोच यह रही हो कि हम सशस्त्र सेनाओं की बढ़ोतरी के लिए ज्यादा पैसा खर्च करने में असमर्थ हैं, इसलिए फौज को पाकिस्तान का ही निपटारा करना चाहिए। जहाँ तक चीन का सवाल है, वे उससे राजनीतिक एवं कूटनीतिक ढंग से निपट लेंगे। उन दिनों प्रधानमंत्री का व्यक्तित्व तथा पद बहुत ही ऊँचा था। उनके व्यवहार से जनरल करियप्पा भी शायद कुछ सहन गए होंगे। काश, उस समय सही तालमेल तथा एकजुट हो कार्य करने की परंपरा का सूत्रपात हुआ होता, जिससे फौज के वरिष्ठ अफसरों को अपनी बातें खुलकर कहने में हिचक न होती और उन्हें यह न लगता कि उन्हें बिना सुने ही अनसुना कर दिया जाएगा!

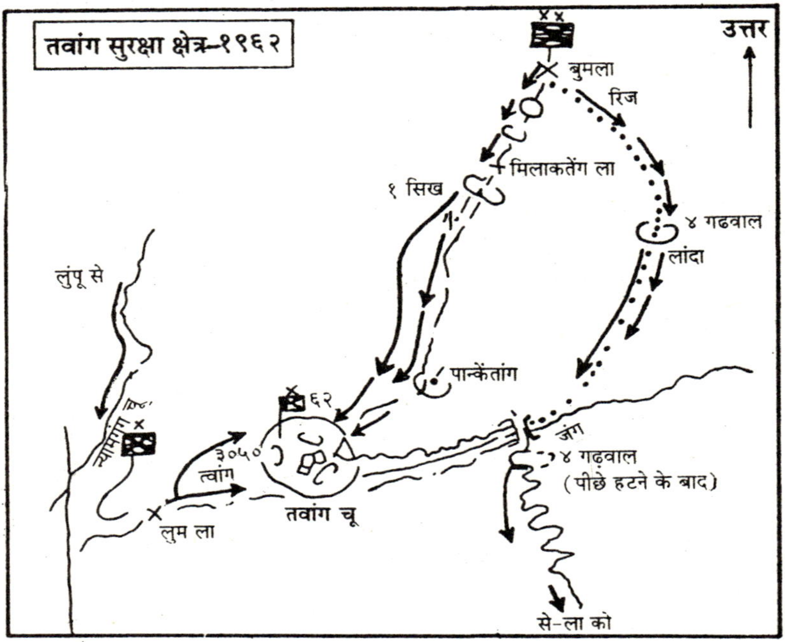

क्या भारत-चीन विवाद, युद्ध और हमारे पूरे पूर्वांचल की समस्या का आरंभ यहीं से नहीं होता? कृष्णा मेनन के रक्षामंत्री काल में ऐसा वातावरण और पनपा। उनमें भी अहंकार की भावना बड़ी प्रबल थी। अपनी सोच में वे कट्टर थे। इसके साथ-साथ इस सच्चाई को नकारनेवाला शायद ही कोई होगा कि देश के सामरिकी मसलों का न रक्षामंत्री को, न प्रधानमंत्री को उचित ज्ञान था और न ही उनमें अपने ज्ञान को बढ़ाने की कोई रुचि थी। नतीजा यह हुआ कि हमारी सामरिक व्यवस्था बिगड़ती गई और उसका अवमूल्यन भी होता रहा।

इस संदर्भ में हमने राष्ट्र की निस्संदेह अवहेलना की। हमने यह नहीं समझा कि जिस आजादी को हमारे राष्ट्रनेताओं ने इतनी कठोर तपस्या के बाद प्राप्त किया है, पर्याप्त सुरक्षा के अभाव में वह आजादी खोई भी जा सकती है। हमारे नेताओं ने इतिहास से भी यह सबक नहीं सीखा; उस इतिहास से, जिसपर उन्होंने ग्रंथ लिख डाले थे।

इस बीच एक महत्त्वपूर्ण दुर्घटना घटी। चीन ने तिब्बत पर बलपूर्वक कब्जा जमा लिया। दलाई लामा को हिंदुस्तान में शरण लेने पर मजबूर होना पड़ा। उन

दिनों कोरिया में लड़ाई हो रही थी। अमेरिका और रूस में गहरे मतभेद थे। शीतयुद्ध जोरों पर था। अमेरिका चीन को 'बैंबू कर्टेन' वाला देश कहकर उसकी भर्त्सना करता था। अमेरिका ने ऐसा भी सोचा था कि क्यों न चीन पर बमबारी कर उसकी महत्त्वपूर्ण अनुसंधानशालाओं का विनाश कर डाला जाए। ऐसे में चीन का जोरदार साथ देकर हमने फिर अदूरदर्शिता का परिचय दिया। चीन को संयुक्त राष्ट्र में शामिल करने के लिए हमने जोरदार आवाज उठाई। यह 'हिंदी-चीनी भाई-भाई' के नारों एवं बांदुंग तथा पंचशील का जमाना था। नेहरू जी को सरदार पटेल ने एक लम्बा पत्र भी लिखा था (परिशिष्ट-1), जिसमें चीन के तिब्बत पर अतिक्रमण के कारण भारत के भविष्य के लिए निरंतरित होनेवाले भावी संकट के विषय में गम्भीर चिंता प्रकट की गई थी। यह वह जमाना था जब जनरल थिमैया ने कोरिया में ख्याति प्राप्त की थी। बाद में वे चीफ बने। पर कृष्णा मेनन ने उनके साथ भी आदर का व्यवहार नहीं किया। जब उन्होंने अपना इस्तीफा दिया तो नेहरू जी ने उसे वापस लेने के लिए मना लिया; पर बाद में संसद् में उनकी कुछ खिल्ली भी उड़ाई। क्या प्रधानमंत्री और सेनाध्यक्ष के ऐसे सम्बंध होने चाहिए थे? क्या ऐसा होना देशहित में था? बाद में शासकतंत्र ने सोचा होगा कि ऐसे ही व्यक्ति को चीफ चुना जाए जो अपनी कम कहे और उनकी अधिक सुने। जनरल थापर नए सेनाध्यक्ष बनाए गए। उन्हीं दिनों फौज के जनरल कौल के कश्मीरी होने के नाते दिल्ली के शासन केंद्रों से अपने सीधे सम्पर्क स्थापित किए। अम्बाला में सैनिक श्रमदान की सहायता से फौजियों के घरों का एक बड़ा जमघट बनाया गया। फौज में इसकी काफी आलोचना हुई। फौजी नियमावली में अपने सीनियर की आज्ञा के बिना और उसकी पीठ के पीछे ऊँचे लोगों से मिलना तथा उनका आत्मीय बनकर रहना अच्छा नहीं माना जाता। इन्हीं दिनों खुफिया विभाग ने खबर दी कि चीन ने अकसाई चिन में सड़क बना ली है। इसकी सूचना संसद् को तत्काल नहीं दी गई। फिर चीन ने पाकिस्तान और बर्मा के साथ तो सीमा-संधि कर ली, पर धीरे-धीरे हमारे साथ सीमा को लेकर मतभेद प्रकट करने लगा। कई नक्शों में लद्दाख के अकसाई चिन क्षेत्र तथा पूर्वोत्तर में ब्रह्मपुत्र के उत्तर में स्थित असम के विशाल भूखंड को अपना क्षेत्र दिखलाया। हमारी मान्यता थी कि हमारी सीमा 'मॅकमोहन लाइन' के अनुसार है।

तिब्बत को चीन ने हथिया लिया और वहाँ अपनी सेना भेज लोगों के दमन तथा यातायात विकसित करने के कार्य जोरों से शुरू किए। इस सम्बंध में सरदार पटेल की चेतावनी को नजरअंदाज कर नेहरू जी ने चीन के साथ विशेष मैत्री

का हाथ बढ़ाने में कोई कसर न छोड़ी। उन दिनों चीन ने सीमा-विवाद की कोई चर्चा ही न की। जब उसने तिब्बत में सड़कें बना लीं तो फिर धीरे-धीरे सीमावर्ती चौकियों पर अधिकार जमाना शुरू किया। उसके गश्ती दल हमारे अधिकृत क्षेत्र में देखे गए।

हिंदुस्तानी फौज ने बड़ी दिलेरी तथा दक्षता के साथ बर्मा में लड़ाई लड़ी थी। इस लड़ाई में उन्होंने जापानी सेना को पीछे हटाया था। जापानी सेना विश्व की श्रेष्ठ सेनाओं में से एक मानी जाती थी। जापानी सैनिक का साहस, अनुशासन तथा बलिदान की भावना बेजोड़ थी। उन्होंने मंचूरिया में रूस को तथा चीनी भूमि पर चीनियों को करारी हार दी थी। हमारी फौज उसी जापानी सेना को हराने में कामयाब हुई। बर्मा में भी दो चीनी डिवीजन लड़े थे। वहाँ उन्होंने कोई विशेष सामरिक गुणवत्ता का प्रदर्शन नहीं किया था। ऐसे में चीनी सैनिक का मुकाबला करना भारतीय सेना के जवान के लिए कोई चिंता का विषय नहीं था। हाँ, साम्यवाद के बाद चीनी सेना को एक नए प्रकार का मनोबल और राष्ट्रीयता का भाव जरूर मिला था और कोरिया युद्ध में उसने नए अनुभव अवश्य प्राप्त किए थे।

सन् 1950 से 1960 तक के दशक में जबकि पाकिस्तान 'सीटो' एवं सेंटो सैनिक संघों का सदस्य बना और उसने भारी मात्रा में अमेरिकी हथियार पाए, हमारी फौज में केवल एक नया डिवीजन खड़ा किया गया। वातावरण ऐसा था कि किस प्रकार फौज के खर्च में कटौती की जाए; इसी प्रकार की सोच को बढ़ावा दिया जाने लगा। प्रशिक्षण में भी कैफियत बरती जाने लगी। अगर कहीं नदी पर पुल बनाने के लिए चालीस ट्रकों की जरूरत पड़ती तो झंडा लगाकर एक गाड़ी भेजी जाती। सबको कहा जाता कि कल्पना करें कि यह एक गाड़ी चालीस ट्रकों का प्रतीक है। पर्याप्त मात्रा में बूट न होने के कारण एक बटालियन कैनवस के जूते पहनकर गोआ ऑपरेशन में भाग लेने गई। बारूदी सुरंग बिछाने के लिए केवल फीते बिछाने की फर्जी कार्यवाही की जाने लगी, जिससे अधिक गाड़ियों के चलने की फिजूलखर्ची में बचत की जाए। असली माइन फील्ड में सुरक्षित राह (सेफ लेन) बनाने के लिए आठ घंटे तक लग सकते हैं। पर मात्र फीते को उठाकर अलग रखने में पाँच मिनट भी नहीं लगते। इस प्रकार काफी हद तक प्रशिक्षण कृत्रिम तथा कागजी ही बना रहा। जवानों ने इस प्रकार के काम करने की शैली को मजाकिया रूप में 'जय हिंद' शैली का नामकरण दे डाला। यदि हमारे शासक वर्ग इसपर विचार करते तो उन्हें इसी टिप्पणी में तीखी आलोचना

मिलती। पर विचार करता कौन? हमारे वाहन पुराने थे और हथियार भी। जवानों ने चीन की लड़ाई 303 बोल्ट एक्शन राइफल के साथ लड़ी; जब दुनिया के अधिकतर राष्ट्रों ने नई पीढ़ी की राइफलें अपना ली थीं, हमारे जवान द्वितीय विश्वयुद्ध की पुरानी राइफल के साथ ही लड़े। राइफल जवान का मूल हथियार माना जाता है। बोल्ट एक्शन राइफल में एक समय में केवल एक राउंड भरा जाता है, जबकि एक मैगजीन में केवल पाँच राउंड होते हैं। एक बार फायर करने के बाद बोल्ट को पीछे खींचकर फिर से दूसरा राउंड चेंबर में भरना होता है। इसमें समय लगता है, निशाना भी हिल जाता है। 7.62 मिलीमीटर राइफल में ये सारी कमियाँ नहीं हैं। पर इसे समय पर तैयार करने की जरूरत महसूस नहीं की गई। हमें पता था कि चीनी बाढ़ की तरह लहर-पर-लहर हमला करते हैं। ऐसे में बोल्ट एक्शन राइफल उपयुक्त नहीं थी।

सन् 1951 में हमारे एक अखबार में खबर छपी थी कि सन् 1950 में तिब्बत पर चीनी आक्रमण पूर्व तथा पश्चिम दोनों दिशाओं से किए गए थे। पश्चिम से किए गए आक्रमण की सेना सीक्यांग से प्रविष्ट हुई थी। इसका अर्थ था कि अकसाई चिन की राह का इस्तेमाल किया गया। हमने इस महत्त्वपूर्ण सूचना पर कोई ध्यान नहीं दिया। सन् 1957 में जब हमने सही तथ्यों का पता लगाने गश्ती दस्ते भेजे तो एक को चीनियों ने बंदी बना लिया तथा दूसरे ने खबर दी कि अकसाई चिन की सड़क सन् 1953 में ही बना दी गई थी। सन् 1959 में नेफा के सुबनसिरी क्षेत्र की हमारी लाँग्जू चौकी पर आक्रमण करके चीनियों ने हमारे सैनिक हताहत कर डाले। इसके पूर्व दौलत-बेग-ओल्डी तथा नागिन में भी चीन अपना हाथ दिखला चुका था। सन् 1959 में ही दलाई लामा ने हिंदुस्तान में पलायन किया। उन्होंने बताया कि चीन ने नब्बे हजार तिब्बतियों को मार डाला था। सम्बंध ऐसे हो गए कि ऊपर से भाई-भाई कहकर दोनों ने अंदर-ही-अंदर सम्भावी झड़प की तैयारी कर ली। अब 'फॉरवर्ड पॉलिसी' का सूत्रपात हुआ कि हम आगे बढ़कर ऐसी चौकियों पर जा बैठें, जहाँ चीनी नहीं हैं; क्योंकि वे भी हमारे साथ ऐसा ही कर रहे हैं। कहते हैं कि इस नई नीति का गठन नेहरू जी, कृष्णा मेनन, जनरल कौल तथा खुफिया पुलिस के अधीक्षक मलिक की बैठकों में किया गया कुछ साल पहले जब सेना ने चीनी फौज पर एक प्रशिक्षण-पैंफ्लेट पर काम शुरू करना चाहा तो नेहरू जी ने इसे रुकवा दिया था। फौज को यही बताया जाता था कि मुख्य शत्रु पाकिस्तान है। इसका दूसरा पहलू यह भी हो सकता है कि सरकार फौज के ऊपर जितना धन खर्च करने के लिए तैयार थी, उतने से पाकिस्तान का ही

सामना किया जा सकता था। इसलिए चीन से सुरक्षा पाने के लिए राजनीति तथा कूटनीति का सहारा लेना अनिवार्य माना गया। क्या यह सही था? क्या सैनिक शक्ति के अभाव में एक गुटनिरपेक्ष देश इस प्रकार की हिम्मत कर सकता है? विशेषकर जब उसका सामना एक अत्यंत व्यवहारकुशल देश की तगड़ी सरकार के साथ हो?

इधर हमारे रक्षामंत्री तथा सेनाध्यक्षों में भी तालमेल का अभाव था। कृष्णा मेनन के सलूक से सेनाओं के वरिष्ठ अफसर खफा थे। चीनी दिन-ब-दिन हमारे क्षेत्र हथियाते-कुतरते चले जा रहे थे और हम सिर्फ बातें करने में व्यस्त थे। तीनों सेनाध्यक्षों ने प्रधानमंत्री को स्थिति से अवगत कराना चाहा। उन्हें लगा कि रक्षामंत्री उनकी चिंताओं को ऊपर नहीं पहुँचाते। ऐसे में जनरल थिमैया ने नेहरू जी से मिलकर उन्हें अपनी चिंताओं से अवगत करवाया। कुछ ही दिनों बाद रक्षामंत्री ने जनरल थिमैया को बुलाकर इस बात के लिए लताड़ा। जनरल थिमैया ने अपना इस्तीफा दे डाला। नेहरू जी ने उन्हें मनवाकर इस्तीफा वापस करवाया। सवाल यह है कि देश पर बढ़ते ख़तरे के समय क्या देश के प्रधानमंत्री, रक्षामंत्री तथा सेनाध्यक्ष के आपसी सम्बंध ऐसे होने चाहिए जैसे कि थे? क्या इससे पूर्व सन् 1951 में, सत्ता को जनरल करियप्पा पर बरसने की जरूरत थी, या उनकी बात पर ध्यान से गौर करने की? क्या हमने ऐसी व्यवस्था बना रखी थी, जिससे सुनिश्चित तौर पर देश की सुरक्षा के विषयों पर कारगर तथा सामंजस्यपूर्ण चिंतन किया जा सके? क्या इसे उतना महत्त्व दिया गया, जितना दिया जाना चाहिए?

□

भूमिखंड की भौगोलिकता, यातायात के विकास (अथवा गतिरोध) तथा मौजूद साधनों की पृष्ठभूमि में आर्मी कमांडर जनरल थोराट ने नेफा की सुरक्षा के लिए एक प्लान बनाया था। इसमें सुरक्षा चौकियों की पहली पाँत सीमावर्ती क्षेत्र में थी। इनका कार्य था शत्रु को थोड़ी देरी करवाकर पीछे की पोजीशनों में आ मिलना। पीछे की दोनों पाँतों में बचाव की अच्छी तैयारी होती—खासकर तीसरी पाँत में, जहाँ मैदानों से गोला-बारूद आदि प्रचुर भंडारण किया जा सके। कठोर डगर तथा यातायात साधनों के अभाव की जिन कमजोरियों का हमें सामना बाद में करना पड़ा था, ऐसे में वे चीनी फौजों के गले पड़तीं।

अस्तु 'फॉरवर्ड पॉलिसी' के प्लान दिल्ली में बैठकर छोटे-बड़े नक्शों पर बनाए गए। जब जनरल कौल बड़ी हिम्मत दिखा वहाँ पहुँचे तो उनकी आँखें खुलीं।

नक्शे पर जो दूरी तर्जनी की चौड़ाई जितनी लगती थी, वह मुकाम पर पहुँच दहाड़ जितनी लंबी-चौड़ी लगी; क्योंकि—'अ' से 'ब' जाने के लिए पहले चट्टानी पहाड़ के रास्ते एक हजार फीट नीचे उतरो, फिर तीखी धारवाली नदी पार करो, फिर दो हजार फीट वापस ऊपर चढ़ो, तब 'ब' तक पहुँचा जा सकता है। बीच में वर्षा, धुंध और शीत की कचोट, भूखा पेट, कैरोसीन तेल के अभाव में ठिठुरते हाथ-पाँवों, गोलों के भंडार के अभाव में मौन खड़ी तोप; जिसके पहिए पहाड़ी पगडंडी चढ़ने में असमर्थ।

जून 1962 में चीन ने चे-डोंग नामक जगह में अपनी चौकी जमाई। यह जगह नक्शे की मॅकमोहन लाइन के उत्तर में थी। पर हम मानते थे कि यह हमारा इलाका है। 8 सितंबर, 1962 को संदेश मिला कि हमारी चौकी को छह सौ चीनी सैनिकों ने घेर लिया है। रक्षामंत्री ने आदेश दे डाला कि चीनियों को वहाँ हमारे क्षेत्र से निकाल-बाहर किया जाए। असल में यह चीनियों द्वारा चली एक चाल थी, हमें फँसाने के लिए; जिससे उन्हें हमपर आक्रमण करने का बहाना मिल जाए। हम उनकी चाल में फँस गए। यह चौकी असम राइफलवालों ने बनाई थी। जब डिवीजन के कमांडर ने पूछा कि चौकी मॅकमोहन लाइन के उत्तर में क्यों बनाई गई है? तो उत्तर मिला कि उनके साथ खुफिया एजेंसी का आदमी था, जिसने बताया कि वह हमारा ही क्षेत्र है। नक्शे पर लिखी को भूमि पर ढूँढ़ने में और भूमि पर खड़े हुए को नक्शे में ढूँढ़े जाने में, कहीं कोई भारी भूल हो गई थी। तब तक चीनियों ने अपने योजनानुसार पूरे क्षेत्र के विरुद्ध भारी सैनिक जमघट तैयार कर रखा था। उन्होंने हमें सबक सिखाने की ठानी। हमारी ओर से इस प्रकार की कोई तैयारी नहीं थी।

□

दो

अक्टूबर 1962 में चीनियों ने भारत पर एक साथ लद्दाख तथा नेफा क्षेत्रों में हमला बोला तो, जैसा कि हमने देखा है, नेफा में यातायात के साधन बिलकुल अविकसित अवस्था में थे। अधिकतर क्षेत्र ऊँचे पहाड़ों तथा घने जंगलों से ढके हुए थे। वहाँ के भूगोल के विषय में ज्ञान भी लगभग न के बराबर था; न ही हमारी फौज में उस क्षेत्र के व्यापक अनुभव की कोई परंपरा थी। जिस क्षेत्र के

बारे में पूरा ज्ञान न हो, उसमें दूर बैठे हुए ऑपरेशन प्लान करना तथा उन्हें कार्यान्वित करवाना बड़े जोखिम का खेल हो सकता है। हुआ भी कुछ ऐसा ही।

नेफा के त्सेंगजौंग क्षेत्र में 9 पंजाब बटालियन की एक पोस्ट तैनात थी। 10 अक्टूबर, 1962 को इस पोस्ट पर चीनियों ने हमला बोल दिया। चीनी सिपाहियों की तादाद कोई पाँच सौ के लगभग थी।

उस समय 9 पंजाब बटालियन के सिपाही कांशीराम अपने मोर्चे में थे। उनकी जिम्मेदारी लाइट मशीनगन चलाने की थी। उनके हिस्से में पोस्ट पर दाईं ओर से होनेवाले किसी भी हमले को कारगर न होने देने का काम था।

हमले से पूर्व सारी पोस्ट के ऊपर गोलाबारी होती रही, जिससे वे सब सहम जाएँ या किसी काल्पनिक दुश्मन पर गोलियाँ दागते रहें। और जब हमारी गोलियाँ कम पड़ जाएँ या खत्म हो जाएँ, तब दुश्मन का आक्रमण हो।

थोड़ी देर बाद, जबकि गोलाबारी अभी जारी थी, पहाड़ी के नीचे से ऊपर की ओर चढ़ते हुए अनेक हरी वर्दीधारी सैनिक दिखाई पड़े। वे सब मोटे गदीले कपड़े और बंद गले के कोट पहने नजर आते थे।

दाईं ओर से ऊपर चढ़ते दुश्मन पर कांशीराम की लाइट मशीनगन की मार बड़ी पैनी हो गई थी। खड़ा होकर चलनेवाले कितने ढेर कर दिए थे उसने। पर किसी ने गौर कर लिया था कि यह तुरही बहुत मुँह खोल रही है। कांशीराम के मोर्चे पर पड़ती दुश्मन की गोलियों की बौछार बहुत तेज हो गई। गोलियों की एक ब्रस्ट उसकी बाईं बाँह के आर-पार हो गई। दर्द की सनसनाती कचोट। मुँह से एक कराह निकली। कांशीराम ने शीघ्र ही अपने पर काबू पा लिया। बाँह से खून निकलना शुरू हो गया था; पर फिलहाल पट्टी बाँधने का समय नहीं था। अभी तो समय था यह देखने का कि उसकी गन की एक भी गोली खाली न जाए।

नतीजा अच्छा ही निकला। दुश्मन के बढ़ने का प्रवाह थम गया। फिर भी नीचे हो रही हलचल से लग रहा था, शीघ्र ही दुश्मन की नई पाँत हमला करने जा रही है और यह थमाव उसी की तैयारी से लिए था।

पीछे से दो साथियों ने आगे आकर उसके जख्म देखे और सलाह दी कि उसे इलाज के लिए फौरन रेजिमेंटल एड पोस्ट में चले जाना चाहिए। लेकिन पट्टी बँधवाने के बाद कांशीराम ने पीछे जाने से इनकार कर दिया।

पोस्ट पर फिर से हमला शुरू हुआ। अबकी गोलाबारी की प्रचंडता में बढ़ोतरी हो गई थी। किंतु बुरी तरह घायल होने के बावजूद कांशीराम ने अपनी गन को

चालू रखा। मैगजीन खाली होते ही वह एक ही हाथ तथा कंधे की पकड़ से नई मैगजीन भर लेता।

नीचे से ऊपर चढ़नेवाले अब बहुत नजदीक आ गए थे। एक चीनी अफसर तथा चार सिपाही सीधे उसके मोर्चे की दिशा में अग्रसर हो रहे थे। पत्थर की आड़ ले चीनी अफसर टूटी-फूटी हिंदुस्तानी में चिल्लाया—'अच्छा होगा हाथ ऊपर उठा दो।' साथ ही उसने इशारे के तौर पर सफेद रूमाल भी हवा में फहराया। कांशीराम की समझ में आ गया कि वह हथियार डाल देने की सलाह दे रहा है। 'अच्छा होगा तुम खुद हथियार डाल दो!' चीनी अफसर की ओर मुँह करके कांशीराम उलटे चिल्लाए और साथ ही आखिरी मैगजीन गन में फिट कर दी। पर गोली फायर करने के स्थान पर उसने एक ग्रेनेड नीचे की ओर फेंका। धमाके के बाद उसने चीनी अफसर तथा तीन सैनिकों को नीचे की ओर लुढ़कते देखा। लुढ़कने के बाद जब वे धराशायी हुए तो उनमें कोई हरकत नहीं नजर आई। चारों मारे गए थे।

इतने में एक ओर से दो और चीनी निकल आए और उन्होंने हाथ बढ़ाकर कांशीराम की लाइट मशीनगन छीनने की कोशिश की; साथ ही एक तीसरे चीनी ने उसके ऊपर अपनी ऑटोमैटिक गन से गोलियाँ दागीं। इससे वह और भी जख्मी हो गया; परंतु गन पर उसने अपनी पकड़ ढीली नहीं की। उलटे, उसने गन को इस तरह से झटका दिया कि चीनी सिपाही नीचे को लुढ़क गए। साथ ही उसने मोर्चे से बाहर कूद आक्रमणकारी चीनी की राइफल छीन ली और कंधे से आघात कर उसे भी नीचे धकेल डाला। अब वह तेजी से अपनी मशीनगन तथा वह चीनी राइफल—दोनों को उठाए पीछे अपनी प्लाटून में आ मिला। 7 इन्फैंट्री ब्रिगेड द्वारा दुश्मन से हथियाया यह पहला हथियार था।

नायक कांशीराम को अदम्य शौर्य, सूझ-बूझ तथा उद्यम के लिए 'महावीर चक्र' के वीरता पदक से सुशोभित किया गया। बाद में वे कम्पनी हवलदार मेजर बने और इसी ओहदे से फौज से रिटायर हुए।

'रण में—अपने भुजबल से गर्जना न यदि मैंने की।'

□

तीन

जैसाकि वर्णन किया जा चुका है, सन् 1951-60 के दशक में देश में फौज का महत्त्व ढलान पर रहा। सरकारी नीतियों का झुकाव चीन के साथ मैत्री की ओर था तथा 'हिंदी-चीनी भाई-भाई' जैसे नारों पर जोर देने के पक्ष में था। हिंदुस्तानी फौज की टुकड़ियाँ बाहर के देशों में भेजी जा रही थीं—शांति-स्थापक दस्तों के रूप में। हमारा एक पूरा ब्रिगेड कांगो में था और एक बटालियन ग्रुप मिस्र में। सन् 1949 में चीन में कम्यूनिस्ट सरकार की स्थापना हुई। 1950 में चीनी फौजों द्वारा तिब्बत पर अपना आधिपत्य जमाने के विरोध में सरदार पटेल ने तीखी आवाज उठाई; पर वे कर्मभूमि पर न रह पाए। अकसाई चिन सड़क के निर्माण से 'भारत के पिछवाड़े का दरवाजा ठोकर मारकर खोल दिया गया था'।

25 अगस्त, 1959 को चीनियों ने पूर्ववर्ती क्षेत्र में लाँग्जू पोस्ट पर हमला किया। 20 अक्टूबर, 1959 को लद्दाख के काँग्जू दर्रे के क्षेत्र में एक पुलिस पेट्रोल पर हमला किया। साथ ही पाँच हजार मीटर ऊँचाई पर बने कुछ भारतीय भूखंडों को भी हथिया लिया। सीमा क्षेत्र में चे डोंग तथा खिंजेमाने चौकियों पर भी चीनियों ने आक्रामक कार्यवाही की।

चीनी हमले से पहले पूरे लद्दाख की रक्षा के लिए केवल एक ब्रिगेड तैनात था। उस समय दो अन्य ब्रिगेड तथा डिवीजनल हेडक्वार्टर्ज का संगठन करने की तैयारी चल रही थी। लद्दाख के सीमावर्ती क्षेत्रों की सुरक्षा को कुछ मजबूती देने के लिए 13 कुमाऊँ पल्टन 2 अक्तूबर को उस क्षेत्र में पहुँची।

तिब्बत की ओर से चुशूल घाटी में प्रवेश करने के लिए हिमाच्छादित पर्वतों की अटूट शृंखलाओं में एक खुलाव था। इसका नाम था 'स्पेंगुर गैप'। चीनी तिब्बत के पठार के रास्ते यहाँ तक अपने टैंक भी ला सकते थे। पर ऐसा हुआ नहीं। इसके विपरीत उन्होंने 'रेजांग जा' पर हमला करने की ठानी, जो स्पेंगुर गैप से कुछ हटकर दक्षिण में था। तिब्बती भाषा में 'ला' शब्द का प्रयोग दर्रे के लिए किया जाता है।

रेजांग ला की ऊँचाई पाँच हजार पाँच मीटर (सत्रह हजार फीट) थी। इसकी रक्षा के लिए 13 कुमाऊँ की सी कंपनी ने इसपर सुरक्षा मोर्चे बना रखे थे। यह जगह 13 कुमाऊँ बटालियन के मोर्चों से दस किलोमीटर हटकर थी। 13 कुमाऊँ बटालियन अभी हाल ही में यानी 2 अक्टूबर को अपनी मौजूदा जगह पर आई थी।

चीनियों का हमला 18 नवम्बर, 1962 को पौ फटने से कुछ समय पहले बड़े भारी मौन की आड़ में शुरू किया गया। उस दिन सी कंपनी के पास कुल मिलाकर एक सौ तेईस सैनिक थे, जो 7, 8 तथा 9—तीन प्लाटूनों में बँटे हुए थे। 7 तथा 8 प्लाटून सामने की ओर तैनात थीं तथा 9 प्लाटून पीछे, गहराई में। कंपनी हेडक्वार्टर तीनों प्लाटूनों के बीच में था।

सवेरे पाँच बजे पौ फटने के समय तक दुश्मन सामने से 7 तथा 8 प्लाटून पर हमला करने के लिए नीचे के नाले से आधी पहाड़ी तक ऊपर चढ़ आया था। ज्यों ही दुश्मन के ऊपर चढ़ते सिपाहियों के जमघट साफ दिखाई पड़े, कंपनी कमांडर ने फायर खोलने को हुक्म दे दिया। लाइट मशीनगन, राइफलें मोर्टारों, ग्रेनेडों तथा तोपगोलों का फायर एक साथ खोल दिया गया। दुश्मन के ढेरों सिपाही हताहत होकर गिरने लगे और नीचे के नाले में उनके शव इधर-उधर गिरे पड़े नजर आने लगे। जो जीवित बचे थे, उन्हें पत्थरों, चट्टानों, जमीनी आड़ों तथा अपने साथियों के शवों के पीछे आड़े ले-लेकर अपना फायर जारी रखते हुए पाया गया।

सी कंपनी ने खूब परिश्रम तथा सूझ-बूझ के साथ अपनी सुरक्षा पोजीशन बनाई थी। इसी कारण सुबह चीनियों का घनघोर फायर होने पर भी पोजीशन कमजोर नहीं हुई। उसकी लड़ते रहने की शक्ति बनी रही।

तोपखाने के फायर में थमाव आते ही लगभग चार सौ चीनी सिपाहियों ने फिर से ऊपर चढ़ना शुरू किया। अबकी उनका लक्ष्य 9 प्लाटून थी। 9 प्लाटून ने कंपनी कमांडर के आदेशानुसार आखिरी समय तक अपना फायर रोके रखा। जब चीनी केवल नब्बे मीटर की दूरी पर रह गए, तो सारा फायर एक साथ खोल दिया गया। एक बार फिर पहाड़ी के नीचे के नाले उनके शवों से भरने लगे।

तभी अचानक खबर मिली कि चीनी सिपाही कंपनी के पिछवाड़े से हमला करने की तैयारी में जुट रहे हैं। लगभग एक सौ याकों पर हथियार-बारूद लादे चार सौ से अधिक चीनी सैनिक हमारी पोजीशन के पिछवाड़े एकत्र होते देखे गए। हमलावर हमारे फायर के सघन होने पर भी कँटीले तारोंवाले गतिरोधक तक पहुँच गए। उनका बड़ा व्यापक नुकसान हुआ। बहुतेरे सिपाहियों के हताहत होने पर उन्हें इस बार फिर वापस लौटने पर मजबूर होना पड़ा।

फिर भी चीनियों ने हमला ढीला पड़ने के कोई लक्षण नहीं दिखाए। उलटे उनके तोपखाने के फायर के वेग का प्रकोप बहुत अधिक बढ़ गया। सवेरे से

हो रही गोलाबारी से हमारी पोजीशनों पर जो भारी तोड़-फोड़ हुई थी, अब उसमें घातक वृद्धि आने लगी। 8 प्लाटून पर पिछवाड़े से हमला हो ही रहा था कि अब 7 प्लाटून पर भी वैसा ही हमला शुरू हो गया। लगभग एक सौ बीस चीनी सिपाहियों ने 7 प्लाटून पर पीछे से चार्ज किया। भाग्यवश हमारे कुछ तीन इंच मोर्टार बम उनके बीचोबीच जा गिरे, जिससे शत्रु की काफी क्षति हुई। इसपर भी उनके लगभग बीस सिपाही अपनी ओर बढ़ते देखकर 7 प्लाटून के कई बहादुर जवान अपने मोर्चों से बाहर निकलकर पीछे मुड़ते हुए उनपर टूट पड़े। हाथापाई की लड़ाई हुई। दोनों ओर के सैनिक एक-दूसरे को मार-काटकर धराशायी करने लगे। तभी चीनियों ने एक बार फिर नए सैनिकों के गुट के साथ 7 प्लाटून पर सामने से भी हमला बोल दिया। 7 प्लाटून के बहादुर जवान अब चारों ओर से पूरी तरह घिर गए थे। वे सबके सब आखिरी साँस तक जी-जान से लड़ते हुए वीरगति को प्राप्त हुए। उनमें से एक भी जीवित नहीं बचा। इसी तरह 8 प्लाटून के जवान भी चारों ओर से घिर जाने के पश्चात् आखिरी दम तक आक्रमणकारियों के साथ लड़ते हुए वीरगति को प्राप्त हुए। कँपकँपाते शीत में सत्रह हजार फीट की ऊँचाई पर हो रहे इस भीषण संग्राम में मारो अथवा मरो की नीति अपनाई गई।

लड़ाई में सी कम्पनी के कमांडर मेजर शैतान सिंह ने असाधारण वीरता दर्शाई। लड़ाई के दौरान उन्होंने जी-जान की बाजी लगाकर अपनी कंपनी का पग-पग पर मार्गदर्शन किया। जिस-जिस स्थान पर शत्रु का हमला हुआ, उन्होंने अपनी जान की परवाह न करते हुए बड़े साहस के साथ वहाँ जाकर अपने सैनिकों को ढाढ़स बँधवाया; उन्हें प्रोत्साहित किया तथा शौर्य के निजी उदाहरण से उनके मनोबल को बलिदान के तेजस्व की भावना से ओतप्रोत किया। कदम-कदम पर वे अपने मोर्चे से जवानों को साहस के साथ टिके रहकर दुश्मन पर कारगर हमला करते रहने का हौसला देते रहे। प्रत्येक कठिनाई में उनका मार्गदर्शन किया। स्वयं बुरी तरह घायल हो जाने के पश्चात् भी वे धैर्य का पालन करते हुए अपने जवानों के साथ कंधे-से-कंधा मिलाकर लड़ते रहे। बहुत देर बाद जब अत्यधिक रक्तस्राव के कारण उनसे खड़ा होना भी दूभर हो गया, तो दो जवानों ने उन्हें सहारा देकर मरहम-पट्टी करने के लिए पीछे ले जाने का यत्न किया। उसी समय एक चीनी मशीनगन का फायर उनकी ओर खुल पड़ा। अपने दोनों सहायकों की जान बचाने के लिए मेजर शैतान सिंह ने उन्हें आदेश दिया कि वे उन्हें वहीं पर छोड़कर उस मशीनगन की मार के क्षेत्र से परे निकल जाएँ। जब उन्होंने हिचकिचाहट की

तो उन्होंने कहा कि, 'यह मेरा हुक्म है और इस आदेश का पालन तुम दोनों को करना ही होगा।' आदेशानुसार उन जवानों ने अपने बहादुर कमांडर को वहीं ढलान पर एक बड़े पत्थर के किनारे लिटा दिया और स्वयं पिछले प्लाटून पर हो रहे हमले में अपना योगदान देने निकल गए। मेजर शैतान सिंह बुरी तरह घायल हो चुके थे। देर से खून बहता रहा था। उन्होंने उसी पत्थर के पास अपने दम तोड़े।

□

इस घमासान लड़ाई में सी कम्पनी के कुल एक सौ तेईस सैनिकों में से एक सौ नौ लड़ते हुए मारे गए, नौ बुरी तरह जख्मी हुए और पाँच दुश्मन द्वारा बंदी बना लिए गए। उधर शत्रु की ओर हताहत होनेवालों की संख्या कहीं अधिक थी। बाद में तीन चीनी ट्रक लाशें ढोकर ले जाते देखे गए।

'वा समर-दिन बहुत बह्यो रक्त,
जो उग्र-रूप उठि पतत दिगंत।'

इस लड़ाई में वीरत्व तथा बलिदान के सम्मान में सी कंपनी को आठ वीर चक्र, चार सेना मैडल, एक विशिष्ट सेवा पदक तथा एक महावीर चक्र देकर सम्मानित किया गया। इसके अतिरिक्त परमवीर चक्र (मरणोपरांत) पानेवाले सी कम्पनी के कंपनी कमांडर मेजर शैतान सिंह ही थे, जिनके विलक्षण नेतृत्व की देख-रेख में सी कंपनी के लगभग सभी जवानों ने डटकर लड़ते हुए अपने प्राणों की आहुति दी थी।

अड़तीस वर्षीय मेजर शैतान सिंह लेफ्टिनेंट कर्नल हेम सिंह के वीर पुत्र थे। युद्ध के बाद मेजर शैतान सिंह के शव को हवाई जहाज से उनके पैदाइशी शहर जोधपुर ले जाया गया, जहाँ उनका दाह-संस्कार पिता ले. कर्नल हेम सिंह जी, ओ.बी.ई. की देख-रेख में सम्पन्न किया गया। आज भी 18 नवंबर के दिन शहीद हुए इस रणबाँकुरे के परिवार के सदस्यों का दिल भर आता होगा। हिंदुस्तान की आन पर जान देनेवाले इस परमवीर की पुण्य स्मृति को हमारा शत बार नमन।

'तू असीम है कौन कहेगा घेरे बीच घिरा?'

सन् ’65 का पाक दुस्साहस : हमारे शूरवीर

एक

सन् 1962 में चीन के हाथों हिंदुस्तानी फौजों की हार के बाद पाकिस्तानी लीडरों के हौंसले काफी बुलंद होने लगे। लड़ाई के दौरान तो अमेरिका और इंग्लैंड के दबाव तथा रूस के डर ने उनपर अंकुश रखा, पर उसके बाद उन्होंने चीन के साथ मैत्री सटाने का यत्न करने में कोई भी कसर न छोड़ी; और साथ-साथ हिंदुस्तान को सबक सिखा कश्मीर हथियाने का प्लान बनाने लग गए। मार्च 1963 में उन्होंने चीन के साथ एक संधि की, जिसके अनुसार उन्होंने अपने कब्जे वाले कश्मीर के अत्यंत महत्त्वपूर्ण सीमावर्ती 'हुंजा' क्षेत्र का लगभग छह हजार पाँच सौ वर्ग किलोमीटर भूखंड चीन को सौंप दिया। इसके बदले में उन्हें एक हजार नौ सौ बयालीस वर्ग किलोमीटर चरवाहा भूखंड मिला। चीन के साथ इतनी गरमजोशी दिखाकर कश्मीर का इतना बड़ा भूखंड उन्हें सौंप देना 'दुश्मन के दुश्मन के साथ दोस्ती गाँठने' की नीति से प्रेरित था। पर इसी बहाने चीन ऐतिहासिक काराकोरम दर्रे के अधिक निकट आ जाएगा, इस तथ्य की उन्होंने कतई चिंता नहीं की। सन् 1964 में श्री नेहरू की मृत्यु के बाद जब भारतीय फौज पुनरुत्थान के यत्न में कई व्यवस्थाओं में फेर-बदल कर रही थी तो पाकिस्तान ने सोचा कि कश्मीर हथियाने का इससे अच्छा मौका और क्या मिलेगा!

अप्रैल 1965 में पाकिस्तान ने कच्छ के शांत इलाके में गड़बड़ी शुरू करवाई। वहाँ सीमा पर फायरिंग की घटनाएँ होने लगीं। पाकिस्तान का मकसद था कि हिंदुस्तान अपनी फौजें उस इलाके में लगाए और जब तक उसका ध्यान वहाँ बँटा हुआ है, पाकिस्तान खुफिया रूप से कश्मीर में घुसपैठिए भेज वहाँ अपने

१५ इन्फेन्ट्री डिवीजन का क्षेत्र १९६५

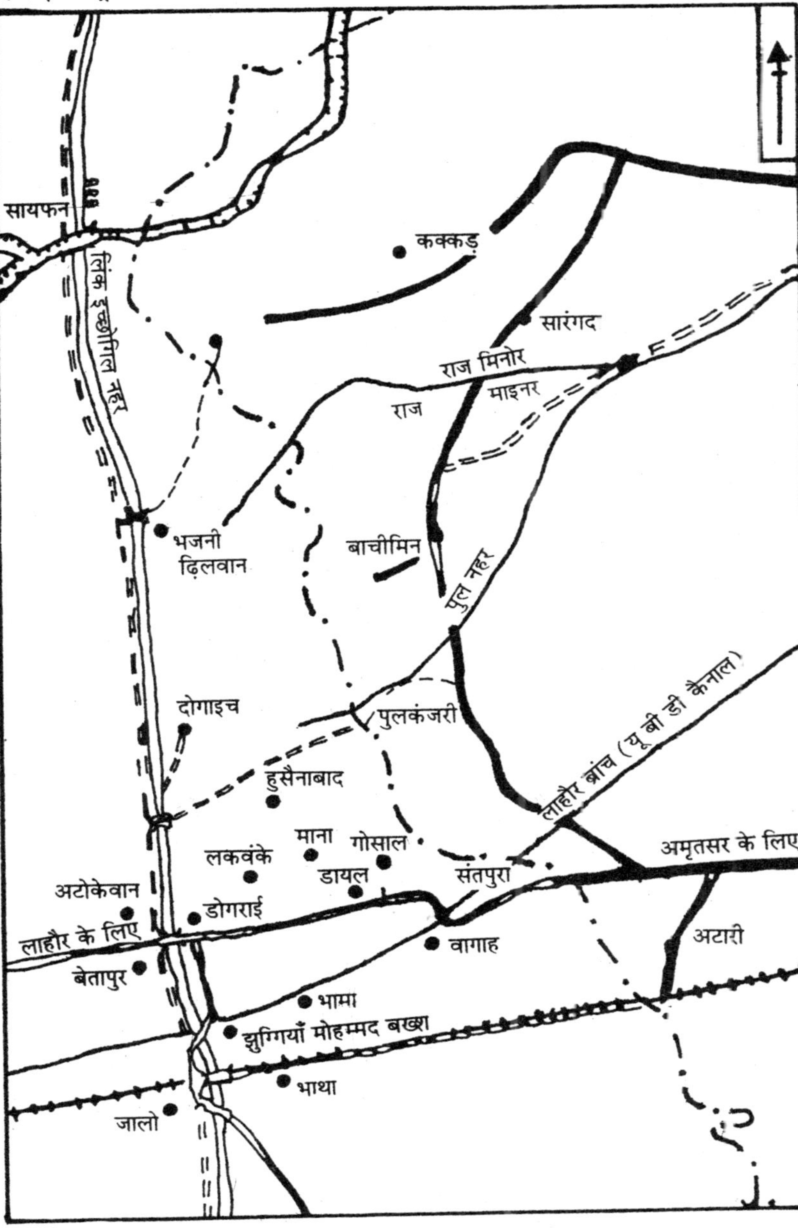

एजेंटों से मिलकर उपद्रव की स्थिति पैदा करे। उनकी मंशा थी कि वह फौजियों को गोरिल्ला लड़ाकुओं के छद्म वेश में घाटी में भेज, श्रीनगर एयर फील्ड तथा रेडियो स्टेशन पर काबू कर कश्मीरियों को भारत के खिलाफ बगावत करने को उकसा सरकार को अपने नियंत्रण में करे। उनके प्लान का यह पहला चरण था। घुसपैठ का पता लगने पर हिंदुस्तानी सेना ने हाजीपीर तथा करगिल और टिथवाल क्षेत्र के रास्तों से घुसपैठियों का प्रवेश बंद करवा दिया। इसपर बुरी तरह बौखलाकर पाकिस्तान ने छंब क्षेत्र में बड़ा भारी हमला कर दिया।

यदि छंब पर हमला करके पाकिस्तानी फौजें आगे बढ़ती हुईं रावी नदी पर बने अखनूर पुल पर कब्जा कर लेतीं तो इससे हिंदुस्तान को बहुत बड़ा नुकसान होता। छंब क्षेत्र में शत्रु का दबाव कम करने के लिए हमारी सेना को लाहौर तथा सियालकोट क्षेत्र में हमला करना पड़ा।

उन दिनों पाकिस्तान में जनरल अयूब खान का तानाशाही शासन था। उन्हें अमेरिका से भारी मात्रा में आधुनिकतम हथियार प्राप्त हुए थे, जिससे उनका घमंड बहुत बढ़ गया था। शेखी बघारी जाती थी कि पाकिस्तानी फौज आज सीमा लाँघेगी तो कल दिल्ली में पहुँचकर गोल्फ खेलेगी। पाकिस्तान को मिले हथियारों में पैटन टैंक तथा एफ-104 स्टार फाइटर, सेबर जेट विमान प्रमुख थे। इन्हीं के बलबूते पर उसने इतरा-इतराकर टेढ़ी चाल चलना शुरू किया था।

7 सितंबर, 1965 को मेजर जनरल महिंद्र सिंह को सुबह साढ़े नौ बजे चीफ ऑफ आर्मी स्टाफ जनरल जे.एन. चौधरी के पास रिपोर्ट करने का आदेश मिला। उस समय जनरल महिंद्र सिंह सेना मुख्यालय, दिल्ली में एक उप मुख्य निदेशक थे। चीफ ने उनको हुक्म दिया कि वे 15 इन्फैंट्री डिवीजन की कमान तुरंत सँभाल लें; क्योंकि उस क्षेत्र में स्थिति बड़ी नाजुक है। यह डिवीजन अमृतसर से लाहौर जानेवाली सड़क पर सीमावर्ती क्षेत्र में तैनात था।

लड़ाई के शुरू होते ही 15 डिवीजन में कमान का फेरबदल हुआ था। डिवीजन के पुराने कमांडर को मतभेद के कारणवश 7 सितंबर की सुबह ही अपने पदभार से विमुक्त कर दिया गया था। लड़ाई के शुरू होते साथ दूरस्थ क्षेत्र में अचानक कमान सम्भालने का कार्य कदापि सुगम नहीं होता। पर जनरल महिंद्र सिंह जिम्मेदारी से मुँह मोड़नेवालों में से नहीं थे। नई कमान सँभालने के लिए वे उसी दिन सवेरे साढ़े दस बजे दिल्ली से रवाना हो गए।

शाम आठ बजे तक वे 11 कोर के हेडक्वार्टर जालंधर पहुँच गए। कोर कमांडर से मिले। रण-स्थिति का परिचय पाना था। उन्हें बताया गया कि कोर कमांडर

ने 15 डिवीजन को चार कॉलमों में विभाजित कर उन्हें एक साथ धावा करके इच्छोगिल नहर का पूर्वी किनारा हथियाने का कार्यभार सौंपा है।

उसी दिन रात को लगभग ग्यारह बजे वे 15 डिवीजन के हेटक्वार्टर में पहुँचे। नए 'जी.ओ.सी.' के रूप में अपना परिचय दिया। उन्हें बताया गया कि उनके ब्रिगेडों के कॉलमों को आर्मी कमांडर तथा कोर कमांडर के डायरेक्ट ऑर्डर मिल चुके थे। उन्हें भसीन पुल तथा डोगराई पर कब्जा करना था। उन्होंने लायजन अफसर भेजकर खबरें मँगवाने का आदेश दिया। 8 दिसंबर की सुबह तक, यानी रातोरात! इसके बाद वे गहराई से नक्शों का अध्ययन करते रहे। उन्होंने फैसला किया कि अगले दिन तड़के सवेरे वे स्वयं फ्रंटवाली यूनिटों में जाएँगे, ताकि मौजूदा स्थिति का स्वयं जायजा ले सकें।

8 सितंबर को सवेरे सात बजे वे 54 इन्फैंट्री ब्रिगेड में पहुँचे। उसके कमांडर घायल हो चुके थे। उन्हें अस्पताल भेजा जा रहा था। कोर के तोपखाना ब्रिगेड के कमांडर ब्रिगेडियर काल्हा को 54 ब्रिगेड का कार्यवाहक कमांडर नियुक्त किया गया। ब्रिगेड में तीन बटालियनें थीं—3 जाट, 13 पंजाब तथा 15 डोग्रा। मिशन था अमृतसर से लाहौर जानेवाली ग्रांड ट्रंक रोड के मुख्य पुल तथा निकटवर्ती जल्लो ग्राम के सामने के रेल-रोड पुलों पर कब्जा करना।

प्लान के मुताबिक, 6 सितंबर को सुबह चार बजे 3 जाट ने दियाल गाँव में चौदह मील पत्थर के क्षेत्र में 'फर्म बेस' बना लिया था। किंतु इस दौरान उनका तोपखाने के बैटरी कमांडर की पार्टी तथा सिग्नल की पिछवाड़ेवाली ज़िंक (संचार व्यवस्था) से संपर्क टूट गया। इस कारण उन्हें न तो तोपखाने के फायर की मदद ही मिली और न ही उनका ब्रिगेड अथवा डिवीजन के साथ रेडियो संपर्क ही बन पाया। परिणामस्वरूप उन्हें तोपखाने के फायर तथा ब्रिगेड-डिवीजन से मिलाप-मशविरा-मदद—तीनों से वंचित हो जाना पड़ा।

15 डोगरा ने एडवांस करने की थोड़ी-बहुत कोशिश की, परंतु नहर के पुल से भारी फायर आने के कारण वे अपनी जगह थम गए। इस तरह फूँक-फूँककर कदम रखने से सफलता कैसे मिलती? इतने में ब्रिगेड कमांडर वहाँ आ गए। वे बड़े खुश थे कि कर्नल हेड ने तोपखाने की सहायता से वंचित रहते हुए भी बड़ी बहादुरी से दियाल तथा गोसाल गाँवों पर शत्रु के साथ सफल मुठभेड़ें कर वहाँ अपना आधिपत्य कायम रखा है और वे जमे हैं। पर उन्हें इस बात का खेद था कि बाकी दोनों बटालियनें, जिन्हें यहाँ से इच्छोगिल नहर की तरफ आगे बढ़ना था, अपने काम में सफल नहीं हो पाईं। उन्होंने कर्नल हेड से पूछा कि

क्या वे उन बटालियनों की जिम्मेदारी सँभालते हुए आगे बढ़कर इच्छोगिल नहर के पूर्वी किनारे पर कब्जा जमाने के लिए तैयार हैं? कर्नल हेड ने उत्साह के साथ हामी भर दी। लाहौर सीमा से केवल उनतीस किलोमीटर की दूरी पर था। उसका बचाव करने के लिए पाकिस्तान ने पाँच मीटर गहरी तथा पैंतालीस मीटर चौड़ी इच्छोगिल नहर बनवाई थी। इसकी चौड़ाई तथा गहराई ऐसी थी कि हमारे टैंक इसे पार करने में असमर्थ रहे और इंजीनियर इसपर पुल बाँधने में नाकामयाब। जहाँ-जहाँ पक्के पुल बने थे, वहाँ नहर के दोनों किनारों पर कंक्रीट के बंकरों के जमघट तैयार किए गए, जिनमें कई तरह के हथियार लगा रखे थे।

ब्रिगेड कमांडर से एडवांस का हुक्म मिलते ही कर्नल हेड ने अपनी बटालियन को आगे बढ़ाया। डोगराई के निकट पहुँचते ही उनपर दुश्मन के घमासान फायर का तूफान टूट पड़ा। साथ-साथ आर्टिलरी फायर तथा हवाई हमले भी। कर्नल हेड ने बटालियन को डोगराई के बगल से होते हुए एडवांस जारी रखने का हुक्म दिया। ऐसा करते हुए उन्होंने पीछे से होकर पुल हमला जारी रखा। दुश्मन ने जाट पल्टन के दृढ़ हमले के वेग से घबराकर पीछे हटते हुए पुल को उड़ा डाला। फिर भी पैदल चलने की सँकरी राह छूट गई थी। इसी पर से होते हुए कर्नल हेड अपनी बटालियन को पुल के पार ले गए और उन्होंने नहर पार शत्रु की दो बस्तियों पर काबू कर लिया। अब लाहौर तक आगे बढ़ने का रास्ता साफ था। पर हमारे टैंक नहर पार न कर सके, क्योंकि पुल टूट चुका था। सहायक दस्ते भी आगे न आ सके।

वहाँ पहुँचकर कर्नल हेड ने नहर के तुरंत पार का इलाका अपने काबू में किया और वहीं अपनी पोजीशन बनाने लगे। तब तक हमारे टैंकों का एक ट्रूप (चार टैंक) नहर के इस पार आकर, आड़ ले, भारी गोले फायर करके मदद भी करने लगा। दुश्मन ने वहाँ भी उनका पीछा न छोड़ा। अपने टैंक एवं सैनिक उनकी ओर भेजे। शत्रु के सैनिकों से भरी तीन मोटर गाड़ियों को जाट बटालियनवालों ने मार गिराया। शुरू में आनेवाले दुश्मन के टैंक भी हमारे टैंकों के फायर से हताहत हुए। फिर भी दुश्मन के तोपखाने तथा बढ़ते हमलों तथा टैंकों के फायर के कारण कर्नल हेड को घिर जाने का खतरा महसूस होने लगा। पीछे से कुमुक आगे नहीं पहुँच पाई। इसलिए कमांडिंग अफसर ने नहर वापस लाँघकर पीछे हटने का निर्णय लिया। पीछे हटने के लिए ब्रिगेड कमांडर ने भी अनुमति दे दी, क्योंकि 13 पंजाब और 15 डोगरा अपनी जगह से आगे ही नहीं हिल पाई थीं। यानी यह मूलतः तीनों बटालियनों के परस्पर तालमेल बनाकर आगे बढ़ने का काम था।

इसमें 3 जाट बटालियन तो आगे बढ़ गई, पर अन्य दोनों बटालियनें काफी पिछड़ गईं। अस्तु, विवशतावश 3 जाट बटालियन को भी पार पहुँचने की सफलता को नकार वापस पीछे लौटना पड़ा।

ऐसी संकटग्रस्त एवं चिंताजनक स्थिति में जनरल महिंद्र सिंह ने 15 डिवीजन की कमान सम्भाली। उन्होंने 45 ब्रिगेड कमांडर को सलाह दी कि वे अपनी बटालियनों को सुदृढ़ता से सँभालें तथा अच्छी सुरक्षा पोजीशन बनवाएँ और साथ-साध जवाबी हमले का प्लान भी तैयार करके रखें।

इसके बाद वे तीसरे ब्रिगेड में गए। बड़ी खोजबीन के बाद उन्हें ब्रिगेड का मुख्यालय मिला। ब्रिगेड कमांडर ने अपने ब्रिगेड की बड़ी चिंताजनक स्थिति पेश की। उन्होंने बताया कि उनके सैनिकों पर भारी आर्टिलरी तथा हवाई हमले होते रहे हैं। गोरखा राइफल बटालियन अपनी जगह छोड़ पीछे हट गई थी। गढ़वाल बटालियन अभी अपनी जगह पर मौजूद थी, पर काफी ढीली हालत में। जनरल महिंद्र सिंह ने वहीं हुक्म दिया किं गोरखा राइफल बटालियन को जैसे भी हो, अपनी पोजीशन पर फौरन वापस लाया जाए। सभी बटालियनें कर्मठता से अपनी पोजीशन सुदृढ़ करें। उन्होंने जोर देकर सबको कहा कि जब तक वे कमान में हैं, पीछे हटने का सवाल ही नहीं होगा।

इसके बाद जनरल महिंद्र सिंह कुमाऊँ पल्टन के सी.ओ. (कमांडिंग अफसर) से मिले, जो साथ-साथ एक दूसरी जाट पल्टन के सी.ओ. का काम भी सँभाले हुए थे। उन्हें बताया गया कि इन दोनों बटालियनों की प्रभावकारी संख्या कुल एक सौ सैनिक प्रति बटालियन है, क्योंकि शेष लोग दुश्मन की भारी गोलाबारी के कारण तितर-बितर हो गए हैं। जनरल ने दोनों पल्टनों के सूबेदार मेजरों को बुलवाया और उनसे कड़े स्वर में कहा कि वे अपने-अपने सैनिकों को काबू में करके अपनी पोजीशन पर मुस्तैद बैठें। अगले ही दिन जब वे फिर वहाँ आए तो पाया कि प्रत्येक बटालियन के पाँच सौ सैनिक मोर्चों पर वापस आ डटे हैं।

जनरल महिंद्र सिंह ने मौजूदा स्थिति के बारे में आत्ममंथन करके इस निराशाजनक स्थिति की तह में जाने की कोशिश की। वे इस निष्कर्ष पर पहुँचे कि उनके डिवीजन की दुर्दशा के कई कारण हैं। दुश्मन के तोपखाने तथा भारी हवाई हमलों की लगातार मार। और अपनी ओर से वापसी कार्यवाही के बजाय हाथ-पर-हाथ धर बैठने की शिथिलता। यही हमारे सैनिकों को हतोत्साहित करने का मुख्य कारण बने। इसमें सुधार करना अनिवार्य था। तरीका था, दुरुस्त प्लान बनाकर उसे अक्षरशः कारगर करना। कमांडरों को खुद आगे जाकर अपने को खतरे में डाल सैनिकों

को उत्प्रेरित करना। साथ-साथ अपने तोपखाने तथा टैंकों से दुश्मन के ठिकानों पर कारगर हमले करवाना, जिससे हमारे आत्मविश्वास को बल मिले। इन्फैंट्री को यह हिदायत भी दी गई कि जब तक टैंक एकदम निकट न आ जाएँ, उनपर फायर न खोला जाए। उन्होंने पाया कि सर्वत्र आक्रामक चिंतन तथा विजय के मनोबल का अभाव था। हमारी सोच आत्मरक्षा के दलदल में धँसती हुई आक्रामक मनोबल खो बैठी थी। इसको सुधारने के लिए दुश्मन पर तोपखाने के भारी हमले करना उन्हें एक अच्छी तरकीब लगी। उन्होंने ये आदेश भी दिए कि दुश्मन के हवाई जहाज देखने पर घबराने या मोर्चों में जाने की जगह यदि हम आड़ लेकर उनके ऊपर अपनी ही बंदूक या मशीनगन से फायर करते रहें तो नतीजा बढ़िया होगा। साथ-साथ उन्होंने यह ऐलान भी किया कि दुश्मन के हवाई जहाज को इस प्रकार मार गिरानेवाले को तत्काल 'वीर चक्र' से सम्मानित किया जाएगा। उन्होंने अपनी आर्टिलरी को यह आदेश भी दिया कि वह आगे बढ़कर दुश्मन के क्षेत्र में खूब अंदर तक फायर करे, जिससे लाहौर के लोगों को भी लड़ाई की आँच महसूस हो और वहाँ भी भगदड़ की हवा फैले। उन्होंने दुश्मन के टैंक चलती हालत में काबू करने का प्लान भी बनाया और बाद में दुश्मन के कब्जा किए टैंकों तथा एम्युनिशन से अपना एक ट्रूप भी गठित किया, जिससे हमारे मनोबल तथा आक्रामकता में वृद्धि हो।

इन सब तरकीबों का बड़ा लाभप्रद प्रभाव पड़ा। डिवीजन की मनःस्थिति में कायाकल्प हो गया। अपनी कमान के प्रथम तीन दिनों और रातों के दौरान जनरल महिंद्र सिंह को बहुत कुछ देखने-झेलने को मिला। 9 सितंबर की सुबह को एक बटालियन के कमान अफसर उनके हेडक्वार्टर में पहुँचे। उन्होंने बताया कि डोगरा बटालियन की पोजीशन दुश्मन के टैंकों ने रौंद डाली है। बटालियन पीछे हट गई है। उनके बहुत सारे आदमी हताहत तथा जख्मी हो गए हैं। ऐसी रिपोर्टों की तह में क्या सच्चाई है, जानने के लिए अनुभवी कमांडर खुद मौके पर पहुँच, स्थिति का जायजा लेने की कोशिश किया करते हैं।

जनरल महिंद्र सिंह फौरन एक जीप में सवार हो, साथ में जवानों की एक छोटी टुकड़ी ले, वागा सीमा की ओर निकल पड़े। आगे चलकर जो देखा, उससे उन्हें बड़ी ठेस पहुँची। राह में उन्हें बड़ी दयनीय स्थति में सैनिक अमृतसर की ओर पीछे हटते हुए मिले। आदेशानुसार, जनरल के साथ चल रही हथियारबंद टुकड़ी ने उन्हें उसी जगह रुकने का हुक्म दिया। इसके बाद जनरल ने उन्हें स्वयं कठोर शब्दों में हुक्म दिया कि वे इसी वक्त उलटे पाँव अपनी पोजीशन

को लौट जाएँ, अथवा वे जनरल के हाथों में थामी हुई लाइट मशीनगन की गोलियों का शिकार बनेंगे! खतरे की जगह खुद आगे आने का जोखिम भर जनरल का ऐसी कड़ी आवाज में हुक्म देना बिजली के करंट की तरह लगा। सैनिक उलटे पाँव वापस हो लिए।

□

जनरल महिंद्र सिंह एक आपबीती सुनाया करते थे। लड़ाई के दिनों में एक बार वे सीमावर्ती गाँव की गश्त लगाने के लिए गए। थोड़ी दूर जीप में जाकर वे पैदल हो लिए। उनके साथ उस क्षेत्र के बटालियन कमांडर थे। साथ में गाँव के दो-तीन निवासी भी हो लिए। एक मैदान में पेड़ की छाया के नीचे खड़े होकर वे आस-पास की जमीन को तोपखाने की टुकड़ी रखने के कुछ गौर से देख रहे थे, तो कुछ दूर से एक लंबी आकृति अपनी ओर आती दिखाई दी। पास आने पर देखा कि छह फीट ऊँचा रोबीले चेहरेवाला एक आदमी है, जिसके दोनों कंधों पर कारतूसों की पेटियाँ बँधी हुई थीं, हाथों में पकड़ी दुनाली बंदूक थी और लंबे चोगे के तले धूल-धूसरित नंगे पाँव।

"ओए! तू कौण है?" पास आने पर कर्नल ने पूछा। (अरे! तू कौन है?)

"मैं इस्से पिंड दा।" रोबीले आदमी ने भारी स्वर में उत्तर दिया। (मैं इसी गाँव का हूँ।)

"ठीक ऐ, पर है कौण तू? कर्नल ने ऊँची आवाज में पूछा।

"मैं एस पिंड दा लंबरदार!" (मैं इस गाँव का नम्बरदार हूँ।)

"तैन्नू बणाया किन्ने?" कर्नल पता नहीं क्या सोचकर पूछ बैठे। (तुझे बनाया किसने?)

"मैन्नू हटाया किन्ने?" उसने हाथों की बंदूक कसकर पकड़ते हुए कहा। (मुझे हटाया किसने?)

इसपर सब हँस पड़े। आपस में मिलकर बातें होने लगीं। नम्बरदार ने गाँव के आदमियों को भेजकर खाट मँगवाई और अफसरों को उसपर बिठाया। थोड़ी देर में लस्सी भी आ गई—पीतल के बड़े-बड़े गिलासों में खूब गाढ़ी मीठी लस्सी। सबने बड़े स्वाद से पी। नंबरदार ने अफसरों से कहा कि गाँव के लोगों के लायक कोई काम हो तो बताएँ। फौज के लिए उनकी जान भी हाजिर है।

बातें चल रही थीं कि पेड़ की जड़ के पास से एक साँप निकल आया और खेत की मेंड़ की ओर रेंगने लगा। नंबरदार ने लपककर एक गाँववाले के हाथ

से लाठी छीन ली और पलक झपकते ही उसने साँप का सिर लाठी के छोर के नीचे दबोच लिया और उसकी उमेठ से साँप को कुचलते हुए बोला, "अस्सी ताँ चाहुंदे हाँ तुस्सी दुश्मण नूँ एस तराँ मारो।" (हम तो चाहते हैं कि आप शत्रु को इसी तरह मारें।)

गौर करने योग्य बात है। 7 सितम्बर को सुबह दिल्ली में हुक्म दिए जाने पर जनरल महिंद्र सिंह उसी दिन चलकर रातोंरात सीमा स्थित अपने डिवीजन में पहुँच गए। ऐसा करने में उन्होंने क्षण-भर का भी विलम्ब नहीं किया। लड़ाई के शुरू होते साथ किसी दूसरी जगह से अनायास आकर कमान का सँभालना मामूली काम नहीं होता। न ब्रिगेड कमांडरों से जान-पहचान, न अपनी पल्टनों से। सामान्य काल में तो यह जान-पहचान धीरे-धीरे हो ही जाती है; पर युद्धकाल में इसे फौरन से भी पेश्तर करना पड़ता है। साथ-साथ अपने को फौरन ही तात्कालिक स्थिति से पूर्णतया अवगत करना होता है, अन्यथा आगे के निर्णय किस बूते पर लेंगे? और जहाँ शत्रु की तथा उसके नए-निराले हथियारों की इतनी धाक हो कि लड़ाई आरंभ होते ही अपने सैनिक किसी-न-किसी बहाने पीछे हटने लग पड़ें तो स्थिति चिंताजनक हो जाती है। ऐसी विकट स्थिति को सँभालना बड़ा ही दुशवार हुआ करता है। इसके लिए सबसे जरूरी है, फिसल रहे पाँवों को अधिक फिसलने से रोकना। उन्हें रुकवाना। फिर उनकी नींव गहरी करना। इतना करने के बाद अपने साहस तथा मनोबल के जादू से उन्हें आगे बढ़कर कमाल के काम करने के लिए प्रोत्साहित तथा उत्प्रेरित करना। ऐसा करने में विरले कमांडर ही खरे उतरते हैं। इनमें से एक थे 15 डिवीजन के नए कमांडर जनरल महिंद्र सिंह, जिन्होंने आरंभ के तीन-चार दिन-रात में अपनी कमान का नक्शा ही बदलना शुरू कर दिया।

अब जनरल महिंद्र सिंह ने आगे के ऑपरेशन का प्लान बनाया और उसे सफलतापूर्वक कार्यान्वित भी किया। इसके अनुसार, पंजाब बटालियन ने रात के समय एडवांस कर भावी हमले के दिशा-मार्ग के पार्श्व को सुरक्षा प्रदान करनी थी। डोगरा बटालियन को दुश्मन द्वारा आरक्षित डोगराई पर हमला करके आगे नहर पर बने पुलों तक आगे बढ़ना था।

दुश्मन के तोपखाने के भारी हमले के कारण पंजाब बटालियन की बढ़त में रोक लगी। जनरल महिंद्र सिंह ने आदेश दिया कि पहला चरण सफल न होने के बावजूद दूसरा चरण पूर्व निर्धारित योजना के अनुसार कारगर किया जाए। इसपर 3 जाट बटालियन ने अपने बहादुर कमान अफसर कर्नल हेड के ओजस्वी नेतृत्व में अपना हमला शुरू किया। यह हमला बड़ा ही कठिन तथा विपदाग्रस्त

रहा, क्योंकि दुश्मन ने इसे तोड़ने की कोई कोशिश न छोड़ी। भारी संख्या में हताहतों की परवाह न करते हुए फौलादी मनोबलवाले कर्नल डेस्मंड हेड ने कमाल का आक्रामक रवैया अपनाकर दृढ़ निश्चय के साथ बटालियन का हमला बराबर जारी ही रखा। यह इस सेक्टर की सबसे घमासान लड़ाई थी। इसमें दोनों ओर से बहुत खून बहा। यहाँ गौर की बात है कि हालाँकि युद्ध के शुरू में डिवीजन की अन्य यूनिटों का मनोबल डाँवाँडोल था, परंतु कर्नल हेड के उज्जवल नेतृत्व में 3 जाट बटालियन ने शुरू से ही अपनी सारी जिम्मेदारियाँ बड़ी बहादुरी तथा तत्परता से निभाईं। यहाँ तक कि एक जगह एड़ी-चोटी का जोर लगाकर सफलता मिलने पर, आराम तो दूर, उन्हें दूसरी बटालियनों का काम भी सौंपा गया। पर यह सब उन्होंने कर्मनिष्ठा का उदाहरण दिखाते हुए निभाया।

डोगराई पर आक्रमण के लिए कर्नल हेड ने अपनी कम्पनियों को अलग-अलग काम बाँट रखे थे। डोगराई के उत्तर-दक्षिण क्षेत्र में दुश्मन के मोर्चे कुछ अधिक सुदृढ़ थे। इनपर सी कंपनी ने आक्रमण किया। सी कंपनी के आधी रात के समय निकट पहुँचते ही जैसे एकाएक प्रलय की बाढ़ टूट पड़ी हो। नहर के पूर्ववर्ती किनारे से गोलियों की बौछारें आनी शुरू हुईं। रोशनी देनेवाली ट्रेसर गोलियों से सारा क्षेत्र प्रकाशमय हो उठा। इसी रोशनी में सनसनाते अंगारों की गति से बौछारों में छूटती गोलियों के स्वर से वातावरण गूँज उठा। ऐसा लगता था कि नहर के चप्पे-चप्पे से अपनी ओर फायर आ रहा है। सामनेवाली पल्टनों ने बड़ी दिलेरी से फायर उगलनेवाली इस जानलेवा आग के मुँह में धावा बोल डाला। दाएँ, बाएँ—जिधर देखो, अपने सैनिक हताहत होकर धराशायी होने लगे। माइन फील्ड (बारूदी सुरंगें) दौड़कर पार करते समय कइयों की टाँगें ध्वस्त हुईं, तो कइयों की जाँघें। कितनों के प्राण तोपखाने के गोलों ने लिए। पर हमारे सैनिकों ने आक्रमण का वेग मंद नहीं पड़ने दिया। किसी तरह गिरते-पड़ते-दौड़ते वे दुश्मनों के बंकरों तक पहुँच ही गए। अब लड़ाई का और भी खूँखार चरण आरम्भ हुआ। संगीनों तथा ग्रेनेडों के साथ आमने-सामने हाथापाई की लड़ाई हुई। बस्ती की तंग गलियों में से बंकरों का सफाया करते हुए शत्रु के आधा दर्जन सैनिकों को कर्नल हेड ने स्वयं अपने सहायक के साथ मिलकर धराशायी कर डाला।

डोगराई से दुश्मन को मार भगाने में कर्नल हेड के बहादुर सिपाही अंततः सफल हुए। उन्होंने पाकिस्तानी पल्टन के कमान अफसर तथा कई अफसरों को बंदी बना लिया तथा उनके कई टैंक तथा हथियार भी हथिया लिए।

अमृतसर तथा लाहौर के बीच के इस आमने-सामनेवाले क्षेत्र में लड़ाई बहुत ही घमासान हुई। हमारे सैनिकों पर शत्रु की आर्टिलरी की गोलाबारी तथा लगातार

किए गए हवाई हमलों के कारण हताहतों की संख्या काफी रही। इसपर भी आरम्भ में कुछ कच्चापन दिखाने के बाद हमारे सैनिकों ने डटकर लड़ाई लड़ी।

इस क्षेत्र की लड़ाई में उत्तम स्तर की वीरता का प्रदर्शन करने के लिए मेजर जनरल महिंद्र सिंह और कर्नल डेस्मंड हेड दोनों को 'महावीर चक्र' से अलंकृत किया गया।

इन दोनों वरिष्ठ सेनानायकों की साहस-गाथा के स्मरण से हमारा सिर सादर झुक जाता है।

'वीर भोग्या वसुंधरा।'

□

दो

कश्मीर में भारत-पाक शांति रेखा के आर-पार गोलियों का फायर तथा तोपों-मोर्टारों की गोलाबारी तो सन् 1949 के बाद से होती ही रहती थी। कभी कम, कभी ज्यादा। परंतु सन् 1965 के पूर्वार्द्ध में यह गोलाबारी इतनी बढ़ी कि कई लोग सचेत हो गए। फिर भी भारत में किसी को जरा भी ठीक अंदेशा नहीं था कि आगे क्या होनेवाला है, न ही किसी को किसी प्रकार के षड्यंत्र की भनक आई।

किंतु 5 अगस्त, 1965 के दिन गुलमर्ग में यों ही किसी अपराधी के पकड़े जाने के बाद उसकी पूछताछ से पता लगा कि गुलमर्ग में काफी सारे इंफिल्ट्रेटर (घुसपैठिए) मौजूद हैं। इससे सरकारी तबके के लोगों के पाँव तले की जमीन ही खिसक गई।

पाकिस्तान का प्लान वाकई में दरियादिली और चालाकी से बनाया गया था। प्लान था कि 1 अगस्त, 1965 से शुरू कर धीरे-धीरे, छोटी-छोटी टोलियों में और अलग-अलग बहुतेरे रास्तों के द्वारा खुफिया तरीके से बहुत बड़ी तादाद में घुसपैठिए कश्मीर में भेजे जाएँ। इनका काम था श्रीनगर में इकट्ठा होकर, कश्मीरियों की फिरनवाली पोशाकें ओढ़, उनके भीतर अपने-अपने हथियार छिपा, 9 अगस्त को श्रीनगर में शेख अब्दुल्ला की गिरफ्तारी की सालगिरह मनानेवाले विहंगम जुलूस में शामिल होना; उसके बाद महत्त्वपूर्ण सरकारी स्थलों पर तथा रेडियो/टेलीविजन

सेंटरों पर काबू करना। श्रीनगर के निवासियों को साम-दाम-दंड-भेद की नीति अपना भारत सरकार के विरुद्ध उकसाना। फिर सबका मिलकर पाकिस्तान सरकार से उन्हें आजादी दिलाने की सार्वजनिक माँग करने का इरादा था।

पाकिस्तान के इस घोर विघटनकारी षड्यंत्र का सामना करने के लिए यह तय हुआ कि घुसपैठियों के प्रवेश मार्गों को बंद किर दिया जाए। इनमें से मुख्य टिथवाल तथा हाजीपीर बल्ज (उभार) के क्षेत्रों में थे। पर इनके बंद करने का यत्न शुरू होते ही पाकिस्तान सरकार बुरी तरह बौखला उठी और अगले ही दिन (1 सितंबर, 1965) उसने हमारे मुख्य यातायात मार्ग को काटने के लिए छंब क्षेत्र में बड़ी भारी फौज से घातक हमला कर दिया। इस हमले के कारण बाद में अखनूर तथा जम्मू पर भी कब्जा किया जा सकता था।

छंब में पाकिस्तानी हमले के बाद उनकी फौज ने भीतर घुसकर जिन जगहों पर अपना प्रभुत्व जमाया, उनमें रजौरी-पुंछ के बीच राह में स्थित मेंढर नाम की जगह भी थी। यह पहाड़ी इलाका है। बीच से जा रही सड़क पर हमेशा अपनी धाक जमाए रखने के लिए इसपर काबू करना जरूरी था। यहीं के एक ऊँचे पहाड़ पर कब्जा करके दुश्मन ने सड़क पर होनेवाला यातायात बंद करवा रखा था। इस पहाड़ का नाम 'ओपी हिल' था। यहाँ से दूर-दूर तक का क्षेत्र नजर आता था।

इसी मेंढर क्षेत्र में बुरी तरह हमारी राह रोके शत्रु के ठिकानों में एक 'बंकर' था, जिसे बड़ी चालाकी और सावधानी से चुना गया था। बड़ी मजबूती से सुदृढ़ किया गया यह बंकर सड़क के मोड़ के ऊपर खड़े एक पहाड़ी टीले पर था।

सिख लाइट इन्फैंट्री की पाँचवीं बटालियन के जिस प्लाटून को इस बंकर का सफाया करने का काम सौंपा गया था, उसके अग्रिम सेक्शन के कमांडर चौंतीस वर्षीय नायक दर्शन सिंह थे। यह 2 नवंबर की रात थी, जबकि ठंड के कारण अंग-अंग ठिठुर रहा था। दर्शन सिंह ने दिन छिपने से पहले झाड़ियों की ओट के पीछे छिपते हुए उस बंकर का अच्छी तरह मुआयना किया और अपना प्लान बनाया। बंकर के आस-पास की धरती के भीतर माइंस दबाई गई हैं, वे समझ गए। पर वे ठीक किस-किस स्थान में दाबी गई हैं, इसका अंदाज लगाना असंभव था। या तो वे पूरी रात रुककर लुके-छिपे देखते कि दुश्मन के पेट्रोल किस पगडंडी को अपनाते हैं। पर इसके लिए समय नहीं था। इसलिए उन्होंने माइन फील्ड को पार करना अपनी हिम्मत तथा वाहे गुरु के नाम पर छोड़ा। आगे के कँटीले तार काटने के लिए उपयुक्त औजार उन्होंने ले लिए थे।

अपनी ओर से पूरी तैयारी करने के बाद नायक दर्शन सिंह रात के दस बजे बंकर के क्षेत्र में पहुँचे। चुनी हुई दिशा से बंकर की तीखी चढ़ाई पर हमला करने के लिए उन्होंने अपने साथियों को अपने दाएँ-बाएँ फैला दिया। फिर मन में वाहे गुरु का नाम लेकर वे आगे बढ़ चले। लड़ाई के मैदान में कूद पड़े।

उधर दुश्मन सतर्क था। दो सौ गज दूर हो रही हरकत का पता उसके चौकस सैनिकों को तुरंत लग गया। उन्हें भूनने के लिए गोलियाँ फूटने लगीं। दुश्मन के बंकर से आ रही विध्वंसक ब्राउनिंग मशीनगन की गोलियों की बौछार की आवाज सर्दी की रात का सन्नाटा तोड़ते हुए आस-पास की भयावह काली पहाड़ियों में गूँजने लगी।

पर अब तो सिख लाइट इन्फैंट्री के जाँबाज सिपाही लड़ाई के मैदान में कूद पड़े थे। अब कदम-कदम पर मौत से लड़ते हुए, उन्हें आगे बढ़ते हुए जल्दी-से-जल्दी अपने लक्ष्य तक पहुँच विजय प्राप्त करनी थी। जमीन में दबी माइंस का दिन में पता लगाना ही दुशवार होता है, फिर अँधेरी रात में ऐसा कुछ कर पाने का प्रश्न ही नहीं उठता। जानलेवा जोखिम के अंगारों से भरे इस समूह को भगवान् के नाम की ज्योति दिल में जला, दृढ़ निश्चय से कटिबद्ध होकर ही पार करना था। फिर चढ़ाई भी पथरीली थी। काँटों और पत्थरों की खरोंच से कई जवानों के हाथ दुखने लगे थे।

तभी एक धमाके की आवाज आई, जिसका स्रोत दर्शन सिंह की जाँघों के भीतर ही कहीं था। जैसे हजारों साँप-बिच्छू एक साथ डस गए हों। बायाँ पाँव चलने की जगह पीछे को खिंचकर घिसटने लगा। दर्शन सिंह ने देखा कि उसका बूट गायब है। उसने महसूस किया कि उसका बायाँ पाँव बारूद के विस्फोट से उड़ गया है। अंगारों की छुअनवाला दर्द और रक्त का रिसता स्राव। पर इसकी परवाह किए बगैर दर्शन सिंह ने शरीर पूरे जोर से घसीट-घसीटकर आगे रेंगना जारी रखा। साथ ही चिल्लाकर अपने साथियों को कहा कि उन्हें हमला जारी रखना चाहिए। हमले में घोड़े या हाथी पर ध्वज फैलाए आगे बढ़ते राजा की आँख में तीर लगने से यदि वह लुढ़क पड़े तो पीछे आनेवाली फौज पीठ दिखाकर, मुँह मोड़ भाग भी सकती है। इसलिए नेता का आगे बढ़ते रहना जरूरी है, एक टाँग उड़ जाने के बावजूद।

दर्शन सिंह को घुटने के नीचे तीखा दर्द महसूस हुआ तो उसने बाईं हथेली की मजबूत पकड़ से घाव को दबोच लिया और आगे रेंगना जारी रखा। उसे आभास हुआ कि खून निकलने के कारण कुछ देर में बेहोशी आ सकती है, इसलिए

जो भी करना है, एकदम जल्दी होना चाहिए। उसने दर्द के बावजूद आगे बढ़ने की रफ्तार और तेज कर दी। अब वह कँटीले तारोंवाले गतिरोध तक पहुँच गया था। लोहे के तार काटनेवाली कैंची से जब वह तारों का गुंजलक काट रहा था तो धरती से एक और धमाके की आवाज आई। फिर वही जाँघों में अंगारों की कौंधवाली उबाल भरती उष्णता। वह जान गया कि एक और माइन फटी है। उसके नीचे ही कहीं, जिसने उसकी देह का बोझ पहाड़ जैसा बढ़ा दिया है। उसे लगा कि अबकी गरमाहट उसके पेट और पसली में है; वहीं शायद आँतें भी कुछ बाहर आ निकली हैं। पर अब लक्ष्य भी एकदम निकट था।

दर्शन सिंह ने किसी तरह जोर लगाकर अपने को थोड़ा और आगे बढ़ाया। और फिर ग्रेनेड मुट्ठी में भींचे दाहिने हाथ को ऊपर की ओर उठाया। थोड़ा और, थोड़ा और। मानो वह आसमान छूने जा रहा हो। ग्रेनेड बंकर के मुहाने के भीतर फेंक दिया। हड़बड़ की आवाजें। साँस रोककर इंतजार। और अचानक कर्णभेदी धमाका। मलबे की भीषण उछाल। ब्राउनिंग मशीनगन की दंश उगलती बौछार का समापन। मानो अजगर का मुँह सी दिया हो।

अपने सेक्शन कमांडर के विलक्षण करतब को देख रहे उसके साथी सैनिकों के दिल में ऐसा उछाल आया कि वे सहसा उठ खड़े हुए। उन्होंने मिलकर चार्ज करते हुए बंकर पर धावा बोल दिया। आक्रमण को विजय का सेहरा मिला; यद्यपि तब तक सभी सैनिक जख्मी हो चुके थे। दुश्मन पर पाई इस विजय ने उनके दिलों में जोश तथा कुर्बानी की लपटें भर दीं।

दर्शन सिंह ने नीचे देखा तो पाया कि प्लाटून के बाकी जवान भी ऊपर की ओर बढ़ रहे हैं। उन्हें संबोधित कर वह जोर से चिल्लाया—'यहाँ से आओ! यहाँ से आओ!' उनका मार्गदर्शन करते हुए। हाथ के इशारे से माइंस के बीच की उस सुरक्षित पगडंडी की ओर इंगित करते हुए, जो उसने अपनी आहत देह की घसीट से बनाई थी तथा अपने उष्ण रक्त से सींची थी। इसी प्रयास के तुरंत पश्चात् उसने दधीचि की भाँति दम तोड़ दिया।

'कोटिनु मधि कोऊ कहूँ, कुल दीपक इक होतु।
नेह सहित निज सीस दै, दस दिसि करतु उदोतु।।'

तीन

मराठा रेजिमेंट में कमीशन पाए कप्तान मुहम्मद अहमद ज़की मझले कद के गौरवर्णी प्रतिभाशाली युवा अफसर थे। फौज के कानून तथा अपने कर्तव्य के प्रति अपार निष्ठा इनके अंदर कूट-कूटकर भरी हुई थी। ये हर काम कायदे के मुताबिक और हुक्म के अनुसार करने में विख्यात थे।

होनहार बिरवान के होत चीकने पात। इनकी प्रसिद्धि भारतीय सुरक्षा अकादमी के जमाने से ही थी। कैडेट के तौर पर इन्हें अकादमी कैडेट एडजुटेंट का उच्च पद मिला था। ये उसी जमाने से अनुशासन के बड़े ही पक्के थे। बारिश हो या आँधी ओले हों या ठिठुरती सर्दी—ये हर जगह नियत समय से पंद्रह मिनट पहले ही पहुँच जाने में विश्वास रखते थे। इनका यह मानना था कि जब वे स्वयं ऐसा नहीं करेंगे तो देर से आनेवालों को किस मुँह से टोक पाएँगे!

अकादमी में कैडेट एडजुटेंट की ड्यूटी होती थी कि परेड के पहले सब कैडेटों की वर्दी का निरीक्षण करें। वर्दी चुस्त-दुरुस्त हो, इसपर बड़ा जोर दिया जाता था। अगर लम्बी जुराब घुटने के नीचे मोड़कर चार इंच तक उलटा रखने का नियम है तो जनाब ज़की अपनी जेब में एक छोटा फुटा रखते थे, जिससे ये स्वयं झुककर दोनों घुटनों के नीचे का नाप लेते। इनके 'शासन काल' में मजाल है कि कुछ भी इधर का उधर हो जाए। तरफदारी तो यह अपने सगे भाई से भी न कर सकते थे। यह विख्यात था कि यदि इनका भाई (या बाद में बेटा) कोई कसूर कर बैठे तो उन्हें ये बाकी कैडेटों से अधिक सजा दिया करते थे। यों दिल के बड़े नरम और सहृदय थे। पर अनुशासन के मामले में किसी को बख्शना इन्होंने सीखा नहीं था। सबसे ज्यादा सख्ती ये खुद अपने साथ किया करते थे।

परेड में वर्दी का निरीक्षण करते समय इनकी अपनी वर्दी सबसे बढ़िया हो, इसका ये बहुत ज्यादा ख्याल रखते थे। परेड के लिए पंद्रह मिनट पहले आकर सबसे पहले ये परेड ग्राउंड के एक कोने में जाकर अपनी पतलून बदला करते थे। हुक्म यह था कि पतलून की क्रीज खराब न हो; एकदम कलफ लगी और सीधी हो। परेड के लिए ये कुछ दूर से साइकिल चलाकर आते थे। साइकिल का पैडल चलाने से तथा सीट पर बैठने से कलफ लगी पतलून आगे तथा पीछे से कुछ मुड़ जाती है। भला ऐसी मुड़ी हुई पतलून पहनकर वे किस मुँह से किसी दूसरे कैडेट की वर्दी में नुक्स निकाल पाएँगे? इसलिए, इनके बारे में मशहूर हो गया था कि ये साइकिल के सामने के बार हैंडल पर साफ धुली तथा बढ़िया कड़क कलफ

लगी एक 'फालतू' पतलून लेकर आते थे, जिसे परेड ग्राउंड के कमरे में खड़ा होकर पहना जाता था। उसके बाद इनका कहीं भी बैठना हराम था। लोग इस तरह की बातों को लेकर इनका काफी मजाक भी उड़ाया करते थे; मगर दिल-ही-दिल में इनकी बड़ी इज्जत करते थे। जिस दिन ये किसी कारणवश परेड पर न आते तो सारे कैडेट चैन की साँस लेते थे। उन्हें लगता मानो आज छुट्टी का दिन है।

□

बाद में जब ये स्टॉफ कॉलेज में शिक्षक के तौर पर तैनात थे तो इनके सगे भाई को भी इनके घर इजाजत लेकर टाई-सूट पहनकर जाना पड़ता था। वक्त के बड़े पाबंद थे। अपना कार्यकाल पूरा करने के बाद जब इनका तबादला हुआ तो लोग इन्हें बिदाई देने इनके घर पहुँचे। वहाँ से तबादले पर जानेवाले सारे अफसर कन्नूर से दोपहर को चलनेवाली रेलगाड़ी पकड़ा करते थे। पर इन्होंने फैसला किया कि सुबह आठ बजे अपनी कार में 'मार्च' करेंगे। आठ बजे का मतलब था, ठीक आठ बजे! न पाँच सेकंड इधर, न उधर। जो लोग इनकी आदतों से परिचित थे, ठीक पौने आठ बजे इनके घर पहुँच गए। पहुँचने पर देखा कि ऊपर कैरियर पर सामान बँधी इनकी कार पहले से ही पोर्च में तैयार खड़ी है। पता लगा कि ज़की साहब नमाज पढ़ रहे हैं। जाननेवालों को पता था कि वे बड़े पक्के मुसलमान हैं और रोज पाँच वक्त नमाज पढ़ते हैं। रोजे के दिनों में इनके एक और परिचित, जिन्होंने किसी कारणवश रोजे नहीं रखे थे, इन्हें कहीं से आता देख डर से अपना रास्ता बदल दिया करते थे।

सब उनके घर के फाटक के निकट ही रुक गए जब आठ बजने में पाँच मिनट बाकी थे तो ज़की साहब दोस्त-मित्रों से हाथ मिलाने फाटक तक आए और सबसे भावभीनी किंतु 'चटक' बिदाई ले कार की ओर लौट गए। एक मसखरे ने बिदाई देनेवालों को फाटक के पास ड्राइव लांच के दोनों ओर पंक्ति बाँधकर खड़ा करवा दिया और रॉकेट लांचवाली काउंट डाउन गिनती बोलना शुरू किया—9, 8, 7, 6…। जीरो (शून्य) तब बोला, जब इनकी कार फाटक से पार हुई। सब लोग खिलखिलाकर हँस पड़े।

□

अपनी बटालियन में कुछ साल बिताने के बाद कप्तान ज़की का तबादला दिल्ली हुआ, जब ये राष्ट्रपति डॉक्टर राजेंद्र प्रसाद के सैनिक ए.डी.सी. नियुक्त हुए। बाद

में ये डॉक्टर राधाकृष्णन् के भी ए.डी.सी. रहे। जब 1962 की लड़ाई छिड़ी तो इन्होंने राष्ट्रपति जी से विनती की कि इन्हें अपनी बटालियन के साथ नौकरी करने के लिए फ्रंट पर भेजा जाए।

मेजर बने तो अपनी बटालियन में आए। सन् 1965 में लाहौर क्षेत्र में तैनात बटालियन के 'ठट्टी जैमल सिंह' नामक कस्बे पर हमले में मेजर ज़की हमले की अग्रिम कम्पनी की कमान कर रहे थे। हमले के दौरान उनपर दुश्मन की मशीनगनों तथा बंदूकों का फायर दो विभिन्न दिशाओं से आया। गोलियों की एक बौछार से उनका कंधा जख्मी हो गया और दूसरी बौछार से उनकी बाँह में चोट लगी।

मेजर ज़की ने देखा कि हालत नाजुक होती जा रही है। इसलिए उन्होंने पल-भर की कौंध में निर्णय ले शत्रु की पोजीशन पर धावा बोल दिया। दो बार घायल होने के बावजूद उन्होंने शत्रु पर लगातार गर्मजोशी के साथ बारम्बार हमले किए। इस दौरान उन्होंने शत्रु के मोर्चों में पहुँच हाथोंहाथ की लड़ाई भी लड़ी। ऐसा ही करते हुए वे शत्रु के उस बंकर तक जा पहुँचे जहाँ से आते मशीनगन के फायर ने उनकी कंपनी की बढ़त रोक रखी थी। ग्रेनेड फेंककर उन्होंने वह बंकर ही नष्ट कर डाला।

अब तक उनका इतना खून बह चुका था कि वे गश खाकर वहीं गिर पड़े। पर तब तक दुश्मन की उस आफत ढानेवाली मशीनगन का विनाश किया जा चुका था। उनकी बहादुरी से प्रेरित होकर उनके सैनिकों ने दुश्मन के खिलाफ हमले के वेग और भी प्रबल कर दिए और शीघ्र ही शत्रु का सफ़ाया कर दुश्मन की पोजीशन पर कब्जा जमा लिया।

युद्ध में उच्च कोटि का साहस दिखाने के लिए मेजर ज़की को 'वीर चक्र' पदक से अलंकृत किया गया।

20 जनवरी, 1935 को जनमे, हैदराबाद के ब्रिगेडियर एम. अली अहमद के सुपुत्र मेजर ज़की बाद में लेफ्टिनेंट जनरल के पद तक पहुँचकर सेवानिवृत्त हुए, जब इन्हें परम विशिष्ट सेवा मेडल दिया गया। उसके बाद ये कई वर्ष तक जम्मू-कश्मीर के गवर्नर के परामर्शदाता रहे, जब इन्होंने एक बार फिर जोखिम का बीड़ा उठाया। श्रीनगर में इनकी कार के साथ एक ट्रक के टकरा जाने से ये बुरी तरह जख्मी हुए और बाद में इन्होंने अपना पदभार छोड़ दिया।

'पर्वत माला में आग लगी, जलती है,
अंबर छूने को लपटें उठतीं…'

चार

पाकिस्तान के नेताओं ने सन् 1964 से ही 'जिहाद' का नारा लगाना शुरू किया। उन्होंने अपने लोगों को भड़काया कि भारत अधिकृत कश्मीर में 'इस्लाम खतरे में' है। इसलिए जिहाद लाजिमी है। जिससे भारत के जालिम कब्जे से कश्मीर की आम जनता की रिहाई सरअंजाम हो सके। तकनीक के तौर पर उन्होंने चीनी चालों का इस्तेमाल उचित माना। क्यों न माओ के गोरिल्ला युद्ध की नीति तथा प्राक्कथनों का परिपालन किया जाए। पाकिस्तान के 12 इन्फैंट्री डिवीजन के कमांडर जनरल मलिक को इस काम की बागडोर सौंपी गई। सैनिकों के प्रशिक्षण के लिए चीनी प्रशिक्षक भी मौजूद थे। पहले की तरह कश्मीर में घुसपैठ के लिए एक बहुत बड़े फोर्स का संगठन किया गया। इसे कार्यक्षेत्र के मुताबिक अलग-अलग टुकड़ियों में बाँटा गया। इसके साथ पुलों तथा महत्त्वपूर्ण थलों के विध्वंस के लिए स्पेशल सर्विस ग्रुप के नुमाइंदे जोड़े गए। टुकड़ियों की कमान पाकिस्तानी फौज के वफादार तथा युद्धनिष्ठ छोटे ओहदे के युवा अफसरों को सौंपी गई। जुलाई 1965 में प्रशिक्षण पूरा होने के बाद इन टुकड़ियों को पाकिस्तान के तानाशाह फील्ड मार्शल अयूब खान ने एक उत्साहवर्धक पैगाम दिया। इस ऑपरेशन का नाम 'ऑपजिब्राल्टर' था और इसे 5 अगस्त, 1965 को सरअंजाम देना तय हुआ था। घुसपैठियों की इन टुकड़ियों को इस प्रकार के आदेश थे—

1. कश्मीर में पुलों को तोड़कर यातायात व्यवस्था को अस्त-व्यस्त कर डालें।
2. गोला-बारूद तथा रसद के भंडारों पर हमला करें।
3. फौजी मुख्यालयों पर हमला करें।
4. फौजी गाड़ियों को नष्ट करें।
5. कश्मीर के बाशिंदों को हथियार और गोला-बारूद तकसीम करके उन्हें रजाकर (हैदराबाद के विद्रोही) होने की सौगंध खिलवाएँ।
6. ऐसे हालात पैदा करें, जिससे प्रशासनिक व्यवस्था भंग हो जाए तथा विद्रोह की स्थिति उत्पन्न हो।

घुसपैठ की एक प्रमुख राह हाजीपीर दर्रे से होकर थी, जो पाकिस्तान के कब्जे में था। इसी की बगल में कृष्णगंगा नदी की घाटी थी। इन्हीं राहों से अगस्त 1965 के शुरू में भारी संख्या में घुसपैठिए भेज पाकिस्तान ने पूरे कश्मीर में तहलका मचवा दिया।

हाजीपीर घाटी पर कब्जा करने के लिए हमारी फौज ने दो ओर से हमला करने का प्लान बनाया, जिससे इस क्षेत्र से घुसपैठियों का आना स्थायी रूप से बंद किया जा सके। यह क्षेत्र हमारे तलवे में काँटों की तरह अंदर घुसा हुआ था। मोटे तौर पर प्लान था—इसपर उत्तर तथा दक्षिण दोनों ओर से आक्रमण करना। उत्तर की ओर से होनेवाले हमले का नाम 'ऑपरेशन बख्शी' रखा गया, जो 68 ब्रिगेड के धाकड़ कमांडर के नाम पर था। दक्षिण से होनेवाले हमले का नाम 'ऑपरेशन फौलाद' रखा गया।

उत्तर से आनेवाले ब्रिगेडियर जोरावर चंद बख्शी के दस्तों को बड़ी कठिनाइयों का सामना करना पड़ा। ब्रिगेड ने तंगमर्ग तथा पट्टन के कठोर पहाड़ी क्षेत्र से अपना अभियान आरंभ किया और उड़ी के रास्ते हाजीपीर की ओर बढ़े। पुरानी सड़क बड़ी खराब हालत में पड़ी थी और कई जगह से बुरी तरह टूट भी चुकी थी। उसपर, लगातार वर्षा ने कठिनाई कई गुना बढ़ा दी। ब्रिगेडियर बख्शी ने बड़ी सूझ-बूझ तथा हिम्मत के साथ अपने ब्रिगेड ग्रुप का नेतृत्व किया। रास्तों की मरम्मत करते तथा नए रास्ते ढूँढ़ निकालते हुए उन्होंने अपने ब्रिगेड ग्रुप को बड़ी दिलेरी के साथ आगे बढ़ाया। चूँकि वे स्वयं अग्रिम टुकड़ियों के साथ रहते थे, इसलिए एडवांस करनेवाले कॉलम ज्यों ही दुश्मन की किसी पोजीशन पर हमला करते, वे पाते कि ब्रिगेड कमांडर स्वयं वहाँ पहुँच गए हैं तथा उनके तजुर्बे एवं ट्रेनिंग का विपुल भंडार सहायक के रूप में तथा आगे का मार्गदर्शन करने के लिए उनकी बगल में ही मौजूद है। इससे एक तो उनके सैनिकों का मनोबल ऊँचा हुआ, दूसरे ब्रिगेडियर बख्शी को हर समय परिस्थिति के तात्कालिक तथ्यों का ज्ञान रहा।

सबसे आगेवाली 1 पैरा बटालियन का लक्ष्य था हाजीपीर के रास्ते में पड़ते दुश्मन के तीन बड़े ठिकानों पर कब्जा करना। इनके नाम थे सांक, सर तथा लेडवाली गली। सबसे पहला हमला सांक पर होना था और यह 25 अगस्त की रात के लिए तय हुआ था। हमले की कमान 1 पैरा के मेजर रंजीत सिंह दयाल के हाथों में थी। उन्होंने निश्चय किया कि—बारिश-कीचड़ जो भी हो—हमले को और न रोका जाए। इसलिए उन्होंने 26 अगस्त की रात ही हमला बोल दिया। वर्षा के बावजूद यह हमला इस प्रबल वेग तथा साहस के साथ किया गया कि अत्यंत दुर्गम परिस्थितियों के होते हुए भी विजयश्री मेजर दयाल को ही मिली। ऊँची चढ़ाई, भीगी कीचड़ सनी धरती, भीगे कपड़ों की परवाह न करते हुए मेजर दयाल के नेतृत्व में उनके सैनिकों ने कमाल कर दिया और 27 अगस्त को लगभग

साढ़े ग्यारह बजे तक शत्रु के तीनों ठिकानों पर कब्जा जमा लिया। प्लान के अनुसार, अगला हमला शत्रु के मुख्य ठिकाने हाजीपीर पर 4 राजपूत को करना था। पर मेजर दयाल ने बड़े जोश के साथ स्वयं अपनी पल्टन के साथ हमला करने की आज्ञा माँगी, जो ब्रिगेडियर बख्शी ने उन्हें दे दी। वे चाहते थे कि आक्रमण के वेग में जरा भी ढील न आए।

हाजीपीर दो हजार छह सौ मीटर की ऊँचाई पर था। पहाड़ी बड़ी तीखी चढ़ाई पर आस-पास की सतह से लगभग तीन हजार छह सौ फीट की ऊँचाई पर थी। कीचड़ के कारण पगडंडियों का बुरा हाल था। इसपर फिर बारिश शुरू हो गई। हाजीपीर की सुरक्षा का कड़ा प्रबंध दुश्मन ने पहले ही कर रखा था। अब उन्हें सांक तथा लेडवाली गली से पीछे हटे सैनिकों की भी मदद मिल गई। इससे हाजीपीर की स्थिति अजेय-सी बनी रही। हमारी सेना के निकट पहुँचते ही दुश्मन ने तोपखाने तथा मोर्टारों से भयंकर गोलाबारी शुरू कर दी। पिछले कुछ दिनों से पहाड़ी क्षेत्रों में लगातार चढ़ने-उतरने तथा हमला करते रहने से बटालियन के सिपाही बुरी तरह थक चुके थे; पर उनके दिलों में उत्साह था और विजय प्राप्ति की उत्कृष्ट इच्छा। मेजर दयाल ने हाजीपीर पर आक्रमण के लिए एक बहुत ही दुर्गम पथ चुना। इसी राह ऊपर चढ़कर जब उन्होंने पूरे जोश के साथ हमला बोला तो शत्रु उनके आक्रमण के वेग के सामने टिक न सका। 28 अगस्त को सवेरे साढ़े दस बजे तक हाजीपीर पर कब्जा कर लिया गया। इसके तुरंत बाद अपनी पोजीशन को सुदृढ़ बनाने के लिए मेजर दयाल ने बगल की एक अन्य पहाड़ी को भी हमला करके अपने कब्जे में कर लिया। दुश्मन ने हाजीपीर को वापस अपने नियंत्रण में लेने के लिए बड़े जोरों से वापसी हमला किया, पर 1 पैरा के बहादुर सिपाहियों ने इसे नाकाम कर डाला।

हाजीपीर पर किए गए आक्रमण में विजय प्राप्त करने के साथ-साथ मेजर दयाल एक पाकिस्तानी अफसर तथा ग्यारह सिपाहियों को बंदी बनाने में भी सफल हो गए। इनके पास से बहुत सारे दस्तावेज भी बरामद किए गए।

हाजीपीर पर नियंत्रण होने के साथ ही ब्रिगेडियर बख्शी के वहाँ पहुँच जाने से और सैनिकों को शाबाशी दिए जाने से उनकी बाँछें खिल उठीं। दुश्मन के हाजीपीर जैसे महत्त्वपूर्ण गढ़ पर कब्जा कर पाना एक बहुत ही बड़ी उपलब्धि थी; क्योंकि इससे घुसपैठियों का सबसे बड़ा प्रवेश-द्वार हमारे काबू में आ गया था। इस उपलब्धि का सेहरा ब्रिगेडियर बख्शी, मेजर दयाल तथा उनके बहादुर सैनिकों को जाता है, जिन्होंने बड़े निर्भीक साहस के बल पर इस इलाके पर हिंदुस्तान का नियंत्रण कायम किया।

ब्रिगेडियर बख्शी तथा मेजर रंजीत सिंह दयाल—दोनों को अदम्य साहस का प्रदर्शन करने के लिए 'महावीर चक्र' से सम्मानित किया गया। ये दोनों अफसर बाद में ले. जनरल के पद पर पहुँचकर सेवानिवृत्त हुए।

□

ऑपरेशन बख्शी का पहला चरण पूर्णतया सफल हुआ। उसके दूसरे चरण में पूर्व दिशा से इस ऑपरेशन को आगे कार्यान्वित करना था, जिससे दोनों दिशाओं से हुए आक्रमण के बीच में पड़े शत्रु का पूरी तरह सफाया कर सकें। इसी के तहत 19 पंजाब रेजिमेंट ने रिंग काटूर तथा पथरा पर आसानी से कब्जा कर लिया। दुश्मन का अगला गढ़ बदोरी पर था। यहाँ शत्रु की रक्षा व्यवस्था बड़ी मजबूत थी। इसके अलावा शत्रु ने अपनी जगह निश्चय से डटे रहने की क्षमता भी दिखाई। 19 पंजाब बटालियन ने अपने सुयोग्य कमांडिंग अफसर ले. कर्नल संपूरण सिंह के नेतृत्व में इस पोजीशन पर हमला किया, परंतु वह विफल गया। उसके बाद लहर-पर-लहर की तरह 7 बिहार बटालियन तथा 4 राजपूत बटालियन की कंपनियों ने इस पोजीशन पर बारंबार हमला किया; पर दुश्मन फिर भी वहाँ अड़ा रहा। कर्नल संपूरण सिंह अपनी यूनिट की असफलता से बड़े खिन्न हुए। उन्होंने एक बार और हमला करने की आज्ञा माँगी, जो ब्रिगेडियर बख्शी ने उन्हें सहर्ष दे दी।

अब कर्नल संपूरण सिंह को दुश्मन की शक्ति तथा मोर्चों के बारे में तजुर्बा हो चुका था। उन्हें पता था कि दुश्मन बड़े अच्छे ढंग से बनाए मजबूत मोर्चों में दो कंपनियों के साथ सुदृढ़ पोजीशन में तैनात है। साथ ही उसके पास इतनी मशीनगनें हैं कि चाहे जिस दिशा से आक्रमण हो, कम-से-कम चार मशीनगनों से गोलियों की बौछार आक्रमणकारियों पर करते रहने में सक्षम होगा। उन्होंने प्लान बनाया कि हमला दिन की बजाय रात को करना चाहिए—देर रात को—और पूर्व की दिशा से, जहाँ तीखी चढ़ाई के बावजूद बड़े-बड़े पाषाण खंडों की आड़ मिल सकती थी। देर रात को इसलिए कि हमला पूर्ण होते-होते पौ फटने का समय आ जाए, जिससे एक तो पिछवाड़े के मोर्चों में छिपे शेष दुश्मन का सफाया किया जा सके और दूसरा, दुश्मन के मोर्चों पर अपनी पोजीशन को परिपक्व करने के लिए रोशनी की मदद मिल पाए। हमले के पहले उन्होंने अपनी कमान को जोश दिलाया कि अबकी बार हर हालत में फतह हासिल करनी ही होगी और वह स्वयं हमला कर रही अग्रिम पाँतों में जाएँगे। परिणामस्वरूप, 19 पंजाब

ने 29 अगस्त की रात को कोई साढ़े तीन बजे इतने जोशो-खरोश के साथ आक्रमण शुरू किया कि दुश्मन अधिक देर वहाँ टिका न रह पाया। दस के लगभग मृतक सैनिकों को पीछे छोड़ दुश्मन को बदोरी से हट जाने पर बाध्य कर दिया गया। इस सफलता के पश्चात् 19 पंजाब के सैनिक हाजीपीर पर कब्जा किए हुए 1 पैरा बटालियन के सैनिकों से मिलाप करने में कामयाब हो गए। बदोरी की लड़ाई में साहस तथा उच्च कोटि का नेतृत्व दिखाने के लिए ले. कर्नल संपूरण सिंह को 'वीर चक्र' के पदक से अलंकृत किया गया।

हाजीपीर क्षेत्र में अपनी पोजीशन सुदृढ़ करने के लिए यह आवश्यक हो गया कि उसके दक्षिण में स्थित कहूटा कस्बे पर भी कब्जा किया जाए, क्योंकि घुसपैठियों का एक अन्य रास्ता वहाँ से होकर हमारे क्षेत्र में प्रवेश करता था। हमारी एक टुकड़ी कहूटा के निकट स्थित नाले के पुल तक पहुँच चुकी थी। इसी को धुरी बनाकर कहूटा पर आक्रमण करने की योजना थी। इसे कार्यान्वित करने का भार तथा साथ-साथ वहाँ तक जा रही सड़क को दुश्मन की छुटपुट चौकियों से साफ करने की जिम्मेदारी फिर 19 पंजाब के सी.ओ. कर्नल संपूरण सिंह को सौंपी गई। हाल ही में बदोरी में पाई सफलता के कारण पल्टन का जोश बड़े ऊँचे स्तर पर था और वह यह सिद्ध कर चुकी थी कि अच्छे प्रशिक्षण तथा व्यवस्था के कारण वह युद्ध-कौशल में अत्यंत प्रवीण है, इसलिए कठिन-से-कठिन काम करने का दायित्व बड़े हौसले के साथ सम्भाल सकती थी। इसीलिए ब्रिगेडियर बख्शी ने कहूटा पर कब्जा करने का आदेश फिर 19 पंजाब के कमान अफसर को ही दिया।

दुश्मन कहूटा के ऊपर की लंबी पहाड़ी पर मोर्चे बनाकर बैठा हुआ था। रास्ते की पहाड़ियों पर उसने आगे बढ़ रही फौज पर छापामार हमले करनेवाली टुकड़ियाँ छोड़ रखी थीं। इनका बारी-बारी सफाया करने के बाद 19 पंजाब लंबी पहाड़ी तक आ पहुँची। दुश्मन की पोजीशन की अच्छी तरह छानबीन करने के बाद हमले का प्लान बड़े रण-कौशल के साथ बनाया गया दुश्मन को दुविधा में डालने के लिए कुछ सैनिक लंबाईवाले रास्ते से भेज, मुख्य आक्रमण पहाड़ी की तीखी चढ़ाई चढ़कर एक बगल से किया गया। कर्नल संपूरण सिंह अग्रिम पाँतों का मुखरित नेतृत्व करते हुए कदम-कदम पर उनके साथ थे। धावा इतने प्रचंड वेग के साथ किया गया कि सुदृढ़ डटे दुश्मन को अपने मोर्चों से हाथ धोना पड़ा। 9 सितम्बर को सूर्यास्त के समय तक कहूटा क्षेत्र अपने नियंत्रण में आ गया तथा 10 सितम्बर को अपने अन्य सैनिक दलों के साथ मिलाप भी पूरा

हो गया। इस ऑपरेशन में दुश्मन की तीन पोजीशनों पर बारी-बारी एक-दूसरे के बाद बड़ी मुस्तैदी तथा फुर्ती के साथ हमला करना पड़ा और प्रत्येक में अपने सैनिकों के साथ कंधे-से-कंधा भिड़ाकर लड़ने के लिए कर्नल संपूरण सिंह हाजिर रहे। बड़ी बहादुरी से अपने सैनिकों का सफल नेतृत्व करते हुए दुश्मन के एक महत्त्वपूर्ण ठिकाने पर अपना कब्जा जमाकर इस प्रकार घुसपैठियों की राह का मुँह सी देने के पराक्रम के लिए कर्नल संपूरण सिंह को 'महावीर चक्र' के पदक से अलंकृत किया गया। 26 अगस्त को 'वीर चक्र' और फिर कुछ ही दिनों के बाद 10 सितम्बर को 'महावीर चक्र'! ये दोनों वीरता पदक निश्चित रूप से ब्रिगेडियर बख्शी की सिफारिश पर ही दिए गए और इससे यह प्रत्यक्ष हो गया कि ब्रिगेडियर बख्शी का उच्चस्तरीय नेतृत्व बहुत हद तक उनके सुयोग्य तथा साहसी अफसरों तथा बहादुर जवानों को प्रेरणा देने में समर्थ था। बलिदानों के लिए सैनिकों को यथासंभव उत्साहित करने तथा और भी बहादुरी के कारनामे दिखाने की वांछित परंपरा के उत्सर्ग में उन्होंने कोई कसम न छोड़ी।

'पीपल की छाँह
तुम्हारी तरह ही
ठंडी होती है दोपहर।'

□

सन् ’71 के विजेता

एक

सन् 1971 में हुए पाकिस्तानी चुनावों में बंगाली मूल के मुजीबुर्रहमान की अवामी लीग को जीत मिली। परंतु भुट्टो उनके लिए प्रधानमंत्री की कुरसी छोड़ने के लिए कतई तैयार न थे। पाकिस्तान के शासकों ने पूर्वी पाकिस्तान में अपने सैन्य बल का दुरुपयोग करते हुए दमन की नीति अपनाई।

इस नीति का एक नतीजा यह निकला कि भारी संख्या में शरणार्थी हिंदुस्तान में आने लगे। शुरू में ये अमीर मुसलमान कुनबों के लोग थे, पर बाद में वहाँ से हिंदुओं को भारी संख्या में अपना देश छोड़ने के लिए बाध्य किया गया। सन् 1971 तक कोई दस लाख शरणार्थी हिंदुस्तान में प्रवेश कर चुके थे, जिनमें कोई आठ लाख हिंदू थे और शेष मुसलमान। शरणार्थियों का यह रेला जबरन पश्चिम बंगाल, असम, त्रिपुरा, मेघालय इत्यादि प्रांतों में घुस आया और वहीं डेरा डालने लगा। कई स्थानों पर तो उनकी आबादी स्थानीय आबादी से भी अधिक हो गई।

इस प्रकार हिंदुस्तान में शरण लेनेवालों में भूतपूर्व पाकिस्तान की बंगाली रेजिमेंटों के सैनिक दल भी शामिल थे। इन्होंने संगठित हो 'मुक्तिवाहिनी' का गठन किया और सीमाओं की ओर से छुटपुट हमले शुरू किए। हिंदुस्तान ने मुक्तिवाहिनी के अपने देश को पाकिस्तानी आतंक तथा दमन से मुक्त करने की कटिबद्धता की सराहना भी की और इस विषय में अपनी सहमति भी प्रकट की।

नवंबर 1971 तक जैसे-जैसे शरणार्थी-समस्या बढ़ती गई, पाकिस्तानी सेना द्वारा पूर्वी पाकिस्तान में ढाए जा रहे जुल्म तथा दमन में भी वृद्धि होती गई; साथ-साथ सीमावर्ती हादसों में भी बढ़ोतरी हो आई। 3 दिसंबर, 1971 को जब पाकिस्तानी

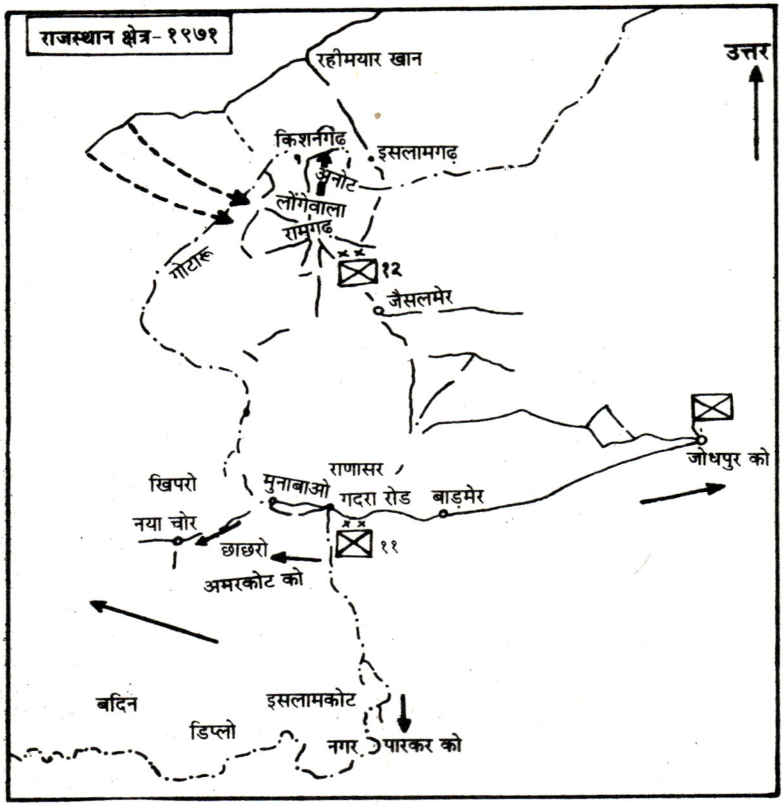

एयर फोर्स ने सहसा सारे भारत में कई महत्त्वपूर्ण हवाई अड्डों पर हमले किए, तो बाध्य होकर हिंदुस्तानी फौजों को पूर्वी पाकिस्तान में प्रवेश करने के आदेश दिए गए।

बँगलादेश का नक्शा देखा जाए तो पता लगेगा कि हिंदुस्तान की दो दिग्गज नदियों—गंगा और ब्रह्मपुत्र—का मुहाना यहीं है, जहाँ वे अनेक धाराओं में बँटकर समुद्र में विलीन होती हैं। मुहाने तक पहुँचते-पहुँचते नदियों का पाट बहुत चौड़ा हो जाता है। ऐसे क्षेत्रों में उन्हें पार करना सरल नहीं होता। बँगलादेश की भौगोलिकता सामरिक दृष्टि से निराली ही है। सारा प्रदेश छोटी-बड़ी नदियों से विच्छिन्न है। इससे यातायात के आवागमन में बड़ी बाधा उत्पन्न होती है। पुलों तथा सड़कों एवं हवाई अड्डों का तथा मौसम और वारिश आदि का महत्त्व बहुत बढ़ जाता है। ऐसे प्रदेश पर फौजी आक्रमण करना कोई आसान खेल नहीं।

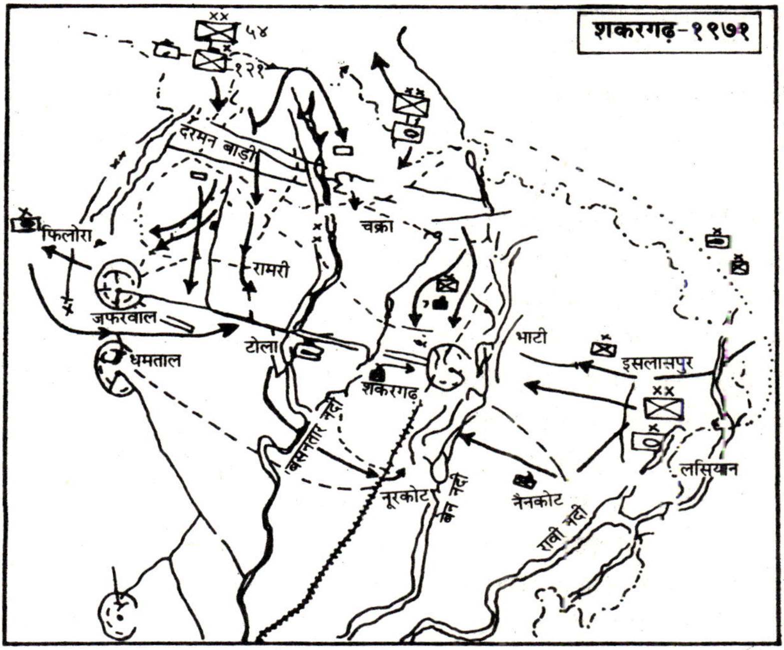

सन् 1947-48 में जम्मू-कश्मीर में हुए युद्ध में तथा सन् 1965 नें पंजाब क्षेत्र में हुए युद्ध में हमने देखा है कि हमलावर दस्तों की प्रगति अनुमानित कुदाल-भरी तीव्रता से न होकर वास्तव में कछुए की मंद गति से ही हो पाती है। कारण अनेक हो सकते हैं, पर सच्चाई यही है। सन् 1965 के युद्ध में हमारे 1 आर्मर्ड डिवीजन को आक्रमण शुरू होने के दूसरे दिन तक कुछ ही किलोमीटर दूर स्थित चिविंडा पर कब्जा करना था, पर यह युद्ध समाप्त होने तक भी नहीं हो पाया। इसी तरह पंजाब में चप्पा-चप्पा भूमि के लिए दोनों ओर की सेनाएँ आपसी मुठभेड़ों में व्यस्त रहीं और अंत में लड़ाई समाप्त होने तक न दुश्मन की फौज किसी खास गहराई तक पहुँच सकी, न हमारी।

सोचिए, पूर्वी पाकिस्तान में हमारे बहुमुखी आक्रमण को यदि किसी एक जगह भी रोक लगी होती—समय पर नदी न पार करने से या पुल के टूट जाने से, या दलदल में फँस जाने से या शत्रु के प्रत्याघात से—तो लड़ाई कहाँ-कहाँ ठप्प हुई होती।

बंगलादेश युद्ध-१९७१

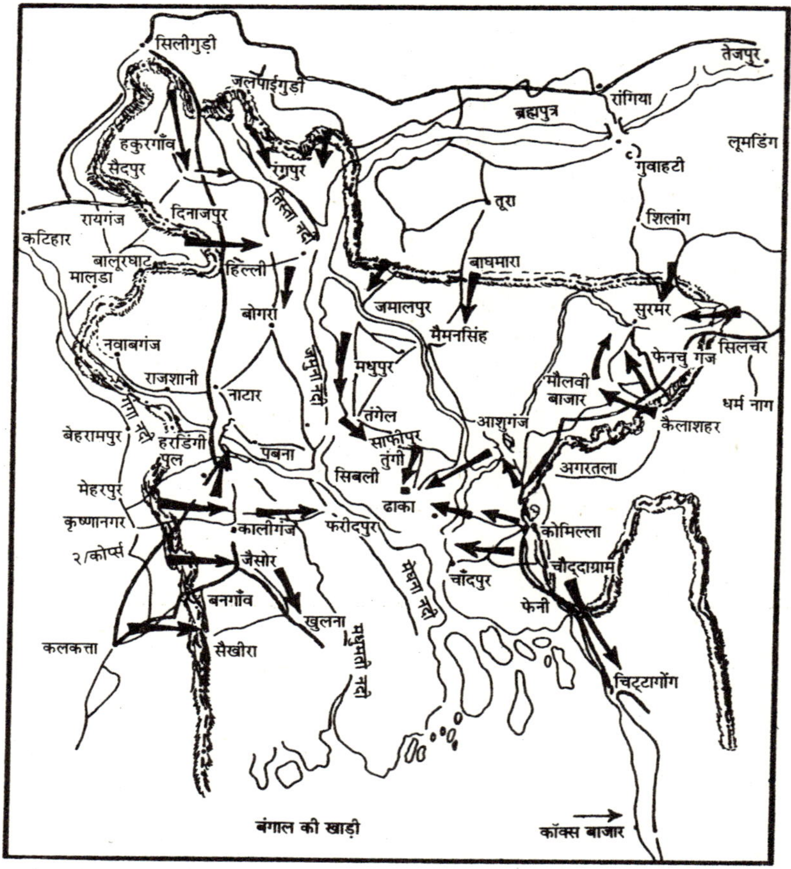

हाँ, यह अवश्य मानना पड़ेगा कि इस सिलसिले में हमारा पलड़ा भारी करनेवाली कुछ उपलब्धियाँ तथा सहूलियतें भी थीं। एक तो यह कि पाकिस्तान के दोनों भागों में सोलह सौ किलोमीटर की दूरी थी। दूसरा यह कि स्थानीय जनता का समर्थन हमें प्राप्त था। मुक्तिवाहिनी के सिपाहियों तथा सरदारों को शत्रु के सैनिक संगठन तथा चौकियों की अच्छी जानकारी थी। उन्होंने तथा सामान्य जनता ने दुश्मन के बारे में तात्कालिक खबरें दे, सूचनाएँ दे, रास्ते दिखा तथा और न जाने कितने तरीकों से सारे युद्ध के दौरान हमारी फौज की भरसक मदद की। हमारी प्रत्येक जीत पर उनमें मिठाइयाँ बाँटने जैसा पर्वाह्लादित वातावरण रहा। इसके

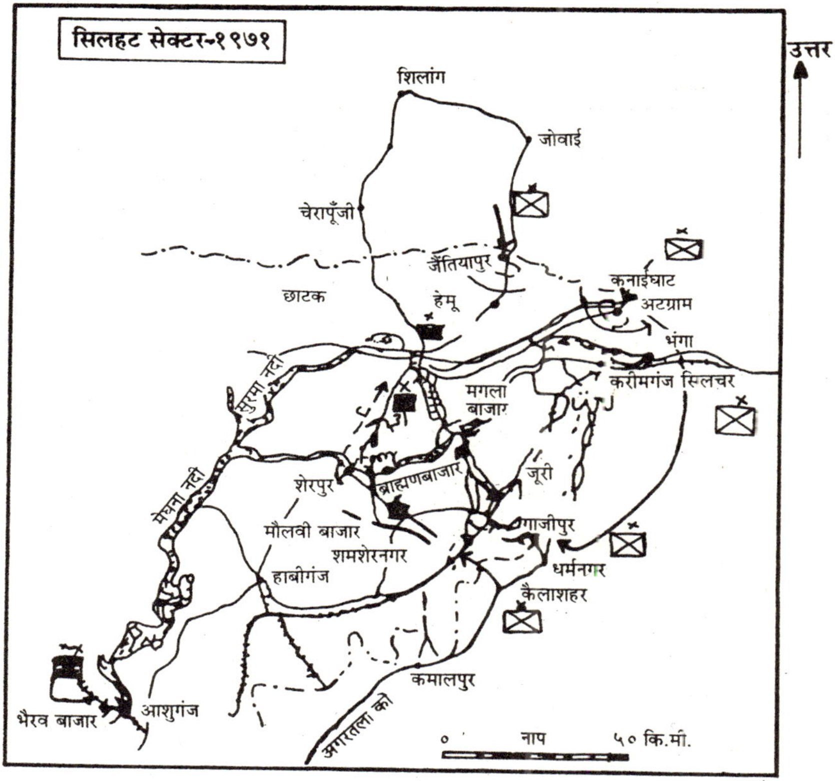

अतिरिक्त हमारी वायुसेना के दुश्मन के बचे-खुचे हवाई जहाजों को नष्ट कर आकाश में अपना प्रभुत्व पूरी तरह जमा लिया। इस बड़ी सफलता के कारण हमारी वायुसेना फील्ड में दुश्मन के सैनिक दस्तों पर बराबर हमले करते रहने की स्थिति मे उजागर तथा समर्थ रही। इसी कारणवश हमारे हेलिकॉप्टर भी युद्धक्षेत्र में निर्भय होकर आवागमन करते रहे। हमने पैंफ्लेट-पोस्टर इत्यादि गिरा अपना प्रचार भी किया और बाद में हथियार डाल देनेवाली मनोवृत्ति को भी सफलतापूर्वक बढ़ावा दिया। साथ-साथ हमारे समुद्री बेड़े ने नदी-मुहानोंवाले समुद्री क्षेत्र में कारगर रोकें लगाईं, जिससे बड़ी संख्या में पीछे हटती हुई शत्रु की फौज बचकर जहाजों के जरिए भाग न पाए।

लेकिन इन उपलब्धियों के होते हुए भी, यदि हमारे जनरलों तथा वरिष्ठ कमांडरों ने सूझ एवं कार्यकौशल का हुनर तथा ऐन मौके पर उचित निर्णय तथा आवश्यक

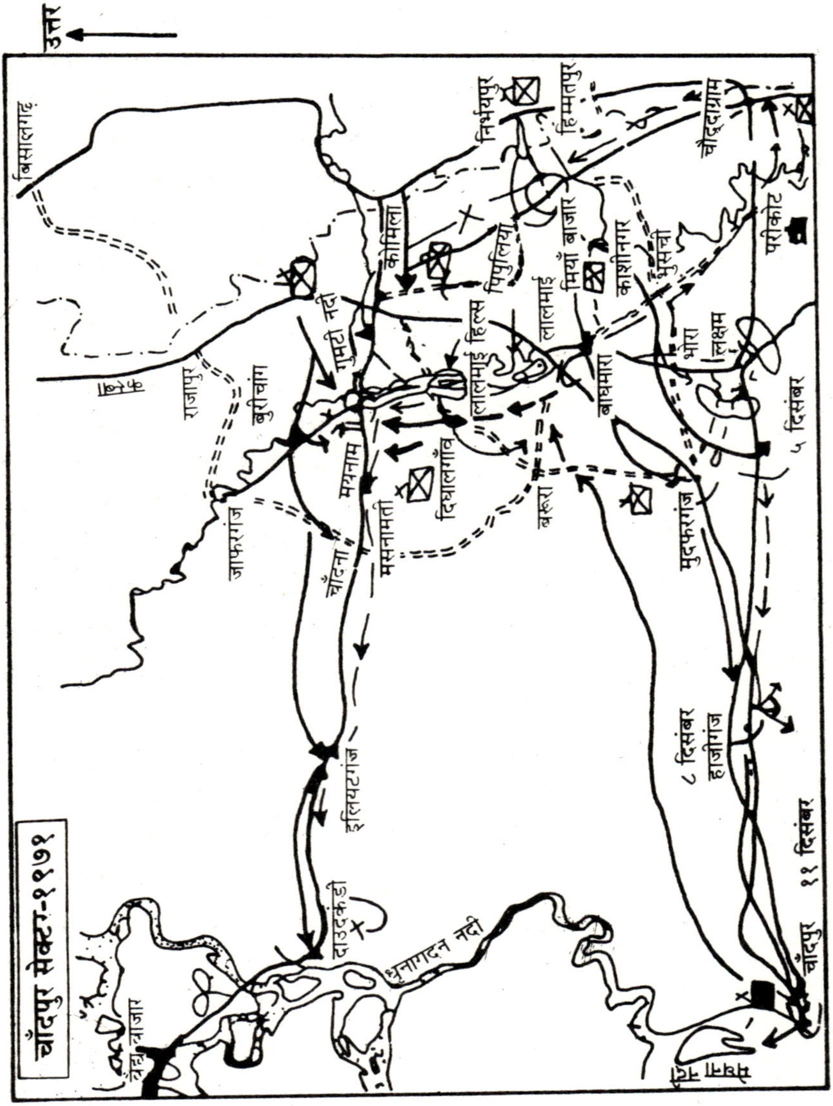
उत्तर
चाँदपुर सेक्टर-१९७१
बिसालगढ़
निर्भयपुर
हिम्मतपुर
चौद्दग्राम
कोमिला
गुमटी नदी
पिपुलिया
मियाँ बाजार
लालमाई
काशीनगर
परीकोट
लालमाई हिल्स
राजापुर
बुरीचांग
बाघमारा
भौरा
लक्षम
५ दिसंबर
मयनाम
दियालगाँव
बरूरा
मुदफरगंज
जाफरगंज
चाँदना
मसनामती
८ दिसंबर
हाजीगंज
इलियटगंज
दाउदकंडी
धुनागादन नदी
चाँदपुर
११ दिसंबर

अदल-बदल करने की मुस्तैद फुर्ती तथा उपलब्ध साधनों के उत्कृष्ट प्रयोग का कमाल न दिखाया होता और माथा टेक दिल में सहृदय प्रार्थना न की होती तो लड़ाई का अंजाम कुछ भिन्न भी हो सकता था।

सन् 1971 के युद्ध के समय पूर्वी पाकिस्तान में पाकिस्तान के चार डिवीजन तथा तीस हजार पैरा मिलिट्री सैनिक तैनात थे। हमारी ओर तीन कोर तथा एक एरिया की उपलब्धि थी। यहाँ यह याद रखना चाहिए कि ये तीनों कोरें चीन के सामने अपने हिमालय पर्वत के मोर्चों तथा बर्मा के सामनेवाले हमारे प्रदेशों में ढेरों चौकियों की रक्षा में भी कार्यरत थीं।

दो

इजराइली सेना में प्रचलित कथनी—'आक्रमण में जोखिम उठाओ, और भी जोखिम, बराबर जोखिम,' यही है विजय का सूत्र।

हमारी 2 कोर ने सन् 1971 के युद्ध के समय पूर्वी पाकिस्तानी के जैस्सोर क्षेत्र में आक्रमण करने की बागडोर सँभाली। यह आक्रमण पद्मा नदी के दक्षिण-पश्चिम क्षेत्र में होना था। तय हुआ कि मधुमती नदी की ओर से दो अलग दिशाओं से आगे बढ़ा जाए। 4 डिवीजन की जिम्मेदारी थी झेनोडा-मगूड़ा दिशा में आगे बढ़ते हुए कुमारखली नामक नाव-थल पर कब्जा करना। 1 डिवीजन का कार्यक्षेत्र इसके और दक्षिण में था; वहाँ के महत्त्वपूर्ण शहर जैस्सोर—जिसे गढ़ के रूप में परिवर्तित कर लिया गया था—पर कब्जा करना और उसके बाद दो हिस्सों में बँटना। एक खुलना की ओर आगे एडवांस करने के लिए और दूसरा दू डिवीजन को यथासंभव सहायता करने के लिए। इन दोनों डिवीजनों के कार्यक्षेत्र के बीच में दरसाना नाम का यातायात केंद्र पड़ता था, जो एक रेलवे जंक्शन भी था। इसे दुश्मन ने अपने सैनिकों से आरक्षित कर रखा था और इसे खाली छोड़ देने से बाद में हमें लेने-के-देने पड़ते; क्योंकि दुश्मन हमारे पिछवाड़े की संचार तथा रसद लाइन का हनन करने में समर्थ हो जाता। इस नगर पर कब्जा करने का काम 41 ब्रिगेड को सौंपा गया, जिसके कमांडर ब्रिगेडियर मिचिगन थे।

ब्रिगेडियर मिचिगन ने दरसाना पर काबू करने का प्लान बड़ी होशियारी से बनाया। पहले 22 राजपूत को आगे भेजकर रातोरात बस्ती के उत्तर-पश्चिम में

एक रोड-ब्लॉक तैयार करवाया। उसके बाद 1 गोरखा की पाँचवीं बटालियन ने 45 कैवेलरी की मदद से बस्ती पर हमला करके तगड़ी लड़ाई के बाद उसे हथिया लिया।

दुश्मन ने बस्ती पर वापसी हमला करके फिर उसपर काबू पाने का यत्न किया; मगर उसकी यह कोशिश ब्रिगेड कमांडर की होशियारी के कारण बेकार कर दी गई। उन्होंने हर छोटे-बड़े ऑपरेशन में युद्ध का संचालन इस बखूबी से किया कि हर मुकाम पर दुश्मन को लेने-के-देने पड़े। इस दौरान वे आगे एडवांस कर रहे सैनिक दस्तों के साथ-साथ आगे ही रहे, जिससे वे बदलती परिस्थितियों को स्वयं आँक सकें और उनके अनुसार अपनी पूर्व-निर्धारित योजनाओं में आवश्यक फेर-बदल मौके पर ही कर सकें। इस सूझ-बूझ के कारण दुश्मन को बहुत सारे सैनिकों से हाथ धोना पड़ा और उसके प्लान के अनुसार तरतीब से पीछे हटने के कार्यक्रम में भी बड़ी बाधाएँ खड़ी की गईं, जिसके कारण उसका पीछे हटना बड़ा असंयत तथा नुकसानदेह रहा।

ब्रिगेडियर मिचिगन ने दुश्मन ने इलाकों का सर्वेक्षण तथा मूल्यांकन स्वयं आगे जा-जाकर किया। इसके लिए उन्हें कई बार दुश्मन के मशीनगन फायर तथा गोलाबारी से होकर गुजरना पड़ा। ऐसा करने में उन्होंने निर्भीकता दिखाकर अपनी कमान को काफी प्रभावित किया। एक बार गिने-चुने अनुभवी सैनिकों की एक टुकड़ी के साथ स्वयं जाकर दुश्मन के सुरक्षा-व्यूह की एक बाहरी चौकी को ध्वस्त भी कर डाला। बाद में वे मुख्य हमले की तैयारी में इंजीनियरों के साथ माइन फील्ड पार करके भी आगे गए। उनके उत्कृष्ट उदाहरणों से प्रभावित हो उनकी कमान ने दुश्मन पर हर हालत में हावी होने की प्रेरणा पाई।

अपने ब्रिगेड के सुचारु ढंग से रण-कौशल तथा साहस दिखाते हुए सफलतापूर्वक नेतृत्व करने तथा अपनी कमान को खुद सामने रहकर प्रभावित और प्रेरित करने के लिए ब्रिगेडियर एंटनी हेरल्ड मिचिगन को 'महावीर चक्र' से सम्मानित किया गया। इससे पूर्व हैदराबाद के पुलिस एक्शन में उन्हें 'कीर्ति चक्र' से सम्मानित किया जा चुका था और बाद में उन्हें उदात्त सेवा के लिए विशिष्ट सेवा मेडल भी दिया गया था।

□

तीन

सन् 1971 में पूर्वी पाकिस्तान में पश्चिमोत्तर क्षेत्र का रक्षा संगठन हिल्ली नाम के कस्बे पर केंद्रित था। इस क्षेत्र में पाकिस्तान ने काफी फौज इसलिए रख छोड़ी थी, क्योंकि यह भूभाग सिलिगुड़ी केंद्रित 'असम-कॉरिडॉर' (असम-गलियारे) के समीप था और उस सँकरे भाग पर आक्रमण कर असम और शेष भारत का सम्पर्क काटा जा सकता था। यह क्षेत्र गंगा तथा ब्रह्मपुत्र नदियों से घिरा था और बाकी भूक्षेत्र की अपेक्षा यहाँ धरती कुछ अधिक सूखी थी। यहाँ हिल्ली और गैबंदा को अलग करनेवाली उत्तर-दक्षिण दिशावर्ती एक रेल लाइन भी थी, जिसपर कब्जा होने से इस वृहत् क्षेत्र को दो भागों में विभाजित किया जा सकता था। ऐसा करने पर दोनों हिस्सों में बँटे दुश्मन से बारी-बारी निपटारा किया जाना सुलभ होता।

इस क्षेत्र में अभियान कर रहे 33 कोर में 20 तथा 6 डिवीजन के अलावा 340 इंडिपेंडेंट इन्फैंट्री ब्रिगेड भी था। साथ ही दो आर्मर्ड रेजिमेंट तथा एक इंजीनियर ब्रिगेड। कोर ने शुरू में 'हिल्ली' की ओर सामने से हमला करने के प्रयास किए, परंतु इनमें घाटा ही मिला। हिल्ली का महत्त्व समझते हुए दुश्मन ने यहाँ की रक्षा व्यवस्था अधिक सुदृढ़ कर ली थी। अब यह निर्णय किया गया कि हिल्ली के पिछवाड़े के प्रमुख कस्बों पर कब्जा करके हिल्ली पर उस ओर से दबाव डाला जाए। इस काम को 340 ब्रिगेड ने कामयाबी से किया। इस ब्रिगेड के कमांडर का नाम ब्रिगेडियर जोगिंद्र सिंह बख्शी था। उनके कुशल नेतृत्व में नवाबगंज-रंगपुर-पीरगंज राह पर एडवांस करते हुए पीरगंज पर 4 दिसंबर को बड़े साहसपूर्ण ढंग से कब्जा कर लिया। इस प्रकार इस भूभाग को दो भागों में बाँट डाला गया। इसके पश्चात् हिल्ली समेत उस क्षेत्र के दो अन्य ठिकानों—भदूरिया तथा गोबिंदगंज पर एक साथ हमला किया गया। हिल्ली के बगल की पोजीशन हमारी हो जाने से वहाँ डटे दुश्मन का उत्साह काफी ढीला पड़ गया, जिसके कारण 202 ब्रिगेड ने वहाँ से दुश्मन का सफाया कर डाला।

इसके बाद ब्रिगेड ने दुश्मन के एक बड़े तथा महत्त्वपूर्ण केंद्र 'बोगरा' पर आधिपत्य जमाने के प्लान बनाने शुरू किए। इस काम के लिए 340 ब्रिगेड को एक और बटालियन तथा फील्ड रेजिमेंट दी गई। ब्रिगेडियर बख्शी को खबर मिल चुकी थी कि बोगरा में पाकिस्तान के 16 इन्फैंट्री डिवीजन का हेडक्वार्टर है।

बोगरा पर कब्जा करने के लिए उनका प्लान बड़ा सुचारु तथा हिम्मत-भरा था। 14 दिसंबर को सवेरे 6 गार्ड बटालियन तथा 60 आर्मर्ड रेजिमेंट ने बोगरा

के पिछवाड़े एक जबरदस्त रोड-ब्लॉक बना डाला। इसके पश्चात् 2/5 गोरखा राइफल बटालियन तथा 63 कैवेलरी की एक स्क्वाड्रन ने बोगरा पर सामने की दिशा से धावा बोल दिया। दुश्मन ने लड़ाई में हमारी फौजों का कड़ा विरोध किया। पर हमारे ब्रिगेड कमांडर के कुशल नेतृत्व के आगे उसकी एक न चल पाई। बोगरा छावनी तथा रेलवे लाइन पर उसी दिन हमारा कब्जा हो गया। शहर के अंदर आधी रात तक छुटपुट लड़ाई जारी रही। उसके बाद छोटे-छोटे दस्तों में दुश्मन ने हथियार डालने शुरू कर दिए। यहाँ पर दुश्मन बहुत बड़ी संख्या में बंदी बना लिए गए। इनमें बोगरा क्षेत्र की सेना के अतिरिक्त शत्रु का एक ब्रिगेड कुश्तिया क्षेत्र का भी था, जो हार्डिंग ब्रिज के रास्ते नदी पार कर इस क्षेत्र में प्रवेश करके डेरा डाले था।

इस क्षेत्र की लड़ाई में ब्रिगेडियर बख्शी ने बड़े शौर्य तथा अत्यंत कुशल तथा दायित्वगर्भित नेतृत्व का प्रदर्शन तो किया ही, साथ ही युद्ध के मोहरे चलाने में भी दुश्मन को बुरी तरह पछाड़ डाला। युद्ध में निर्भीक तथा कारगर रण-कौशल का उच्च उदाहरण देने तथा अपनी कमान को विजयश्री दिलाने के महत्त्वपूर्ण योगदान के लिए ब्रिगेडियर जोगिंद्र सिंह बख्शी को 'महावीर चक्र' के पदक से अलंकृत किया गया। इसके पूर्व मिजोरम में सैन्य सेवा के दौरान उन्हें विशिष्ट सेवा मेडल प्रदान किया गया था। जाट रेजिमेंट के ब्रिगेडियर बख्शी बाद में मेजर जनरल के पद पर पहुँचकर सेवानिवृत्त हुए।

चार

सन् 1971। पूर्वी पाकिस्तान। आतंक तथा युद्ध के बादल मँडरा रहे थे। पल्टन पूर्वी पाकिस्तान के पूर्वोत्तर कोने पर पहुँच चुकी थी। हुक्म मिला कि कल 21 नवम्बर को दुश्मन पर धावा बोलना है। जगह का नाम आठग्राम। दूर से दुश्मन की हलचल नजर आ जाती थी। मोर्चे पुराने नजर आते थे। उनमें चलते-फिरते सैनिकों के हैलमेट ही नजर आते थे। काफी गहरे होंगे वे सारे मोर्चे। उन्हीं पर हमला बोलना है। दिल बहादुर को पल्टन में भर्ती हुए तीन ही साल हुए थे। पल्टन का सूबेदार मेजर अक्सर नए रंगरूटों को इकट्ठा करके लड़ाई में बहादुरी के किस्से सुनाया करता था—'शत्रु के आगे घुटने टेक देने से तो मर जाना अच्छा है।' सब कहानियों का निष्कर्ष कुछ इसी पाँत पर आ निकलता था।

पल्टन सिलचर से करीमगंज आई थी। और अब ऐन बॉर्डर पर! ऊबड़-खाबड़-सा मैदान, जिसमें से संगीन जैसी अनेक नुकीली चोंचें बाहर को निकली हुई हैं। इनको 'पंजियाँ' कहते हैं। बाँस की मजबूत लकड़ी को लम्बाई के रुख काट लो। फिर एक तीखी नोक बनाओ। तीखी और लम्बी, जैसे कलम छीलते हैं। इसी को जोर से किसी के पेट में घोंप दो तो इसकी नोक दूसरी ओर से बाहर निकल आती है। एक गड्ढा खोद इसे जमीन में दो फीट गाड़ दो—सामने की ओर नोक को तिरछा करके। तो लो, पंजी हो गई तैयार! इसी तरह की सैकड़ों पंजियाँ हमारी ओर मुँह किए। वहाँ कोई आता-जाता इसलिए नहीं, क्योंकि वहाँ बारूदी सुरंगें भी गाड़ी गई हैं। सुरंगों की भूमि में पंजियों की खेती। बरछों जैसी।

कल इसी मैदान को लाँघना होगा।

हमला शुरू हुआ। हमले के साथ कानों में कर्णभेदी गर्जन। आस-पास गोले फटने लगे। उनसे निकलते लोहे के टुकड़े किसी का कंधा चीर जाते हैं, किसी का भेजा। पर बाँके-बावरे साथी कंधे-से-कंधा मिला, सामने से आ रहे तूफान की ओर बढ़ते ही चले जाते हैं, तेजी से दौड़ते हुए। कौन दाएँ गिरता है, कौन बाएँ—इसकी परवाह किए बगैर। चारों ओर गोलियों की दनदनाहट। गोलियों की बौछारें। दिल धड़कता रहता है। धुएँ और मिट्टी के गुबार। धमाके नीचे से होने लगते हैं। किसी की जाँघ कटती है, किसी का घुटना। फव्वारों में बहती गरम खून की लपलपाती धार। माँ चंडी का प्रसाद। बढ़ते चलो! कंधे-से-कंधा भिड़ा, 'आयो गोरखाली' का नारा गुरुमंत्र के रूप में फूँकते।

अब दिल बहादुर आगेवाले साथियों के साथ दुश्मन के मोर्चों तक पहुँच जाते हैं। वही, जिनमें से दुश्मन के हैलमेट चलते-फिरते नजर आया करते थे। सारे अंगारे इन मोर्चों से ही उगले जा रहे हैं। इनके अंदर कूद-कूद इनपर काबू पा लो—किसी तरह—तो सारे अंगारों पर पानी फिर जाएगा। राख होकर शांत हो जाएँगे वे। किसी भगवती झोंके की प्रचंडता के साथ दिल बहादुर की छोटी-सी मूँठ और पैनी धारवाली फौलादी खुखरी निकल आती है म्यान से बाहर और निकलते ही शेषनाग की तरह फुफकारती दुश्मन को डसने लगती है। दाएँ-बाएँ, ऊपर-नीचे। वार-ही-वार। बिजली की सनसनाती चकाचौंध के साथ। हवा को चीरते वार। एक मोर्चे में कूदो। बाहर उछलो; जैसे खरगोश जंगल में चौकड़ी भरता है। फिर दूसरे मोर्चे में छलाँग मारो। अँधेरे धरातल में पाँव, घुटने, कोहनी, सिर—कुछ भी लगने से पहले ही खुखरी सुदर्शन चक्र की तरह चलने लगती है। वार-पर-वार। प्रहार-पर-प्रहार। वज्र की तरह। बिजली की तेजी के साथ। उसके साथ ग्रेनेड भी

फेंके जा रहे हैं। पर दिल बहादुर के पास इतना समय नहीं कि खुखरी के अतिरिक्त और भी कुछ सम्भाल पाए।

खुखरी के पैने वारों में रोक तब लगी जब फौलाद फौलाद के साथ जा टकराया। उसने देखा, मोर्चे में दुश्मन नहीं हैं, उसकी खुखरी का वार मशीनगन की फौलादी नली पर जा पड़ा है। पर अब उसके जहरीले मुँह से अंगारे नहीं निकल रहे थे। अब वह चुप हो गई थी। यह देखने के बाद दिल बहादुर के दिल में तसल्ली आई और उसने साँसें लेना शुरू किया। साथियों ने गिनती करके बताया कि दिल बहादुर की खुखरी ने अकेले आठ दुश्मनों को वीरगति दिलाई थी। राइफल मैन दिल बहादुर छेत्री को दिया गया 'महावीर चक्र' का उच्च सम्मान।

'बसति आप लघु म्यान में, वह कृपान लघु गात।
त्रिभुवन में न समातु पै, सुजसु तासु अवदात।।'

पाँच

जब 57 डिवीजन अगरतला से पश्चिम की ओर एडवांस कर रहा था।—अखौरा की ओर, 23 डिवीजन और भी दक्षिण में 'बेलोनिया' क्षेत्र में था। 'बेलोनिया बल्ज' नाम का क्षेत्र हमारे क्षेत्र में काँटे की तरह चुभा हुआ था। एक तो इसको दुरुस्त करना था। दूसरा चटगाँव की ओर जा रहे यातायात साधनों—सड़क तथा रेल—पर रोक लगानी थी। तीसरे चाँदपुर और दाउदकंडी पर कब्जा करना था। ये दोनों महत्त्वपूर्ण शहर मेघना नदी के पूर्वी किनारे पर स्थित थे। ढाका पहुँचने का रास्ता यहीं से था। पर इन दोनों तक पहुँचने के पूर्व चौदाग्राम और लक्षम नाम की बस्तियाँ राह में पड़ती थीं। ये बस्तियाँ मैनामती से उत्तर-दक्षिण दिशा में जाती लालभाई पहाड़ी के ऊँचे क्षेत्र से सुरक्षित थीं। नीचे समुद्र की ओर से उत्तर को जानेवाले जलमार्गों पर दाउदकंडी और चाँदपुर शहरों का वर्चस्व था।

दुश्मन ने दाउदकंडी और चाँदपुर पर सुदृढ़ मोर्चे बना ही रखे थे। साथ-साथ उसने हिंदुस्तान की ओर से इन दो महत्त्वपूर्ण शहरों तक पहुँचनेवाले रास्तों पर भी अपनी कई सुरक्षा चौकियाँ बना रखी थीं। 23 डिवीजन की यूनिटों का काम था इन चौकियों को या तो साफ करना या इनके गिर्द होते हुए जल्दी-से-जल्दी चाँदपुर और दाउदकंडी पहुँचना और वहाँ नदी के पुलों पर कब्जा जमाना।

83 ब्रिगेड ने एडवांस करते हुए दक्षिण से दुश्मन की पोजीशनों से हटकर उसके पिछवाड़े जाकर परीकोट पर रोड-ब्लॉक लगा डाले। यह काम 3 डोगरा पल्टन द्वारा किया गया।

3 डोगरा के सी.ओ. ने यह काम 'ए' कंपनी के ओ.सी. मेजर गहलोत को सौंपा। मेजर गहलोत ने नक्शों का भलीभाँति अध्ययन किया और अँधेरा होते ही अपने मिशन पर निकल पड़े। उनकी कम्पनी ने 4 दिसम्बर को सुबह तीन बजे रोड-ब्लॉक कायम कर दिया। उम्मीद थी कि अपने पिछवाड़े में लगे रोड-ब्लॉक की खबर पाते ही चौदाग्राम में तैनात दुश्मन की दोनों कंपनियों का पीछे की ओर हटना शुरू हो जाएगा; परंतु ऐसा नहीं हुआ। घेराव हो जाने के बावजूद भी दुश्मन ने लड़ाई लड़ने का फैसला कर लिया था।

5 दिसंबर तक 3 डोगरा पल्टन ने दुश्मन की दोनों कंपनियों को अच्छी तरह घेर लिया था। उसके पास हथियार डाल देने का संदेश भेजा गया, पर उन्होंने उसे ठुकराकर कहा कि वे अपने मोर्चों पर ही लड़कर मरना पसंद करेंगे। 3 डोगरा ने यह चुनौती स्वीकार कर ली।

मेजर गहलोत ने पीछे से दुश्मन की एक प्लाटून संख्या की चौकी पर बड़ी निर्भीकता से हमला कर दिया। हाथोहाथ लड़ाई होने लगी। इसी बीच दुश्मन की दूसरी कंपनी के जवानों ने मेजर गहलोत के सैनिकों पर वापस हमला बोल दिया। यह हमला रणनीतिबद्ध ढंग से एकदम अचानक किया गया था और ऐसे वक्त हुआ जब इसकी जरा भी उम्मीद नहीं थी। पर मेजर गहलोत घबराए नहीं। उन्होंने अपने जवानों को डटकर लड़ने के लिए ललकारा। अब होनेवाली लड़ाई में 3 डोगरा के कई जवान हताहत हुए, क्योंकि दुश्मन बड़े सुदृढ़ मोर्चों से फायर कर रहा था। हाथापाई की लड़ाई में मेजर गहलोत गंभीर रूप से घायल हो गए। इसपर भी विचलित हुए बिना, अपने मनोबल से पीड़ा पर नियंत्रण रखते हुए अपने जवानों को लगातार शत्रु पर विजय प्राप्त करने के लिए प्रोत्साहित करते रहे। परिणाम यह हुआ कि मोर्चों में मुस्तैद दुश्मन को बहादुरी और लड़ मरने की कटिबद्धता के बावजूद भी 3 डोगरा के बहादुर जवानों ने इतने जोश और साहस के साथ अपना हमला जारी रखा कि वे दुश्मन की पोजीशन को रौंदने में सफल हो गए। 3 डोगरा के बहादुर जवानों के लिए यह बहुत बड़ी जीत थी; क्योंकि इसके बाद ही उनके डिवीजन के लिए आगे जाने का रास्ता इस तरह खुला कि 23 डिवीजन कुछ ही दिनों में चाँदपुर और दाउदकंडी पर कब्जा कर ढाका के द्वार खटखटाने की स्थिति में आ गया। इस युद्ध ने बाद में पाकिस्तानी

फौजों के हथियार डालने और उनके तिरानबे हजार सिपाही बंदी बनाए जाने की ऐतिहासिक विजय में अपने योगदान की उल्लेखनीय भूमिका निभाई। पाकिस्तानी फौज के कुछ कमांडरों के मनोबल का अनुमान परिशिष्ट-2 में दिए पत्र से लगाया जा सकता है।

मेजर अनूप सिंह गहलोत अपनी बटालियन की अभूतपूर्व विजय के तुरंत बाद भारी जख्मों के कारण वीरगति को प्राप्त हुए। उस समय उनकी आयु इकतीस वर्ष की थी। उन्हें मरणोपरांत 'महावीर चक्र' से सुशोभित किया गया।

छह

सन् 1971 की लड़ाई में पूर्वी क्षेत्र। पूर्वी पाकिस्तान में हमारा प्लान चारों ओर से हमला करने का था। पूर्वी पाकिस्तान के पूर्व की लंबी सीमा पर आक्रमण करना 4 कोर के जिम्मे था जिसमें उत्तर, मध्य तथा दक्षिण में क्रमशः 8, 57 तथा 23 डिवीजनों को तैनात किया गया था। इसमें मध्य क्षेत्र वाले 57 डिवीजन का प्रारंभिक लक्ष्य अगरतला के विमुख कोई छह-सात किलोमीटर की दूरी पर स्थित अखौरा नाम के शहर पर कब्जा करना था। अखौरा एक प्रमुख यातायात केंद्र था तथा ढाका पहुँचने के लिए मेघना नदी तट तक जाने की राह में पड़ता था।

अखौरा पर आक्रमण करने के लिए यह जरूरी समझा गया कि आक्रमण के समय हमारा बायाँ पार्श्व सुरक्षित हो। इसके लिए अखौरा के दक्षिण में स्थित गंगासागर नामक ठिकाने पर काबू पाना आवश्यक हो गया। इसके लिए 'एस. फोर्स' नामक दस्ते के उत्तर की ओर से हमला करने का दिखावा करते हुए हमारे 73 ब्रिगेड ने दक्षिण में स्थित गंगासागर पर हमला किया। यह कार्यभार 14 गार्ड बटालियन के सुपुर्द किया गया।

हमला गुपचुप ढंग से शुरू किया गया। मगर दुश्मन ने हार मानने से इनकार कर दिया। उसने आक्रमण कर रही हमारी फौज पर भारी बमबारी शुरू कर दी। इसमें तोपगोलों की तो बहुतायत थी ही, गोलियों की बौछारों ने भी आगे बढ़ने पर भारी रोक लगाना शुरू कर दिया। 14 गार्ड के इस हमले में सामने की बाईंवाली कम्पनी के साथ, लांस नायक एल्बर्ट एक्का भी थे। हमले के दौरान जब उन्होंने देखा कि दुश्मन के एक बंकर से लाइट मशीनगन की गोलियों की बौछार हमारे

रास्ते में विघ्न डाल रही है और उसके कारण बटालियन के बहुत सारे सैनिक जख्मी भी हो चुके हैं, तो उन्होंने इसका काम तमाम करने की ठानी। अपनी लेश मात्र भी चिंता किए बगैर उन्होंने दुश्मन के बंकर पर एक ओर से बड़ी मुस्तैदी तथा जोश के साथ धावा बोल दिया। बंकर के भीतर दुश्मन के दो सैनिक थे। दोनों को ही उन्होंने संगीन की मार से हताहत कर डाला। इस तरह उस लाइट मशीनगन का मुँह बंद कर दिया गया। पर दुश्मन पर संगीन चलाते समय लांस नायक एक्का स्वयं गम्भीर रूप से घायल हो गए। इसपर भी उन्होंने अपने साथियों का साथ न छोड़ा। उनके साथ जुटकर वे दुश्मन के एक-एक बंकर का सफाया करने के अत्यंत जोखिम-भरे काम में लग गए।

दुश्मन की यह पोजीशन काफी गहराई तक अंदर को थी। बंकरों तथा मोर्चों का सफाया करते-करते वे कोई डेढ़ किलोमीटर की दूरी पार कर चुके। लांस नायक एक्का के जख्म से खून बहता जा रहा था और थकान भी बहुत बढ़ गई थी। जब दुश्मन की पोजीशन का आखिरी भाग पार कर लिया गया और सबने सोचा कि काम पूरा हुआ, तभी बगल की एक दुमंजिला इमारत से मीडियम मशीनगन का भारी फायर आना शुरू हो गया। इसके कारण हमारे सैनिक हताहत भी हुए और आगे की बढ़त में भी रुकावट आई। लांस नायक एक्का से यह सहा नहीं गया। वे सरपट रेंगते हुए उस इमारत के पास पहुँचे और फिर बड़ी हिम्मत एवं साहस के साथ ऊपर भी चढ़ गए। ऊपर चढ़कर उन्होंने सैंड बैग से घिरा वह बंकर ढूँढ़ा, जहाँ से फायर की घातक बौछारें आ रही थीं और उसमें तपककर एक ग्रेनेड फेंका। ग्रेनेड की सेफ्टी पिन निकालने के बाद क्लिप को छोड़ते हुए कुछ सैकेंड उन्होंने ग्रेनेड हाथ में रखा। आमतौर पर ग्रेनेड फेंकने के छह-सात सैकेंड बाद ही फूटता है। समय से पहले फेंक देने से दुश्मन को बचाव का समय मिल जाता है। या तो वह ग्रेनेड उठाकर बाहर कहीं अथवा स्वयं आक्रमणकारी की दिशा में वापस फेंक सकता है या किसी आड़ के पीछे छिपकर अपना बचाव कर सकता है। परंतु इस तरह कुछ देर ग्रेनेड मुट्ठी में पकड़े रहने से फेंकने पर उसका फटना तत्क्षण हो जाता है और शत्रु को किसी प्रकार की बचत का समय ही नहीं मिलता। हाँ, इसमें जोखिम यह है कि वह हमारी मुट्ठी में ही फटकर हमारा ध्वंस कर सकता है। ठीक तरह से ग्रेनेड फेंकने के लिए साहस तथा सूझ दोनों की जरूरत है। लांस नायक एक्का में ये दोनों गुण यथेष्ट मात्रा में विद्यमान थे। उनके ग्रेनेड फेंकने से दुश्मन के एक सिपाही की तो तुरंत मृत्यु हो गई। पर दूसरा घायल होकर ही बच रहा और उसने किसी प्रकार लाइट मशीनगन

का चलाना जारी ही रखा। यह वाकई कड़ी हिम्मत और हौसले का काम था। हीरे की टक्कर हीरे के साथ थी।

इसपर लांस नायक एक्का ने बंकर की दीवार एक ओर से चढ़नी शुरू की। ऊपर चढ़कर उन्होंने नीचे कूदन के साथ उस मशीनगन चालक को अपनी संगीन के वार से हताहत कर डाला। इस साहसपूर्ण कार्य से हमारे बहुतेरे सैनिक हताहत होने से बच गए। साथ ही उनकी बटालियन के सिर विजयश्री का सेहरा बँधा। गंगासागर पर पाई इस विजय के कारण 57 डिवीजन की आगामी आक्रामक कार्यवाही को बड़ी भारी सहायता मिली। अखौरा पर आक्रमण करने के लिए एक महत्त्वपूर्ण द्वार खुल गया था—सो भी शत्रु के पिछवाड़ेवाले आँगन में! इससे शत्रु को अखौरा से खदेड़ निकालने में 311 ब्रिगेड को सफलता मिली। अखौरा ढाका पहुँचने के लिए सबसे छोटे रास्ते पर स्थित था, इसका महत्त्व इससे ही समझा जा सकता है।

पर इस वीरतापूर्ण कार्य के लिए लांस नायक एक्का को गहरे घावों तथा खून बह जाने के कारण अपने प्राणों का बलिदान करना पड़ा। उनतीस वर्षीय लांस नायक एक्का का मरणोपरांत वीरता के सर्वोत्तम पदक 'परमवीर चक्र' से सुशोभित किया गया। बँगलादेश की लड़ाई का यह एकमात्र 'परमवीर चक्र' था।

सात

हमारे आक्रमण का एक अंग पूर्वी पाकिस्तान के उत्तर-पूर्वी कोने से था, जहाँ हमारा लक्ष्य सूर्मा नदी पर बसे सिलहट शहर पर कब्जा करना था। सिलहट का रास्ता सीमा के निकट बसे गाजीपुर नगर से होकर जाता था। यह क्षेत्र मेघालय की विख्यात बस्ती चेरापूँजी से ज्यादा दूर नहीं है; पर चेरापूँजी पहाड़ पर है, जबकि यह क्षेत्र मैदानी है। वहाँ पहुँचने के लिए मैदानी रास्ता धर्मानगर से होकर है। 59 ब्रिगेड को धर्मानगर—फेंचूगंज ऐक्सीस पर एडवांस करने का आदेश दिया गया। यह बात 4 दिसंबर की है।

सबसे पहला ठिकाना गाजीपुर था। इसकी सुरक्षा के लिए दुश्मन की दो कंपनियाँ तैनात थीं। यह पोजीशन बहुत पुरानी और तगड़ी थी। सुरक्षा के लिए उपयुक्त स्थलों पर कंक्रीट के बंकर बनाए गए थे। तोपखाने, मोर्टार तथा मशीनगनों के फायर का आप में बढ़िया सामंजस्य किया गया था, जिससे आक्रमणकारी को

अधिक-से-अधिक क्षति पहुँचाई जा सके। पोजीशन के आगे बारूदी सुरंगों का घेराव था। इस तगड़ी पोजीशन पर हमले के लिए 4/5 गोरखा राइफल पल्टन को चुना गया, जिसका नेतृत्व लेफ्टिनेंट कर्नल हरोलिकर के सक्षम हाथों में था।

4 दिसंबर का हमला शुरू हुआ। दुश्मन के भारी फायर के कारण हमारी सामनेवाली दोनों कंपनियाँ क्षतिग्रस्त होकर कुछ ही आगे जाकर रुकने पर मजबूर कर दी गईं। यह दुर्गम परिस्थिति देखकर कर्नल हरोलिकर बटालियन की शेष दो कंपनियों को लेकर रात के अंधकार में लंबा मार्च करा दुश्मन के पीछे पहुँच गए और वहाँ इकट्ठा होकर उनकी निजी अगुआनी में दुश्मन पर धावा बोल दिया गया। लड़ाई घमासान हुई काफी देर संगीनों तथा ग्रेनेडों के साथ हाथोहाथ युद्ध चला। अंत में गाजीपुर हमारे हाथों में आ गया। दुश्मन की हार हुई और हमारी विजय। पर इस दौरान पल्टन को काफी नुकसान भी झेलना पड़ा। इस विजय के साथ-साथ ब्रिगेड की दूसरी पल्टन ने 6 दिसंबर को कुलौरा नामक बस्ती पर आधिपत्य जमा लिया। इसके फलस्वरूप हमारे 59 तथा 81 ब्रिगेडों का आपस में मिलाप हो गया। अब 81 ब्रिगेड मौलवी बाजार की ओर बढ़ रहा था और 59 ब्रिगेड फेंचूगंज की तरफ। तभी अफवाह उड़ी कि दुश्मन सिलहट से पीछे हटकर आशुगंज की तरफ जा रहा है।

पहले प्लान था कि आशुगंज पर 59 डिवीजन हमला करेगा और इसमें 59 ब्रिगेड उनके साथ जा मिलेगा। किंतु अब प्लान में परिवर्तन करके फैसला किया गया कि सिलहट पर कब्जा करने के लिए 59 ब्रिगेड की एक बटालियन को दुश्मन की पीछे, हेलिकॉप्टरों से पहुँचाया जाए। हालाँकि 4/5 गोरखा राइफल बटालियन में काफी सैनिक जख्मी हो चुके थे, ब्रिगेड कमांडर को बटालियन तथा उसके सी.ओ. कर्नल हरोलिकर पर पड़ा भरोसा था, इसलिए उन्होंने इस दुरूह काम के लिए कर्नल हरोलिकर को ही चुना। प्लान था कि बटालियन छोटी-छोटी टुकड़ियों में बँट सिलहट में दुश्मन की पोजीशन के पीछे सूर्या नदी के उत्तरी तट पर रेलवे स्टेशन से कोई डेढ़ किलोमीटर की दूरी पर उतारी जाए।

यह जोखिम-भरा काम 7 दिसंबर की दोपहर को शुरू हुआ—अग्रिम टुकड़ियों के पहुँचने के साथ। दुश्मन को अपने पिछवाड़े उतर रहे सैनिकों की भनक लग गई और उसने हथियारबंद दस्ते भेज उन्हें क्षत-विक्षत करना आरंभ कर दिया। ऐसे कठिन अवसरों पर ही अच्छे नेतृत्व की परख होती है। कर्नल हरोलिकर ने अपने सैनिकों का हौसला बढ़ाया और उन्हें बड़ी सूझ-बूझ के साथ दुश्मन के फायर का जवाब देने के लिए ऐसे मोर्चों पर तैनात करने मे जरा भी विलंब

न किया जहाँ से वे अपना बचाव करते हुए दुश्मन पर हावी हो सकें। 8 दिसंबर तक बाकी बटालियन भी हेलिकॉप्टरों के जरिए वहाँ पहुँचा दी गई। उनके साथ दो पहाड़ी तोपें भी थीं। प्लान था कि अड़तालीस घंटों के अंदर यानी 9 दिसंबर तक इस पल्टन के साथ शेष फौज का मिलाप करवा दिया जाएगा। यह इसलिए जरूरी था कि इस तरह दुश्मन के पीछे पहुँचाया दस्ता अल्पकाल तक ही अपना स्वत्व बनाए रह सकता है। बाद में उसके गोला-बारूद तथा रसद सामग्री इत्यादि समाप्त हो जाते हैं; और तब अगर मिलाप न हो पाए तो जीना हराम हो जाता है।

उधर 8 दिसम्बर को ही 81 ब्रिगेड ने मौलवी बाजार पर कब्जा कर लिया, जिसके परिणामस्वरूप वहाँ तैनात दुश्मन के सैनिक बच निकलकर सिलहट की फौज के साथ आ गए। इस नई कुमुक की मदद से कर्नल हरोलिकर की बटालियन को पूरी तरह घेर लिया गया और उनपर गोलाबारी होने लगी।

तब तक सिलहट में दुश्मन की संख्या सात हजार के लगभग हो गई थी। कर्नल हरोलिकर की बटालियन पर दुश्मन की तोपों, मोर्टारों तथा मशीनगनों की गोलाबारी जारी रही। उनपर कई बार आक्रमण भी किए गए, पर बहादुर गोरखा जवानों ने उनका मुँहतोड़ जवाब दिया। रात के समय वे अपने मोर्चे दुरुस्त करते और दिन के समय दुश्मन का फायर झेलते तथा उसपर जवाबी फायर करते।

सभी यही उम्मीद लगाए थे कि या तो हमारी फौजें सिलहट से दुश्मन को हटने पर मजबूर करें या हमारे साथ किसी थी दिशा से मिलाप करके हमें आगे लड़ने के लिए रसद की राहत पहुँचाएँ। पर उस समय हमारी फौज ढाका की ओर तेज़ी से बढ़ने में कोई कसर न छोड़ रही थी। घेराव में पड़ी पल्टन की विपदा एक-एक दिन करके आठ दिन तक चलती रही।

असली खुशखबरी 16 दिसम्बर को मिली, जब ढाका में दुश्मन की हाई कमान के हथियार डालने के साथ-साथ सिलहट में अड़े दुश्मन ने भी अपने हथियार डाल देने का फैसला कर लिया। विपदा के इन युग समान लम्बे दिनों में न तो कर्नल हरोलिकर ने अपना हौसला टूटने दिया, न अपने बहादुर जवानों का।

बाद में सिलहट में लड़ रहे दुश्मन के कमांडर ने यह स्वीकार किया कि यदि 4/5 गोरखा राइफल पीछे से आकर, इतना साहस दिखाकर उन्हें परेशान न करती तो अभी उनमें कम-से-कम बारह दिन और लड़ने की ताकत थी।

ले. कर्नल अरुण भीमराव हरोलिकर को बाद में 'महावीर चक्र' पदक से अलंकृत किया गया। कर्नल हरोलिकर का जन्म कोल्हापुर में 6 दिसम्बर, 1934 को हुआ

था। 3 जून, 1956 को इन्हें 5 गोरखा राइफल में कनीशन मिला। इनके बड़े भाई ने द्वितीय विश्वयुद्ध के दौरान हिंदुस्तानी फौज में सेवा की थी। कर्नल हरोलिकर बाद में ब्रिगेडियर बनकर सेवानिवृत्त हुए।

'दुस्साहस के नाम।'

आठ

उन दिनों दिल्ली से एक ही मीटर-गेज रेल जोधपुर जाती थी। जोधपुर के बाद यह उत्तर-पश्चिम तथा दक्षिण-पश्चिम को जानेवाली दो धाराओं में बँट जाती। एक बाड़मेर-गदरा रोड को मुनाबाओ की ओर तो दूसरी पोखरण होते हुए जैसलमेर (1971 में पोखरण तक ही)। सड़कें भी लगभग इनके समानांतर ही चलती हैं। उत्तरोत्तर एक-दूसरे से दूर होती इन सड़कों को जोड़नेवाली एक सड़क सीमाक्षेत्र के समानांतर उत्तर-दक्षिण की दिशा अपनाती है।

इन्हीं सड़कों के छोरों पर जैसलमेर-तनोत क्षेत्र में 12 इन्फैंट्री डिवीजन तैनात था तथा बाड़मेर-गदरा रोड में 11 इन्फैंट्री डिवीजन। 12 डिवीजन का सामरिक लक्ष्य था पाकिस्तान में आगे बढ़, रहीमयार खार (65 किलोमीटर दूर) के क्षेत्र में रेल-रोड यातायात को काट देना, जिससे कराची-लाहौर राज्य मार्ग में अवरोध आ जाए। 11 डिवीजन का लक्ष्य था सीमा पार कर बढ़ते हुए, नयाछोर पर काबू कर उमरकोट तक पहुँचना; और इस प्रकार हैदराबाद सिंध से शेष पाकिस्तान को जोड़नेवाले मार्ग में बाधक बन खतरा पैदा करना। विभाजन से पहले गदरा रोड से मुनाबाओ जानेवाली रेलवे लाइन आगे सिंध में जाती थी। विभाजन के बाद पाकिस्तान ने मुनाबाओ को खोखरोपार से जोड़नेवाली पटरियाँ उखड़वा डाली थीं।

थार रेगिस्तान में इतना बड़ा ऑपरेशन पहली बार हो रहा था। सबसे बड़ी समस्या थी गतिशीतला में बाधक बनानेवाली डगर तथा गोलाबारि तथा खाने-पीने की सामग्री पहुँचाने की गम्भीर कठिनाइयाँ, दूरियों की समस्या, रेगिस्तान में हरे पेड़-पौधों का अभाव होने के कारण सपाट डगर पर बड़े फौजी बलों तथा उनके वाहनों, तोपखाने तथा टैंकों को छिपाने की कठिनाई। आकाश से विमानों द्वारा इनकी पहचान कर इन्हें हवाई गोलाबारी से नष्ट किया जाना आसान रहता है। अस्तु वायुसेना का अपना अलग ही महत्त्व है।

12 डिवीजन का अभियान चौबीस घंटे स्थगित कर दिए जाने के बाद 5 दिसंबर को आरंभ किया गया। अभी सीमा चौकियों पर काबू ही किया था कि डिवीजन के अग्रिम दस्तों के पूर्व-पश्चिम की ओर लोंगेवाला बस्ती में स्थित 23 पंजाब की कंपनी के पेट्रोलों ने खबर दी कि दुश्मन के टैंकों का एक बड़ा दस्ता उनकी ओर बढ़ता चला आ रहा है। रेगिस्तान में (जैसाकि पहाड़ों में भी होता है) यह खबर मिलना कि पिछवाड़े का रास्ता काटा जा रहा है, बड़ी चिंता का विषय बन रहता है। डिवीजन ने रहीमयार खान की ओर अपनी बढ़त रोक दी तथा साथ-साथ वायुसेना की कमान को टैंकों के आगमन की सूचना दे दी। 23 पंजाब के कमान अफसर ने फुरती के साथ लोंगेवाला स्थित अपनी कंपनी के पास दो टैंक संहारक तोपें (आर.सी.एल. गनें) भेजीं।

उस समय लोंगेवाला स्थित इस कंपनी की कमान मेजर कुलदीप सिंह चाँदपुरी के जिम्मे थी। इन्होंने इस स्थान पर बड़ सुचारु ढंग से मोर्चे खुदवाए थे। तनोत से सीमा तक फैले 112 डिवीजन का 'बेस' (जहाँ साज-सामान का भंडार हो) रामगढ़ में था। डिवीजन के एक पार्श्व से उसके पिछवाड़े की ओर आने के लिए पाकिस्तान की टैंक रेजिमेंट ने धव्वर-लोंगेवाला की दिशा अपनाई, जिससे वे लोंगेवाला पर आधिपत्य जमाने के बाद रामगढ़ पर कब्जा कर सकें और इसके बाद जैसलमेर के महत्त्वपूर्ण हवाई अड्डे पर। बाद में पकड़े गए दस्तावेजों तथा बंधकों से पता चला कि उनका प्लान यह था कि सुबह का नाश्ता रामगढ़ में किया जाए और रात का डिनर जैसलमेर में! वास्तव में हुआ यह कि उन्हें कहीं का पानी पीने को भी न मिला।

लोंगेवाला में मेजर चाँदपुरी ने सुरक्षा का बढ़िया प्रबंध कर रखा था। टैंकों के निकट आने पर उन्होंने हाल ही में पहुँची टैंकमार तोपों तथा मशीनगनों के साथ जोरों से फायर करना शुरू कर दिया। टैंकमार तोपों के गोले जगह बदल-बदलकर छोड़े गए। इससे पाकिस्तानियों को लगा कि यहाँ तो हमारी कोई बहुत ही भारी तथा सुदृढ़ पोजीशन है। पोजीशन के आस-पास फीते तथा केटीली तारें भी डाली गई थीं—रात को तंग करनेवाले कुत्तों से बचने के लिए। इन अवरोधों को देखकर आक्रमणकारी टैंक कमांडरों ने अनुमान लगाया कि हमारी पोजीशन के चारों ओर बारूदी सुरंगें भी बिछी हुई हैं! इसलिए तुरंत धावा बोलने की अपेक्षा उन्होंने इधर-उधर अधिक टोह लेनी शुरू की और वक्त बरबाद किया, ऐसा आतंक था।

रात चाँदनी-भरी थी। मेजर चाँदपुरी ने गश्म लगाते हुए अपनी कंपनी के फायर को सारी रात जारी करवाए रखा। इसके कारण दुश्मन ने रात के समय

पोजीशन को रौंद डालने का जोखिम न उठाया। उसने सोचा, दिन के समय जब पीछे आ रहे पैदल दस्ते सहायता के लिए पास पहुँच जाएँगे, तब हमला शुरू करेंगे।

पर दूसरे दिन तड़के सुबह कुछ और ही हुआ। हमारी वायुसेना को सूचना दी जा चुकी थी। उस समय हमारे लड़ाकू विमान अन्य कार्यों में भी व्यस्त थे। फिर भी कुछ हंटर विमानों को यह कार्य सौंपा गया। उन्होंने भोर की पहली किरण के साथ ही लोंगेवाला आकर दुश्मन के दस्ते के अग्रिम टैंकों का क्षतिग्रस्त कर डाला। इसके साथ ही सारे टैंक कॉलम में भगदड़ मच गई। पीछे हटने और भागने की जल्दबाजी में कई टैंक रेत में ही धँसते चले गए। हमारे विमान चालकों ने फिर वापस हवाई अड्डे में रॉकेटों तथा बमों से लैस हो, अपने हमलों का ताँता बराबर जारी रखते हुए पीछे भागते शत्रु का दूर-दूर तक पीछा भी किया। दोपहर तक सत्रह टैंक तथा तेईस अन्य भारवाहक गाड़ियाँ नष्ट की जा चुकी थीं। दुश्मन के बड़े भारी संभावित हमले को रंग पकड़ने से पहले ही बदरंग कर डाला गया था। यह सब मेजर चाँदपुरी की सतर्कता से खबर देने तथा बड़े धीरज तथा सूझ-बूझ के साथ कम्पनी में उपलब्ध सभी हथियारों का एकजुट हो दक्ष प्रयोग करने तथा वायुसेना की समय पर मिली मदद के कारण हुआ। इसमें वायुसेना के विमान चालकों ने भी बड़ी हिम्मत तथा कर्तव्यनिष्टा दिखाई।

दिलेरी और कर्तव्यनिष्ठा के कारण शत्रु के बहुत बड़े हमले को तोड़ने का श्रेय मेजर चाँदपुरी तथा वायुसेना के उत्कृष्ट चालकों को दिया गया मेजर चाँदपुरी का 'महावीर चक्र' से अलंकृत किया गया था तथा वायुसेना के निर्भीक विमान चालकों को 'वीर चक्र' से। ये थे स्क्वाड्रन लीडर रवींद्रनाथ बाली, स्क्वाड्रन लीडर दिलीप कुमार दास तथा फ्लाइट लेफ्टिनेंट रमेश चंद्र गोसाईं।

□

दूसरी ओर 11 डिवीजन का एडवांस दो विभिन्न मार्गों पर शुरू किया गया। डिवीजन का मुख्य मार्ग था मुनाबाओ-खोखरोपार-पर्वत अली। 11 डिवीजन के 31 इन्फैंट्री ब्रिगेड का मार्ग था गदरा सिटी-डाली-खिंसर-छाछरो। आक्रमण से पूर्व मिली खबरों के अनुसार सीमा से नयाछोर को जोड़नेवाली सड़क पक्की बताई गई थी। सारा आयोजन इसी एक खबर को सत्य मान किया गया था। परंतु आगे बढ़ने के बाद पता चला कि पक्की सड़क की जगह पर वहाँ रेत के धोरों से ऊपर-नीचे होता मात्र एक कच्चा मार्ग ही है। भारी मात्रा में गाड़ियाँ चलने के बाद इस

मार्ग का 'भुरता' ही बन गया। एडवांस की गतिशीलता में मंदी आई। मार्ग को यातायात के लिए सक्षम बनाने के लिए पूरे मार्ग पर 'डक बोर्ड ट्रैक' (लकड़ियों के जोड़ से बने चपटे स्लीपरों की कतार) लगाने की व्यवस्था की गई इसमें काफी समय लगा। 31 इन्फैंट्री ब्रिगेड का वाहन-मार्ग तो और भी खराब था। वहाँ की रेत अधिक नरम तथा 'दलदली' थी। मार्ग पर आएदिन धँसी गाड़ियों की कतारें देखने को मिलतीं। इसलिए आगे बढ़ रहे सैनिकों को खानपान की सामग्री तथा गोला-बारूद, बारूदी सुरंगें इत्यादि भेजने में भारी कठिनाई बनी ही रही। फिर भी हमारे सैन्य बलों ने खिंसर तथा छाछरो पर कब्जा जमा ही लिया। ये आक्रमण 20 राजपूत बटालियन ने किए थे। इससे पूर्व गदरा सिटी का सफल आक्रमण 15 कुमाऊँ बटालियन ने किया था। छाछरो सीमा से सौ किलोमीटर की दूरी पर था। फिर भी मार्ग खराब होने के कारण सैंड टायर (चौड़ी पट्टी के टायर, जो रेत में अपेक्षाकृत कम धँसते हैं) लगी रसदवाहक गाड़ियों को भी वहाँ आने-जाने में चार दिन लग जाते थे।

ऐसे में 13 दिसम्बर को आदेश मिला कि एक बटालियन आगे एडवांस करके उमरकोट के साथ संपर्क स्थापित करे। यह काम 16 मद्रास बटालियन को सौंपा गया, क्योंकि ऐक्शन देखने की अब उसकी बारी थी। उमरकोट वहाँ से काफी दूरी पर था। बटालियन ने 14 दिसंबर की रात तैयारी में बिताई।

16 मद्रास ने रातोरात तैयारी करके उमरकोट की ओर एडवांस शुरू किया।

एडवांस करते-करते उमरकोट से कुछ कोस इस ओर की हिंगारोतार नामक बस्ती तक पहुँच गई। यहाँ पहुँचने तक बटालियन बुरी तरह थकी हुई थी। तोपखाने, गोली-बारूद तथा पानीवाली गाड़ियाँ राह में ही रेत में धँसी रह गई थीं। उन्हें निकालने के लिए भेजी एक क्रेनवाली ब्रेकडाउन गाड़ी खुद ही रेत में धँसकर रह गई। इस क्षेत्र की बालू बेहद नरम और बारीक थी। रेत के कई धोरे पचास मीटर से भी ऊँचे थे। देरी न हो, इसलिए बटालियन धँसी गाड़ियों के पास गेंती-बेलचे समेत कुछ सैनिक पीछे छोड़ आगे बढ़ गई थी। इन लोगों को आदेश था कि गाड़ियों को रेत से निकालकर आगे लाने का जी-जान से यत्न करें।

हिंगारोतार पहुँचने पर बटालियन को उम्मीद थी कि शायद सुबह होने तक पीछेवाली गाड़ियाँ आगे आ मिलेंगी। बटालियन के सैनिकों के पास प्यास बुझाने के लिए छोटी बॉटर वाटल के अलावा अन्य कुछ न था। इससे तो अच्छा होता, यदि वे थोड़ा-बहुत सामान ऊँटों पर लादकर साथ लाए होते। सचमुच में ऊँट अभी भी रेगिस्तान का जहाज बना हुआ था। वाहन के बराबर सामान नहीं लाद

सकता था, पर न पेट्रोल की फिक्र, न उतना पानी की। न आवाज, न धुंध, न धूल के अम्बार, न पीछे छोड़े गाड़ियों के पहियों के निशान। ऊँट दबे पाँव चुपचाप अपने ठिकाने या निशाने पर पहुँचकर दुश्मन को चौंका सकता था।

हिंगारोतार पहुँचकर बटालियन ने सुरक्षा पोजीशन लेकर मोर्चे बनाने को ठानी। उस समय कप्तान शंकर वाल्कर बटालियन के मोर्टार प्लाटून की कमान कर रहे थे। इनके पास छह 81 किलोमीटर मोर्टार थे। बड़े तोपखाने की गाड़ियाँ पीछे फँसी रह गई थीं। इसलिए बटालियन के पास कप्तान वाल्कर के मोर्टारों के अतिरिक्त दुश्मन के जमघटों पर भारी गोले फेंकनेवाला कोई दूसरा हथियार न था। मोर्टारों के भी थोड़े ही गोले साथ आगे आ सके थे।

कप्तान वाल्कर को पता था कि उनके जवान भूखे-प्यासे हैं। मोर्चे खुदवाने से पूर्व उन्होंने उन्हे खाने के लिए छूट दी तथा अपनी निजी वाटर बॉटल का पानी बाँटकर पिया। जवान हिम्मत न छोड़ें, इसलिए उन्होंने उन्हें हर तरह से आश्वासन दिया कि सुबह तक पीछे फँसी गाड़ियाँ आने आ जाएँगी, जिससे गोला-बारूद मिल जाएगा तथा पानी की कमी में सुधार होगा।

मोर्चे खोलने का काम रातोंरात शुरू कर दिया। दुश्मन का क्या भरोसा, कभी भी हमला कर सकता है। अपनी तैयारी पूरी होनी चाहिए। सैनिकों के मोर्चों के साथ-साथ मोर्टारों तथा उनके गोलों को सुरक्षित रखने के लिए भी मोर्चे खोले गए। उसके बाद मोर्टारों को कहाँ-कहाँ फायर करना है, इसका फैसला हुआ। जिससे इतने यत्न से ढोकर लाए गोलों में से एक भी बेकार न जाए; उन्होंने मीलों चल-फिरकर रातोंरात यह काम पूरा किया। तब तक दुश्मन की गोलाबारी शुरू हो चुकी थी। प्रत्यक्ष था कि उसे हमारी पोजीशन का पता चल गया है। और उसके तोपखाने ने इसका सही ठिकाना भी नोट कर लिया है। इसी फायर के दौरान कप्तान वाल्कर घायल हो गए। पर उन्होंने जख्मों पर थोड़ी दवाई लगा, हल्की पट्टी बाँध अपना काम बड़ी दिलेरी एवं कर्तव्यनिष्ठा से जारी रखा।

रात के तीसरे पहर शुरू हुआ दुश्मन के तोपखाने का घातक फायर सुबह तक जारी रहा। दिन चढ़ते ही दुश्मन की रेकी तथा सपोर्ट बटालियन ने जीपों पर चढ़ाई मशीनगनों के साथ 16 मद्रास की पोजीशन पर हमला भी बोल दिया। यह हमला इतना घातक था कि ए कम्पनी और डी कंपनी को काफी पीछे हट एक दूसरे धोरे पर पोजीशन लेने के लिए मजबूर होना पड़ा। यों दिन की रोशनी में ऐसा करना खतरे से खाली नहीं था। बटालियन मुख्यालय के साथ मोर्टार प्लाटून अपनी जगह डटी रही। यह कप्तान वाल्कर के निर्भीक नेतृत्व के कारण हुआ।

उन्होंने यह कहकर जवानों का हौसला बढ़ाया कि इतनी मेहनत से बनाए मोर्चे अधिक-से-अधिक सुरक्षा दे पाएँगे। साथ शत्रु के ऊपर घातक फायर ढाने में भी कामयाब होंगे। कप्तान वाल्कर स्वयं अपने जवानों के साथ मोर्चे में डटे हुए थे। इसका बड़ा अच्छा असर हुआ। मोर्टार प्लाटून के बढ़िया फायर की लपेट में ढेरों दुश्मन धराशायी हो गए और उनकी जीपों का भी नुकसान हुआ। इसी के कारण पीछे हटी कम्पनियाँ समय पर पिछवाड़े के धोरे पर पहुँच पायीं।

अब स्थिति काफी नाजुक हो गई थी। दुश्मन के सिपाही जीपों से नीचे उतरकर हमारे मोर्चों की ओर बढ़ना शुरू हो गए। हमारे सिपाही बड़ी बहादुरी के साथ उनपर फायर करते रहे। जब वे कुछ ही दूर रह गए तो कप्तान वाल्कर उछलकर अपने मोर्चे के बाहर निकले और अपनी स्टेनगन से फायर करते हुए उन्होंने दुश्मन पर धावा बोल दिया। इसमें दुश्मन के चार सैनिक हताहत हुए। साथ ही कप्तान वाल्कर को गोलियों की मार के कारण अपने प्राणों का बलिदान करना पड़ा।

8 मार्च, 1943 को महाराष्ट्र में पैदा हुए कप्तान वाल्कर को रणभूमि में असीम साहस के साथ अपनी कमान का उज्जवल नेतृत्व करने के लिए मरणोपरांत 'महावीर चक्र' से अलंकृत किया गया।

तब तक युद्धविराम की घोषणा हो चुकी थी और इस क्षेत्र में हो रहा युद्ध यहीं समाप्त हुआ। कप्तान वाल्कर ने रणभूमि में अतिशय निर्भीकता तथा कर्तव्यनिष्ठा के साथ अपने प्राणों की आहुति चढ़ा अपनी रेजिमेंट की युद्ध परम्परा को गौरवान्वित किया, जिसके लिए उन्हें हमारा सादर नमन।

□

नौ

1971 में हमारी सेनाओं ने शकरगढ़ पर दो भागों में हमला किया! बसंतर नदी के क्षेत्र से हुए हमले में बड़ी भारी तथा घमासान लड़ाई हुई। इस क्षेत्र में 91 ब्रिगेड को बसंतर नदी पर 'फर्म बेस' बनाने का काम सौंपा गया, ताकि हमारी शेष सेना यहीं से होती हुई शत्रु पर मुख्य आक्रमण करे।

इस क्षेत्र में दुश्मन ने बड़ी भारी मोर्चाबंदी कर रखी थी। नहरें खोदी गई थीं। खाइयाँ तैयार की गई थीं, जगह-जगह हजारों की संख्या में माइनें लगाई गई थीं। हर चौकी के गिर्द कँटीले तार बाँधे गए। जगह-जगह और कोने-कोने

में सभी शस्त्रों से लैस कंक्रीट के बंकर बनाए गए थे। सामने की चौकियों पर दुश्मन के सम्पूर्ण ब्रिगेड तैनात थे। इनके पीछे दो रेजिमेंटों एवं एक बटालियन सहित एक आर्मर्ड ब्रिगेड रखा गया था। इसका कारण यह था कि हमारा हमला नदी पर जिस भी क्षेत्र में जोर पकड़े, उसे वहीं टैंकों के भारी इस्तेमाल के साथ मसल दिया जाए। इसके साथ तोपखाने का भी भारी प्रबंध कर रखा था और इस क्षेत्र में उसकी सेना की भरपूर सहायता के लिए पाक वायुसेना भी तैयार और हाजिर-नाजिर थी।

15 दिसम्बर की रात आठ बजे हमारा प्राथमिक हमला शुरू हुआ। पर दुश्मन अपने मोर्चों पर बड़ी मुस्तैदी तथा कट्टरदिली से जमा हुआ था। जहाँ पूर्वी पाकिस्तान की लड़ाइयों में दुश्मन का मनोबल गिरावट पर था, यहाँ वह काफी बढ़ा-चढ़ा था। उसका विश्वास था कि हम जैसों पर विजय पाना उसके बाएँ हाथ का खेल है। ऐसे में उनके मोर्चे रौंदने में बड़ी ही घमासान लड़ाई करनी पड़ी।

इस पहले हमले में हमारी फौज को काफी क्षति का सामना करना पड़ा हताहतों में बहुतेरे अफसर भी शामिल थे।

16 दिसंबर की सुबह लड़ाई के क्षेत्र में घनी धुंध छाई हुई थी। धुंध के हटते-हटते क्षेत्र में दुश्मन के कई ऐसे बंकर दिखाई दिए, जो रात में हुए हमले के दौरान नजर नहीं आए थे। इनके धड़ाधड़ आते फायर से हमारी परेशानी बहुत बढ़ती चली गई

दुविधा तथा कठिनाई की इन खतरनाक घड़ियों में दुश्मन की दो मजबूत टैंक रेजिमेंटों ने हमारी फौज पर जवाबी धावा भी बोल दिया। दुश्मन का तोपखाना भीषण गोलाबारी करने लगा तथा उनके हवाई जहाज भारी संख्या में रणभूमि में बार-बार आ-आकर हमारे सैनिक दलों पर रॉकेट और नेपाम बम गिरा गोलियों की बौछारें छोड़ने लगे, जिससे पैदल-सवार फौज को चुन-चुनकर हताहत किया जाए।

दुश्मन के हमले के प्रचंड वेग के सामने टिके रहना दूभर हो गया। हमारी सेना कई जगह से पीछे हटने लगी। पर हमारी सेना में शामिल पूना हॉर्स रेजिमेंट के कमान अफसर कर्नल हणूत सिंह किसी और ही धातु के बने थे। वे फौलाद का दिल लेकर अपनी रेजिमेंट समेत अपनी जगह अटल, जुझारू मनोबल के साथ डटे रहे। 'हमारी लाश पर ही चलकर आना पड़ेगा और हम मरेंगे तब तक पाँच पहले मार लेंगे'—इस तरह का जोश था।

कर्नल हणूत सिंह साधु स्वभाव के बड़े ही सहृदय तथा सज्जन अफसर हैं। अब सेवानिवृत्त हैं। कृशकाय शरीर के कर्नल हणूत अविवाहित, मानो इन्होंने सैनिक

जीवन की कठोर तपस्या का ही वरण कर लिया हो। योग तथा देश की मिट्टी के प्रति इनकी अगाध श्रद्धा थी।

उस रात रेजिमेंट् बी एचेलॉन जब पीछे से आई तो उसमें से निकलनेवाले फुटकर सामान के साथ-साथ छड़ी पर झुकर चलते एक वृद्ध महामहिम भी निकले। कोट-पतलून पहने तथा सिर पर रेजिमेंट की टोपी पहने। कहा कि कमान अफसर से मिलने आए हैं।

कमान अफसर ने इन्हें देखा तो उनकी आँखों में हीरों जैसी चमक आ गई। ये तो उनके पुराने कमान अफसर और गुरु निकले, जो वर्षों पहले रिटायर हो चुके थे—मेजर अभय सिंह। फौजी 3 टन गाड़ी में बैठे राह के धक्के-झटके खाते। उनके बाल तथा पोशाक कुछ बिखरी हालत में थे। पर गले मिले दिल खोलकर। आदर-सत्कार के बाद पूछा, 'कैसे आना हुआ?' वे बोले, 'मेरी पुरानी रेजिमेंट लड़ाई में जा रही है। पंजाब में ही रहता हूँ; सोचा, मिलकर पूछ आऊँ, मेरे लायक कोई सेवा हो तो।' सुननेवाले गद्‌गद हो उठे।

इन महोदय के आने के थोड़ी देर बाद रेजिमेंट से सेवारत एक और अफसर भी वहाँ आ पहुँचे, जिन्हें देखते ही रणभूमि के गंभीर वातावरण में भी सबकी बाँछें खिल गईं। ये सज्जन थे रेजिमेंट के एक स्क्वाड्रर कमांडर—परेड जैसी वर्दी पहने। साधारणतया, परेड की वर्दी टैंक के अंदर बैठने की वर्दी से सर्वथा भिन्न होती है। परेड की वर्दी में टीम-टाम, पीतल के चमकते बिल्लों तथा बटनों की चमचमाहट, गाढ़े लाल-नीले रंगों की चकाचौंध, जूतों की ऐसी चमक-दमक कि उनमें देख कंघी भी की जा सके। पर यह सेवारत अफसर मानो कोई मोर अथवा शाही मुर्ग सज-धजकर आया हो। रूमाल निकाल माथे का पसीना पोंछा तो इत्र की खुशबू फैल गई। इसके विपरीत, टैंक में बैठने की पोशाक बड़ी सीधी-सादी होती है। आँवल हरे रंग की मात्र एक डाँगरी होती है। पाँवों में बूट तथा सिर पर जंगल टोपी। टैंक के अंदर तीखी गरमी में सटकर बैठना, खड़े होते समय सिर या बाँह का तोप या बख्तरबंद फौलाद के किसी भाग से टकराना आम बात होती है। टैंक में मुख्य गन के पूरे राउंड भरे हों तो जगह और भी कम हो जाती है। ऐसे में टैंक पर चलते समय धुआँ, मिट्टी और धूल से मुँह-आँखें काली हुई रहती हैं। पहचानने में भी समय लगता है कि धूल-धूसरित मुखौटेवाला है कौन!

स्क्वाड्रन कमांडर साहब आए अपनी परेडवाली वर्दी में, पूरे सोलह सिंगार करके। सिर पर बाँके अंदाज में तिरछी साइड कैप पहने। जेब में इत्र सना रूमाल। बोले—"टैंक में बैठकर लड़ाई पर जा रहा हूँ। सोचा, सज-धजकर जाना ही ठीक

है। जिस धज से कोई मकतल में गया, वो शान सलामत रहती है; ये जान तो आनी-जानी है, इस जान की कोई बात नहीं। क्योंकि मरने के बाद दुश्मन के हाथ लाश पड़ गई तो वह भी क्या सोचेगा—कोई बाँका अफसर था!"

दुश्मन के कर्नल हणूत सिंह की रेजिमेंट को एकमात्र निशाना बना, इनपर भीषण हमले किए। लम्बी तोपों के भयंकर गोलों के साथ तथा टैंकों की दो रेजिमेंटों के सिलसिलेवार हमले से। कर्नल हणूत सिंह शेर के पराक्रम के साथ वहीं डटे रहे और उन्होंने अपने टैंकों की मार से दुश्मन पर लगातार आफत ढाए रखी।

कर्नल हणूत सिंह की प्रेरणात्मक कमान का ही परिणाम था कि उनकी रेजिमेंट शत्रु के घमासान आक्रमण को झेल गई। उलटे उसने शत्रु का भारी विनाश किया, जिससे निराश हो उसे बार-बार पीछे हटते हुए पराजय स्वीकार करने पर मजबूर होना पड़ा। टैंकों की इस भीषण लड़ाई में पाकिस्तान के अड़तालीस टैंक खंडित हुए।

इस संग्राम में असाधारण वीरता तथा उच्चतम कोटि की कर्तव्यनिष्ठा प्रदर्शित करने के कारण कर्नल हणूत सिंह को 'महावीर चक्र' से सम्मानित किया गया। ये बाद में लेफ्टिनेंट जनरल के वरिष्ठ पद पर पहुँचकर सेवानिवृत्त हुए। इन्हें परम विशिष्ट सेवा पदक से भी अलंकृत किया गया। कहते हैं—

'भड़पण सूँ भड़ लै भुरज, वण बैठे सिरताज।
राज तिलक कोय न करै, वणै सोह वनराज।।'

□

अब गुरुजी के बाद इनके चेले की करनी—पूना हॉर्स रेजिमेंट के दो ट्रूप एक अग्रिम मोर्चे पर तैनात थे। इनमें एक ट्रूप की कमान लेफ्टिनेंट एहलावत के हाथों में थी तथा दूसरे की सैकेंड लेफ्टिनेंट अरुण खेत्रपाल के जिम्मे।

ये लोग कुछ ही आगे बढ़े थे कि इनके टैंकों के ऊपर टैंकमार गनों का घातक फायर आना शुरू हो गया। इन गोलों को मारनेवाली थीं रिकायल-लैस गनें। इन्हें टैंकों तथा बंकरों को तोड़ने के काम में लाया जाता है। ये टैंकमार तोपें बड़ी कुशलता से बंकरों एवं आस-पास के झुरमुटों तथा ऊँची खेती में छिपाकर रखी गई थीं।

फायर आते ही सैकेंड लेफ्टिनेंट खेत्रपाल ने अपने टैंकों का मुँह इनकी दिशा में मोड़ इनकी पोजीशन को रौंद डाला तथा इनके चालकों को पिस्तौलें दिखाकर

बंदी बना लिया। पर इस कार्यवाही के दौरान ले. खेत्रपाल के टैंक का एक कमांडर भी मारा गया। अपने ट्रूप में अब वे अकेले ही रह गए थे।

वे फिर तेजी से आगे को बढ़े। उसी समय उन्होंने देखा कि दूर एक ओर दुश्मन के टैंक पीछे को मुड़कर वापस जा रहे हैं। उन्होंने अपने टैंकों की रफ्तार तेज कर उनका पीछा किया। पीछा करते हुए ले. खेत्रपाल ने दुश्मन का एक पैटन टैंक अपने गोले की मार से ध्वस्त कर डाला।

अब इन्हें आदेश मिला कि पीछे लौटकर स्क्वाड्रन की पोजीशन के साथ आ मिलें, जिससे अगली कार्यवाही एकजुट होकर सम्मिलित तौर से की जा सके। अभी वे लौट ही रहे थे कि दुश्मन के टैंकों की पूरी स्क्वाड्रन ने धावा बोल दिया। कैप्टेन मल्होत्रा और ले. खेत्रपाल ने इनका सामना इस बहादुरी से किया कि वे दुश्मन के दस टैंक हताहत करने में सफल हो गए। इनमें से चार टैंक ले. खेत्रपाल ने स्वयं ही मार गिराए थे। इसी आक्रमण में ले. एहलावत को गहरी चोट लगी और उन्हें पीछे ले जाना पड़ा। ले. खेत्रपाल अब अकेले ही रह गए—दुश्मन के टैंकों के अज्ञात जमघट के बीच।

इसी समय दुश्मन का एक भारी गोला ले. खेत्रपाल के टैंक में आ लगा। उसके कारण टैंक में आग लग गई और ले. खेत्रपाल स्वयं बुरी तरह घायल हो गए। पीछे से कमांडर ने उन्हें रेडियो पर टैंक छोड़ देने का आदेश दिया। उन्होंने टैंक में लगी आग की उपेक्षा करके लड़ते रहने की ठानी और वायरलैस पर संदेश भेजा, 'सर, मैं टैंक नहीं छोड़ूँगा। अभी मेरी गन काम कर रही है और मैं इन कद्दुओं को टिकाकर ही दम लूँगा।'

इसके पश्चात् वे फिर दुश्मन के टैंकों की ओर अग्रसर हुए और अपने आग लगे टैंक से गोला छोड़कर दुश्मन का एक और टैंक ध्वस्त कर डाला। अब वे दुश्मन के टैंकों से केवल सौ गज की दूरी पर रह गए थे। गन्ने के खेत के छोर पर एक टैंक का सिरा नजर आ रहा था। इस टैंक में पाकिस्तानी स्क्वाड्रन का कमांडर बैठा था। उसने ले. खेत्रपाल के टैंक का निशाना बाँधकर लगातार तीन गोले छोड़े। इनमें से एक गोला जलते हुए टैंक पर सीधा लगा और उसके कारण हुए विस्फोट में सैकेंड ले. अरुण खेत्रपाल वहीं वीरगति को प्राप्त हुए। उस समय इस बहादुर अफसर की आयु केवल इक्कीस वर्ष की थी। पूना में 15 अक्टूबर, 1950 को जनमे, ब्रिगेडियर एम.एल. खेत्रपाल के सुपुत्र, सै.ले. अरुण खेत्रपाल को मरणोपरांत 'परमवीर चक्र' से अलंकृत किया गया। व्यथित हृदय के साथ चेले को यह पदक देने की सिफारिश गुरु ने अपने प्रकंपित हाथों से लिखी।

□

दस

सन् 1971 के हिंदुस्तान-पाकिस्तान युद्ध के दौरान कश्मीर में श्रीनगर से लेह जानेवाली सड़क को फिर से खतरा हो गया। गिलगित और स्कर्दू क्षेत्रों से घुसपैठ की सम्भावना भी बढ़ गई।

इसलिए इस क्षेत्र को सुरक्षित करने तथा वहाँ से पाकिस्तान की संभावित घुसपैठ को रोकने के लिए एक छोटे दल का गठन किया गया। इस दल के कमांडर के तौर पर लद्दाख स्काउट के ख्यातिप्राप्त सैन्य नेता मेजर रिंचन एम.वी.सी. को चुना गया। इनकी बहादुरी और कार्यक्षमता का बोलबाला बड़े सालों से था। वे कम बोलनेवाले, बड़े उत्कृष्ट कोटि के व्यक्ति तथा सिपाही थे। कोई भी काम जो दूसरों के लिए दुशवार होता, इन्हें सौंपा जाता। इसी क्षेत्र में जनमे, पनपे थे।

6 दिसम्बर। लद्दाख का इलाका। सर्दी का मौसम, मेजर रिंचन ने अपने दल का सुचारु गठन कर रखा था। वे शायलॉक नदी की घाटी में बड़े अग्रसर पैंतरों से प्रविष्ट हुए। पहले धावे में ही उन्होंने शत्रु के क्षेत्र नें स्थित टुर्टाक नामक कस्बे पर कब्जा कर लिया। खराब बर्फीले मौसम के होते हुए भी वे एक ही दिन में बाईस कि.मी. चले आए थे। तब तापमान शून्य से 25 डिग्री नीचे था।

इसके बाद उन्होंने धड़ाधड़ कई ऊँची चौकियों पर अपना कब्जा बड़ी तीव्र गति से जमा लिया। इन चौकियों की औसतन ऊँचाई पाँच हजार मीटर होगी। इतनी तेजी के साथ इतना जोखिम-भरा दुरूह काम विरले ही कर सकते होंगे। मेजर रिंचन को 'एक जन्मजात सिपाही' कहा जा सकता है।

पर काबू करना एक बात है? वहाँ टिककर रहना दूसरी। कठिनाइयाँ पेश आने लग गईं। पर जब तक लड़ाई जारी रही, इस ओर से शत्रु की घुसपैठ पर अंकुश लगा रहा।

□

अब करगिल की ओर से खतरा बढ़ा। स्थानीय 121 इन्फैंट्री ब्रिगेड की कमान ब्रिगेडियर मनोहर लाल विग के सुपुर्द थी। ये एक अनुभवी, कार्यकुशल तथा दिलेर कमांडर थे। इन्होंने श्रीनगर-लेह मुख्य मार्ग के उत्तर की ओर स्थित पाकिस्तानी चौकियों को नष्ट करने की ठानी। यह बहुत ही दुरूह कार्य था। इनमें से कई चौकियों की ऊँचाई साढ़े चार हजार मीटर से अधिक थी। तापमान भी शून्य से कई डिग्री नीचे बना रहता था। तीखी सर्दी तथा जानलेवा ठंडी हवाएँ। ऐसे

में ऊँचे-ऊँचे पहाड़ी शिखरों पर बने, पिछले कितने वर्षों से खूब मजबूत किए, पाकिस्तानी पिकेटों पर कब्जा करना बड़ा ही कठिन तथा जोखिम-भरा काम था।

परंतु ब्रिगेडियर विग भी आसानी से हार मानने वाले नहीं थे। उन्होंने पूरी तैयारी करके शत्रु की अनेक चौकियों पर धावा बोल दिया। एक साथ नहीं, बारी-बारी योजनानुसार।

उस क्षेत्र में हमारे यातायात में विघ्न डालनेवाली लगभग अस्सी चौकियाँ थीं। इन सबसे वह मशीनगन तथा मोर्टार फायर करने में समर्थ था। पिकेटों के आर-पार खाइयाँ, बारूदी सुरंगें तथा कँटीले तारों के बिछाव थे। चढ़ाई इतनी कि देखने के लिए आसमान की ओर सिर उठाना पड़े।

ब्रिगेडियर विग सुहृदय किंतु बड़े कड़े स्वभाव के अफसर थे। एक बार कोई काम करने का बीड़ा उठा लिया तो वह काम पूरा करके ही दम लेते थे। फिर यदि वह कठिन हो तो और भी अच्छा। यह उनकी कर्मठता तथा नेतृत्व का फल था कि दस ही दिन के अल्प समय में दुश्मन की छत्तीस चौकियाँ कब्जे में आ गईं। इसमें शत्रु को भारी जनहानि भी हुई और भारी तादाद में उसके हथियार तथा गोला-बारूद हमारे काबू में आ गए।

असाधारण धैर्य, कर्मठता तथा वीरता के साथ उच्च कोटि का नेतृत्व दिखाने के लिए कर्नल रिंचन एवं ब्रिगेडियर मनोहर लाल विग को 'महावीर चक्र' के उच्च पदकों से अलंकृत किया गया।

□

यह दूसरी बार था जब मेजर चेवांग रिंचन को 'महावीर चक्र' से सुशोभित किया गया था। इन्हें एक बार सेना मेडल भी मिल चुका था। मेजर रिंचन (अब कर्नल) बड़े ही दिलेर एवं धाकड़ स्वभाव के अफसर थे। लद्दाख क्षेत्र के लोगों में इन्हें बड़े गहरे आदर की दृष्टि से देखा जाता है।

जुलाई 1948 की बात है। तब हम गिलगित और स्कर्दू खो चुके थे। लेह के ऊपर पाकिस्तानी हमलावरों के आक्रमण का खतरा बना हुआ था।

ऐसे में स्थानीय लोगों को अपनी स्वतंत्रता बनाए रखने के लिए संघर्षरत होने को प्रोत्साहित किया गया। इसी के अनुरूप 'लद्दाख गार्ड' नामक संगठन का गठन किया गया। चेवांग रिंचन इन्हीं दिनों इस संगठन में भरती हो गए। उन्होंने अपने ही क्षेत्र के तीस अन्य युवाओं को भरती करवाया और लगे उनको सैनिक प्रशिक्षण देने।

उनका प्रशिक्षण बड़ा ही कारगर साबित हुआ। उन्होंने इस बारे में ज्ञान पोथियों को पढ़कर नहीं पाया था। यह उनके भीतर से ही उपजा था। सबसे अधिक विश्वास उन्हें अपने दो पाँवों पर था और मानव की अगाध हिम्मत पर।

सिपाही रिंचन अपने साथियों का प्रशिक्षण पूरा करने के बाद असली ऑपरेशनों को देखने के लिए सैनिक दस्तों के संग आने-जाने लगे।

एक बार उन्हें घाटी की एक पहाड़ी पर बनी चौकी पर सुरक्षा पोजीशन बनाने का मौका मिला। अभी चौकी पूरी तरह तैयार नहीं हो पाई थी कि शत्रु ने उस पर दोगुनी संख्या में आक्रमण कर दिया। इस मुठभेड़ में सिपाही रिंचन ने अपने सामरिक गुणों का परिचय दिया। भय का उनमें नितांत अभाव था। अपने को खतरे में डालते रहना उनके लिए आम बात थी। कोई भी जोखिम-भरा काम हो, करने के लिए वे सदा तत्पर रहते थे। भगवान् ने स्वास्थ्य ऐसा दिया था कि लोहे के चने भी चबा जाएँ। कष्ट सहने की सामर्थ्य अटूट थी। उन्होंने बड़ी दिलेरी से रात-दिन चौकन्ना रहकर आगे के मोर्चे सँभाले और अपने कारगर फायर से दुश्मनों को हताहत कर उन्हें हमला जारी रखने का विचार त्याग देने पर बाध्य कर दिया।

इस मुठभेड़ के बाद उन्हें पदोन्नति देकर नायब सूबेदार बना दिया गया। उन्हीं दिनों उन्होंने 'लामा हाउस' नामक सत्रह हजार फीट ऊँची एक चौकी पर कब्जा करने में सेना की भरपूर सहायता की। यह चौकी हमेशा बर्फ से ढकी रहती थी। इसपर कब्जा करना टेढ़ी खीर समझा जाता था।

कुछ ही महीनों बाद उन्होंने एक और कमाल कर दिखाया। बर्फ-तुफान के बीहड़ मौसम में वे अपने साथियों के साथ तीन दिन लगातार ऊँचाइयों पर चलते हुए दुर्गम बियागड़े क्षेत्र के एक अजेय माने जानेवाले मोर्चे पर जा चढ़े और अल्पकालीन परंतु बड़ी ही भयंकर लड़ाई के बाद उसपर कब्जा जमाने में सफल हो गए। आक्रमण करने के लिए इक्कीस हजार फीट ऊँचा एक दिग्गज पहाड़ पार करना पड़ता था। इसके कारण शत्रु कुछ निश्चिंत था। पर उसे पता नहीं था कि अबकी बार उनका पाला लद्दाख के शेर चेवांग रिंचन से पड़ा है।

अपनी प्लाटून का नेतृत्व करते हुए नायब सूबेदार रिंचन ने बड़ी कर्मठता दिखा इस ऊँची पहाड़ी को लाँघकर दुश्मन की चौकी पर इतना वेगपूर्ण धावा बोला कि उनके छक्के छूट गए। इस कठोर ऑपरेशन में हमारी प्लाटून के आधे जवान फ्रॉस्टबाइट (तुषाराघात) के शिकार हो गए। इसी से इस ऑपरेशन की गम्भीरता तथा जोखिम का अनुमान लगाया जा सकता है।

महान् वीरता के इन कारनामों, कार्यकुशलता तथा नेतृत्व का प्रदर्शन करने के लिए नायब सूबेदार रिंचन को 'महावीर चक्र' से पहली बार अलंकृत किया गया था सन् 1948 में।

अब वे कर्नल रिंचन हैं। पुरानी पीढ़ी के कीर्ति-स्तंभ तो बने ही रहे, अब नई पीढ़ी को सामरिक प्रशिक्षण देने में व्यस्त रहते हैं।

कर्नल रिंचन बड़ी ही सौम्य प्रकृति के व्यक्ति हैं। बोलते बहुत कम हैं। अपनी तारीफ करना भी नहीं जानते। शब्दों का व्यय करने के मामले में बेहद कंजूस हैं। बच्चों के साथ उन्मुक्त हँसी-खेल करने के अलावा एक ही और शौक है—शाम को सोमरस पान करना, बस।

एक बार आर्मी कमांडर लेह गए तो कर्नल रिंचन से मिलकर आए। लौटे तो कुछ खफा थे। बोले—'वह शराब बहुत पीने लगे हैं। मैं चेतावनी देकर आया हूँ। शराब पीना रोक न लिया तो सेहत बिगड़ जाएगी। छह महीने दिए हैं ठीक होने के लिए।'

तीन महीने बाद चीफ ऑफ स्टाफ लेह होकर लौटे।

आर्मी कमांडर ने भरी सभा में पूछा—'रिंचन से मिले थे?'

'जी हाँ।' चीफ ऑफ स्टाफ ने उत्तर दिया।

'क्या हाल-चाल है उनका?'

'पहले से बहुत उन्नति की है।'

'अच्छा!' आर्मी कमांडर ने विस्मय से पूछा, 'क्या शराब पीना छोड़ दिया है उन्होंने?'

'नहीं, पर काफी कम कर दिया है।' चीफ ऑफ स्टाफ बोले, 'पहले शाम को छह बजे शुरू करते थे, पर आजकल शाम को सात बजे शुरू करते हैं।'

सब हँस पड़े, जैसे कर्नल रिंचन की आदत है—खिलखिलाकर हँसने की।

दो बार 'महावीर चक्र' अर्जित करनेवाले कर्नल रिंचन बड़ी ऊर्ध्व, मौलिक तथा देशी सैनिक परंपरा की चोट डंके की मार से करते हैं। इस वरिष्ठ सैनिक को हमारा भावप्रवण नमन।

'मैं इस पृथ्वी का नमक हूँ।'

पुनश्च : जब यह सबकुछ छपने के लिए जा चुका था तब समाचार आया कि कर्नल रिंचन नहीं रहे। एक योद्धा ईश्वर को प्यारा हुआ।

□

वायुसेना के वीर

एक

द्वितीय विश्वयुद्ध के दौरान हमारी नवगठित वायुसेना ने पहली बार बर्मा क्षेत्र में ही युद्धभूमि में पदार्पण किया। युद्धानुभूति। यहाँ लड़ाकू विमानों के साथ-साथ विशेषकर परिवहन विमानों के चालन का व्यापक तजुरबा मिला हमें। एक तरह से विरासत में; क्योंकि वायुसेना के अफसर अधिकांशतः अँगरेजही थे। स्क्वाड्रन लीडर तथा विंग कमांडर के रैंक तक पहुँचे हमारे अफसर बहुत ही विरल थे। उच्चस्तरीय कमान तो पूरा-का-पूरा अंग्रेजों के हाथों में था और इस क्षेत्र में उन्होंने हिंदुस्तानियों को फड़कने भी नहीं दिया था।

लड़ाई के समाप्त होते ही छँटनी शुरू हो गई। सन् 1947 के विभाजन के समय दस स्क्वाड्रनों में से साढ़े छह हमें मिलीं और बाकी पाकिस्तान को। 1951 तक वायुसेना के कमांडर-इन-चीफ अँगरेजअफसर ही रहे। पहले एयर मार्शल एमहर्स्ट तथा बाद में एयर मार्शल गिब्ज।

22 अक्टूबर, 1947 को जब पाकिस्तान के हमलावरों ने कश्मीर पर घुसपैठ आक्रमण शुरू किया तो हमारे पास मिले-जुले किस्मों के कोई बहत्तर लड़ाकू विमान थे और सोलह डेकोटा। 26 अक्टूबर को जब कश्मीर के महाराजा हरीसिंह ने विलय पत्र पर अपने हस्ताक्षर किए, तब तक कबाइली हमलावरों ने बारामूला को रौंद डाला था। उन दिनों पठानकोट-जम्मू-श्रीनगर सड़क उस हालत में नहीं थी जैसी आज है।

ऐसे में हिंदुस्तानी सेना तुरंत श्रीनगर कैसे पहुँचाई जाए? खबर मिलते ही हमारी कर्तव्यपरायण वायुसेना ने बड़ी मुस्तैदी के साथ रातोंरात अपनी तैयारी कर

डाली। 27 अक्टूबर की सुबह सैनिकों से भरा पहला डेकोटा विमान आठ बजे के लगभग श्रीनगर की हवाई पट्टी पर उतर रहा था।

हमारे पास सोलह डेकोटा विमानों की एक स्क्वाड्रन थी। इनमें एक-चौथाई मरम्मत तथा रख-रखाव के कारण उड़ने के लिए अनुपयुक्त थे। शेष बारह विमानों से क्या होता? तीस सिविल डेकोटा विमान अधिग्रहित कर उन्हें भी इस काम में लगाया गया।

उनका काम था श्रीनगर से वापस लौट रहे हवाई जहाजों को गैर सरकारी सामान से भरकर वापस भेजना। इसमें श्रीनगर में आस-पास से जमा हुए शरणार्थियों को दिल्ली तक पहुँचाना भी शामिल था। ये सारे काम बड़ी निपुणता से निभाए गए। सेना के जनरल वाज ने अपनी एक पुस्तक में उल्लेख किया है कि उन्हें युवा अफसर होते हुए अस्थायी तौर पर श्रीनगर हवाई अड्डे पर साज-सामान के यातायात की ड्यूटी सँभालनी पड़ी।

उनके निरीक्षण में आने-जानेवाले सामान की फेहरिस्तें बनतीं और पर्ची पर उनके हस्ताक्षर के बाद ही बाहर जा रहा सामान तथा शरणार्थी विमानों पर चढ़ाए जाते। सरकार का आदेश था कि शरणार्थियों को बिना किसी टिकट या खर्चे के विमानों में बैठा दिल्ली भेजा जाए। यह कार्यक्रम कई महीनों तक चलता रहा। पर एक साल बाद दिल्ली से वित्त मंत्रालय के बाबुओं ने हिसाब-किताब करने के बाद उनके नाम पर डेढ़ लाख रुपया भरने के लिए एक बिल भेजा, क्योंकि पर्चियों पर उन्हीं के हस्ताक्षर थे।

□

दो

सन् 1947-48 में जम्मू व कश्मीर में हुए हिंदुस्तान-पाकिस्तान युद्ध के दौरान पुंछ तथा लेह ने बड़े चिंताजनक दिन देखे। यह बात खासकर पुंछ के लिए लागू है।

पुंछ रजौरी के उत्तर तथा उड़ी के दक्षिण-पश्चिम में स्थित है। पीर पंजाल पर्वत शृंखला कश्मीर घाटी तथा दक्षिण-पश्चिमी कश्मीर के प्रधानतः डोगरा क्षेत्रों को विभाजित करती है। पुंछ इस डोगरी क्षेत्र के उत्तरी भू-भाग में स्थित पर्वतीय प्रदेश में है। डोमेल-उड़ी मार्ग इसके उत्तर की ओर, पश्चिम से पूर्व की ओर जाता है। इन दोनों के बीच में हाजीपीर दर्रा आता है। यह दर्रा भी पाकिस्तानी घुसपैठियों का एक महत्त्वपूर्ण प्रवेश मार्ग बना रहा है।

दुर्भाग्यवश, सन् 1947 में कबाइली हमलावरों के कश्मीर में प्रवेश करने के बाद पुंछ को कोई प्राथमिकता नहीं दी गई। उलटे यह सोचा गया कि पुंछ को अपने भाग्य पर छोड़ देना चाहिए। तत्कालीन अँगरेज सेनानायकों की यही राय थी। इन कारणों से पुंछ के लोगों ने बड़े भारी कष्ट सहे। सीमावर्ती क्षेत्रों से खदेड़े गए हजारों गैर-मुसलमान वहाँ जमा हो गए थे। रियासती सीमावर्ती चौकियाँ भी पीछे हटकर पुंछ में आ जमी थीं। पुंछ को आक्रमणकारियों ने कई ओर से घेर लिया। बाद में उन्होंने पुंछ के दक्षिण में रजौरी पर कब्जा करके वहाँ हिंदुओं का कत्लेआम कर दिया। इसलिए पुंछ के हिंदू बहुत डरे हुए थे। उस समय ऐसी कहानियाँ सर्वत्र फैली हुई थीं कि कबाइली हिंदू बहू-बेटियों के साथ बड़ा पाशविक तथा अमानवीय सुलूक करते हैं। उनके साथ जबरदस्ती करते हैं। बाद में उन्हें उठाकर रावलपिंडी और पेशावर के बाजरों में एक सौ पचास रुपया फी नग के दाम पर बेचा जाता है।

इन बातों को लेकर जम्मू के आस-पास डोगरा क्षेत्र में बड़ा भारी आक्रोश था। उन्हें लगा कि श्रीनगर घाटी को बचाने के लिए इस क्षेत्र की आहुति दी जा रही है। सरदार पटेल यहाँ दौरे पर आए थे। उन्होंने लौटकर पंडित नेहरू पर जोर दिया कि यदि आपने पुंछ का बलिदान कर डाला तो इसका बड़ा बुरा प्रभाव पड़ेगा। पहले ही नौशहरा, झंगड़, मीरपुर, कोटली, बिंभर, रजौरी इत्यादि क्षेत्रों में हिंदुओं का बुरा हाल किया गया था। तब पंडित जी भी इस निष्कर्ष पर पहुँचे कि पुंछ के लिए कुछ-न-कुछ करना राजनीतिक तौर पर आवश्यक है। इसलिए वे पुंछ को भूलकर वहाँ से हट जाने के पक्ष में न हो पाए। परिणामस्वरूप पुंछ को सहायता देने का निर्णय लिया गया। फिर भी कश्मीर घाटी उच्च प्राथमिकता तो बनी ही रही।

पुंछ को लगभग तीन हजार हमलावरों ने घेर लिया। यहाँ की घेराबंदी एक साल तक चली। घेराव में पड़े सैनिकों ने बड़ी बहादुरी दिखाई वे हफ्तों, महीनों-महीनों तक घेराव की आपद् स्थिति का बड़े साहसपूर्ण मनोबल के साथ सामना करते रहे। वायुसेना के डेकोटा विमानों ने भी उन्हें मदद देना शुरू किया। हथियार, गोला-बारूद, खाने-पीने की सामग्री। शुरू में यह सब पैराशूट के जरिए नीचे उतारा जाता। इससे भारी मात्रा में नुकसान पहुँचता। काफी सामान घाटियों में पहुँच गुम हो जाता। कुछ वर्षा से भीगकर खराब हो जाता। कुछ ऐसी दुर्गम घाटियों में गिरता, जहाँ से वह व्यर्थ ही जाता।

□

एयर कमोडोर मेहर सिंह निराले ही थे। प्रशिक्षण था कि डेकोटा परिवहन विमान है। उसमें किसी किस्म के हथियार नहीं होते। जब डेकोटा को किसी ऐसे क्षेत्र से जाना हो, जहाँ दुश्मन के लड़ाकू विमानों अथवा गोलाबारी का खतरा हो, तो उसे लड़ाकू विमानों के संरक्षण (एस्कोर्ट) में भेजा जाता है। लड़ाकू विमान में रॉकेट, गोलियाँ चलाने के साधन होते हैं। पुंछ में सामान पहुँचा रहे अपने डेकोटा विमानों पर दुश्मन अकसर बेधड़क होकर फायर किया करता था। इससे हमारे विमानों को नुकसान हुआ।

एयर कमोडोर मेहर सिंह के मन में खयाल आया कि एस्कोर्ट विमान साथ ले जाना तो बड़ा कठिन है, क्यों न डेकोटा में ही मशीनगन चढ़ाकर ले जाया जाए!

वे इसी खयाली पुलाव को साकार रूप देने में जुट गए और शीघ्र ही उन्होंने यह कर भी दिखाया। जिस डेकोटा में उन्होंने यह मशीनगन लगाई, उसे लेकर वे खुद ही पायलट बनकर उड़े। ऐसी हिम्मत थी उनकी। कोई भी खतरनाक या जोखिम-भरा काम करना हो तो अपने किसी जूनियर को आदेश देने की बजाय सबसे पहले खुद बलिवेदी पर जाओ। जो नसीहत दूसरे को देनी है, सबसे पहले खुद अपने ऊपर आजमाओ। उसके बाद दूसरों को नसीहत देने की जरूरत ही नहीं। वे खुद-ब-खुद सही रास्ते पर आ जाएँगे। 'पर उपदेस कुसल बहुतेरे, जे अचरहिं ते नर घनेरे।'

इसके बाद जिस दिन हमारे साहसी चालक पहली बार पुंछ में 25 पाउंडर लंबी मारवाली तोप लेकर उतरे घेराबंद लोगों को लगा, वह दिन उनके लिए दीवाली की खुशियाँ लाया है! वह संघर्ष करते रहने के लिए फिर से बेताब हो उठे।

लड़ाई के क्षेत्र से पूर्ति परिवहन के संग-साथ बमबारी भी करना, यही उपलब्धि थी एयर कमोडोर मेहर सिंह के सृजनात्मक तथा दिलेर दिमाग की।

इसके पश्चात् उन्होंने एक बार फिर वह कर दिखाया जो न किसी ने पहले किया था, न वैसा करने के बारे मे सोचा ही था।

कश्मीर के लद्दाख क्षेत्र में प्रवेश के लिए एक ओर तो जोजीला का रास्ता है, दूसरी ओर खरदुंगला दर्रे का। इसकी ऊँचाई अठारह हजार फीट है। अगर अधिक ऊँचाई पर चढ़ते हैं तो चालन में कठिनाई और चालक के लिए ऑकसीजन की विकट समस्या पैदा होती है। यदि निचली घाटियों में से जाते हैं तो वहाँ अपने ढंग की समस्याएँ हैं। धुंध-बदली रहती है। हवा के दबाव में भारी अंतर होने के कारण विमान कई बार अचानक सौ-एक सौ पचास फीट नीचे हो जाता

है। ऐसे में भार से भरे विमान में संतुलन बनाए रखना बड़ा दुष्कर कार्य बन जाता है।

गिलगित पर शुरू से ही पाकिस्तान ने काबू कर रखा था। 1948 में स्कर्दू, कारगिल व द्रास भी उसके कब्जे में आ गए। अब लेह पर भयानक संकट आन पड़ा था। भूमि मार्ग से वहाँ पहुँचना बड़ा कठिन था। समय भी बहुत लगता था। फिर, यह मार्ग कारगिल होकर ही जाता था।

अब लेह को दुश्मन द्वारा हड़पे जाने से कैसे बचाया जाए? यह काम हवाई मदद के बिना करना असंभव था। ऐसे समय में एयर कमोडोर मेहर सिंह ने असंभव को संभव कर दिखाया! 24 मई को वे खुद एक डेकोटा चलाकर तेईस हजार फीट की ऊँचाइयाँ पार करते हुए लेह जा उतरे!

ऐसा साहसपूर्ण कार्य शेरदिल इनसान ही कर सकते हैं। लेह में उतरे डेकोटो की प्रथम उड़ान के बाद वायुसेना के डेकोटा वहाँ उतारने का चलन शुरू हो गया। हवाई पट्टी को भी चुस्त-दुरुस्त तथा साधन-संपन्न बनाया गया। वहाँ सेना। पहुँची, हथियार पहुँचे, रसद पहुँची और बाद में जोजीला के जरिए फौज भी पहुँची। टैंक भी ऊपर चढ़ाए गए! पर पहल करने का श्रेय शेरदिल एयर कमोडोर मेहर सिंह के सेहरे ही बँधता है।

असाधारण बहादुरी, कर्तव्यनिष्ठा तथा उच्च कोटि का नेतृत्व प्रदर्शित करने के उपलक्ष्य में श्री त्रिलोक सिंह के सुपुत्र एयर कमोडोर मेहर सिंह को 'महावीर चक्र' से सम्मानित किया गया। दुर्भाग्यवश बाद में इनकी एक विमान दुर्घटना में मृत्यु हो गई। इनके दिल में भरी बहादुरी की भावना को हमारा बारंबार नमन।

'मेरे उद्दाम रक्त में दौड़ते हैं
हजारों-हजार बाँकुरे घोड़े!'

□

तीन

1965 में पाकिस्तान-हिंदुस्तान के संबंध बड़े चिंताजनक हो चुके थे। पाकिस्तान को भारी मात्रा में आधुनिकतम अमेरिकन हथियार मिले थे, जिनमें टैंक एवं हवाई जहाज प्रमुख थे। वर्ष के आरंभ में पाकिस्तान कच्छ के इलाके में सीमाओं के

पार फायरिंग की घटनाएँ शुरू कराकर तनाव बढ़ा चुका था। दोनों ओर से लड़ाई की संभावना थी तथा तैयारियाँ भी चालू थीं।

उत्तर भारत की एक एयर फील्ड पर कुछ नए पायलटों का बमवर्षक हवाई जहाजों के चालन का प्रशिक्षण जारी था। यह बात सभी की चिंता का कारण बनी हुई थी कि पाकिस्तान को अमेरिका से भारी मात्रा में आक्रामक अस्त्र मिले हैं। क्या चाहता है अमेरिका, पाकिस्तान को आधुनिकतम अस्त्रों से लैस करवाके? हिंदुस्तान आकार तथा आबादी में पाकिस्तान से कई गुना बड़ा था। फिर दोनों देशों में 'बराबरी' की पैरवी विचित्र नहीं लगती? एक बार पाकिस्तान कश्मीर हथिया ले, फिर उसे 'आजाद करवाना या टुकड़ों में बाँटना या अकसाई चिन क्षेत्र की तरह उसके टुकड़े मित्रों को उपहारस्वरूप देना—ये सब भावी संभावनाएँ हैं, जिनकी चर्चा स्थगित की जा सकती है।

हवाई सहायता के रूप में पाकिस्तान को एफ-104 स्टार फाइटर मिले हैं, जो ध्वनि-गति से तेज उड़ते हैं और नई किस्म के रॉकेटों से लैस हैं। वियतनाम वाले नेपाम बम फेंकने की भी क्षमता रखते हैं, जिसकी जैली भाप अग्रिन क्षेत्र में सैनिकों के जमघट को बुरी तरह जला सकती है। इसकी झुलसन हड्डियों के भी आर-पार हो जाती है। स्ट्रेफिंग के लिए .50 मिलीमीटर फायर करनेवाली मिडीयम मशीनगनें भी हैं, जिनकी मार की तीखी बौछार जमीन हिला डालती है!

इतना तो विदित था कि पाकिस्तान के पास हमसे बेहतर हथियार हैं। ऐसा विश्वास हमारी सेना के मनोबल के लिए अच्छा नहीं था और यह तथ्य लड़ाई के शुरू के दिनों में हमारी मनासिकता पर एक कुप्रभाव की झाँई के रूप में छाया रहा।

1 सितंबर को पाकिस्तान ने छंब क्षेत्र में भारी आक्रमण शुरू कर दिया। 6 सितंबर को हमारी फौजों को पंजाब में आगे बढ़ने के आदेश मिले। ऐसे वातावरण में जब दुश्मन सब प्रकार के आधुनिकतम हथियारों से लैसे हो, उसके क्षेत्र में प्रवेश करना जोखिम-भरा काम था। ऐसे माहौल मे स्क्वाड्रन लीडर पद्मनाभ गौतम को, प्रशिक्षण कार्य स्थगित कर, बमवर्षक हवाई जहाज ले एक दुरूह तथा खतरनाक मिशन पर पाकिस्तान के खूब अंदरवाले क्षेत्र में भेजा गया। इस दौरान उनके हवाई जहाज पर जमीनी तोपों से तो प्रहार हुआ ही, शत्रु के सेबर जैट विमानों ने भी उन पर बारंबार हमला किया। पर वे बड़ी बहादुरी तथा कार्य-कुशलता के साथ अपना मिशन पूरा कर, बाल-बाल बचते हुए अपने विमान को सकुशल वापस बेस में ले आए।

6 सितंबर, 1965 को आरंभ होकर 21 सितंबर, 1965 को युद्ध समाप्ति तक उन्होंने छह मिशनों में महत्त्वपूर्ण भाग लिया। इनमें एक था दुश्मन के क्षेत्र में दूर तक प्रवेश कर उसकी गतिविधियों तथा सैनिक जमघटों की खबर पता करना। दूसरा मिशन था अकवाल की एयर फील्ड पर बम बरसाकर उसे नुकसान देना।। तीसरा मिशन था इसी तरह गुजरात एयर फील्ड पर आक्रमण करके 'रनवे' को नुकसान पहुँचाना। चौथा मिशन था गुजरात में सैनिक जमघटों पर स्ट्रेफिंग (गोलियों की बौछार) करना। पाँचवें व छठे थे 'चविंडा' क्षेत्र में हमारी फौज की मदद के लिए दुश्मन के सामरिक महत्त्व के ठिकानों पर हमले कर उन्हें नुकसान पहुँचाना।

स्क्वाड्रन लीडर गौतम ने उपर्युक्त खतरनाक मिशन बड़ी दिलेरी के साथ सम्पूर्ण किए और इसके लिए उन्हें 'महावीर चक्र' से सम्मानित किया गया।

सन् 1971 में जब पाकिस्तान के साथ फिर युद्ध हुआ तब तक आप विंग कमांडर बन गए थे। एक बार फिर यह लड़ाई में सहयोग देने के लिए अग्रणी थे। 5 दिसम्बर को मियाँवाली एयर फील्ड पर किए गए आक्रमण का नेतृत्व इन्हीं के हाथों हुआ। इस एयर फील्ड पर हवाई जहाजों पर मार करनेवाली तोपों एवं अन्य हथियारों का कड़ा पहरा था। हवाई जहाजों के दिखते ही उनकी सम्मिलित चाँदमारी आग के फव्वारों की तरह फूट पड़ी। इन खतरों से विचलित हुए बिना विंग कमांडर गौतम ने अपनी स्क्वाड्रन के विमानों का नेतृत्व करते हुए एयर फील्ड पर, बहुत नीचे उड़कर, बड़ी दक्षता के साथ अपना बचाव करते हुए निशाने ले-लेकर बमवर्षा की और एयर फील्ड को भारी नुकसान पहुँचाने में सफल हुए। इसी प्रकार के हमले को 7 दिसम्बर को एक बार फिर दोहराया गया।

इसके अलावा विंग कमांडर गौतम ने मांटगुमरी-रयविंद रेलवे यार्ड पर भी एक विनाशकारक हमला किया। इस हमले में रॉकेट तथा मशीनगन की गोलियों के प्रयोग से रेलवे के इंजनों, डिब्बों तथा चाल-सुविधाओं को भारी नुकसान पहुँचाया गया। इस हमले में भी विंग कमांडर गौतम को दुश्मन की विमानभेदी तोपों के फायर का सामना करना पड़ा। इसमें उन्होंने अदम्य साहस का प्रदर्शन किया।

इन सब बहादुरी-भरे कारनामों के लिए उन्हें एक बार फिर 'महावीर चक्र' से सम्मानित किया गया। सन् 1965 तथा 1971 के दोनों युद्धों में 'महावीर चक्र' प्राप्त करनेवाले इन बहादुर तथा उत्कृष्ट विमान चालक को हमारा सादर नमन।

'ये रहे चिड़िया के डैने
यह है उनका निशान।'

□

चार

सन् 1971 का पूर्वी पाकिस्तान। भौगोलिकता के पहलू से इस क्षेत्र पर विजय पाना किसी भी आक्रमणकारी के लिए टेढ़ी खीर था। ढेर सारी नदी धाराओं का मुहाना। कदम-कदम पर पुलों की आवश्यकता। कहीं-कहीं नावों की। जरा-सी बारिश में कीचड़ सनी दलदली धरती। सँकरी सड़कें। कई सड़कें 'बंद' के ऊपर से चलती हैं। इनपर यदि एक वाहन खराब होकर रुक जाए तो आगे-पीछे लंबी लाइन लग जाती है। पाकिस्तानी सेना के चार डिवीजन तथा बीस हजार अर्थ-सैनिक बल। एक टैंक रेजिमेंट। सेबर जेट तथा स्टार फाइटर विमान हवाई अड्डों पर मौजूद। लड़ाई शुरू होते ही पाकिस्तान से और विमान आने की सम्भावना।

3 दिसंबर, 1971। जब युद्ध छिड़ा तो हमारी वायुसेना की कई जिम्मेदारियाँ थीं। एक तो यह कि हमारे अपने ठिकानों की शत्रु के हवाई आक्रमणों से रक्षा की जाए, जिससे थलसेना अपना आक्रामक कार्यक्रम निर्विघ्न तथा निर्विलंब संपन्न कर सके। दूसरा यह कि पाक वायुसेना इस क्षेत्र में प्रवेश न कर पाए। और तीसरा बहुत ही महत्त्वपूर्ण काम था आक्रामक सैनिक अभियान में थलसेना की पूरी-पूरी सहायता करना। चुनौती यही थी कि सारा अभियान जल्दी-से-जल्दी संपूर्ण करना है। अगर फौज की राह में कोई दुर्ग जैसी कठिन पोजीशन आती तो उसके पार होकर आगे बढ़ने के लिए वायुसेना की मदद की तत्काल जरूरत होती। देरी होना हार के बराबर संघातक था। दुर्ग-सम सुगठित पोजीशनों के बाद में भी निपटा जा सकता है।

इस जटिल काम को हमारी वायुसेना ने थलसेना के साथ एकजुट तथा समरस होकर निभाया और यही हमारी जीत का एक बड़ा कारण बना।

सबसे पहले तो हमारी वायुसेना ने 4 दिसम्बर की सुबह से ही शत्रु के हवाई अड्डों पर व्यापक आक्रमण किए। इससे उसके कई विमान अपने ठिकानों में ही नष्ट हो गए। इसके बाद उनके उठ खड़े होने की हिम्मत में भारी आघात लगा। 4 से 11 दिसंबर तक लगातार किए गए ये हमले दसाना, कोट चाँदपुर, जेस्सोर, झेनेडा, मगुरा, कुश्तिया इत्यादि ठिकानों पर किए गए। 5 व 6 दिसम्बर को चटगाँव, कुर्मीतला व तेजगाँव के रेलवे स्टेशन पर हवाई आक्रमण किए गए।

□

पूर्व की ओर से किए गए हमले थलसेना की 4 कोर के अधीन थे। इनकी सहायता वायुसेना के हवाई अड्डे के कमांडर ग्रुप कैप्टेन चंदन सिंह ने की। उस समय

4 कोर की कमान ले. जनरल सगतसिंह के हाथों में थी। इन दोनों अफसरों ने मिल-जुलकर काम किया, जिससे वहाँ थलसेना तथा वायुसेना के कदम-से-कदम मिलाकर चलने की मिसाल बन गई।

ग्रुप कैप्टेन चंदन सिंह बड़े ही निष्ठावान् तथा दिलेर अफसर थे। सन् 1962 में चीनी आक्रमण के दौरान ये लेह, कारगिल और चुशूल में थलसेना के लिए गोला-बारूद तथा रसद पहुँचाने के काम में जी-जान से जुटे रहे। चुशूल की ऊँची धरातल पर बनी हवाई पट्टी और द्वितीय विश्वयुद्धवाले पुराने ढर्रे के डेकोटा विमान। वहाँ पहुँचना ही जोखिम-भरा काम था। पर यह काम इन्होंने बड़ी कर्तव्यनिष्ठा से निभाया। इस दौरान इनके विमान को उन्नीस बार शत्रु की गोलियाँ लगीं। पर इस प्रकार के जोखिम-भरे काम करने में (तब) स्क्वाड्रन लीडर चंदन सिंह सिद्धहस्त हो चुके थे। सन् 1962 के युद्ध के पश्चात् इन्हें 'वीर चक्र' के पदक से सम्मानित किया गया। यह वह वीर अफसर है, जिसने पहली बार हवाई जहाज से टैंकों को चुशूल हवाई पट्टी पर उतारा था। वह करतब, जो दुनिया में किसी ने नहीं किया था तब तक।

सन् सन् 1971 में पूर्वी पाकिस्तान में हो रही लड़ाई में हमारी जीत हो, इस लक्ष्य की प्राप्ति के लिए एकजुट हो ग्रुप कैप्टेन चंदन सिंह ने एड़ी-चोटी का जोर लगा दिया। उनके अधिकृत हवाई अड्डे से हमारे कमांडो दलों को डेकोटा विमानों में सवार कर फ्रंट पर ले जाने का कार्य बड़ी दक्षता तथा कुशलता से सँभाला गया। इस काम में रात-दिन की मेहनत लगा प्रत्येक दिन आठ-आठ सॉर्टियाँ (एक विमान दो बार जाए अथवा दो विमान एक बार उड़ान भरें तो इसे 'दो सॉर्टी' कहा जाता है) भेजी गईं।

इन्हीं की देखरेख में शत्रु के विभिन्न विमानों पर बम बरसाने के लिए बीस विमान भेजे गए। इन्होंने लगभग एक सौ अस्सी बम गिराकर दुश्मन का भारी नुकसान किया। इसके अतिरिक्त यहीं से टोह लेनेवाली कई उड़ानें भी भेजी गईं, जिनसे प्राप्त महत्त्वपूर्ण खबरों से आगामी योजनाएँ बनाने में बड़ी सफलता मिलती रही। इसी तरह अनेक रसद मिशन भी बड़ी मुस्तैदी के साथ संपन्न किए गए। लड़ाई के दौरान क्षण-प्रतिक्षण ग्रुप कैप्टेन चंदन सिंह का यही ध्येय रहा कि शत्रु के मोर्चों पर लगातार आक्रमण कर रही हमारी सेना को किसी भी समय कोई कमी न महसूस होने दी जाए।

हालाँकि उनका कर्तव्य अपने हवाई अड्डे की देखरेख करते हुए वहीं से सब प्रकार के आकाशमार्गी काय-कलापों का निर्देशन करना तथा उनकी उचित व्यवस्था

करना था, वे बड़े चाव, लगन तथा निर्भीकता के साथ कई अग्रिम उड़ानों में स्वयं जाते रहे। इससे एक तो उन्हें क्षण-प्रतिक्षण बदलनेवाली स्थिति का तात्कालिक परिचय प्राप्त होता रहा, दूसरे उनके प्रबल उत्साह को देख उनके साथी एवं अधीनस्थ अन्य चालक भी बहुत प्रभावित हुए और उन्होंने अपना काम पूरे उत्साह तथा निष्ठा की भावना से परिपूर्ण होकर किया।

सिलहट क्षेत्र में शत्रु के बड़े मजबूत ठिकाने के पीछे हेलिकॉप्टरों के द्वारा हमारे सैनिक दल उतारने का महत्त्वपूर्ण काम स्वयं इनकी देख-रेख में सम्पन्न हुआ। अग्रिम टुकड़ियों के साथ ये स्वयं जाते रहे। कई बार तो कुछ स्थानों पर पहले पहुँचकर इन्होंने सेना को सचेत भी किया कि, 'अमुक जगह खाली है, जल्दी से यहाँ पहुँचकर कब्जा जमाइए। मैं आ रहा हूँ आपको लेने के लिए।'

सिलहट में दो कम्पनियाँ पहुँचाने के अतिरिक्त अपने क्षेत्र में उन्होंने लगभग तीन हजार सैनिकों को आकाश मार्ग से शत्रु क्षेत्र के विभिन्न स्थलों तक पहुँचाया। ढेरों टन गोला-बारूद तथा भारी तोपों को भी हर प्रकार की बम-बौछार पार करते हुए अग्रिम सैनिकों तक पहुँचाया, जिससे उनकी स्थिति सुदृढ़ बनी रहे और उनकी आक्रामक कार्यवाहियों को पर्याप्त बल मिले। इससे अनुमान लगाया जा सकता है कि उन्होंने कितनी व्यापक जिम्मेदारियाँ कितनी बार अपनी जान पर खेलकर बड़ी बहादुरी के साथ निभाईं। हर बार इनके हेलिकॉप्टर को मशीनगन की गोलियाँ लगीं, पर इसकी उपेक्षा कर वे अपने काम में दत्तचित्त ही रहे और युद्धविराम होने के बाद ही उन्होंने चैन की साँस ली।

8 जुलाई, 1924 को बागावास गाँव, जिला पाली, राजस्थान में जनमे ले. कर्नल बहादुर सिंह के सपूत ग्रुप कैप्टेन चंदन को 'वीर चक्र' तो पहले ही मिल चुका था, सन् 1971 की लड़ाई के बाद इन्हें 'महावीर चक्र' से अलंकृत किया गया। बाद में वे एयर वाइस मार्शल के पद तक पहुँचकर सेवानिवृत्त हुए। देश को ऐसे बहादुर सैनिकों पर जितना गर्व हो, उतना कम है।

'आंगलियाँ अरि मुख लई, पिउ कर लई कृपाण।'

पाँच

सन् 1947 में साढ़े छह स्क्वाड्रनों से शुरू हुई वायुसेना ने पहली बार जब अपना लक्ष्य दस स्क्वाड्रनों की बढ़त का बनाया तो उस समय यह कुछ महत्त्वाकांक्षी-सा

लगा होगा। परंतु इतना बड़ा देश, इतनी विस्तृत सीमाएँ, इतने ऊँचे पहाड़, जंगल, रेगिस्तान। सब तरह के मौसम। भिन्न प्रकार के भूमिखंड। इतना विशाल समुद्र तट और सारी दुनिया में वायु शक्ति की अंधाधुंध बढ़त। तकनीकी एवं संचार क्रांति। रेडार का विकास। प्रक्षेपास्त्रों का आगमन। प्रक्षेपास्त्रों का उत्तरोत्तर विकास। लक्ष्य प्राप्ति के अनेकानेक साधन। नएपन की बाढ़-सी आ गई। फिर हेलिकॉप्टर भी आने लग गए।

14 दिसम्बर को श्रीनगर हवाई अड्डे पर दुश्मन के छह विमानों ने एक साथ आक्रमण किया। हवाई आक्रमण एकबारगी का भी हो सकता है और इसके अतिरिक्त पारियों में भी किया जा सकता है। आवश्यकता ईंधन और जवाबी कार्यवाही को ध्यान में रख 'टाइम ओवर टार्गेट' को बढ़ाया या घटाया जा सकता है। यदि पहली ही पारी में लक्ष्य प्राप्त हो जाए तो उसके बाद रुकने की जरूरत ही नहीं। परंतु यदि ऐसा नहीं हुआ तो विमान अपने टार्गेट के ऊपर चक्कर लगाकर मँडराता हुआ, बराबर 'डाइव' (झपट्टा) मारकर हमले के लिए फिर आ सकता है।

14 दिसम्बर, 1971 को श्रीनगर हवाई अड्डे पर हमला करने आए विमानों ने भी ऐसा ही किया। उनका ध्येय था हमारे विमानों का खड़ी हालत में ही विनाश कर देना। जितना अधिक उतना बेहतर। इसलिए वे एक बार डाइव मारकर गोलियों तथा रॉकेटों से प्रहार करने के बाद फिर ऊपर चढ़ चक्कर लगा पुनः डाइव मारते। उन्होंने यही क्रम चालू रखा, जिससे हमारे विमानों की अच्छी धुनाई हो।

उस समय फ्लाइंग ऑफीसर सेखों हवाई अड्डे पर तैयारी की हालत में थे; लेकिन ऊपर कैसे उड़ते? ऐसे समय में विमान हवाई पट्टी के आस-पास 'हैंगरों' में खड़े किए जाते हैं। इनमें तीनों ओर दीवार होती हैं और छत पर कैमॉफ्लाज, जिससे ऊपर से कुछ नजर न आए। दुश्मन के हवाई हनले के दौरान अपने विमान हैंगरों मे ही सुरक्षित माने जाते हैं। यदि उन्हें हैंगरों से बाहर आकर उड़ान भरनी है तो या तो यह शत्रु के आक्रमण के पहले संभव है या उसकी समाप्ति के पश्चात्; परंतु हमले के दौरान कदापि नहीं। हमले के दौरान ऐसा करना आत्मघात के सदृश माना जाता है। कारण यह कि हवाई जहाज बटन दबाते ही हवा में उड्डीयमान न हो पाएगा। हैंगर से बाहर निकल, पहले उसको 'टैक्सी' (धीमी गति से मोटर की तरह चलते हुए) करते हुए हवाई पट्टी के एक कोने तक पहुँचाना पड़ता है। आमतौर पर उसे वहाँ पहुँचकर वहीं खड़े हो, पीछे को मुड़कर

रनवे की ओर मुँह करके खड़ा होना पड़ता है। फिर इंजन को खड़े-खड़े स्पीड दी जाती है। उचित स्पीड होने के बाद विमान सरकना शुरू कर, रनवे पर गति पकड़ता हुआ, उसके अंत तक पहुँच उड्डीयमान होता है।

हवाई अड्डे पर शत्रु के विमानों का हमला अकस्मात् हुआ। हमारा रेडार पूर्व चेतावनी नहीं दे पाया। हमले का पहला झपट्टा मारकर शत्रु के विमान ऊपर हो लिये। उसी समय फ्लाइंग ऑफीसर सेखों दौड़कर अपने नेट में जा बैठे। उन्होंने शत्रु के विमानों के दूसरे झपट्टे का इंतजार किया। थोड़ी ही देर में वे फिर आए और रॉकेट छोड़ गोलियों की झड़ी लगा फिर ऊपर चढ़ गए। फ्लाइंग ऑफीसर सेखों ने तक तक अपना हिसाब लगा इंजन स्टार्ट कर दिया था। दुश्मन के विमानों के फड़फड़ाते हुए ऊपर गुजरते ही उन्होंने नेट को तेजी से हवाई पट्टी के कोने तक ले जाकर फुरती के साथ मोड़ा और कुछ ही सैकेंडों के बाद उनका विमान पट्टी पर सनसनाता नजर आया। यह क्या! सब देखनेवाले चौंक गए!!

दुश्मन के छह आधुनिक विमान सिर पर मँडरा रहे थे और नेट जैसे पुराने ढर्रे के विमान में बैठा एक अकेला जाँबाज उनसे लोहा लेने ऊपर जा चढ़ा! ऐसी हिम्मत तो आज तक किसी ने न दिखाई थी! ऐसा जोखिम-भरा काम कोई विरला रणबाँकुरा ही कर सकता है।

अब आकाश में हवाई जहाजों के बीच संघातक युद्ध छिड़ गया। हमारे एक नेट के पीछे लगे दुश्मन के छह जहाज! इसके पहले कि वे कुछ कर पाएँ, फ्लाइंग ऑफीसर सेखों ने एक विमान को निशाना बना उसपर अपनी तोप का वार कर डाला। गोला ठीक बीचोबीच निशाने पर लगा। विमान वहीं दो टुकड़े हो ढह गया। फिर बड़ कौशल के साथ अपने नेट को निशाना लगाने की दिशा में ला, एक गोला और दागा। इससे एक दूसरे विमान में आग लग गई। आग और धुएँ के गुबार छोड़ता वह विमान रजौरी की ओर भागता देखा गया।

अब रह गए दुश्मन के चार और हमारा एक अकेला अलबेला! चाहते तो फ्लाइंग ऑफीसर सेखों अपने विमान को उनकी पकड़ के बाहर ले जा सकते थे, पर उन्होंने ऐसा नहीं किया। शत्रु के विमानों के साथ और दो-दो हाथ करने के लिए वे वहीं अड़े रहे। अब चारों पाकिस्तानी विमान आपस में तालमेल बना, इकट्ठा हो हमारे नेट पर आ झपटे। नेट मुड़ने में तेज था, मगर विपक्षी विमानों की, सिधाई के रुख ऊपर चढ़ने की, क्षमता कहीं अधिक थी। विमान-युद्ध वृक्षों की फुनगियों की ऊँचाई पर होने लगा। आखिर, चार सेबर जेट विमानों के घेरे में आया एक अकेला नेट और क्या कर पाता? कितनी देर खैर मनाता?

दुश्मन के एक गोले ने नेट को ध्वंसित कर डाला। और अपने प्यारे नेट विमान के साथ वीरगति को प्राप्त हुए फ्लाइंग ऑफीसर सेखों। केवल छब्बीस साल की उम्र में।

फ्लाइंग ऑफीसर सेखों के नेट का विनाश करते ही दुश्मन के चारों विमान तेजी से वापस सीमा की ओर मुड़ गए। उन्होंने अब न हवाई अड्डे पर आक्रमण किया, न श्रीनगर के अन्य किसी स्थल पर। फ्लाइंग ऑफीसर सेखों के आत्मबलिदान ने दुश्मन के हवाई आक्रमण को वहीं थाम दिया। साथ ही उसके दो विमान क्षतिग्रस्त भी हुए।

रणभूमि में असाधारण वीरता के साथ आत्मबलिदान करते हुए वीरगति पानेवाले फ्लाइंग ऑफीसर निर्मलजीत सिंह सेखों को मरणोपरांत सशस्त्र सेनाओं के उच्चतम वीरता पदक 'परमवीर चक्र' से अलंकृत किया गया। यह हमारी वायुसेना को मिला प्रथम 'परमवीर चक्र' है

'लरत अकास जुगल सम जोधा।
एकहि एक हनत करि क्रोधा।'

□

छह

क्या आपने कभी हवाई जहाज में सफर किया है? जरूर किया होगा। सफर के दौरान हम बादलों से भी बहुत ऊँचा उड़ते हैं। नीचे देखने पर धरती चलचित्र की भाँति दौड़ती चलती है। मोटरें माचिस की डिब्बी जितनी छोटी लगती हैं। आदमी चींटी जैसा। सो तो कुतुब मीनार से भी। पर बादलों से भी ऊपर जा उड़ने पर नजारा ही कुछ बदल जाता है। शुरू में हवाई सफर का नयापन मोह लेता है। बाद में आदत पड़ जाती है। पर वापस धरती पर उतरने कर दिल बना ही रहता है। वापस सकुशल उतरकर अँगड़ाई भर अपने पाँवों पर चलने का सुख!

क्या कभी आपने ऐसे हवाई जहाज में सफर किया है, जिसके किसी भाग से धुआँ निकलना शुरू हो गया हो?

क्या खयाल आता है ऐसे में? कि पता करो, धुआँ कहाँ से निकल रहा है और क्यों निकल रहा है। कोई खतरेवाली बात तो नहीं? कहीं आग तो नहीं लग जाएगी? चिंता का पहाड़ टूट पड़ता है।

धुआँ है तो आग भी हो सकती है। हवाई जहाज के दोनों तरफ डैने की तरह फैले पंखों में ईंधन भरा रहता है। आग लगने से चिनगारी यदि ईंधन तक फैल गई तो क्या होगा? एक बड़ा धमाका और फिर जहाज में बैठे लोगों के बुरी तरह जले शव।

यदि हवाई जहाज कहीं टकरा जाए तो भी ईंधन में आग लग सकती है। 1952 में फरवरी की 3 तारीख को कुछ ऐसा ही हुआ। रविवार का दिन था। 'डेवन' नस्ल का एक सैनिक हवाई जहाज लखनऊ से दिल्ली की ओर आ रहा था। विमान में सेना के छह वरिष्ठ अफसर सवार थे। एक तो ले. जनरल साहब थे—पश्चिमी कमान के कमांडर। इन्हीं के चीफ ऑफ स्टाफ एक और ले. जनरल थे। सेना मुख्यालय के क्वार्टर मास्टर जनरल तथा मिलिट्री सेक्रेटरी। एक मेजर जनरल, जो डिवीजनल कमांडर थे तथा परिवहन एवं पूर्ति ब्रांच के एक ब्रिगेडियर साहब।

विमान के पायलट थे वायुसेना के युवा अफसर फ्लाइट लेफ्टिनेंट सुहास बिस्वास।

विमान के लखनऊ से उड़ान भरने के कुछ ही समय बाद उसके दो इंजनों में से एक से गड़बड़ की भारी आवाजें आने लगीं। उस समय संध्या के छह बजे थे। थोड़ी ही देर में उस इंजन में आग लग गई।

फ्लाइट ले. बिस्वास ने निश्चय किया कि अब विमान को नीचे उतारने के अलावा कोई चारा नहीं। उसे जबरदस्ती भूमिगत करना होगा। तब तक अँधेरा होना शुरू हो गया था, इसलिए कुछ ठीक दिख नहीं पा रहा था। ले. बिस्वास ने विमान को नीचे लाने की कोशिश की, जिससे जमीन कुछ अच्छी तरही से देखी जा सके।

हजारों फीट ऊँचाई से विमान को नीचे उतारते समय आग लगा इंजन विमान से टूटकर नीचे गिर गया। इससे विमान का संतुलन बुरी तरह बिगड़ गया। ले. बिस्वास ने बड़ी कठिनाई से उसे पलटा खाने से बचाया और हर तरकीब के साथ उसकी सिधाई बनाए रखने की कोशिश की। ऐसा करने के लिए उन्हें विमान के दूसरे चलायमान इंजन को भी बंद कर देना पड़ा।

अब विमान दोनों इंजनों के बिना था! धरती से हजार फीट से अधिक ऊँचाई पर। वरिष्ठ सेनाधिकारियों से भरा। घिरते अंधकार में। पर धैर्य तथा सूझ ने

ले. बिस्वास का साथ नहीं छोड़ा। विलक्षण कुशलता के साथ विमान को उतारकर, समतल धरती का बड़ा-सा टुकड़ा ढूँढ़, उन्होंने विमान को वहाँ की खुरदरी भूमि पर उतारने का दुस्साहस कर ही दिया, और नियति ने भी उनका भरपूर साथ दिया!

दोनों इंजनों के बिना और हवाई पट्टी के अभाव में इस प्रकार सही-सलामत उतर आना एक तरह का करिश्मा ही था। इसको अपनी आँखों से देखनेवाले गवाह उनकी वरिष्ठ सवारियाँ ही थीं। हवाई जहाज बिना टूटे और बिना आग में जले, बिना किसी की हड्डी-पसली तोड़े माँ वसुंधरा की गोद में सकुशल उतर आया। यह बहुत बड़ी उपलब्धि थी। सबकी साँस-में-साँस आई। सबने भगवान् के प्रति कृतज्ञता महसूस की।

और सबने महसूस किया कि ले. बिस्वास उन्हें मौत के मुँह से निकाल लाए हैं। जब विमान में आग लगी तो उन्होंने न अपना धैर्य छोड़ा, न किसी प्रकार की हड़बड़ी प्रदर्शित की। एक इंजन अलग हो गिर पड़ा तो उन्होंने बड़ी निपुणता से यान का संतुलन बनाए रखा। जहाज को खुरदरी धरती पर बिना एक भी इंजन के उतारने में उन्होंने अदम्य साहस तथा सिद्धहस्तता का परिचय दिया। अँधेरे में भी उन्होंने नीचे उतरने योग्य भूमिखंड ढूँढ़ ही निकाला।

और इस दौरान न घबराहट दिखाई, न चेहरे पर कोई शिकन आने दी। उतरने की अंतिम घड़ी तक उनमें आत्मविश्वास तथा होनी के प्रति उजागर आस्था की भावनाएँ बनी ही रहीं। सम्भवतः श्रद्धा की इसी शक्ति ने होनी की संभावी रेखाओं को भी पलट डाला।

इस अनहोने तथा असाधारण साहसपूर्ण कार्य के लिए फ्लाइट ले. बिस्वास को 'अशोक चक्र' से सम्मानित किया गया।

नौसेना के वीर

एक

पहले के पूर्वी पाकिस्तान का चित्र यदि संपूर्ण हिंदुस्तान के संदर्भ में देखा जाए तो पता लगेगा कि वह, एक तो पश्चिमी पाकिस्तान से काफी दूर है—लगभग सोलह सौ किलोमीटर; दूसरा यह कि दक्षिण की ओर समुद्र का घेराव है। साथ ही बड़ी-बड़ी नदियों के बहुतेरी धाराओं में बँटी धाराओं के मुहानों का फैलाव है, जिनमें जल साधनों के यातायात की काफी लंबी परंपरा है। समुद्र कई स्थानों में भू-क्षेत्र के भीतर गहराई तक धँस आता है। ऐसी भौगोलिकता स्थलसेना के साथ-साथ जलसेना की महत्ता भी बहुत बढ़ा देती है। पश्चिमी पाकिस्तान से आनेवाली संभावित सामरिक सहायता जलमार्गों के द्वारा ही संपन्न हो सकती थी। इसी तरह किसी प्रकार का बाहरी निकास भी जलमार्गों पर आधारित होने की बाध्यता भी प्रत्येक्ष हो जाती है। इसके अतिरिक्त वायुसेना का महत्त्व तो विभिन्न मात्राओं में प्रत्येक क्षेत्र में बना ही रहता है—खासकर जब सियाचिन ग्लेशियर या धुर उत्तर वर्गीय हिमालय क्षेत्रों में पाई जानेवाली कोहरे, बदली तथा समुद्र तट से अत्यधिक ऊँचाई इत्यादि की समस्याएँ गौण हों तो।

इस दुष्टिकोण से तीनों सेनाओं की भूमिका महत्त्वपूर्ण हो जाती है। हिंदुस्तान के '47-48, '62 व '65 के युद्धों में इन तीनों प्रकार के सामरिक संस्थानों को एकजुट होकर कार्य करने का अवसर इस मात्रा में पहले नहीं मिल पाया था। यदि आंशिक रूप से मिला भी था तो उसमें एकरसता नहीं आ पाई थी। यदि सशस्त्र सैन्य बलों की तीनों संस्थाएँ एकजुट ही नहीं, एकरस होकर रणक्षेत्र में पदार्पण करें तो सोने पे सुहागा। वास्तव में आधुनिक लड़ाई होनी ही ऐसी चाहिए।

द्वितीय विश्वयुद्ध, कोरिया तथा वियतनाम में हुई लड़ाइयों के उपरांत यह सर्वसम्मति से सैद्धांतिक रूप में स्वीकारा गया है कि सैन्य बल प्रयोग की सर्वोच्य लाभ-प्राप्ति तीनों प्रमुख अंगों के एकजुट तथा एकरस होकर कार्य करने में ही सम्भव हो सकती है, अन्यथा नहीं।

आधुनिक लड़ाई पूरे राष्ट्र के जन-जीवन पर अपना प्रभाव डालती है। अस्तु, लड़ाई भी पूरे राष्ट्र को मिलकर लड़नी चाहिए—एकजुट तथा एकरस होकर। इसका उदाहरण इजरायल है। लड़ाई होती है तो उसमें देश का शायद ही कोई वयस्क नागरिक अथवा परिवार बचता है, जिसका उसमें सीधा संबंध एवं योगदान न हो। इसी का परिणाम है कि छोटा होते हुए भी इजरायल को कोई झुका नहीं सका है। आजकल की लड़ाई में सम्पूर्ण राष्ट्र के विभिन्न प्रकार के सैन्य बलों तथा संसाधनों का समन्वित एवं सामंजस्यपूर्ण उपयोग ही वास्तविक राष्ट्रशक्ति की समग्रता को रणभूमि के कार्यक्षेत्र में यशस्वी जामा पहना सकता है। इसके लिए पूर्व निर्धारित नीति के अनुसार तैयारी करने तथा कार्यरत होने की अनिवार्यता आजकल के युद्ध का एक बहुत बड़ा तकाजा है। इसके लिए अनिवार्य है कि हम सबसे पहले राष्ट्रहित-संबंधी लक्ष्य का चुनाव करें तथा उसको परिपूर्ण करने की सैद्धांतिक योजनाबद्धता को पारदर्शी तथा व्यावहारिक रंग में ढाले और उससे जनसाधारण को अवगत करवाएँ।

इस दृष्टि से पूर्वी पाकिस्तान में हिंदुस्तान की फौजों के तीनों अंगों ने पहली बार मिलकर काम किया। किंतु यह सेना के तीनों वर्गों के अध्यक्षों के स्वतः संपन्न आपसी मेल-मिलाप से संभव हुआ। थलसेना चीफ जनरल मानेकशॉ के जलसेना प्रमुख एडमिरल नंदा तथा वायुसेना प्रमुख एयर चीफ मार्शल लाल से सौहार्दपूर्ण सम्बंध थे; इसलिए तीनों के एकजुट हो काम करने की कुछ भूमिका बन पाई। यद्यपि इसको कोई संगठित रूप न तब प्राप्त था, न अब हो पाया है; और खेदवश, न ही हमारा कोई रक्षामंत्री ऐसा रहा है जिसने अपनी रोजी-रोटी की ओर थोड़ी भी खरी दिलचस्पी दिखाई हो।

हमारी वायुसेना से लड़ाई छिड़ने के पहले दिन ही शत्रु के हवाई जहाजों को उनके अड्डों पर ही ध्वस्त करने में काफी सफलता प्राप्त की। यह अत्यंत महत्त्वपूर्ण उपलब्धि थी। इसी के कारण शत्रु हमारी थलसेना की दिन-रात होनेवाली बढ़त को रोकने में नितांत अपंग बना रहा। यदि दुश्मन की वायुसेना कारगर होती तो हमारी सेनाओं के लिए भी पूर्वी पाकिस्तान में दिन के समय हरकत करना बेहद कठिन-सा हो रहता। इसी प्रकार हमारी नौसेना ने बंगाल की खाड़ी

के पूर्वी पाकिस्तान के निकटवर्ती क्षेत्र पर अपनी चौकस एवं मुस्तैद पहरेदारी से आवागमन में ऐसी रोक लगा दी कि समुद्र की ओर से शत्रु को किसी प्रकार की सहायता मिलने की उम्मीदों पर पानी-सा फिर गया। हमारी नौसेना ने सामरिक ही नहीं, सिविल यातायात पर भी बंगाल की खाड़ी में कारगर रोक लगा दी।

इस कठिन काम को संपन्न करने में महत्त्वपूर्ण तथा अभूतपूर्व योगदान हमारे एकमात्र विमानवाहक पोत आई.एन.एस. विक्रांत का था। यह पोत कराची भेजा जाए या बंगाल की खाड़ी में रखा जाए, यह फैसला शतरंज के मोहरों की तरह जल्दबाजी में तो हो नहीं सकता। इसलिए सोच-समझकर निर्णय लिया गया कि इसकी असली जरूरत किस मुकाम पर है—जहाँ से वह अपना काम भी कर सके और दुश्मन की घातक पनडुब्बियों की मार से बचा भी रह सके, अन्यथा कई हजार करोड़ों का नुकसान होता!

सन् 1971 तक हमारी नौसेना के दो बेड़े थे। सन् 1971 के मध्य में, युद्ध की संभावना को दृष्टिगोचर रखते हुए, तीसरी कमांड का गठन किया गया, जिसकी स्थापना हिंदुस्तान के पूर्वी तट के प्रमुख बंदरगाह विशाखापत्तनम् में की गई। इसका उद्‌देश्य था बंगाल की खाड़ी के संपूर्ण क्षेत्र पर नजर रखना और उस क्षेत्र में देश की सुरक्षा हेतु कार्यरत होना। इस कमांड के संगठन के समय बेड़े का विभाजन करना भी अनिवार्य हो गया।

उस समय हमारे पास इंग्लैंड से सन् 1956 में तीस लाख पाउंड में खरीदे गए बीस हजार टनवाले विमान पोत 'विक्रांत' के अतिरिक्त चार पुराने विध्वंसक (डिस्ट्रॉयर), उन्नीस फ्रिगेट रणपोत जिनमें तीन पुराने थे, आठ ओ.एस.ए. पनडुब्बी (किलर पनडुब्बी रक्वाड्रन), तीन डिपो शिप तथा एक सब डिपो शिप 'अंबा' थे। विभाजन के समय पूर्वी पाकिस्तान में युद्ध की संभावना के कारण बेड़े का बड़ा भाग विशाखापत्तनम् की कमान में शामिल किया गया।

उधर पाकिस्तान ने हाल में डैफने, चैरियट तथा मिजेट श्रेणी की पनडुब्बियाँ हासिल की थीं। पाकिस्तान को अमेरिका तथा चीन से प्राप्त हथियारों का घमंड था। जनरल याहिया खान का विश्वास था कि हिंदुस्तानी नौसेना पाकिस्तान को कोई भी खास नुकसान पहुँचने में नाकाबिल होगी। फिर भी उनके एजेंट हमारे बेड़े का अता-पता लगाने में सक्रिय रहे। एक विदेशी दूतावास के अफसर ने इसके लिए गोल्फ कोर्स में किसी नौसेना अफसर से दोस्ती भी गाँठी। फिर उससे जानने का यत्न किया कि 'विक्रांत' कहाँ है। तब पता लगा कि वह मद्रास बंदरगाह में है तो वह किसी बहाने अपने देश के विमान को लेकर मद्रास पहुँचा और वहाँ जाकर ऐलान किया कि विमान खराब है। उसकी मरम्मत के लिए साज-सामान

दिल्ली से मँगवाया गया और फिट करने के बाद विमान टैस्ट फ्लाइट्स के लिए कई बार बंगाल की खाड़ी में भेजा गया। असल मकसद था—वहाँ रूककर 'विक्रांत' का अता-पता लगाना। बाद में जब हमें इसकी भनक मिली तो आई.एन.एस. राजपूत को विक्रांत का सिग्नल कोड देकर अंडमान द्वीप की ओर से कई बार बातचीत करवाई गई, जिससे शत्रु इस मामले में दुविधाग्रस्त बना रहे।

□

युद्ध के समय आई.एन.एस. विक्रांत के कमांडर थे कैप्टेन स्वराज प्रकाश। इन्हें भलीभाँति ज्ञात था कि विक्रांत हमारा एकमात्र विमान पोत होने के कारण युद्ध के दौरान अनेक प्रकार के प्रहारों का केंद्र बना रहेगा। दुश्मन को अमेरिका और चीन से आधुनिक हथियारों तथा संसाधनों से लैस पनडुब्बियाँ प्राप्त हो चुकी थीं। इनके कारण विक्रांत के लिए खतरा बहुत बढ़ गया था। पनडुब्बियाँ अत्याधुनिक थीं और विक्रांत था दूसरे विश्वयुद्ध के समय का विमान पोत, जिसे लड़ाई के बाद ब्रिटेन ने ठीक-ठाक करके हमें सस्ते दामों में बेचा था। पर उनके सस्ते दाम भी हमें महँगे पड़े थे। इसलिए हमारी कोशिश थी कि उसे दुश्मन के आक्रमण से हर हालत में बचाकर रखा जाए।

तभी पता चला कि पाकिस्तान की पनडुब्बी 'ग़ाज़ी' बंगाल की खाड़ी में आ चुकी है। यह खबर एक वायरलैस-इंटर्सेप्ट (टोह लेने) से मिली। नवम्बर 1971 में बंगाल की खाड़ी से कराची भेजे गए एक मैसेज का पता चला, जिसमें 'ए' ग्रेड के तेल की माँग की गई थी। खोज-खबर के बाद पता चला कि यह तेल केवल अमेरिका में बनी पी.एन.एस. ग़ाज़ी किस्म की पनडुब्बियों में ही इस्तेमाल होता है। यह आधुनिक पनडुब्बी अमेरिका ने पाकिस्तान को 'लीज' (उधार) पर प्रदान की थी, ताकि हमारे खिलाफ उनका पलड़ा भारी बना रह सके। अन्य हथियारों के अतिरिक्त यह एक विशेष प्रकार के यंत्र से लैस थी, जिसका टॉरपीडो बारूदी सुरंगें बिछाने के काम आता था। इसका नाम था 'शिप-काउंट-मेकेनिज्म' तथा आमतौर पर जहाजी बेड़े में मुख्य पोत के सामने तथा आस-पास छोटे पोत चला करते हैं—मुख्य पोत को सुरक्षा प्रदान करने के लिए। यदि माइन (बारूदी सुरंग) छोटे पोत के ऊपर से निकलने पर ही चल पड़े तो मुख्य जहाज का बचाव हो जाता है। इस नई प्रणाली में सुविधा थी एक, दो, तीन, चार इत्यादि सैटिंग देने की। मान लो आपने 'दो' की सैटिंग दी है तो माइन, कोई भी दो जहाज ऊपर से लाँघ जाने के बाद ही नीचे जल पेंदे से ऊपर उठ अपनी जगह लग तीसरे जहाज पर घातक हमले का कारण बनेगी।

विशाखापत्तनम् बंदरगाह का प्रवेश-मुख काफी सँकरा था। पाकिस्तानी पनडुब्बी 'ग़ाज़ी' ने रात के समय वहाँ पहुँचकर चुपचाप माइन लगाना शुरू कर दिया। हमें यह तो पता लग ही गया था कि यह पनडुब्बी 'विक्रांत' की टोह लेती बंगाल की खाड़ी से उसके पीछे-पीछे लगी है। इसी अंजाद से हमारे बेड़े को विशाखापत्तनम् बंदरगाह के मुहाने में 'क्रॉस पैट्रोलिंग' (जवाबी गश्त) करने के आदेश दिए गए। इस पैट्रोलिंग के कारण हमारे पोतों के निकट आते ही गोपनीयता बनाए रखने के लिए, पी.एन.एस. गाजी को, आधा काम करने के बाद रात के अँधेरे में ही वहाँ से खिसक जाना पड़ा। दूसरी रात जब काम पूरा करने के लिए वह फिर वहाँ आई तो उसके कमांडर जफर खान ने एक बड़ी भारी गलती कर डाली। उन्होंने आने के लिए ठीक वही दिशामार्ग अपनाया, जिससे वे बाहर निकलकर गए थे! पर वे यह भूल गए कि बंगाल की खाड़ी में मानसून के बाद भी अंतर्धाराओं की उथल-पुथल मची रहती है। पनडुब्बी के अंदर रहनेवालों का जीवन-क्रम ही कुछ विचित्र-सा बन जाता है। शुरू में पनडुब्बी के सँकरे कमरों और यंत्रादि तथा औजारों से घिरे वातावरण में रह पाना काफी दुष्कर हो जाता है। बाद में जब इसकी आदत पड़ जाती है तो और कुछ नहीं सुहाता।

खैर! हो सकता है, पी.एन.एस ग़ाज़ी द्वारा पहले की लगाई माइंस के ऊपर से होकर हमारी पेट्रोल नावें दो-एक बार गुजर गई हों और अब वे बड़े धमाके के लिए तैयार हो गई हों! वास्तविक कारण जो भी हो, (क्योंकि हमने भी बंदरगाह के मुहाने पर अपनी माइंस लखा रखी थीं) अगली रात के बीचोबीच बड़े भीषण धमाकों के साथ विशाखापत्तनम् की इमारतों के कई शीशे टूट गए। दूसरे दिन सुबह कुछ मछुआरे समुद्र में इधर-उधर बिखरे सामान के अंश थलसेना के मुख्यालय में ले आए। इनमें अमेरिका में बनी लाइफ जैकिटें (जान बचानेवाला परिधान) भी शामिल थीं। बाद में हमारे गोताखोरों ने समुद्र तल से तीन शवों के साथ अन्य सामान तथा कुछ दस्तावेज भी बरामद किए, जिनसे प्रत्यक्ष हो गया कि अपने कमांडर जफर खान तथा बयासी कर्मचारियों के साथ पी.एन.एस. ग़ाज़ी अब पानी की कब्र में दफन हो चुकी थी। ग़ाज़ी के डूब जाने के बाद पाकिस्तान की अन्य पनडुब्बियाँ क्या रास्ता अपनाएँगी, कुछ ठीक नहीं था; फिर भी ग़ाज़ी के संभावी दिशामार्गों से संकेत तो प्राप्त हो ही चुके थे। कैप्टेन स्वराज प्रकाश ने इन संकेतों का फायदा उठाते हुए अपना आगे का दिशामार्ग तय किया। समुद्र में खतरा चारों ओर से था, इसलिए हर कदम फूँक-फूँककर लेना था। पनडुब्बियों की मार से बचने के लिए यह बहुत जरूरी था कि चाल के समय विमान पोत

की रफ्तार ज्यादा-से-ज्यादा हो। इसमें एक अड़चन थी। सन् 1960 में विक्रांत के बॉयलरों (तरल पदार्थ की भट्ठियों) में दरारें पाई गई थीं। तब इनकी मरम्मत के लिए जहाज को इंग्लैंड भेजा गया था। मरम्मत के बाद जब जहाज लौटा तो पाया गया कि इसकी स्पीड 14 नॉट से अधिक नहीं हो सकती। कैप्टेन स्वराज अपने नेतृत्व के दौरान रफ्तार की इस बाधा को दूर करने की जी-भर कोशिश करते रहे। अंत में वे सफल हुए। सेफ्टी वाल्वों के फेरबदल के बाद पोत की रफ्तार 20 नॉट तक बढ़ा ली गई। लड़ाई में दिन-प्रतिदिन इसका बहुत बड़ा फायदा होता रहा।

लड़ाई में विक्रांत का रोज (दायित्व-कार्य) दो तरफा था। प्रथम तो यह कि पूर्वी पाकिस्तान के समुद्र तटों पर कोई फौजी सामान भरा पोत किसी हालत में भी पहुँचने से रोका जाए। दूसरा यह कि पोत के विमानों से दुश्मन के समुद्र के किनारे निकटवर्ती क्षेत्रों पर आक्रामक हमले किए जाएँ जिससे उसकी लड़ाई जारी रखने की शक्ति को लगातार क्षति पहुँचती रहे। इन उत्तरदायित्वों को संपन्न करने के लिए विक्रांत के साथ-साथ अपने बचाव बेड़े का चलना भी लाजिमी था।

कैप्टेन स्वराज प्रकाश ने नक्शों का गहरा अध्ययन करके योजना बनाई कि बेड़ा कहाँ-से-कहाँ, पूर्व-पश्चिम तक घूमता रहकर एक तो दुश्मन को चकमा देने में सफल रहे और दूसरा, पैट्रोलिंग द्वारा सारे जलमार्गों को आवागमनी पर दिन-रात कड़ी नजर रखे तथा उल्लंघन करनेवालों को अचित रूप से दंडित करे। ऐसा जोखिम-भरा काम बड़ी हिम्मत तथा दक्षता से करने में उनका तजुर्बा बहुत काम आया। दुश्मन के क्षेत्रों पर उन्होंने निरंतर ऐसा दबाव बनाए रखा कि उसे सिर उठाने की फुर्सत न मिले। दुश्मन के बंदरगाहों पर उनके हमले बहुत सुव्यवस्थित ढंग से होते रहे। इनके परिणामस्वरूप दुश्मन के हौसले पस्त हो गए और उसने किसी प्रकार का घातक आक्रमण करने का बीड़ा नहीं उठाया। जलमार्गों पर होते यातायात पर विक्रांत के कमांडर पूरी तरह हावी रहे। इसके फलस्वरूप न तो पूर्वी पाकिस्तान को बाहर से कोई मदद पहुँच पाई और न ही हमारे चंगुल में फँसी उनकी सेनाओं को समुद्र मार्ग से भाग निकलने की कोई छूट मिली! विक्रांत पर तैनात विमानों ने चुने हुए निशानों पर अपने हमले जारी रखते हुए शत्रु को नुकसान पहुँचाने के साथ-साथ पूरे क्षेत्र में अपनी ऐसी धाक जमा दी कि शत्रु की हमपर वापस कोई बड़ी आक्रामक कार्यवाही करने की हिम्मत ही नहीं बन पड़ी। बंगाल की खाड़ी में तथा बँगलादेश के भूमिखंडों के भीतर गहराई में जा

रहे अनेकानेक जलमार्गों तथा उनके मुहाने पर स्थित टापुओं के समूहों में शत्रु ने हमारी इस धाक के कारण अपना सिर उठाने का विचार ही त्याग दिया। इसका श्रेय कैप्टेन स्वराज प्रकाश के ओजस्वी नेतृत्व को था। विक्रांत के ऊपर उस समय दो प्रकार के विमान थे—अँगरेजी 'सी हॉक' तथा फ्रेंच 'एलीजे'। पोत के एंगल्ड (तिरछे) डेक से ये विमान स्टीम कैटपल्ट (भाप-गुलेल) से वायुरत होते थे और अपना मिशन पूरा करने के बाद इन्हें पोत की चलती-फिरती एयर फील्ड (हवाई पट्टी) पर अरेस्ट (कैद) किया जाता था। तेज रफ्तार के कारण इन विमानों का ईंधन का खर्चा बहुत भारी था। हथियारों तथा गोलाबारी के बोझ के कारण यह और भी बढ़ जाता था। वांछनीय तो यह था कि अपने टार्गेट के ऊपर हमें अधिक-से-अधिक समय मिले, जिससे ये विमान ज्यादा निशानों पर बमों, रॉकेटों, मिसाइलों तथा गोलियों की विध्वंसक मार बरसा सकें। इसके लिए यह बहुत जरूरी था कि इन्हें किनारे के निकटतम क्षेत्रों से 'लांच' (उभारा) किया जाए। इसके लिए 'विक्रांत' को प्रत्येक भावी टार्गेट के निकटतम स्थान पर ले जाने की चेष्टा बराबर बनी ही रही और इसके कैप्टेन स्वराज प्रकाश ने बखूबी निपुणता के साथ निभाया। आरंभ में कॉक्स बाजार, चटगाँव, छलना तथा मोंगला जैसे पूर्वी तथा पश्चिमी ठिकानों पर एक साथ प्रहार किए गए, जिससे शत्रु को हर पड़ाव पर बचाव करने पर बाध्य हो अपनी सुरक्षा क्षमता को विभाजित रखने पर विवश होना पड़ा। बाद में अलग-अलग निशानों पर घमासान हमले किए गए। इन हमलों में शत्रु के समुद्र-क्षेत्रवर्ती हवाई हड्डों, नाव बेड़ों के जमघटों, यातायात एवं संचार केंद्रों, पेट्रोलियम डिपों, रेलवे स्टेशनों, ऑर्डिनेंस डिपो आदि को निशाना बनाकर उनका भारी मात्रा में विनाश किया गया। इन हमलों के कारण सिविल जलपोतों में भी डर और आतंक की भावना बैठ गई, जिससे शत्रु के पास लड़ाई के साज-सामान आदि पहुँचने में भारी रोकथाम लगी।

□

एक बार हमारे 'एलीजे' विमानों को रात्रि के अंधकार में बत्तियाँ बुझाए 20 नॉट की स्पीड पर तेजी से समुद्र में गुजरते एक जहाज की टोह मिली। उसपर आक्रमण किया गया तो उसने सिंगापुर संदेश भेजने शुरू किए कि उसपर हिंदुस्तान के सैनिक विमान आक्रमण कर रहे हैं। पूछे जाने पर उसने अपना परिचय जर्मन जहाज 'हौंजा' के रूप में दिया और बताया कि वह एक सिविल जहाज है, जिसका युद्ध से कोई लेना-देना नहीं। उसे निकल जाने की अनुमति दे दी गई। लगभग दस वर्ष बाद

जब उसका कमांडर किसी कारणवश दिल्ली आया तो बातचीत के दौरान उसने स्वीकार किया कि लड़ाई के उस दिन उसके जहाज में पाकिस्तानी सेना के वरिष्ठ अफसरों के परिवार सवार थे! यहाँ हम भलमनसाहत नें धोखा खा गए।

कॉक्स बाजार और चटगाँव पर किए गए सफल हमलों के बाद हमारी जलसेना ने कैप्टेन स्वराज प्रकाश की देख-रेख में डैल्टा के अंदर पुस्सूर नदी पर स्थित शत्रु के 'खुलना' जैसे ठिकानों को अपना निशाना बनाया। इन हमलों में विमानों के अलावा जलसेना तथा मुक्तिवाहिनी के फ्रॉग्मैन (जल धरातल तक जा बारूद आदि से नावों, जहाजों तथा संसाधनों का विनाश करनेवालों) ने भी योगदान दिया। दिन के समय 'सी हॉक' विमान को इस्तेमाल किया जाता और रात के समय 'एलीजे' को, क्योंकि 'सी हॉक' के पास रात के लिए रेडार नहीं था। ये हमले इतने कारगर हुए कि तटवर्ती क्षेत्रों तथा निकटवर्ती नदियों में आवागमन बिलकुल ठप्प होकर रह गया। इसका लाभ उठाने के लिए वायुसेना के एयर चीफ मार्शल लाल ने पूर्वी पाकिस्तान में अपनी 'बम रेखा' समुद्र तट के अंदर की ओर हटवा ली।

इन हमलों के लिए 'विक्रांत' के चलते-फिरते हवाई अड्डे ने कमाल ही कर दिया। कैप्टेन स्वराज इसे दिन में कई बार चार सौ मील तक भी चलाते रहे, जिससे एक तो तेज हरकत से पनडुब्बियों से बचाव हो, दूसरे अपने विमानों को टार्गेट की धुनाई करने के लिए अधिक समय मिलता रहे। साथ ही उन्होंने यह नीति भी कुशलता से निभाई कि जिस राह एक बार चले थे, ठीक उसी राह दूसरी बार न चला जाए तथा हर जगह एक नई दिशा से ही प्रवेश किया जाए। इन तरकीबों से उन्होंने हिंदुस्तान के एकमात्र विमानवाहक पोत को लड़ाई के दुर्गम दिनों में सुरक्षित रखा। फिर 10 दिसंबर को खबर मिली कि अमेरिका के राष्ट्रपति निक्सन ने अपने सातवें बेड़े को गल्फ ऑफ टोंकिन से बंगाल की खाड़ी की ओर भेज दिया है। जब यह खबर प्रेसवालों ने पहल करके छापी तो इससे तहलका-सा मच गया! इस बेड़े में न्यूक्लियर विमान पोत 'एंटरप्राइज' के अलावा हेलिकॉप्टरों से लैस तटवर्ती आक्रमणकारी जहाज 'टिपोली', 3 गाइडेड-मिसाइल जहाज, 4 डिस्ट्रॉयर, न्यूक्लियर-आक्रामक पनडुब्बियाँ तथा तेल के टैंकर जहाज थे। पर इनके कारगर होने से पहले ही हमारी थलसेना ने दुश्मन को विराम संधि करने पर विवश कर दिया।

कैप्टेन स्वराज प्रकाश को 'महावीर चक्र' के पदक से अलंकृत किया गया।

'फिर रहे हो बने जो मतवाले।'

दो

सन् 1971 के दौरान देश पूर्वी पाकिस्तान में हो रहे हंगामों की वजह से परेशान रहा। दस लाख शरणार्थी वहाँ से हिंदुस्तान में धकेल दिए गए थे। इनके आने से अनेकानेक समस्याएँ पैदा हो गई थीं। हमारी अपनी नैया डगमगाने लगी थी। पूर्वी पाकिस्तान में सेना द्वारा किए जा रहे बर्बर इमन के कारण सुरक्षा स्थिति लगातार बिगड़ती रही थी। लगता था, पाकिस्तान का तानाशाही तबका अन्याय करने तथा लड़ाई पर ही तुला था। सूत्रपात पूर्व में ही होने की संभावना थी। हमारी थलसेना के शक्ति-वितरण में पूर्व का पलड़ा भारी होना निश्चित ही था। परंतु पश्चिम की अवहेलना कैसे की जा सकती थी? थलसेना ने तो पश्चिम में आक्रामक सुरक्षा की नीति अपनाई थी, पर नौसेना को कैसी नीति अपनानी चाहिए? बवाल की जड़ें तो पश्चिम की भूमि में थीं।

पाकिस्तान ने 'डैफने' क्लास की पनडुब्बियाँ प्राप्त की थीं। इन्हीं के बलबूते पर उसने काफी डींग मारना शुरू किया था। पश्चिमी पाकिस्मानवाजं सीनियर फौजी अफसरों में पूर्वी पाकिस्तानवालों को आपस की अंतरंग बातचीत में 'मच्छर' कहकर संबोधित किया जाता था। शायद उनकी सोच में लाहौर के पूर्ववर्ती क्षेत्रों में जाते-जाते इनसान उत्तरोत्तर बिगड़ता हुआ पूर्वी पाकिस्तान तक पहुँचकर मात्र मच्छर ही रह जाता है!

सन् 1971 के बीतते-बीतते वातावरण ऐसा बन गया था कि लगता था, लड़ाई कभी भी छिड़ सकती है। हिंदुस्तान और पाकिस्तान दोनों तैयारी में संलग्न रहे। हमारी 106 स्ट्रेटेजिक रैकी स्क्वाड्रन (सामरिक गश्तीवाली) द्वारा कराची बंदरगाह के व्यापक चित्र खींचे गए थे। इन चित्रों ने भावी युद्ध के लिए तैयारी करने में काफी मदद की। यह दिसंबर 1971 में सम्भव हुआ। पाकिस्तान कभी भी युद्ध शुरू कर सकता है, यह देखते हुए हमने अपनी नौसेना को किसी भी आकस्मिक घटना तथा संभावित आपदा के लिए तैयार कर रखा था। साथ ही अपनी योजनाओं को गोपनीय रखने का भी भरसक प्रयत्न किया था। इसी के बनुसार कराची बंदरगाह पर आक्रमण करने के लिए 'ऑपरेशन ट्राइडैंट की योजना बनाई गई। 3 दिसम्बर को पाकिस्तान के विमनों ने भारत के प्रमुख शहरों के हवाई अड्डों पर हमले किए और इसके साथ दोनों देशों में लड़ाई छिड़ गई। हमारी मिसाइलयुक्त नावें कराची को ओर अग्रसर हुईं। कराची बंदरगाह शत्रु के लिए अत्यंत महत्त्वपूर्ण धुरी-थल था। अधिकांश साज-सामान, हथियार, ईंधन, तेल-व्यापार, आयात-निर्यात

कराची बंदरगाह के प्रवेश-द्वारा से ही होता था। इसकी सुरक्षा के लिए पाकिस्तान ने बचाव के व्यापक प्रबंध कर रखें थे। इनको भेद कर कराची पर किसी प्रकार का हमला कर पाना बड़ी टेढ़ी खीर थी। इस दुरूह कार्य को व्यावहारिक रूप देने के लिए बेड़े से अलग होकर ऐसे 'हैड' (तीरनुमा) फॉर्मेशन में निकती हमारी मिसाइल युक्त नावों में 'निपट' नामक नाव के कमांडर कवीना सबसे आगे थे। एक ओर कमांडर शर्मा की कमान में थी आई.एन.एस. 'निर्गत' तथा कमांडर मेहता की कमान में दूसरी ओर आई.एन.एस. 'वीर'। आई.एन.एस. 'किल्तान' के कमांडर गोपाल राव। थोड़ा पीछे हटकर, रिजर्व के तौर पर। कराची में सूर्यास्त छह बजकर बारह मिनट पर होता है, यह जानते हुए इन नावों ने अपनी स्पीड 24 नॉट कर रखी थी, जिससे वे सूर्यास्त होने के पश्चात् ही बंदरगाह के निकटवर्ती क्षेत्र में पहुँचें। खतरा पाकिस्तान के हवाई जहाजों के अलावा उसके डिस्ट्रॉयर तथा फ्रिगेटों से भी था, पनडुब्बियों से भी था; और तटवर्ती तोपों से तो था ही। यानी जल, थल तथा वायु—तीनों से। आई.एन.एस. 'विद्युत्' जवाबी हमले के लिए साथ था—यह भी कुछ पीछे हटकर; लेकिन अपनी चारों मिसाइलों को फायर करने के लिए पूरी तरह तैयार किए हुए, जिससे अचानक जरूरत पड़ने पर जरा भी विलंब न हो।

नौसेना मुख्यालय का विचार था कि सब नावों की मिसाइलों को एक साथ छोड़ने पर ही शत्रु का अधिक नुकसान संभव है; क्योकि ऐसे हमले की तीव्रता शत्रु को हड़बड़ा डालेगी। परंतु कुछ 'रिजर्व' (कुमुक) रखना भी जरूरी माना गया।

कराची बंदरगाह से चालीस मील की दूरी पर पहुँचते ही 'निर्गत' के रेडार स्क्रीन पर एक नया बिंदु आ टपका; स्क्रीन पर किए गए नाप के अनुसार इसका फासला पच्चीस मील आँका गया। इस बिंदु की 'बीप-बीप' जिस गति से हमारे निकट आ रही थी, उससे अनुमान लगाया गया कि यह दुश्मन का डिस्ट्रॉयर जहाज हो सकता है। कमांडर शर्मा को निर्देश मिला कि वे दिशा-परिवर्तन कर हमले के लिए अपनी पोजीशन ठीक करें और मौका मिलते ही फायर करें। ऐसा ही किया गया। पहली मिसाइल टार्गेट से बीस मील की दूरी पर छोड़ी गई और दूसरी कुछ ही देर बाद सत्रह मील की दूरी से।

इधर आई.एन.एस. 'किल्तान' के रेडार स्क्रीन पर भी दो अलग बिंदु 'बीप-बीप' करने लगे थे। इस समय कराची बंदरगाह हमसे बत्तीस मील की दूरी पर ही था। अनुमान लगाया गया कि ये शत्रु के कोई बड़े जहाज होंगे। किल्तान के पीछे आई.एन.एस. 'वीर' ने भी इन्हीं बिंदुओं को अपने स्क्रीन पर देखा। बात पक्की

हो गई। 'वीर' को आदेश दिया गया कि मिसाइल को टार्गेट पर दागा जाए, जिससे वह दूर से ही उसे पहचानकर, उसको 'लॉक इन' (जमाव बाँधकर) कर उसकी ओर खिंचती चली जाए। यह मिसाइल भी अपने टार्गेट पर लगी होगी; क्योंकि थोड़ी देर बाद कई धमाकों की आवाजें आने लगीं। दूर क्षितिज आग की लपटों की रोशनी से ललित हो उठा।

अब तक मिसाइल नावों का परस्पर फासला काफी बढ़ गया था। इसलिए उन्हें आदेश दिया गया कि इकट्ठे होने की बजाय, अलग-अलग हो स्वतंत्र रूप से अपने पूर्व निर्धारित मुकाम पर पहुँचें। यह मुकाम तेलवाहक जहाज आई.एन.एस. 'पोषक' के निकट था, जिसे काफी पीछे छोड़ा गया था। आदेश मिलते ही नावें बड़ी तीव्र गति के साथ अलग-अलग मार्ग लेती हुई दक्षिण-पूर्व की दिशा में रवाना हो लीं। कराची के हवाई अड्डों पर खड़े हवाई जहाजों की मार की रेंज से बाहर हो जाने तक तो साँस लेने की फुरसत न थी। एक बार बंबई को 'अंगार' (विजय सूचक कोड वर्ड) दे देने के बाद 'रेडियो साइलेंस' (चुप्पी) की नीति अपनाई गई, जिससे शत्रु को उनकी पोजीशनों का पता न चल पाए। सावधानी के तौर पर वापसी के लिए उन्होंने कराची से बंबई तक विमानों के सामान्य मार्ग का भी परित्याग किया। उन्हें अँदेशा था कि पाकिस्तानी विमान उनका पीछा करेंगे। चक्करवाला रास्ता लेने के कारण ईंधन का भी अधिक खर्चा हुआ और बाद में जब वे सकुशल बम्बई बंदरगाह पहुँचे तो उनकी ईंधन की टंकियाँ लगभग खाली थीं!

पाकिस्तान सरकार ने बाद में सरकारी दस्तावेजों में स्वीकार किया कि हमारी मिसाइलयुक्त नावों के हमलों से उनके डिस्ट्रॉयर 'खैबर' तथा माइनस्वीपर 'मुहाफिज' ध्वंसित हो गए। उन्होंने माना कि प्रथम मिसाइल ने खैबर की बगल में बिजली कर्मचारियों की मैस के निकट चोट की। यह रात के लगभग पौने ग्यारह बजे हुआ। इससे जहाज के संचालन के हिस्से-पुरजे यकायक बंद हो गए तथा साथ ही घना अंधकार भी छा गया। जहाज एक ओर तिरछा लुढ़ककर समुद्र के अथाह कालेपन में डूबने लगा। मदद के लिए कराची वायरलैस संदेश भेजा गया; परंतु भेजने की कार्यवाही में सिग्नलवालों ने जगह का ग्रिड रेफरेंस (भौगोलिक निशान) गलत दे डाला। परिणामस्वरूप राहत मिलने में चौबीस घंटे की देरी हो गई। दूसरी मिसाइल रात के दस बजकर बजकर उनचास मिनट पर ठीक अपने निशाने पर पड़ी। इसके बाद ही आग की बड़ी-बड़ी लपटें उठ खड़ी हुईं, क्योंकि ईंधन तथा गोला-बारूद के भंडारों में आग लगनी शुरू हो गई थी। रात ग्यारह बजे जहाज

छोड़ देने का निर्णय ले लिया गया और पंद्रह मिनट के अंदर इस काम को सरअंजाम भी कर दिया गया। नाविकों के छलाँगें मारकर नीचे पानी में तिरती नावों की ओर कूद जाने के तुरंत बाद जहाज में भीषण विस्फोटों का ताँता लग गया और थोड़ी ही देर बाद वह टुकड़े-टुकड़े होकर जल में समाने लगा।

मिसाइलयुक्त नावों ने हमले के बाद राह में ईंधन भरते हुए बम्बई पहुँचने में यथासम्भव जल्दी बरती, जिससे वे बम्बई शीघ्रातिशीघ्र पहुँचकर एक बार फिर नई मिसाइलों से लैस हो कराची बंदरगाह पर हमला करने दोबरा लौट सकें। यह 6/7 दिसम्बर की रात को हुआ। इसका नाम 'ऑपरेशन पाइथन' रखा गया। इसमें मिसाइलयुक्त नावों के अतिरिक्त बड़े जलपोतों आई.एन.एस. 'मैसूर', 'बेतवा' तथा 'रंजीत' को भी भाग लेना था। इन जहाजों को कराची के आगे उत्तर-पश्चिमी तट पर आक्रमण करने का काम सौंपा गया। समुद्र में भारी अस्थिरता के कारण इस ऑपरेशन को 6 दिसम्बर की रात तक स्थगित करना पड़ा।

3 दिसम्बर से ही पूरे बेड़े को पता था कि पाकिस्तान की पनडुब्बियाँ छाया की तरह उनका पीछा करने में लगी हैं। इस खतरे के वातावरण के कारण हर कदम बड़ी सतर्कता से फूँक-फूँककर लेने की आवश्यकता बनी ही रही। बड़े पोतों ने उत्तर की ओर अग्रसर होते हुए सौराष्ट्र के निकट से मिसाइलयुक्त नावों के साथ तालमेल बना लिया। पर आगे जाकर उनकी राहें अलग हो गईं। प्लान यह था कि दोनों के हमले एक साथ किए जाएँ। मिसाइलयुक्त नावें तो योजनानुसार कराची बंदरगाह के मुहाने एक बार फिर पहुँच गईं, पर बड़े पोत अपने नियत स्थान पर पहुँचकर आक्रामक कार्यवाही करने में असमर्थ रहे। उनके हाथ काले रंग से पेंट की हुई दुबई से कराची आ रही एक किश्ती ही लग पाई। इस काली नाव से पैंसठ लाख रुपए का सोना बरामद किया गया। किश्ती को अपने साथ ला बम्बई कस्टम विभाग को सौंप दिया गया।

□

उधर हमारी मिसाइलयुक्त नावों के साथ एस्कॉर्ट के तौर पर भेजे गए आई.एन. एस. 'त्रिशूल' तथा 'तलवार' राह में पाकिस्तान के जल में तैरते प्लेटफॉर्म पर बने एक वायरलैस स्टेशन का विनाश करने में कामयाब हुए। शुरू का निशाना आई.एन.एस. 'तलवार' की 4.5 मिलीमीटर तोप ने दूर से गोले मारकर किया। बाद में निकट पहुँचकर 40 मिलीमीटर तोप गन की मार से टार्गेट को क्षत-विक्षत कर दिया गया। इस शत्रु पोत का काम टोह लेकर समय-समय पर हमारे बेड़े

की गतिविधियों तथा जहाजों की भौगोलिक स्थिति की जानकारी से पाकिस्तानी नेवल हेडक्वार्टर्स को अवगत कराना था। इस काँटे को समय पर रास्ते से हटा देना अच्छा ही साबित हुआ। अबकी बार हमारी मिसाइलयुक्त नावों ने कराची के बंदरगाह को मात्र दस किलोमीटर की दूरी से अपना निशाना बनाया। 'विनाश' नामक नाव ने अपनी चारों मिसाइलें एक के बाद एक करके रवाना कर डालीं। बाद में पाकिस्तानी दस्तावेजों में सरकारी रूप से स्वीकार किया गया कि उस रात आग के चकाचौंध गोलाकार आसमान में चढ़ते हुए, बंदरगाह में खड़े जहाजों के मस्तूलों के ऊपर से होते हुए 'मनारो' द्वीप के पार हो आसमान की ओर चढ़े और फिर नीचे की ढुलान भरते हुए पाकिस्तान के 'कीमारे' नामक बड़े भारी तेल डिपो के टैंकों में जा धँसे। उनमे आग लगने से पैदा हुई रोशनी से शहर की कई ऊँची अट्टालिकाएँ रात के अँधेरे में दीप्त हो उठीं। राहतकर्मी 4 दिसंबर के हमले से लगी आग को रात-दिन की मेहनत के बाद बुझाने में कामयाब हुए ही थे कि एक बार और यह भीषण आग फिर प्रज्वलित हो दिशाएँ लील गई। तेल डिपो के साथ इन मिसाइलों की मार से 'हरमट्टन' नाम के एक व्यापारी जहाज का भी विनाश हुआ तथा एक दूसरे ऐसे ही जहाज को नुकसान पहुँचा। इसके अलावा पाकिस्तानी नौसेना का एक तेलवाहक जहाज भी क्षतिग्रस्त हुआ। पाकिस्तान के सरकारी विवरणों में इसका ब्योरा कुछ यों दिया गया—

'रात पौने ग्यारह बजे क्षितिज की ओर से एक पीली लौ उपजी, जो आग की गेंद बनती हुई हमारी ओर अग्रसर होने लगी। फिर ऊपर आसमान की ओर चढ़ने के बाद नीचे आकर जहाज में आ गिरी। तत्काल जहाज का अलार्म बजाया गया और नौसैनिक तोपों की ओर दौड़े। पर इतने में ही विस्फोटों का सिलसिला शुरू हो गया। चारों ओर आग की लपटें और धुएँ के बादल। जहाज का परित्याग करने वाला 'पाइप' बजाया गया।'

कराची बंदरगाह में लगी आग को देखकर किसी ने कहा कि इतनी धुरंधर आतिशबाजी बड़े दिनों बाद देखने को मिली। इसके दूसरे ही दिन पाकिस्तान की नौसेना कमना ने आदेश जारी किया कि कराची बंदरगाह में लंगर डाले सैनिक जहाज गोले-बारूद के भंडारों को कम करें। इसका उद्देश्य था कि फिर से आग लगने पर वह गोले-बारूद फटने के कारण अधिक घातक न बन जाएँ। इन दो रातों के हमलों ने तो कमाल ही कर दिखाया और अभी तो हमारी मिसाइलयुक्त नावों ने कुल मिलाकर केवल ग्यारह मिसाइलें ही छोड़ी थीं। यदि हमारी नावों ने इससे दोगुनी मिसाइलें फायर की होतीं तो पाकिस्तानी नौसेना की रीढ़ ही टूट जाती।

इन हल्की-फुल्की नावों में चार-चार घातक 'स्टाइक्स' मिसाइलों को लादकर, अथाह जल सागर की उद्विग्न लहरें पार करते हुए रात के अंधकार में सैकड़ों मीलों की दूरी पार कर दुश्मन की माँद में जाना—जहाँ पनडुब्बियों की जलपेंदे से दागी टारपीडो के अलावा, डिस्ट्रॉयर जहाजों की तोपों तटवर्ती तोपखानों तथा हवाई जहाजों के आक्रमण का भीषण खतरा था—एक प्रशंसनीय उपलब्धि थी। इस प्रकार, अपनी जान जोखिम में डालते हुए शत्रु के निकट पहुँच उसपर घातक प्रहार करना वास्तव में विशेष बहादुरी का परिचायक था। उसके बाद हर तरह की सावधानी, बरतते हुए अपने दल से अलग हो स्वतंत्र रूप से अकेले, सकुशल वापस लौटना, जिससे दूसरे दिन फिर लड़ाई लड़ी जा सके; और दूसरे दिन बड़ी मुस्तैदी तथा दिलेरी से फिर लड़ाई लड़ना और शत्रु का घातक विनाश करना शेर के मुँह में हाथ डाल उसके दाँत तोड़ लाने के बराबर था। बहादुरी के ये काम बड़ी निपुणता से करने के लिए नौसेना के दो अफसरों को 'महावीर चक्र' के सम्मान से अलंकृत किया गया। इनके नाम हैं—कर्नाटक के कमांडर गोपाल राव तथा हरियाणा के कमांडर बबरू यादव। इन दोनों बहादुरों को हमारी वंदना।

'धरती की सिकुड़न में
कितने भूकंपों की स्मृति…।'

तीन

7-8 दिसंबर की रात को हमारे चौकस सिग्नल ऑपरेटरों ने दुश्मन का एक संदेश पकड़ लिया। हिसाब लगाकर देखा तो पता लगा कि यह भारत के पश्चिमी तटवर्ती क्षेत्र की द्यू (भूतपूर्व पुर्तगाली कॉलोनी) से पैंतीस किलोमीटर और पश्चिम की दिशा से उपजा है। यह संदेश कराची को भेजा जा रहा था। इस संदेश-पकड़ की खबर तुरंत दिल्ली स्थित नौसेना मुख्यालय में भेज दी गई। मुख्यालय में इसपर गौर कर इस निष्कर्ष पर पहुँचा गया कि हो न हो, यह संदेश उस क्षेत्र में घूम रही किसी पाकिस्तानी पनडुब्बी ने ही भेजा है।

लड़ाई 3 दिसम्बर, 1971 को आरंभ हुई थी। पाकिस्तान की पनडुब्बियाँ जरूर अरब सागर में हमारे जहाजों की टोह लगाने और उन्हें मार डुबोने के प्रयास में संलग्न होंगी। भारतीय तट के क्षेत्रों में उन्हें विशेष रुचि होगी, इतना तो प्रत्यक्ष था। अन्यथा इन पनडुब्बियों का पाकिस्तान करेगा भी क्या!

संदेश के संभावित उद्गम की भौगोलिक स्थिति के ग्रिड रेफरेंस के साथ संदेश प्राप्ति की सूचना नौसेना के बंबई स्थित सामरिक केंद्र को तत्काल फ्लैश सिग्नल मैसेज (तीव्रतम तार) द्वारा भेज दी गई। संदेश मिलने पर स्थानीय नौसेना कमान ने उसपर गौर किया और फिर निर्णय लिया कि दुश्मन की इस पनडुब्बी को ढूँढ़कर उसका विनाश कर देना चाहिए। इस काम के लिए उन्होंने 14 फ्रिगेट स्क्वाड्रन को चुना, जिसके कमांडर थे कैप्टेन महेंद्र नाथ मुल्ला। आई.एन.एस. 'खुखरी' के अलावा उनके अधीन एक जहाज और था—आई.एन.एस. 'कृपाण', जिसकी कमान कैप्टेन सूद के हाथों में थी। कैप्टेन मुल्ला को 55 मील × 50 मील का क्षेत्र बताया गया, जिसके भीतर पनडुब्बी के मिलने की सम्भावना थी। उसकी मध्य रेखा भी बताई गई, परंतु वह चौबीस घंटे पुरानी थी। उसके बाद की कोई खबर नहीं थी कि पनडुब्बी ने भावी कार्यक्रम के लिए कौन-सी दिशा तथा चाल अपनाई है। उस एक संदेश के बाद उसने वायरलैस चुप्पी साध ली थी।

कैप्टेन मुल्ला को दिया गया आदेश कि पाकिस्तानी पनडुब्बी को ढूँढ़ें और ढूँढ़ने के बाद उसे मार गिराएँ, काफी कठिन-सा था। एक तो समुद्र की दशा उथल-पुथल भरी थी, जिसपर दुश्मन की 'डैफ्ने' क्लास की पनडुब्बियों की सोनार रेंज (जिसमें टार्गेट तक विद्युत् धार भेज वहाँ टकराकर वापस लौटने के कालांतर की धुरी पर उसकी भौगोलिक स्थिति निर्धारित करना तथा ऐसा करते रहने के बाद उसकी दिशा तथा चाल के बारे में महत्त्वपूर्ण तथ्यों की जानकारी प्राप्त करना शामिल हैं) का दायरा हमारे फ्रिगेट की सोना रेंज से दोगुना था। इससे पूर्व कि हम उसका पता लगा सकें, उसे हमारा पता लग जाने की संभावना अधिक थी। इसके अतिरिक्त कैप्टेन मुल्ला को पनडुब्बी ढूँढ़कर मार गिराने के लिए किसी प्रकार की हवाई सहायता भी नहीं दी गई; क्योंकि तब नौसेना के विमान बंगाल की खाड़ी में व्यस्त थे।

जो भी हो, कैप्टेन मुल्ला पुराने ढर्रे के बड़े ही मनमोहक स्वभाववाले दिलेर तथा खुशमिजाज अफसर थे। उन्होंने अपना दायित्व सच्चे मन से निभाने की ठानी और आदेशानुसार शत्रु की पनडुब्बी की तलाश में निकल पड़े। उनके इलेक्ट्रिकल अफसर का नाम लेफ्टिनेंट जैन था। ले. जैन बड़े तीक्ष्ण दिमाग के अफसर थे। उन्हें पता था कि पाकिस्तान की डैफ्ने पनडुब्बियों की सोनार रेंज उनसे दोगुना है। उन्होंने यांत्रिक फेरबदल के द्वारा आई.एन.एस. 'खुखरी' की सोनार रेंज की बढ़ोत्तरी कर डाली; परंतु इस कारण उसकी रफ्तार को कम करना पड़ा।

उधर दुश्मन की पनडुब्बी 'हैंगर' ने अपने सोनार द्वारा हमारे निकट आ रहे जहाजों को भाँप लिया। तब तक हमारे जहाजों को पनडुब्बी की कोई खोज-खबर नहीं मिली थी। पनडुब्बी ने हिसाब करके निष्कर्ष निकाला कि हमारे जहाज केवल 10 नॉट की गति से बढ़ रहे हैं, सीधी-सीधी दिशा में, जिसमें दाएँ-बाएँ का जरा भी व्यवधान नहीं है। पनडुब्बी ने अपने रेडार स्क्रीन पर इन जहाजों को निशाना बनाते हुए इनके निकट आना शुरू किया। शाम सात बजे के लगभग पनडुब्बी ने हमला करने के लिए अंतिम तैयारियाँ शुरू कर दीं। पहले उसने समुद्र में गहराई से ऊपर की ओर उठना शुरू किया। जब वह सतह के इतना निकट आ गई कि उसकी ऊपर उठी पैरिस्कोप से पानी की सतह के आस-पास चारों ओर आँखों से देखा जा सके तो पाया कि हमारे जहाजों से उसकी दूरी मात्र अठारह सौ मीटर ही रह गई है। इतनी दूरी से तो समुद्र में कोई भी जहाज नजर आ जाना चाहिए, मगर नहीं आया। क्योंकि दोनों जहाज अपनी सारी बत्तियाँ बुझाए अंधकारमय कालिमा में भलीभाँति विलीन होकर चल रहे थे। ऐसे में पाक पनडुब्बी के कमांडर अहमद तस्मीम ने सोनार के जरिए हमला करने की ठानी। इसके लिए पहले उसने पनडुब्बी को पानी की सतह से कोई पचपन मीटर नीचे उतारा और फिर अपने सोनार के जरिए जहाजों को तलाश कर, उनमें से एक को निशाना बनाते हुए एक 'डाउन द थ्रोट' (गला उतार) नामक टॉरपीडो दाग डाली। उस समय साँझ के सात बजकर इक्यावन मिनट थे। इसके तुरंत बाद उसने तेजी के साथ दूसरी और फिर तीसरी टॉरपीडो भी दाग डाली और ऐसा करने के बाद पनडुब्बी को पीछे मोड़कर, पानी में गहरे गोता लगाते हुए नीचे जल पेंदे के निकटतर लेते चले गए।

निशाना अचूक रहा। दो टॉरपीडो कैप्टेने मुल्ला के जहाज आई.एन.एस. 'खुखरी' में सीधे आकर लगे। इससे जहाज में भीषण विस्फोट हुआ और दरार के अंदर पानी भीषण वेग के साथ भरने लगा। आई.एन.एस. 'कृपाण' कोई पाँच हजार गज की दूरी पर था। उसके कैप्टेन ने तत्काल अपनी गति बढ़ा डाली और शत्रु को भौंचक करने के लिए जहाज को मोर्टार फायर करना भी शुरू किया, जिससे उनका जहाज दुश्मन के सोनार की पकड़ में न आ सके।

उस समय आई.एन.एस. 'खुखरी' पर नौसेना के अठारह अफसर तथा एक सौ छिहत्तर सेलर थे। जहाज का नायक होने के नाते कैप्टेन मुल्ला ने बड़ धैर्य तथा हौसले, पर फुरती के साथ जहाज त्यागने के सारे उपक्रमों को कार्यान्वित करना शुरू कर दिया। इसमें मुख्य काम था लाइफ बोट नीचे जल में फेंकना और लाइफ जैकिट पहना सारे सेलरों को नीचे उतरवाना। ऐसे संकट के अवसरों

पर भगदड़ मच जाना सामान्य-सी बात है। परंतु कैप्टेन मुल्ला ने ऐसा नहीं होने दिया। क्योंकि वे स्वयं ही बड़ी बहादुरी के साथ डटकर खड़े, अतुलनीय धीरज के साथ सारे बंदोबस्त की देखरेख करवाते रहे। जहाज डूब रहा है, इस चिंता की कोई शिकन उन्होंने अपने चेहरे पर नहीं आने दी। न ही उनकी भंगिमा तथा चाल-ढाल में किसी प्रकार के भय की आहट दृष्टिगोचर हुई। वे जहाज के मुखिया थे, अपनी कमान के नायक थे, इसलिए संकट के समय उन्होंने अपने साथियों की जान बचाना अपना परम कर्तव्य माना। पर इसे वे बिना किसी गुमान के, चुपचाप, बड़े ठहराव और सूझबूझ के साथ निभाते रहे।

□

राष्ट्रीय मिलिट्री अकादमी, देहरादून में निम्न कथन अंकित है, जो वहाँ शिक्षा प्राप्त करनेवाले स्नातकों को घुट्टी के रूप में विरासत में मिलता है—

'देश की सुरक्षा, सकुशलता तथा मर्यादा सर्वोपरि है, यदा-कदा सदैव; कमान के नीचे आनेवालों की सुरक्षा, सकुशलता तथा मर्यादा की बारी उसके बाद आती है; मेरी अपनी सुरक्षा, सकुशलता तथा मर्यादा की बारी शेष सबके बाद तथा अंत में आती है; आज, कल और हर बार, हमेशा।

घनघोर संकट की वेला में जब उनका प्रिय जहाज जल की अगाध लहरों की कालिमा में सदा के लिए विलीन होता जा रहा था और सबको एक तरह से अपने प्राणों की पड़ी थी, कैप्टेन मुल्ला बड़े धीरज तथा साहस का प्रदर्शन करते हुए, अपने अधीनस्थ सारे अफसरों तथा सेलरों को जहाज से नीचे उतारने के कार्यक्रम में तन्मय हो शांतमना जुटे रहे। अंत में जब उनके एक जूनियर अफसर के नीचे उतरने की बारी आई और पाया गया कि बचाव करनेवाली लाइफ जैकिट और नहीं बची है, तो उन्होंने अपनी लाइफ जैकिट उठाकर उसे दे दी, बिना उसे जताए कि उनके पास दूसरी लाइफ जैकिट है ही नहीं! इसके बाद वे डूबते जहाज के डेक पर ऊपर चढ़ गए। डेक वह पावन स्थल है, जहाँ से जहाज की कमान की जाती है।

नौसेना में सालों पुरानी परम्परा चली आ रही है कि विपदा आने की परिस्थिति में सबसे अंत में जहाज छोड़नेवाला जहाज का कप्तान ही होता है। बाकी सब कामों में सीनियर होने के कारण उसका नंबर अव्वल दर्जे पर आता है, परंतु जहाज का परित्याग करने की बलिदान-रंजित वेला में उसका नम्बर अंतिम ही आता है—सबके बाद। सबकी जान बचाने के बाद उसे अपनी जान के बारे में

सोचने की फुरसत मिलनी चाहिए। इसके साथ ही एक और अलक्षित परम्परा—अपने जहाज के साथ प्राणपण के अमिट स्नेह की।

सबको नीचे उतरवा देने के बाद कैप्टेन मुल्ला डूबते जहाज के काले अँधेरे सन्नाटे में एकदम अकेले पड़ गए। नियति की इस निर्धारक वेला में उन्होंने जेब से सिगरेट की डिब्बी निकाली। उसमें से एक सिगरेट निकालकर उन्होंने उसे सुलगाया और उसके कश खींचते हुए चुपचाप अपने जहाज के साथ जल की गहराइयों नें विलीन हो गए।

जहाजरानी की परम्पराओं का इस प्रकार मर्यादा से निर्वाह कर, अपने प्राण गँवा देने का साहस जुटाने का अनुपम उदाहरण प्रस्तुत करने के सम्मान में उन्हें मरणोपरांत 'महावीर चक्र' से सुशोभित किया गया।

निस्संदेह उनकी धर्मपत्नी तथा छोटे बच्चों ने उनके युद्ध से न लौट पाने की कमी को बड़े दर्द के साथ महसूस किया होगा। कहते हैं, पाकिस्तानी नौसेना के उनके पुराने साथियों को भी उनके न होने का सच्चा गम हुआ होगा; क्योंकि कैप्टेन मुल्ला बड़े खुशमिजाज व्यक्ति थे और जो उनसे एक बार मिल लेता था, उनकी सहृदयता तथा मैत्रीभावना से प्रभावित हुए बिना नहीं रह सकता था।

उनके निधन के बाद बंबई के उदारहृदयी नागरिकों ने उनकी विधवा तथा बच्चों के रहने के लिए एक मकान रिकॉर्ड समय में तैयार करके सादर भेंटस्वरूप प्रदान किया। इस अनुपम धीरजसंपन्न साहसी नौसैनिक को हमारा सश्रद्ध नमन।

'इन तरंगों, लहर, भँवरों के समर में
टूटना ही, डूबना ही था उसे
वह टूटकर डूबा, मगर
कुछ बिंब, कुछ प्रतिबिंब, कुछ रूपक अनोखे
आज भी उतरा रहे हैं
और उसके साहसी अभियान की
साहसा उठे तूफान की
टूटे हुए जलयान की
गाथा सुनाते जा रहे हैं।'

श्रीलंका के सबक

एक

सन् 1947 में हिंदुस्तान की आजादी ने साम्राज्यवाद को एक जोरदार ठोकर मारी। इसके बाद एशिया तथा अफ्रीका में एक के बाद एक मुल्क आजाद होने लगे। ब्रिटिश, फ्रेंच, जर्मन, इतालवी, पुर्तगाली, स्पेनी—सबकी कॉलोनियों में छटपटाहट होनी शुरू हुई। निस्संदेह इसमें द्वितीय विश्वयुद्ध के आपसी टकराव तथा साम्यवाद के उदय का भी कुछ-न-कुछ हाथ तो था ही। एक लहर उठी, जो फैलती ही चली गई। इस लहर के तहत श्रीलंका (तब सीलोन) को भी आजादी मिली।

इस तरह मिली आजादी कुछ समस्याओं का हल करती है तो कुछ नई समस्याएँ खड़ी भी कर देती है। आबादी के लिहाज से श्रीलंका में बौद्ध धर्म माननेवाले सिंहलियों का बाहुल्य था। इसके बाद हिंदू तमिलों का नंबर आता था और फिर मुसलमानों का। सिंहलियों तथा तमिलों—दोनों में ईसाइयत का भी पुट था। तमिल वर्ग का इस द्वीप के उत्तरी तथा कुछ हद तक पूर्वी भाग में जमघट था। यह क्षेत्र तमिलनाडु के भी निकट था। अँगरेजी जमाने में वहाँ के तमिल अपेक्षाकृत अधिक पढ़े-लिखे थे और उन्होंने ब्रिटिश सरकार में अपनी जनसंख्या के अनुपात से अधिक सरकारी नौकरियों तथा चाय बागानों के कामकाज पर अपना आधिपत्य जमा रखा था। आजादी मिलने के कुछ ही समय बाद बहुसंख्यक सिंहलियों के विधायकों ने एक विधेयक पारित किया, जिसमें सिंहली भाषा को स्कूलों में पढ़ाई जानेवाली सरकारी भाषा घोषित कर दिया। इतना होता तो शायद बवाल उतना उग्र न होता जितना एक शब्द के प्रयाग से हुआ। वह शब्द था— 'केवल'—कि 'केवल' सिंहली ही वहाँ की एकमात्र भाषा होगी! इससे श्रीलंका के तमिलभाषियों

को बड़ी ठेस लगी। उन्हें लगा कि यदि उन्होंने इसका प्रतिरोध न किया तो रोजी-रोटी छिनने के अलावा उनकी निजी पहचान का भी विलोप हो जाएगा। बस, फिर क्या था, इस समस्या को दोनों ओर के राजनीतिज्ञों ने धर दबोचा और यहीं से आज की जटिल तमिल समस्या का सूत्रपात हुआ। खेदवश, वहाँ के राजनीतिज्ञों ने देश की भलाई की अपेक्षा अपनी खुद की भलाई पर जोर दिया। इसलिए दरारें भरनी तो दूर, वे बढ़ते-बढ़ते खाई-खंदक बनती गईं और देखते-ही-देखते श्रीलंका के तमिल वहाँ के सिंहलियों के दुश्मन बनते चले गए तथा शुरू में अधिक स्वायत्तता और बाद में अलगाव की माँगें करने लग गए।

स्वभावतः हिंदुस्तान के तमिलवासियों की सहानुभूति श्रीलंका के तमिलों के साथ थी। इसलिए हिंदुस्तान बीच-बचाव करने के लिए बेरुखी का रुख नहीं अपना पाया। पर किस ढंग से बीच-बचाव किया गया और बाद में हमारे सारे कार्यकलापों का क्या परिणाम निकला, गौर करने योग्य विषय हैं।

श्रीमती इंदिरा गांधी के निधन होने के बाद उनके बड़े बेटे श्री राजीव गांधी ने हिंदुस्तान की गद्दी सँभाली। ये कम उम्र के, पर कुछ जोशीले किस्म के प्रधानमंत्री बने। ये हमेशा जल्दी में रहते थे। इनके शासनकाल में श्रीलंका की तमिल समस्या ने कुछ अधिक ही उग्र रूप धारण करना शुरू किया। बाद में अफवाहें फैलने लगीं कि दाँव-पेंच करनेवालों ने जैसे पहले संत भिंडरावाले को पंजाब में खड़ा किया था उसी तरह अब श्रीलंका में वहाँ के उग्र तमिल नेता प्रभाकरण को खड़ा किया जा रहा है। अफवाहें थीं कि खुफिया रूप से तथा चालाकी के साथ लिट्टे उग्रवादियों को हथियार, प्रशिक्षण तथा पैसा बाँटे जा रहे हैं।

उसके बाद हिंदुस्तान में जगह-जगह समझौतों का दौर चालू हो उठा। पंजाब में लोंगोवाल समझौता हुआ। इसी तरह असम में भी समझौता हुआ। सम्भवतः इसी धुन में एक समझौता श्रीलंका की जयवर्धने सरकार के साथ भी कर लिया गया। इस समझौते पर 29 जुलाई, 1987 को दस्तखत कर दिए गए। समझौते के अंतर्गत, मूल तौर पर श्रीलंका में दोनों पक्षों के बीच हो रहे संघर्ष में तमाम आक्रामक कार्यवाहियाँ रोक देने की व्यवस्था थी। अन्य शर्तें थीं कि जहाँ सरकार इमरजेंसी (आपातकालीन स्थिति) उठा लेगी तथा फौज को बैरकों में वापस भेज देगी, वहाँ उग्रवादी भी अपनी हथियार डाल देंगे। इसके साथ यह भी तय हुआ कि हिंदुस्तान श्रीलंका में शांति बनाए रखने के लिए अपनी सामरिक सहायता देगा तथा श्रीलंका में तमिल उग्रवादियों की घुसपैठ पर रोक लगाएगा। यह समझौता बड़े खुफिया अंदाज से बेहद जल्दबाजी में किया गया। पर एक बड़ी भूल हो

श्रीलंका ऑपरेशन १९८७-८९

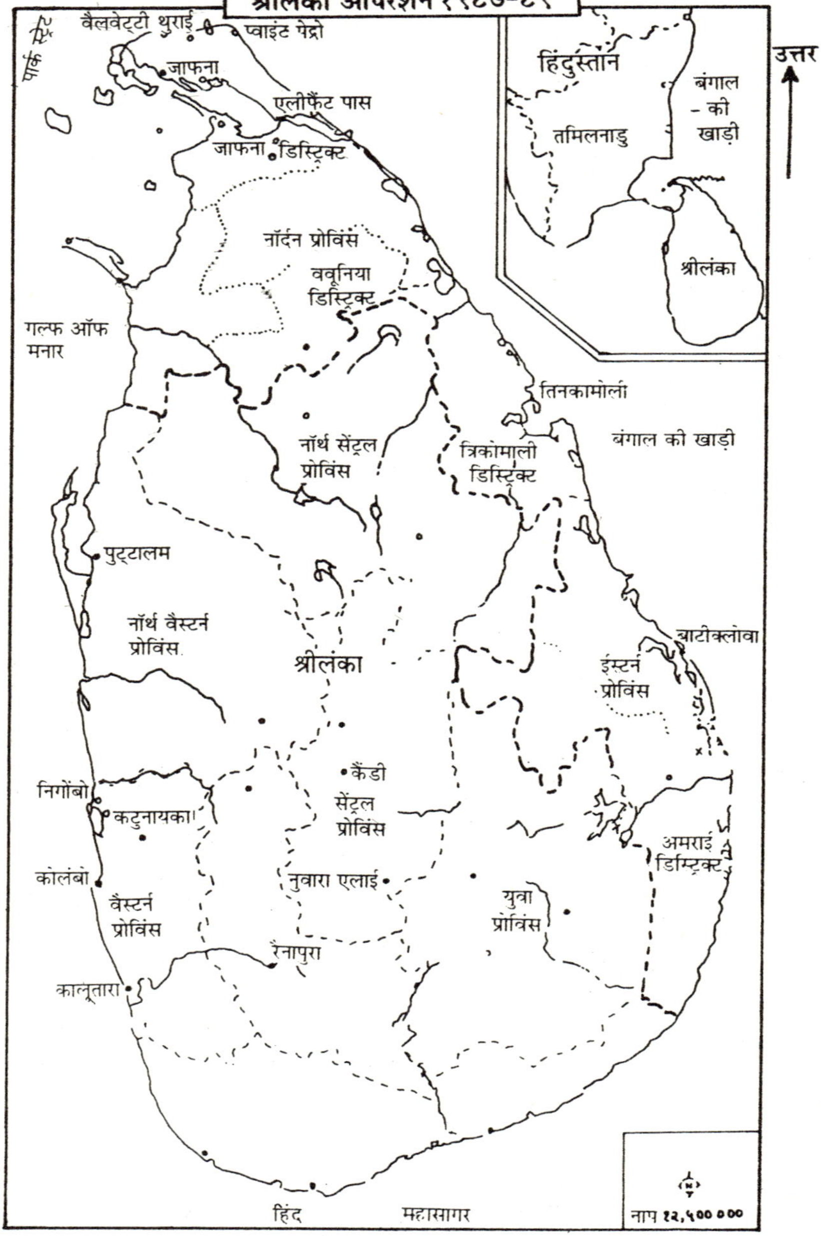

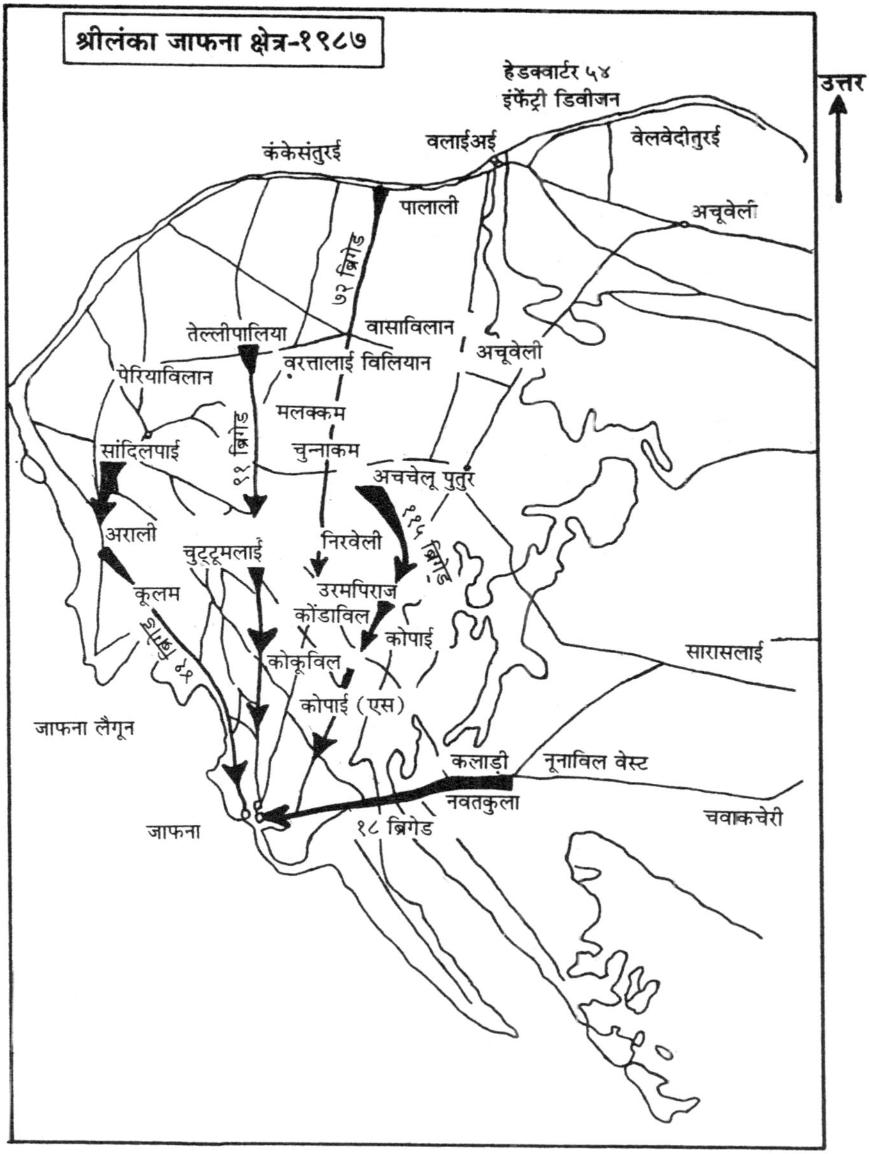
श्रीलंका जाफना क्षेत्र-१९८७
हेडक्वार्टर ५४
इंफेंट्री डिवीजन
उत्तर
कंकेसंतुरई
वलाईअई
वेलवेदीतुरई
पालाली
अचूवेली
तेल्लीपालिया
वासाविलान
वरत्तालाई विलियान
अचूवेली
पेरियाविलान
मलक्कम
सांदिलपाई
चुन्नाकम
अचचेलू पुतुर
अराली
निरवेली
चुट्टूमलाई
उरमपिराज
कूलम
कोंडाविल
कोपाई
सारासलाई
कोकूविल
कोपाई (एस)
जाफना लैगून
कलाड़ी
नूनाविल वेस्ट
नवतकुला
चवाकचेरी
जाफना
१८ ब्रिगेड

गई। इस समझौते पर प्रभाकरण या लिट्टे के किसी नुमाइंदे ने दस्तखत नहीं किए! उन दिनों हवा में कुछ ऐसी बात भी उड़ाई गई थी कि यदि हमने श्रीलंका की सामरिक सहायता नहीं की तो शायद इस प्रकार की सहायता उसे इजरायल या अमेरिका अथवा पाकिस्तान द्वारा दिए जाने की सम्भावना है।

चट मँगनी पट ब्याह! इधर समझौते पर हस्ताक्षर हुए, उधर दूसरे दिन हमारी फौज श्रीलंका में जा पहुँची। परंतु कुछ भगदड़ जैसी हालत में; मानो अच्छी तरह तैयारी के बिना। क्योंकि न तो उनके पास श्रीलंका के तात्कालिक सामरिक नक्शे थे, व वहाँ फौजी अभियान चलाने के लिए अनिवार्य अंदरूनी खबरें; न भाषा का ज्ञान, न दुभाषिए। न ही कोई स्पष्ट नीति—हमारी फौज वहाँ क्यों है? क्या करेगी? शांति बनाए रखेगी या शांति स्थापति करेगी? सबसे जरूरी—दुश्मन कौन? स्थिति सामरिक अथवा कुछ और?—उसके बाद—न तोपखाना, न टैंक, न बख्तरबंद गाड़ियाँ। काफी सैनिक छुट्टी पर भी थे। सबको विदित था कि वहाँ उग्रवाद-आतंकवाद फैला हुआ है। हमारे 8 व 57 डिवीजन इस प्रकार की विशेष लड़ाई में प्रशिक्षण तथा तजुरबा दोनों हासिल कर चुके थे। परंतु उन्हें या उनकी कोई टुकड़ी भेजने की बजाय वहाँ सिकंदराबाद की छावनी में स्थित 54 डिवीजन को 'फौरन से पेशतर' की गति से भेज दिया गया। मानो वे हैदराबाद जैसे पुलिस एक्शन के लिए जा रहे हों। डिवीजन को सिकंदराबाद से मद्रास जाकर समुद्र के रास्ते श्रीलंका पहुँचना था। कुछ महत्त्वपूर्ण अंश हवाई जहाजों से भी भेजने पड़े। इस ऑपरेशन में थल सेना, नौसेना तथा वायुसेना समेत सशस्त्र सेनाओं के तीनों विभिन्न अंग कार्यरत हुए। पर ऐसा नहीं लगा कि इसके लिए तीनों ने मिलकर एकजुट हो, समय पर आपसी बैठकें करके व्यापक तैयारियाँ की हों। निर्णय राजनीतिक था, पर इसे लेने में निर्णय के सामरिक पहलू पर किस गहराई से सोच-विचार किया गया, इसका कुछ पता नहीं। पर जिस ढंग से सशस्त्र सेनाएँ वहाँ भेजी गईं, उससे ऐसा नहीं लगता कि तैयारी पक्की थी। इसमें कुछ वैसी जल्दबाजी और बरती गई, सुरक्षापरक सिद्धांतों की अवहेलना की गई; जैसी 1962 में हिंदुस्तान-चीन सीमा तनाव के दौरान की गई थी, जब देश के प्रधानमंत्री चीनी सेनाओं को 'बाहर फेंक देने' का आदेश दे स्वयं विदेश चले गए थे।

□

रवैया कुछ ऐसा था कि समस्या के ऊपर समस्या खड़ी होते रहने दो और बाद में जब यह सब काबू से बाहर हो जाए फौज का बटन दबाओ और उसे हुक्म दो कि चारों तरफ फैली आग तत्काल बुझा दी जाए।

समझौता होते साथ ही उसमें दरारें पड़नी शुरू हो गईं। अक्टूबर तक प्रभाकरण ने समझौते की अवहेलना कर दी। हुआ यह कि श्रीलंका की नौसेना ने सत्रह उग्रवादियों से भरी एक नाव भारी मात्रा में हथियारों समेत घुसपैठ करती पकड़ ली। उग्रवादियों को जब पूछताछ के लिए कोलंबों ले जाने जगे तो उनमें से बारह ने साइनाइड (विष) खाकर आत्महत्या कर ली। अब हिंदुस्तानी फौज के शांतिपरक बल तथा लिट्टे उग्रवादियों के बीच सशस्त्र झड़पें होनी शुरू हा गईं। वाह, कैसा पासा फिरा! कल के दोस्त आज के दुश्मन बन बैठे।

घने जंगल में गोरिल्ला दलों के विरुद्ध लड़ना बहुत कठिन होता है। उसके लिए बड़ी मात्रा में फौज की दरकार होती है। इसका प्रशिक्षण भी कुछ भिन्न होता हैं। दुश्मन के बारे में कदम-कदम पर खुफिया खबरें तथा क्षेत्र की अच्छी जानकारी एवं स्थानीय जनों की सहानुभूति बड़ी महत्त्वपूर्ण हुआ करती हैं। तिसपर श्रीलंका एक द्वीप भी था—इस कारण वहाँ सारा साज-सामान जलमार्ग अथवा वायुमार्गों से ले जाने की कठिनाई भी थी। समुद्र के रास्ते घुसपैठ तथा निकास के अनेकानेक दिशामार्ग पैदा हो जाते हैं। उन सबपर नज़र रखना तथा आने-जाने पर रोक लगाना बड़ा ही कठिन काम हो जाता है। हमारे सैनिकों को वहाँ की भाषाओं का भी ज्ञान न था। इसके अतिरिक्त, हमें वहाँ क्या-क्या करना है और वहाँ हमारा लक्ष्य क्या है, इसके बारे में भी किसी को कुछ ठीक ज्ञान न था। तमिल लोग तो मूलतः अपने ही देश के हैं। फिर उनके साथ लड़ाई…? क्योंकर? हिंदुस्तानी फौज की छवि बरकरार रहे, यह भी बहुत जरूरी था। लगता था, हम अनजाने अपनी ही बनाई खाई में जा धँसे। यह भी कहा गया कि यदि हम कुछ न करते तो तमिलनाडु के राजनीतिज्ञ अपना उल्लू सोधा करने के लिए स्थिति विस्फोटक बना देते।

लिट्टे ने हिंदुस्तानी फौज की टूकड़ियों पर आक्रमण करने शुरू कर दिए। इससे शांति बनाए रखनेवाले सैन्य बल सशस्त्र कार्यवाही करने पर बाध्य हुए। पर ऐसा करने की न कोई पूर्वनियोजित योजना थी, न तैयारी।

□

श्रीलंका द्वीप के उत्तर-पश्चिमी कोने में स्थित जाफना शहर को लिट्टे का गढ़ माना जाता था। तीन विभिन्न रास्तों की ओर से बढ़ते हुए सैनिक दस्तों को इस पर कब्जा करने के लिए रवाना किया गया। इस अभियान का नाम 'ऑपरेशन पवन' था। मोटर गाड़ियों के कारण इन दस्तों को सड़कोंसड़क जाना पड़ा यह

क्षेत्र जंगल तथा जलमार्गों से भरपूर था। लिट्टे उग्रवादियों को चप्पे-चप्पे का भरपूर ज्ञान था। उन्होंने राहों में जगह-जगह बड़ी दक्षता से बारूदी सुरंगें बिछाईं। राह में पड़नेवाले गाँवो-कस्बों के घरों को छोटे-छोटे दुर्गों में परिवर्तित किया और अपने भेदियों के जरिए फौज की एक-एक कार्यवाही पर कड़ी नजर रखनी शुरू की। इसके अतिरिक्त, अपने ध्येय की सार्थकता तथा औचित्य में उन्हें इतनी जबरदस्त श्रद्धा थी कि उसकी प्राप्ति के यत्न में पकड़े जाने पर गले में लटकाई जहर की गोली को चबा जाने में उनके नेता एवं सिपाही तो क्या, बालक-बालिकाएँ भी हिचकिचाहट न दिखाती थीं। ऐसा करने की एक नई परम्परा ही बन गई। उनके स्नाइपर (घातमार) नारियल के पेड़ों में छिपकर फायर करने में सिद्धहस्त हो गए थे। उनके सैनिक दल स्थानीय लोगों की वेशभूषा में ही रहते थे, इसलिए उनकी पहचान कर पाना भी टेढ़ी खीर थी।

हमारे दस्तों की अग्रिम बढ़त में जगह-जगह अवरोध मिलते रहे। जाफना नगर स्थित लिट्टे के टेक्निकल हेडक्वार्टर को काबू करने के लिए हमने एक हेलिकॉप्टर आधारित अभियान शुरू किया; पर खेदवश इसकी पूर्व सूचना लिट्टे को मिल गई। इसके कारण हमारे हेलिकॉप्टरों तथा सैन्य बलों को जाफना में उतरते ही गोलियों का निशाना बनाकर क्षतिग्रस्त कर दिया गया।

बाद में हमें नए-नए अभियान शुरू करने पर बाध्य होना पड़ा। इनके लिए हमें अपनी काफी अधिक फौज श्रीलंका में बुलानी पड़ी। इनमें 4 इन्फैंट्री डिवीजन (बाबुनिया क्षेत्र में), 57 इन्फैंट्री डिवीजन (बाट्टिकलोआ क्षेत्र में), 36 इन्फैंट्री डिवीजन (त्रिकोमाला क्षेत्र में) तथा 55 एवं 340 ब्रिग्रेड शामिल थे। 21 नवंबर, 1987 को जब हमने एकतरफा युद्धविराम की घोषणा की तो लिट्टे ने उसे मानने से इनकार कर दिया। इसलिए लड़ाई जारी रखने के लिए हमें अधिक सैनिक दल बुलाने पड़े। इन लड़ाइयों में 'ऑपरेशन त्रिशूल' (अप्रैल 1988), 'ऑपरेशन विराट' (मई/जून 1988), 'ऑपरेशन महान् कर्तव्य' तथा 'चेकमेट' शामिल थे। बाद में हमारी सेना श्रीलंका में चुनाव करवाने में सफल हुई। श्रीलंका में सरकार बदली और श्री प्रेमदास वहाँ के नए राष्ट्रपति बने। उनकी माँग के अनुसार हमारे सैन्य बल को श्रीलंका से मार्च 1990 में वापस बुलवा लिया गया। इस दौरान हमारी फौज के दो सौ बासठ सदस्य मारे गए एवं नौ सौ सत्ताईस घायल हुए तथा लिट्टे के कोई सात-आठ सौ हताहत हुए बताए जाते हैं।

अक्तूबर 1987 में जब जाफना के ऊपर कब्जा करने का निर्णय लिया गया तो 72 इन्फैंट्री ब्रिगेड ने वसाविलन-उरगमपुराई मार्ग पर जाफना की ओर बढ़ना

शुरू किया। इसमें लेफ्टिनेंअ कर्नल इंद्र बाल सिंह बावा की मकान में 4/5 गोरखा राइफल भी थी। बटालियन को जाफना तक की सड़क से उग्रवादियों को हटाए जाने का लक्ष्य सौंपा गया। बटालियन का एडवांस रोकने के लिए उग्रवादियों ने कदम-कदम पर चालाकी बरती। दुश्मन ने समझ लिया कि आजकल के युद्ध में सशस्त्र बल कहीं-न-कहीं आकर सड़कों की राह अपनाने पर बाध्य होते हैं। शुरू में बेशक उनके अग्रिम सैनिक ऐसा न करते हुए जंगल की राह अपनाएँ, परंतु बाद में उन्हें एम्युनिशन तथा खाने-पीने का सामान भेजने के लिए सड़क पर चलनेवाली मोटर गाड़ियों का इस्तेमाल करना ही पड़ता है। संचार के लिए उपयोगी सिग्नल के भारी रेडियो सेट भी मोटर गाड़ियों पर चढ़ाए जाते हैं। यह सब देखते हुए उग्रवादियों ने जाफना पहुँचने से पहले हमारी फौज को सड़क पर ही मात देने की ठानी। इसके लिए उन्होंने दो-तीन काम किए। एक तो यह कि सड़क पर बसी बस्तियों के पक्के घरों के जमघटों में अपने सैनिक बैठाए—बढ़ती फौज पर गोलियाँ बरसाकर सैनिकों को हताहत करने के लिए। पक्के घरों को छोटे-छोटे दुर्गों में परिवर्तित कर लड़ी जानेवाली जंग खास खतरनाक होती है। एक तो इस कारण कि इसमें पता ही नहीं चल पाता कि इतने सारे घरों में से दुश्मन के घातमार किस-किस घर में तैनात हैं। घरों की ऊपरी मंजिल की खिड़कियों से नीचे झाँककर दूर-दूर तक देखा जा सकता है और सड़क पर चलते दलों के ऊपर हननकारी फायर भी किया जा सकता है। इधर सड़क पर चलनेवालों को पता नहीं चल पाता कि फायर ठीक कहाँ से आया है; क्योंकि फायर करनेवाला खिड़की से फायर करने के बाद छिप जाता है। यदि नीचे से कोई तलाशी लेने का जोखिम ले तो दुश्मन पिछबाड़े की सीढ़ियों से चुपचाप उतरकर किसी दूसरे मकान में जा, फिर फायर शुरू कर सकता है। या छतों की राह दूसरे घरों में जा पुनः मोर्चा बाँध सकता है; क्योंकि तंग बस्तियों में घर आमतौर पर एक-दूसरे के साथ सटे होते हैं।

कर्नल बावा की बटालियन को भी हर बस्ती के निकट आते ही घरों की खिड़कियों से आड़ लेकर आनेवाले घातक फायर का सामना करना पड़ा। इसके लिए उनकी पल्टन ने इस प्रकार के घरों को उग्रवादियों से मुक्त कराने के लिए छोटी-छोटी टुकड़ियाँ बनाईं। किस मकान से फायर आ रहा है, इसका अनुमान करने के साथ ही दो सशस्त्र सैनिक गलियारे के इस ओर सुरक्षा फायर देने के लिए छोड़ दिए जाते। बाकी दबे पाँव घर की ओरवाली राह से उसके द्वार के पास पहुँच जाते। फिर दो सैनिक बड़ी फुर्ती के साथ दरवाजे को ठोकर की मार

से खोल, स्टेनगन से ऑटोमैटिक ब्रस्ट फायर करते हुए, अंदर घुसते। फिर इसी तरह दो-दो की टोलियों में एक-दूसरे को सुरक्षा प्रदान करते हुए (इस तरह कि जब एक जोड़ी चलायमान होती तो दूसरी स्थिर होकर उसे सुरक्षा फायर देती) नीचे के कमरों की एक-एक कमरेवार तलाशी करके ऊपर जीना चढ़ते। ऊपर की मंजिल तक पहुँच प्रत्येक कमरे की तलाशी की कार्यवाही जारी रखते। इसमें ग्रेनेड भी हर घड़ी फेंकने के लिए तैयार हालत में रखे जाते। तब तक दुश्मन किसी और घर में भागकर छिप जाता, पुनः फायर खोलकर सैनिकों का हनन करने के लिए; या फिर जंगल की राह नौ दो ग्यारह हो अगली बस्ती के घरों में जा छिपता—यही कार्यवाही दोहराने के लिए। इस तरह घर-घर की तलाशी लेने से लोगों के घरों को नुकसान पहुँचता और उन्हें चोट लगने का अंदेशा भी बना रहता, साथ उनका आक्रोश भी बढ़ता; और यदि बस्ती के घरों से ऐसे छिपकर मार करनेवाले दुश्मन का पूरा सफाया न किया जाए, तो वह पीछे आते वाहनों को और अधिक नुकसान पहुँचा सकता है। कितनी घातक होती है घर-बस्ती की यह लड़ाई! और समय भी तो बहुत लग जाता है मात्र एक बस्ती को साफ करने में!

इतना ही नहीं, दुश्मन ने बस्तियों में कई जगह सड़क खोदकर बारूदी सुरंगें भी बिछा रखी थीं। ये बहुत ही घातक सिद्ध हुईं। एक जगह सामने की गाड़ी के नीचे सुरंग फटी तो गाड़ी के टायर वहीं बैठ गए। सड़क सँकरी थी। पिछवाड़े से आनेवाली गाड़ियों का लंबा काफिया भी रुक जाने पर मजबूर हो गया। गाड़ियों का रुकना था कि आस-पास दोनों ओर के घरों की ऊपर की मंजिलों से एक साथ, मानो किसी के दक्ष इशारे के साथ, फायर की चाँदमारी फूट पड़ी। वाहनों में बैठे कई सैनिक बुरी तरह जख्मी हुए। जब तक बाकी सैनिक उतरकर घरों पर वापस फायर करें और उसके बाद बारी-बारी घर-तलाशी का काम शुरू करें, दुश्मन फिर से नौ दो ग्यारह! कोई वर्दी नहीं, कोई बूट नहीं! कोई टोपी नहीं! नंगा सिर, धड़ पर बनियान और कमर में लुंगी। पाँवों में रबड़ के स्लीपर, बस, और कोई-न-कोई हथियार—जिसे जल्दी ही छिपाया जा सके। गले में लटकती जहर की एक गोली, जिसे पकड़े जाने पर तुरंत चबाया जा सके। ऐसे थे लिट्टे के सिपाही।

ऐसे वातावरण में कर्नल बावा खुद आगे बढ़ रही बटालियन के अग्रिम दस्तों में थे। बड़े संयम और आत्मनियंत्रण के साथ अपने चेहरे तथा भंगिमा को एकदम निडर बनाए हुए। चिंता अथवा घबराहट की लेशमात्र झलक भी नहीं आई उनके धीर मुख पर। यदि उन्होंने अपनी चिंता प्रकट कर दी तो बटालियन के जूनियर

अफसरों तथा जवानों पर क्या असर होगा? यदि कमान अफसर अपना बचाव करते हुए पीछे-पीछे चलता है तो क्या सोचेंगे जवान?

लेकिन अब तक बटालियन का हरेक काँचा (गोरखा जवान) अपने कमान अफसर की बहादुरी से वाकिफ हो चुका था। प्रत्येक जवान को यह विश्वास था कि हमारा सी.ओ. पहली गोली अपनी छाती पर ही लेगा। उनका लगाव खरा था, इसलिए जवान उनकी बड़ी कद्र करने लगे थे। उनके एक इशारे पर वे जान देने के लिए तत्पर थे।

13 अक्तूबर की शाम की बात है। जंगल की कई बस्तियों से दुश्मन का सफाया करते हुए आखिर वे उस जगह पहुँचने में सफल हो गए, जहाँ 13 सिख लाइट इन्फैंट्री तथा 10 पैरा कमांडो की टुकड़ियाँ फँसी हुई थीं।

ये दोनों टुकड़ियाँ हेलिकॉप्टर द्वारा जाफना स्कूल के मैदान में दो दिन पहले उतारी गई थीं। खबर थी कि स्कूल के पास की चार मंजिला इमारत में उग्रवादियों के मुख्यालय के सदस्य डटे हुए हैं। उन्हें हिरासत में लेने के लिए सिख लाइट इन्फैंट्री तथा 10 पैरा कमांडो की ये टुकड़ियाँ हेलिकॉप्टर द्वारा मैदान के एक कोने में उतारी गईं। दुर्भाग्यवश, जब तैयारी चल रही थी तो अभियान की व्यवस्था की बातचीत रेडियो पर खुले में की गई—बिना किसी कोड के। उग्रवादियों के कान बड़े सतर्क थे। उन्होंने बातचीत सुन ली। नतीजा यह हुआ कि जब हेलिकॉप्टर उतरे तो दुश्मन पहले से ही गोलियाँ भरकर तैयार बैठा था। हमारे पाँच हेलिकॉप्टरों को क्षति पहुँचाई गई और कई सैनिक मारे गए। बहुतेरे घायल। इस तरह के हेलिकॉप्टर ऑपरेशन से आए सैनिक थोड़ी देर तक ही लड़ सकते हैं। क्योंकि उनके पास एम्युनिशन सीमित मात्रा में होता है—भार कम रखने के लिए। इसी तरह रसद भी। इसके पहले कि इनका एम्युनिशन खत्म हो, 'लिंक अप' (अपने भूमि दस्तों के साथ मिलाप) अनिवार्य होता है, अथवा इनका विनाश संभव है।

हेलिकॉप्टर से उतारी गई टुकड़ियाँ बहुत देर तक दुश्मन के साथ लड़ती रहीं। फिर उनका एम्युनिशन समाप्त होने को आया। यही समय था जब कर्नल बावा, मानो साक्षात् उनके रक्षक बन, अपनी बटालियन के साथ वहाँ आ पहुँचे। उनके आने से दो दिन से भूखे-प्यासे जवानों को राहत मिली। उनके दिलों में खुशी की लहर दौड़ गई। कर्नल बावा जब उन्हें आश्वासन देकर बटालियन की गाड़ियों में बिठा रहे थे तो अचानक दुश्मन की एक आत्मघाती टुकड़ी आ धमकी। उसने अपना सारा फायर कर्नल बावा के ऊपर खोल डाला। वे वहीं वीरगति को प्राप्त

हुए—पर वे जो पूरा करने आए थे, उसे बड़ी दिलेरी तथा जोखिम से संपन्न करने के बाद ही।

बड़ी निर्भीकता तथा संयम के साथ बटालियन को अत्यंत कठिन क्षेत्र में से गुजार, अंततः अपना लक्ष्य सफलतापूर्वक प्राप्त करने के लिए कर्नल बावा को मरणोपरांत 'महावीर चक्र' से अलंकृत किया गया। कर्नल इंद्र बल सिंह बावा का जन्म 25 मई, 1947 को लखनऊ में हुआ था। उनके पिताजी ने भी फौज में नौकरी की थी। द्वितीय विश्वयुद्ध में कप्तान रहे थे वे। इस प्रकार कर्नल बावा ने अपने परिवार की फौजी परंपरा की मर्यादा सिर उठा, सीना फुलाकर, अपनी बटालियन का उच्च कोटि का नेतृत्व करते हुए अपने जीवन का बलिदान देकर सुरक्षित रखी।

□

दो

यह तो शुरू के दिनों का प्रसंग है। तब हमारी फौज श्रीलंका में शांति बनाए रखने के लिए गई थी। 9 डिवीजन के सैनिक अपने भारी हथियार एवं तोपखाना पीछे ही छोड़कर श्रीलंका की ओर रवाना हुए थे। उनका यही अनुमान था कि हल्की ड्यूटी करने के पश्चात वे कुछ ही समय में लौट आएँगे। उन्हें क्या पता था कि आज का दोस्त कल का दुश्मन बन बैठेगा। लिट्टे उग्रवादियों के साथ लड़ाई शुरू हुई तो बढ़ती ही चली गई। सारा माहौल बदल गया। आरंभ में पाई कुछेक सफलताओं के बाद लिट्टे का आत्मविश्वास बहुत बढ़ गया और आक्रामक कार्यक्रमों में भारी वृद्धि हुई।

उग्रवाद की बढ़त के साथ श्रीलंका में हिंदुस्तान के शांति स्थापक दल की संख्या में भी वृद्धि की गई। उनकी कमान के लिए मद्रास में अलग व्यवस्था की गई। अभी तक यह कमान पूना में स्थित दक्षिणी कमान के आर्मी कमांडर के अधीन थी। अब मद्रसा में उप-मुख्य कमांडर के मुख्यालय का गठन किया गया, जिससे श्रीलंका में स्थित समस्त सैन्य दलों की अपनी निजी कमान अलग रखी जाए।

नए आए सैन्य बलों में 7 असम बटालियन शामिल थी। यह 19 जुलाई, 1988 को श्रीलंका में आई। सैकेंड लेफ्टिनेंट राजीव संधु इसी बटालियन के युवा अफसर थे। इन्होंने कुछ ही महीने पहले 5 मार्च, 1988 को कमीशन प्राप्त किया

था। इस समय इनकी आयु केवल बाईस वर्ष की थी और बटालियन में इन्हें 'बच्चा' माना जाता था। इनके पिता वायुसेना में सेवा कर चुके थे और इनके दादा थलसेना में—द्वितीय विश्वयुद्ध के दौरान, जब बर्मा में नेताजी सुभाष चंद्र बोस के देशप्रेमी व्याख्यानों से उत्प्रेरित हो वे आजाद हिंद फौज में भरती हो गए थे। राजीव संधु अपनी माता-पिता की इकलौती संतान थे। वे लोग इन्हें सेना में अफसर बना देख फूले न समाए थे। जो पूछता, वे सगर्व बताते कि उनका इकलौता बेटा श्रीलंका में सर्विस कर रहा है।

उस दिन लेफ्टिनेंट राजीव संधु कॉन्वॉय ड्यूटी पर थे। वे दो गाड़ियों समेत मदुरांग-केनी-कुलम से बटालियन के लिए राशन लाने मँगानी गए थे। वे आगे-आगे एक जीप में सवार थे और थोड़ी दूरी के फासले पर पीछे आ रहा था एक 3 टन ट्रक। जीप घने जंगल के बीच बने कच्चे रास्ते पर चली जा रही थी। आगे एक चौराह था। जब जीप चौराहे पर पहुँची तो सहसा वज्रनाद के साथ जंगल का स्तब्ध सन्नाटा टूट गया। चारों ओर से आई गोलियों की बौछारें जीप को छलनी करती चली गईं। फायर में दुश्मन ने विख्यात ए.के.-47 राइफल की ब्रस्टों के साथ-साथ 7.62 मिलीमीटर राइफल (हिंदुस्तानी फौजवाली) का भी इस्तेमाल किया और इनके साथ-साथ रॉकेट लांचर से छोड़े गए रॉकेटों का भी। रॉकेट सीधा ले. संधु की जीप में लगा। प्रत्यक्ष था कि वह रॉकेट जीप तथा अफसर को निशाना बनाकर ही छोड़ा गया है। रॉकेट का घोड़ा दाबनेवाले ने सोचा होगा कि अफसर को निशाना बनाया जाए तो असर अच्छा होगा।

रॉकेट आकर सीधा ले. संधु के पाँवों में लगा—धमाके के साथ। दोनों पाँव बुरी तरह कट-फट गए। इसके अलावा सारी देह में जख्म भर उठे। रॉकेट के इस घातक हमले के कारण बुरी तरह जख्मी होकर पंगु हुए ले. संधु किसी प्रकार हिम्मत करके लड़खड़ाते हुए जीप से नीचे उतरे। उनके पाँव एकदम जवाब दे गए थे। जरा-सा हिलने की भी ताकत न रह गई थी उनमें। अपनी स्टेनगन हाथ में पकड़े हुए ले. संधु धीरे-धीरे रेंगकर सड़क की बगल में एक झाड़ी की आड़ में जा पहुँचे।

गाड़ी पर हमला बहुत भीषण हुआ था। सभी हथियारों के साथ ऐन निशाने पर। हमलावरों ने सोचा कि सफर करनेवाले अब तक खत्म हो चुके होंगे। एक हमलावर आड़ के पीछे से बाहर निकलकर टूटी-फूटी जीप की ओर बढ़ा। वह चाहता था हथियार तथा गोला-बारूद हथियाना। पर ले. संधु निश्चय कर चुके थे कि हथियारों को हर्गिज दुश्मन के हाथों में न पड़ने देंगे। बड़े कष्टकारक यत्न के साथ उन्होंने अपनी स्टेनगन उठाई और उस हमलावर की ओर निशाना साधकर

ऑटोमैटिक का घोड़ा दबा दिया। गोलियों की बौछार निकली और हमलावर को वहीं-का-वहीं ढेर कर गई। इतनी कारगर थी जख्मी हाथों से निकली गोलियों की बौछार। यह हमलावर और कोई नहीं, दुश्मन के बाट्टिकलोआ जिले का मुख्य उग्रवादी नेता कुमारन था।

इसके बाद मरते दम तक ले. संधु ने अपना फायर जारी रखकर यह प्रयास किया कि अन्य कोई भी हमलावर उनकी जीप तथा हथियारों के निकट न फटक सके। इस प्रयास में वे सफल हुए। और इसी प्रयास में दत्तचित्त वे वहीं धराशायी हो वीरगति को प्राप्त हुए।

सैकेंड ले. राजीव संधु को अप्रतिम साहस के साथ दुश्मन पर हावी होते हुए कर्तव्यनिष्ठा का उच्च उदाहरण प्रस्तुत कर प्राण न्योछावर कर देने के लिए मरणोपरांत 'महावीर चक्र' से सुशोभित किया गया।

'मोती जैसा रतन अपना, आह, कोई न खोवे।'

□

तीन

अक्तूबर 1987 में 'ऑपरेशन पवन' के लिए श्रीलंका में आए हिंदुस्तानी सैन्य बलों में महार रेजिमेंट की बटालियन भी थी। इसके एक कंपनी कमांडर थे मेजर रामास्वामी परमेश्वरण। महीना-भर अपनी बटालियन के साथ श्रीलंका के रणतप्त वातावरण में रहे मेजर परमेश्वरण ने कई बातें सीख ली थीं। पहली तो यह कि यहाँ हर घड़ी सतर्क तथा पूरी तरह चौकन्ना रहना चाहिए। न जाने दुश्मन का आकस्मिक हमला कब, कहाँ हो जाए। सहास हमला हो जाए तो न मैगजीन हथियार में लगाने का समय होता है, न मैगजीन में गोलियाँ भरने का। यह सब तैयारी तो पहले से ही कर लेनी चाहिए। मैगजीन हथियार में फिट होनी चाहिए। बाहर निकलने के बाद सेफ्टी कैच भी आगे होना चाहिए। और उँगली घोड़े पर, बिना दबाव के, हलके से छूती; ताकि अचानक आवश्यकता पड़ने पर देरी के कारण चूक न हो जाए। ऐसे वातावरण में तो यही होता है—मरो नहीं तो मारो। मार नहीं पाओगे तो मारे जाओगे। यहाँ विधि की यही नियति है, कर्तव्य की भी। प्रशिक्षण की भी।

अपने तजुरबे से उन्होंने जान लिया था कि हमलावर कहीं भी, कभी भी अचानक आ सकता है। बिना सामने आए, लुके-छिपे, घायक फायर कर सकता

है। जंगल मे चलो तो कान खोलकर। छोटी-से-छोटी आवाज सुनते हुए। खुद, बिना किसी आवाज के। दबे पाँव। फूँक-फूँककर कदम रखते। प्रशिक्षण तो था ही। आगे बढ़ो तो सड़क छोड़कर, जगल में। स्काउट आगे। नम्बर एक तथा दो स्काउट के बीच तीन सौ गज का फासला। एक चले तो दूसरा रुककर आड़ ले, उसे सुरक्षा फायर देने के लिए तैयार। बिजली की कौंध के साथ। फिर नंबर दो स्काउट तथा पीछे आ रहे सेक्शन के बीच जरूरी फासला। आगे-पीछे या बाएँ-दाएँ चलनेवालों में भी परस्पर फासला; जिससे यदि सहसा दुश्मन का फायर खुले तो हम बिखरे हुए हों, जमघट में न हों। इस तरह हताहतों की संख्या न्यून होगी। राह पर कोई डिब्बा या बैग पड़ा मिले तो उसे उठाने या छूने से पूर्व आस-पास अच्छी तरह देखो कि वह तार अथवा धागे से तो नहीं बँधा। इन्हीं के तनाव से बारूदी सुरंग फट सकती है।

पैट्रोलिंग के लिए जाओ तो बातचीत एकदम बंद। सभी कुछ इशारों से। काफी कुछ पूर्व निर्देशानुसार। अच्छी तरह कॅमोफ्लाज करके। जिससे हमारी मौजूदगी की भनक न मिल पाए दुश्मन को। किसी भी तरह—न आँख से, न कान से, न महक के जरिए। अपनी कंपनी का प्रशिक्षण अच्छी तरह कर रखा था मेजर परमेश्वरण ने।

25 नवम्बर, 1987। मेजर परमेश्वरण को अपनी कम्पनी के साथ तलाशी अभियान पर भेजा गया। यदि गाँव की तलाशी लेनी है तो पहले चुपचाप वहाँ पहुँच उसे चारों ओर से घेर लिया जाता है, जिससे कोई पलायन या घुसपैठ न कर पाए। पलायन के संभावी मुकामों पर अधिक सतर्कता बरती जाती है। शेष सैन्य बल टुकड़ियों में विभाजित कर दिए जाते हैं—क्षेत्रानुसार तलाशी के लिए। एक दल तलाशी करता है तो दूसरा उसकी हिफाजत। तलाशी के लिए गाँव के मुखिया तथा बड़े-बूढ़ों को हमेशा साथ लिया जाता है, जिससे बाद में कोई झूठे आरोप न लगाए। गाँववालों को बाहर निकलने को कह एक नियत स्थान पर बैठा दिया जाता है और उसके बाद घर-घर की तलाशी शुरू की जाती है। गाँव में और घर-घर में कितनी आबादी है, कितने नग हैं, इसका ब्योरा ले लिया जाता है।

उस रात मेजर परमेश्वरण आधी रात तक तलाशी करवाते रहे और उसके बाद अपने कॉलम के साथ वापस कैंप की ओर लौट पड़े। चारों ओर रात का अँधेरा और जंगल का सुनसान वातावरण। लौटते समय उनके कॉलम पर घात लगाकर हमला कर दिया गया। पता नहीं कितने हमलावर थे। पर पगडंडी के दोनों ओर से फायर की घातक बौछारें। खून-खराबा।

मेजर परमेश्वरण घबराए नहीं। घबराते तो सूझ-बूझ से हाथ धो बैठते। मन का धैर्य बराबर बनाए हुए, उन्होंने बड़ी फुरती के साथ तात्कालिक योजना तैयार कर डाली और इशारों के साथ अपने सैनिकों को अपने पीछे आने को कहा। चक्कर लगाते हुए वे बड़ी फुरती के साथ अपने सिपाहियों का एक दल लेकर घात लगाकर बैठे शत्रु के पीछे जा पहुँचे। उनके कुछ होशियार सैनिक आड़ ले दुश्मन पर सामने तथा बगल से फायर करते रहने के लिए पहले ही छोड़ दिए गए थे, जिससे दुश्मन का ध्यान बँटा रहे और उसे स्वप्न में भी यह खयाल न आए कि शिकंजे में फँस रहे सैनिक उनके पीछे आने का दुस्साहस भी कर सकते हैं।

हमलावरों के पीछे पहुँचते ही मेजर परमेश्वरण ने अपने चुनिंदा सैनिकों के साथ दुश्मन पर धावा बोल दिया। उन्होंने दुश्मन के साथ वही किया, जो दुश्मन उनके साथ करने जा रहा था। दुश्मन घबरा उठा। उसे गुमान न था कि ऐसा भी हो पाएगा। अब रात के अँधेरे में आमने-सामने हाथोंहाथ की भयंकर लड़ाई शुरू हुई।

इस लड़ाई के दौरान एक हमलावर ने उनकी छाती में गोली दाग दी। मेजर परमेश्वरण बुरी तरह जख्मी हो गए। पर अपने घातक घाव की परवाह किए बगैर उन्होंने बड़ी फुरती से लपकते हुए झपट्टा मार एक हमलावर की बंदूक छीन ली और उसे वहीं गोली से उड़ा डाला। इसके पश्चात् वे खून बहती घायल अवस्था में ही दुश्मन का पूरी तरह सफाया करने के लिए अपने दल को विभिन्न आदेश देने में जुटे रहे। दल के सैनिकों को दुश्मन पर हावी होने के लिए प्रोत्साहित करते रहे। ऐसा करने के क्रियाकलाप में ही उनके प्राण-पखेरू उड़ गए।

उनके दल के जवानों ने बड़ी दिलेरी के साथ घात लगाए बैठे दुश्मन का वहाँ से पूरा सफाया कर दिया। इस कार्यवाही में पाँच हमलावर मारे गए। तीन राइफलों तथा दो रॉकेट लांचर बरामद किए गए। निश्चयतः हमलावरों के साथियों में यह बात भी फैली होगी कि 'एंबुश' किए जाने पर हिंदुस्तानी फौज के बहादुर सिपाही कैसे ईंट का जवाब पत्थर से देते हैं, अतः इन बहादुरों से बचकर रहो!

रणभूमि में अनुकरणीय पराक्रम तथा शौर्य प्रदर्शित करने के लिए 13 सितंबर, 1946 को बंबई में जनमे, श्री के.एस. रामास्वामी के सुपुत्र मेजर परमेश्वरण को देश के सर्वोच्च वीरता पदक 'परमवीर चक्र' से सुशोभित किया गया।

'अपना शीश कटा जननी की
जय का मार्ग बनाना है।'

□

सियाचिन ग्लेशियर के शूर

एक

'सुदुर्गम दूरदेश पथशून्य तरुशून्य प्रांतर अशेष, महापिपासार रंगभूमि····'

सियाचिन ग्लेशियर। नाम सुनते ही सारी काया मानो जमकर बर्फ बन सुन्न हो जाती है। ग्लेशियर यानी हिमनद। बर्फ की नदी। 'हिमाद्रि तुंग शृंग से, प्रबुद्ध शुद्ध भारती'। 'गंगोत्री, गोमुख'। गंगा जी का जहाँ उद्गम है, हिमनद उस पावन थली को तीनों ओर से घेरे है।

ऐसे हिमनद के ऊपर हवाई जहाज के प्रेशर भरे केबिन में बैठकर गुजरते हुए भी कँपकँपी छूट सकती है। फिर वहाँ जीते-जागते पाँव रख वहाँ की गोली की तेजी-सी सनसनाती तीखी-तेज बर्फीली ठंडी हवा के कोड़े खाने की कल्पना से ही रोंगटे खड़े हो जाते हैं। क्योंकि अन्यान्य ठंडी जगहों से पाला पड़ने के कारण ऐसा अनुमान लगाया जा सकता है कि वहाँ हवा केवल कपड़े फड़फड़ाकर या बेचैन कर ही दम नहीं लेगी, वरन एक्सरे की तरह प्रबल वेग से शूँ-शूँ करती हड्डियों को भेदती, ढाँचे के आर-पार होती चली जाएगी। पर जिस स्थान पर सर्दी शून्य से चालीस डिग्री तक कम हो जाए, उसकी कँपकँपाने की क्षमता का अंदाज लगा सकते हैं आप?

तेरह हजार फीट पहुँच जाने पर आम लोगों की साँस फूलने लगती है। सिर में हलका दर्द होना शुरू हो जाता है। कदम-कदम, रुक-रुककर चलना पड़ता है। चढ़ाई चढ़ने में खास दिक्कत आती है और चलने की रफ्तार चींटी की रेंग जैसी धीमी पड़ जाती है। अगर इनसान ज्यादा समय वहाँ रहे तो परहेज न करने की

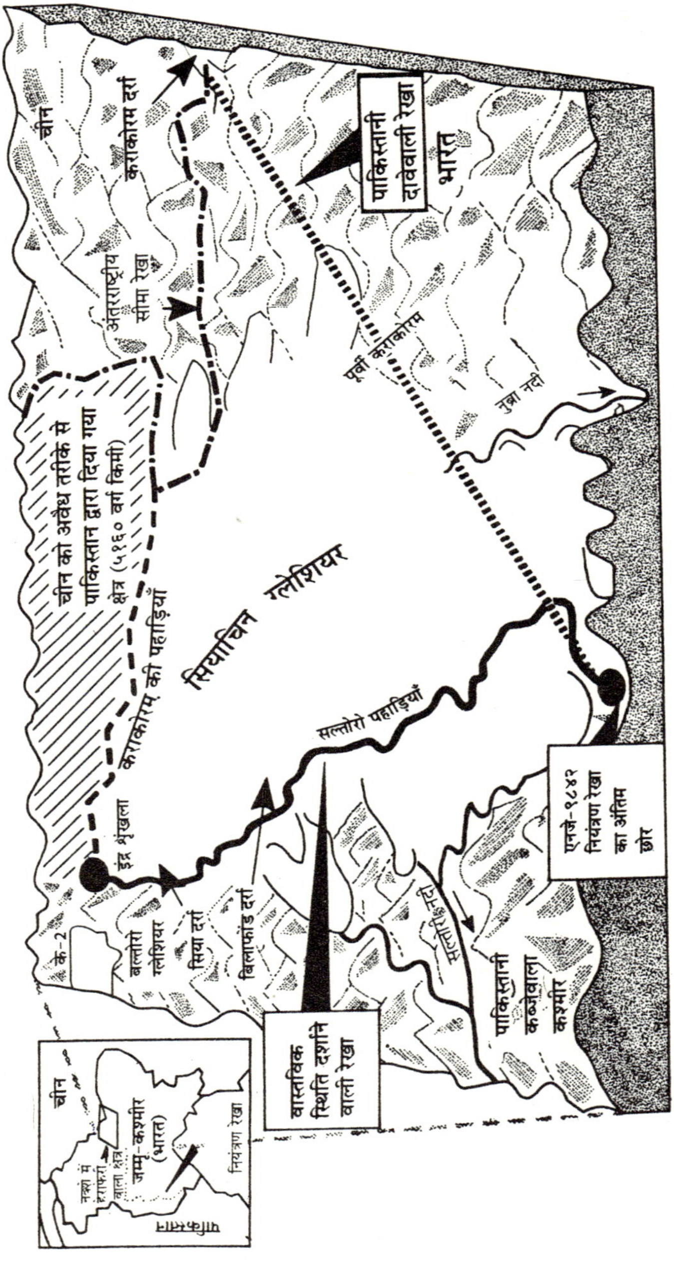
चीन
कराकोरम दर्रा
पाकिस्तानी दावेवाली रेखा
भारत
अंतरराष्ट्रीय सीमा रेखा
चीन को अवैध तरीके से पाकिस्तान द्वारा दिया गया क्षेत्र (५१६० वर्ग किमी)
पूर्वी कराकोरम
नुब्रा नदी
सियाचिन ग्लेशियर
कराकोरम की पहाड़ियाँ
सल्तोरो पहाड़ियाँ
इंद्र शृंखला
के-2
बल्तोरो ग्लेशियर
सिया दर्रा
बिलाफोंड दर्रा
सल्तोरो नदी
पाकिस्तानी कब्जेवाला कश्मीर
एनजे-९८४२ नियंत्रण रेखा का अंतिम छोर
वास्तविक स्थिति दर्शाने वाली रेखा
चीन
जम्मू-कश्मीर (भारत)
नियंत्रण रेखा
पाकिस्तान

अवस्था में वह स्वभाव से चिड़चिड़ा होने लगता है। कार्यक्षमता में विशेष विघटन आ जाता है। सोचें तो—यदि आपको पानी पीने से पहले हर बार बर्फ के डले को उबालना पड़े?

ऐसा है हमारा हिमनद—हमारा सियाचिन ग्लेशियर। ऊँचाई इक्कीस हजार फीट। यहाँ कड़ी सावधानी न बरतने से पाँवों तथा हाथों में तुरंत तुषाराघात हो जाता है और फेफड़ों में पानी भर आता है। दोनों घातक हो सकते हैं।

इस ग्लेशियर पर पहुँच पाना अपने आपमें ही एक उपलब्धि है; इसपर कुछ समय गुजारना और भी तथा कुछ दिन गुजार पाना तो बहुत बड़ी उपलब्धि है। इसी ग्लेशियर का एक भाग हमारे कब्जे में है और दूसरा पाकिस्तान के। इस हिमनद का सामरिक महत्त्व काराकोरम दर्रे के कारण है। यह हमारे अधीन न हो तो चीन और पाकिस्तान आपसी साँठ-गाँठ के कारण लेह के आँगन तक पहुँच जाते हैं। सन् 1987 में पाकिस्तान को फौज ने सियाचिन ग्लेशियर में स्थित एक महत्त्वपूर्ण दुर्गनुमा स्थान पर अपना आधिपत्य जमा वहाँ किलाबंदी कर ली। वह भूखंड आस-पास की बर्फ ढकी धरती से और भी पंद्रह हजार फीट ऊँचा था। उसकी बनावट ने उसे एक छोटे, परंतु अजेय दुर्ग की प्रभुता प्रदान कर दी थी। दोनों ओर से बर्फ की सीधी—लगभग समतल दीवारें, जिनपर चढ़ना मात्र ही जोखिम का खेल था। हमारे क्षेत्र के बीच दुश्मन का इस दुर्गनुमा हिमखंड पर कब्जा पसली में चुभते रहनेवाले काँटे के समान था। इस अजेय दुर्ग की दुर्गम ऊँचाइयों से दुश्मन की फौज हमारे सारे बचाव-क्षेत्र तथा अड्डों तथा हर हरकत पर नजर रख सकती थी। गोलाबारी से विघ्न डाल हमारा वहाँ टिका रहना भी दूभर कर सकती थी।

जून 1987 में एक 'टास्क फोर्स' (कार्यवाहक दल) का गठन करने का निर्णय लिया गया, जिसका लक्ष्य होगा उस दुर्गम भूमि को शत्रु के शिकंजे से छुड़ाना। ग्लेशियर में सर्विस कर रही '8 जे.एंड के. लाइट इन्फैंट्री' पल्टन के नायब सूबेदार बाणा सिंह ने इस टास्क फोर्स के दल में शामिल होने के लिए अपना नाम वॉलंटियर (स्वयं निवेदित) किया, जिसे स्वीकृति दे दी गई। यहाँ यह खुलासा कर देना उचित होगा कि ग्लेशियर पर पाई जानेवाली भयंकर प्राकृतिक कठोरताओं तथा दुर्गम परिस्थितियों के कारण यह देखा जाता है कि वहाँ लगातार रहने पर स्वस्थ-से-स्वस्थ तथा ऊँचे-से-ऊँचे मनोबलवाले व्यक्ति की कार्यक्षमता भी, कुछ समय की सर्विस के पश्चात्, क्षीण पड़ने लगती है। इस अनुभव के कारण हर छह महीने की सर्विस के पश्चात् यूनिटों को बदली करने का विधान है। सर्विस पूरी कर चुकी यूनिट

नीचे भेजी जाती है और नीचे से एक 'ताजा' यूनिट को ऊपर ग्लेशियर पर लाया जाता है।

तो नायब सूबेदार बाणा सिंह ने ग्लेशियर में रहने से होने वाली कठोर परिस्थितियों को नजरअंदाज करते हुए एक और बहुत बड़े जोखिम-भरे काम के लिए अपने को पेश किया। वे इस टास्क फोर्स में शामिल ही नहीं कर लिये गए, बल्कि टुकड़ी के नेतृत्व की बागडोर भी सूबेदार बाणा सिंह को ही सौंपी गई।

बाणा सिंह ने बड़ी सूझ-बूझ से उस बर्फीले दुर्ग पर विजय पाने का प्लान बनाया। लक्ष्य तक पहुँचने के लिए उन्होंने जानकर सर्वाधिक दुर्गम राह का चुनाव किया। इस राह में चढ़ाई की भयंकर दिक्कतें थीं। पर सफलता की उम्मीद भी इन्हीं दो कारणों से थी। इस दिशा से शत्रु के मोर्चों को एक पार्श्व से आड़े हाथों लिया जा सकता था। यहाँ से उसके प्रतिपक्षी प्रहारों की क्षमता न्यूनतम थी। दूसरा, इसमें शत्रु को अचानक दंग कर देने की संभावना थी, जो इस किस्म के ऑपरेशन के लिए बहुत लाभप्रद हो सकती थी। उन्होंने यही रास्ता चुना, पर साथ में एक कंटिजैंसी (आपद्काल में प्रयोग हेतु) प्लान भी बनाया।

प्लान बनाने के बाद बाणा सिंह ने अपने दल के सदस्यों को उसकी रूपरेखा तथा उसकी हरेक बारीकी से भलीभाँति अवगत करवाया तथा बर्फ में मॉडल बनाकर हमले के रिहर्सल भी किए।

बर्फ का दुर्ग वहाँ से कोई डेढ़ किलोमीटर दूरी पर था। उन्होंने जानकर घेराववाला लंबा रास्ता अपनाया, जिसके कारण उन्हें दोगुनी लंबाई का रास्ता तय करना पड़ा। पर अंत तक दुश्मन को विस्मित तथा बेखबर रखने के लिए इतना करना भी कम था। मौसम जनवरी की प्राणलेवा सर्दी का था। हवा भयंकर रफ्तार से चल रही थी। सौभाग्यवश हवा का रुख दुर्ग से इस ओर का था, अस्तु यहाँ की आवाजें वहाँ पहुँचने की संभावना कुछ कम थी। दुर्ग की बर्फीली दीवार के पास पहुँचकर आइस एक्स (बर्फ कुल्हाड़ी) तथा रस्सी निकाली गई और दीवार की चढ़ाई शुरू की गई। अभी एक-तिहाई राह ही पार की थी दल का एक सदस्य पाँव फिसलने के कारण नीचे के गर्त में जा गिरा। इससे विचलित होना पूरे ऑपरेशन को जोखिम में डालना था। इसलिए बाणा सिंह और साथियों ने चढ़ाई जारी रखी। चलने की गति बहुत धीमी थी, जिससे फालतू की आवाज न हो। हर कदम फूँक-फूँककर रखना पड़ता था। इतना सामान लादे ऊपर चढ़ते-चढ़ते उन्होंने पाया कि उनकी शक्ति क्रमशः क्षीण होती जाती है और थकान बढ़ती जाती है। बीच-बीच चलने लायक ऊपर से छिपी ढलानें मिल जाती थीं और कुछ जगह बड़ी सावधानी और

यत्न के साथ रस्सी तथा एक्स का इस्तेमाल करना पड़ता था। बाणा सिंह और उनके साथियों को ऐसा लग रहा था मानो वे घमासान तूफान की रात एवरेस्ट की ऊँचाई चढ़ रहे हों।

तड़के सवेरे कोई साढ़े पाँच बजे के लगभग वे इस थली पर पहुँच गए, जो उनका अंतिम लघु पड़ाव था। वहाँ से दुर्ग का शिखर थोड़ी ही दूरी पर था। कुछ और आगे रेंगने से दुश्मन का कोनेवाला मोर्चा भी देखने में आ जाने की आशा थी। अपना सब सामान चेक करने के बाद दस्ते ने अपना फालतू सामान तथा गेंती-रस्सी वहीं छोड़ दिए। बाणा सिंह उन्हें एक-एक करके बारी-बारी आगे, उसके निकट तक रेंगने का आदेश दे स्वयं धीरे, बहुत ही आहिस्ता से आगे रेंगने लगे। कुछ ही देर में वह ऐसी जगह एक छोटे गड्ढे के पास पहुँच गए, जहाँ से दुश्मन का कानेवाला मोर्चा नजर आ जाना चाहिए। पर लाख कोशिश करने के बाद भी बाणा सिंह को न कोई संतरी नजर आया, न मोर्चा। कहीं वह गलत जगह तो नहीं आ गया? नहीं, ऐसा तो नहीं हो सकता। पीछे कई दिनों से वह दूरबीन द्वारा बर्फीले दुर्ग के शिखर का मुआयना बड़ी बरीकी के साथ करते रहे थे, और अब उसके भूखंडों की विशेषताएँ उन्हें जबानी याद थीं।

पर जल्दबाजी न करके, उन्होंने साँस रोककर वहीं प्रतीक्षा करने की ठानी। अनावश्यक जल्दबाजी करने से सारा प्लान चौपट हो सकता है। उन्होंने कुछ देर और टोह लेने की ठानी। जब तक वह अपनी आँखों से कोई हरकत होते नहीं देख लेते, मोर्चे की ऐन जगह कहाँ है, निश्चित नहीं हो सकता और उसके पहले कुछ भी करना बेवकूफी होगी। वह आँखों को सतर्क रख इधर-उधर देखते, औंधे हुए, यों ही चुपचाप लेटे रहे। कुछ समय बाद उनके साथी भी उनसे कुछ हटकर पीछे उस गड्ढे तक एक-एक करके रेंगते हुए पहुँच गए।

बाणा सिंह ने एक बार फिर मन में गुरु को धारण करके सत्श्रीअकाल पुरुष की वंदना की तथा अपने माता-पिता की छवि हृदय में अंकित करके उनका आर्शीवाद माँगा।

ग्रंथों में लिखा था—

'माथ रहौ वा ना रहौ, तजैं न सत्य अकाल।
कहत-कहत ही चुनि गए, धनि गुरु गोविंद लाल।।'

बाणा सिंह ने अपनी टीम को इशारों से समझा दिया कि कौन-सा मोर्चा किसके जिम्मे है। फिर उन्होंने और इंतजार करने की ठानी, जिससे नए आए सैनिक

कुछ निश्चिंत और बेखबर हो जाएँ। सामने से आनेवाली डिसेप्शन पार्टी पर अभी तक किसी ने गोली नहीं दागी थी, इसका आशय था कि अभी तक दुश्मन हमारे आगमन से अनभिज्ञ है।

साढ़े छह बजने तक बाणा सिंह धीरे-धीरे रेंगकर पहले मोर्चे के मुहाने के निकट तक पहुँच गए थे। बाँध टूटने का समय निकट आ गया था। मन-ही-मन 'बोले सो निहाल' का नारा लगा वह पहले मोर्चे में कूद पड़े और साथ ही लपककर कौंध गई उनकी संगीन की धार।

बाणा सिंह ने देखा कि मोर्चे आपस में आदमी की ऊँचाई तक गहरे 'कम्यूनिकेशन ट्रैंचेज' (ट्रैंचो या मोर्चों को जोड़नेवाली तथा उनमें लुके-छिपे आने-जाने की सुविध ाा प्रदान करनेवाली नाली या सुरंगनुमा ट्रैंच शृंखला) से जुड़े हैं। साथियों को इशारा कर वह पहले की तरह अगले मोर्चे में कूद पड़े। एक सैनिक का संगीन से काम तमाम कर दूसरे के लिए उन्हें अपनी स्टेनगन खोलनी पड़ी। साथ ही उन्होंने तीसरे मोर्चे में एक के बाद एक दो ग्रेनेड फेंक डाले। इतना होने के बाद बाणा सिंह के सिर पर मरने-मारने का जुझारी जोश सवार हो गया।

बाणा सिंह स्वयं कम्यूनिकेशंन ट्रैंचेज में से कभी इस, कभी उस मोर्चे में दौड़ते हुए, यहाँ अपनी स्टेनगन से गोलियों की ऑटोमैटिक बौछार चलाते, वहाँ संगीन घोंपते और कहीं ग्रेनेड फेंकते दुश्मन पर कहर बरसा रहे थे। उनके ऐसे जोशीले एवं वीरतापूर्ण कारनामों को देख-देख उनके साथियों ने भी बर्फीले दुर्ग की लड़ाई में जी-जान से साथ दिया और कुछ ही देर में उस हिमनद शृंग से शत्रु का पूर्णतया सफाया कर दिया गया।

दुर्गम शून्य प्रदेशवाली महापिपासार रंगभूमि में पहाड़ों जैसी थकान का बोझ निरंतर स्थिरमुख सह, जान हथेली पर रख, अपने साथियों को वीरता तथा साहस के अनुपम नेतृत्व से उद्वेलित कर नायब सूबेदार बाणा सिंह ने भारतीय सेना की वीरोचित परंपरा की अटूट शृंखला में जो अपूर्व योगदान दिया, उसके सम्मान में उन्हे 'परमवीर चक्र' का महान् गौरव प्रदान किया गया।

दो

सियाचिन हिमनद का बीहड़ तथा निर्मम वातावरण। बिलाफोड्ला कांप्लेक्स। हिमनद का पश्चिमी भाग, जिसकी ढलान एकाएक खूब तीखी होकर पाकिस्तान के काबू किए क्षेत्र में जा गिरती है।

हिमनद पर बनी हमारी पोजीशनों पर काबू पाकर उन्हें हथियाने के पाकिस्तानी प्रयत्न। मानो बौखला उठे हों पाकिस्तानी कमांडर।

लगभग सभी आक्रमण एक ही साँचे में ढले, रात को ही किए जाते हैं। लगभग सारे-के-सारे हमले, जब सोने का समय होता है; पाकिस्तानी सपने देखते होंगे। इस वक्त उनका दुश्मन गहरी नींद में डूबा बेखबर सो रहा है। थोड़े-बहुत संतरियों को छोड़कर बाकी सभी अपने-अपने स्लीपिंग बैगों की उष्णता में धँसे, बर्फीले बंकरों एवं ध्रुवों में काम आनेवाले छोटे तंबुओं में। इन तंबुओं का नाम ही पड़ गया है—आर्कटिक टेंट। रात के समय अचानक—जैसे चंद्रमा के बियाबान सन्नाटे को वज्रनदी धमाकों से भेदनेवाली लंबी तोपों की मार। साथ-साथ मोर्टारों का फायर। तोप की मार स्थान विशेष के लिए कारगर और मोर्टार की मार क्षेत्र विशेष के लिए। अब तक उन्हें हमारी चौकियों का पता है और हमें उनकी चौकियों की सही भौगोलिक स्थिति का। इसलिए तोपगोलों तथा मोर्टारों की मार ऐन निशाने पर बैठती है। तम्बुओं तथा बंकरों के ऊपर धड़ाधड़ गिरकर फटते बम। ढेरों एक साथ। फिर थोड़ी चुप्पी। उसके बाद फिर बमों की धड़ाधड़। तोपखाने के फायर का यह ताँता काफी देर चलता रहता है। इसके बाद जब वे सोचते हैं कि इस भयंकर गोलाबारी से शत्रु का कचूमर निकल गया और हौसले पस्त हो गए और हथियार टूट-फूट गए और गोला-बारूद के भंडार में आग लग गई—तब? तब जाकर हमला शुरू होता है। चढ़ाई चढ़कर दाएँ-बाएँ, पाँत बाँधे सैनिक। बंदूकों तथा मशीनगनों से फायर करते हुए। उनके पीछे एक और पाँत और इसके पीछे एक पाँत। ऐसी ही पाँतों का सिलसिला। जब तक पोजीशन रौंद नहीं डाली जाती निकट आकर ग्रेनेड तथा संगीनों के साथ हाथापाई की लड़ाई।

□

इस चौकी के कमांडर हवलदार नर बहादुर आले। गोरखा राइफल की चौथी बटालियन के। अपने मोर्चे में खुद कशीनगन सँभालकर बैठे। मशीनगन को ऐसी जगह लगाया गया है कि वह हमला करनेवालों पर सामने से नहीं वरन् बगल से फायर करे। इस प्रकार इसकी मार से ज्यादा आदमी हताहत होंगे।

23 सितम्बर, 1987 की रात। आधी। आधी रात होने के बाद बमबारी शुरू। साथ-साथ हमला भी। हवलदार आले दौड़कर अपने मोर्चे में आ डटे। चिल्लाकर साथियों को भी बुलाया। जब तक वे सब आए, इन्होंने अपनी मशीनगन से फायर करना शुरू कर दिया। कुछ साफ-साफ नजर नहीं आ रहा था। हवलदार आले

को पता था कि दुश्मन के हमले रात को ही होते हैं, अँधेरे में। इसलिए उसने अपने पास एक बड़ा पिस्तौल भी रखा था, जिससे रोशनी करनेवाले कारतूस छोड़े जा सकते थे। इनकी रोशनी थोड़ी देर ही रहती है। पर उतनी देर के लिए सामने की भूमि का काफी भाग प्रकाशमान हो उठता है। उससे अंदाज लग जाता है कि फायर कहाँ-कहाँ करना है, जिससे गोलियाँ बेकार न जाएँ।

हवलदार आले के फायर ने दुश्मन में अफरा-तफरी मचा दी। उसके आक्रमण का वेग मंद होते-होते शांत हो गया। हताहतों को घसीटते हुए हमलावर वापस चले गए।

हवलदार आले को पता था कि दुश्मन इतनी जल्दी हार माननेवाला नहीं। एक बार फिर आक्रमण करेगा। कुछ ठिकाना नहीं। पर दुश्मन को पता लग गया था कि उसकी मशीनगन के फायर ने हमले को तोड़ा है। इसलिए अबकी बार वह मशीनगन पोजीशन को खास निशाना बनाएगा। यह सोचकर दूसरे ही दिन हवलदार आले ने मशीनगन की पोजीशन बदल ली। वह उसे चौकी के एकदम विपरीत कोने में ले गया।

अच्छा ही किया उसने। दुश्मन का दूसरा हमला 24 सितंबर की रात को ही शुरू हो गया। पिछली रात की अपेक्षा अधिक संख्या में। गोलाबारी भी अधिक घनी हुई।

गोले के फटने से हवलदार आले और उसका साथी दोनों गंभीर रूप से घायल हो गए। हवलदार आले की छाती से खून की धार फूट पड़ी। आँखों के आगे अँधेरा छा गया; पर पल-भर को ही। चेतना पलक झपकते लौट आई। चारों ओर मलबा एवं धुएँ के गुबार, बारूद की गंध।

हवलदार आले ने आस्तीन से आँखें पोंछी और मशीनगन को बदन से सटाए मोर्चे के बाहर कूद पड़ा। मशीनगन से फायर करते हुए उसने अपनी ओर बढ़ते दुश्मन की कतारों के ऊपर भयंकर धावा बोल दिया। गोलियों की दनादन बौछार से दुश्मन के पंद्रह आदमी वहीं धराशायी हो गए—अपने मोर्चे से केवल पचास गज की दूरी पर। दुश्मन के लिए इतना भी काफी था। उसे अधिक आगे बढ़ने की हिम्मत नहीं हुई। वह अपने घायल साथी वहीं छोड़कर पीछे हट गया; किंतु थोड़ी देर के लिए ही।

कुछ ही मिनटों के बाद उसने फिर हमला किया। एक नहीं, दो बार। हवलदार आले को डॉक्टरी सहायता के लिए पीछे खींचने के यत्न विफल गए। वे वहीं अपने मोर्चे पर डटे रहे और दोनों बार शत्रु के आक्रमण असफल करवाने में

उन्होंने अपने प्राणों की आहुति दे डाली। उनके साथियों को उनकी मृत्यु पर बड़ा गहरा शोक हुआ। परंतु सेना की परंपरा यह रही है कि नायक के आहत होते साथ ही उपनायक अविलंब उसके स्थान पर आ डटता है, ताकि चलती गाड़ी की रफ्तार में गतिरोध न आए।

असल में 23 सितंबर की रात जब दुश्मन ने अपना पहला हमला किया था, तब भी नायक गुरुंग ने प्राणपण से चौकी को दुश्मन के हाथों में पड़ने से बचाने का यत्न किया। हमले के दौरान जब चौकी का एम्युनिशन समाप्त होने पर आया तो नायक गुरुंग पीछे प्लाटून हेडक्वार्टर तक जाकर एम्युनिशन लेकर आए। उन्हें ऐसा दो बार करना पड़ा। दोनों बार यह काम दुश्मन के प्रचंड फायर में से होते हुए। इस जोखिम का काम करने में नायक गुरुंग ने बड़ी निर्भीकता दिखाई। एम्युनिशन आ जाने पर चौकी पर डटे सैनिकों ने चैन की साँस ली। नायक गुरुंग के बहादुर कारनामे के कारण उनके दिलों में आभार तथा प्रशंसा की बाढ़-सी आ गई।

पाकिस्तान का दूसरा हमला 24 सितंबर को रात के साढ़े तीन बजे शुरू हुआ। देर तक गोलियाँ चलाते रहने के बाद जब नायक गुरुंग ने देखा कि दुश्मन मोर्चों से केवल पचास गज की दूरी पर ही रह गया है, तो वे अपनी हथेली में खुखरी को कसकर पकड़, मोर्चे से बाहर आकर दुश्मन के सैनिकों पर झपट पड़े। ठीक उसी समय जब हवलदार आले ने बाहर निकलकर दुश्मन की ओर बढ़ते हुए मशीनगन की गोलियाँ दागना शुरू किया। इन दोनों बहादुरों के अभियान ने दुश्मन को हक्का-बक्का कर दिया और वह पलटकर भागने लगा। नायक गुरुंग ने उनका तेजी से पीछा करते हुए दुश्मन के तीन सैनिक अपनी खुखरी के वारों से मार डाले। चौथे के साथ हाथपाई करते समय नायक गुरुंग को एक घातक गोली छाती में लगी। वह दिल में लगी थी और वे तुरंत वहीं धराशायी होकर गिर पड़े।

सियाचिन हिमनद पर देश की मर्यादा बनाए रखने के लिए इस प्रकार असाधारण वीरता से लड़ते हुए अपने प्राणों का बलिदान देनेवाले दोनों सैनिकों को मरणोपरांत 'महावीर चक्र' से अलंकृत किया गया।

'बसति आप लघु म्यान में, वह कृपान लघु गात।
त्रिभुवन में न समातु पै, सुजसु तासु अवदात।।'

तीन

सियाचिन हिमनद पर दोनों फौजें आमने-सामने हैं। इसे विश्व की सबसे ऊँची युद्धभूमि कहा जाता है। विशाल हिमनद का बहाव उत्तर से दक्षिण की ओर है और ढलान पूर्व से पश्चिम की ओर। हम पूर्वी भाग पर डटे हैं और पाकिस्तान पश्चिमी पर।

इन चौकियों पर रहनेवाले कुछ वैसे ही बसते हैं जैसे उत्तरी ध्रुव पर इग्लुओं में जिंगदी बसर करनेवाली एस्किमों। चारों ओर दूर-दूर तक बर्फ का वीरान साम्राज्य। निर्जनता का सन्नाटा।

इन दुर्गम तीखी बर्फ जमी दीवारों पर चढ़ने की एक ही विधि है। रस्सियों के जरिए, बर्फ को काटनेवाली और उसमें चुभकर या गड़कर पकड़ देनेवाली लघुकाय कुल्हाड़ियों तथा गेंतियों के सहारे। पाँवों में कँटीली कीलोंवाले बूट पहनकर। चप्पा-चप्पा ही नहीं, इंच-इंच आगे बढ़ते हुए। ऊपर चढ़ते हुए या नीचे उतरते हुए। बड़े ही जोखिम से परिपूर्ण काम है यह।

मान लो, आप एक रस्सी की बनी सीढ़ी के सहारे किसी दस मंजिला इमारत पर चढ़ रहे हों और बीच राह पहुँचने पर अचानक कोई ऊपर से रस्सी काट दे। या आप कदम-कदम नाप बड़ी सावधानी के साथ, फूँक-फूँककर कदम रख नीचे को उतर रहे हों ऊपरी मंजिल से और आधी राह पहुँच कोई से पकड़कर रस्सी हिलाने-झकझोरने लगे? या सामने से आप पर मशीनगन की गोलियों की झड़ी दाग दे?

9 मई, 1988 की रात को शत्रु के सिपाही इस राह चुपके से ऊपर चढ़ आए थे। ऊपर चढ़कर उन्होंने हमारी चौकी पर धावा बोल दिया था। पर उन्हें हताहत कर इस आक्रमण को विफल बना दिया गया। टोह लेनेवाली हमारी टुकड़ी ने खबर दी कि दुश्मन रस्सी की चार अलग सीढ़ियाँ बनाकर बर्फ की दीवार के ऊपर चढ़ आया था। ये सीढ़ियाँ उसने पिछले महीने-भर की मेहनत के बाद धुंध, कोहरे तथा रात के अंधकार का फायदा उठाते हुए, लुक-छिपकर बनाई थीं। इन सीढ़ियों की रस्सियाँ बर्फ में जगह-जगह कई स्थानों पर कीलें ठोककर गाँठों में बाँध दी गई थीं। नायलॉन की बारीक, पर बहुत सुदृढ़ रस्सी के साथ, इस कारण केवल ऊपर से रस्सी का सिरा काट देने से ही सीढ़ी कट नहीं सकती थी। नीचे उतरते हुए हर गाँठ की जगह के पास रस्सी को काटने की जरूरत थी। यह बड़ी कड़ी मेहनत का तथा बहुत ही खतरनाक काम था। बर्फ की पृष्ठभूमि

में वर्दी तथा फौजी साज-सामान से लैस मानवाकृति दूर से ही भाँप ली जाती है। फिर, उसके ऊपर निशाना लगाकर मशीनगन का फायर करना कोई खास मुश्किल नहीं।

□

15 मई, 1988 को 522 आर्मी सर्विस कोर बटालियन के सेकेंड लेफ्टिनेंट अशोक चौधरी को बिलाफॉण्डला की इस खास चौकी का कमांडर नियुक्त किया गया। अभी इन्हें कमीशन प्राप्त किए एक साल भी नहीं हुआ था। चौकी की कमान सँभालते ही ले. चौधरी को इन सीढ़ियों को लेकर विशेष चिंता सताने लगी। उन्हें लगा कि जब तक इन सीढ़ियों को वहाँ से नहीं हटाया गया, हमारी चौकी के सिर पर दुश्मन के आक्रमण का संकट मँडराता ही रहेगा।

उन्होंने इस मामले पर अपनी बटालियन कमांडर के साथ विचार-विमर्श कर उन्हें अपनी चिंता से अवगत करवाया। बटालियन कमांडर सीढ़ियाँ हटाने के निर्णय से सहमत थे। जब उन्होंने पूछा कि यह काम कौन करेगा तो ले. चौधरी ने उन्हें कहा, 'आप फिक्र न करें, यह काम मैं स्वयं ही करूँगा।' बटालियन कमांडर अपने युवा अफसर के इस जवाब से बड़े खुश हुए और उन्होंने सहर्ष अपनी स्वीकृति दे दी।

तदुपरांत ले. चौधरी ने सारे मुद्दों पर सोच-विचार करके सीढ़ियों का सफाया करने की योजना तैयार की और उसे कार्यान्वित करने के लिए जरूरी सामान इकट्ठा कर लिया। तय हुआ कि सारा काम 18 मई की रात को पूरा किया जाएगा। ले. चौधरी ने मदद के लिए अपनी प्लाटून के सिपाही कँवर सिंह का चुना।

सब तैयारियाँ पूरी करने के बाद 18 मई की शाम को, अँधेरा होने के तुरंत बाद, ले. चौधरी अपने जोखिम-भरे मिशन को पूरा करने के लिए रवाना हो लिए। दिन-भर बर्फ गिरती रही थी और शाम के समय मौसम बड़ा भयानक हो गया था। इससे मिशन की कठिनाइयाँ तो बहुत बढ़ गई थीं, पर आशा भी थी कि इस जोखिम-भरे काम को खराब मौसम में पूरा करने के लाभ भी हो सकते हैं। एक बड़ा लाभ तो यह कि दुश्मन को ऐसी आशा कम ही होगी कि ऐसे बीहड़ मौसम में जब बर्फ की आँधी चलने लगी हो, कोई इतने बड़े खतरेवाला काम करेगा।

समतल भूमि के पठार को लाँघकर ले. चौधरी उस स्थान पर पहुँचे, जिसके पेंदे से सीढ़ियाँ ऊपर चढ़ आई थीं। अपने को रस्सियों से बाँधकर उन्होंने कदम-कदम

नीचे उतरना शुरू किया। चार सो फीट नीचे उतरने के बाद उन्होंने छुरी के साथ दुश्मन की रस्सी-सीढ़ी को काटना शुरू किया। यह काम काफी देर चलता रहा।

अब मौसम कुछ खुलना शुरू हुआ। बर्फ की आँधी थम गई और कोहरा भी उठने लगा। दुश्मन के फायर की शंका उत्तरोत्तर बढ़ती गई। मगर ले. चौधरी ने सोचा कि जो काम करने आए हैं, यदि अभी पूरा न किया तो एक बार फिर आना पड़ेगा। इसलिए वे बाकी सीढ़ियाँ काटने में लगे रहे। काम पूरा करने के बाद ही वे अपनी रस्सी के सहारे ऊपर वापस चढ़े। चार सौ फिट की ऊँचाई भी कदम-कदम चढ़ते-चढ़ते पार हो ही गई—दिन चढ़ने के पहले।

साथी के साथ सकुशल ऊपर लौटे तो ले. चौधरी के मन को अशांत करनेवाली चिंता निर्मूल हो चुकी थी; अब इस ओर से शत्रु के आकस्मिक आक्रमण की आशंका काफी कम हो गई थी।

बड़े कठिन तथा बीहड़ वातावरण में शत्रु के क्षेत्र में इस प्रकार की सराहनीय बहादुरी का काम सफलतापूर्वक संपन्न करने के लिए बाईस वर्षीय ले. अशोक चौधरी को 'वीर चक्र' से अलंकृत किया गया। उनको दिए गए इस पदक से बटालियन के सारे सैनिक तथा अफसर बड़े प्रसन्न हुए।

'ऊपर किसी ग्रह पर बैठकर,
ठेंगा दिखाऊँगा मैं सारे दुष्टों को।'

आंतरिक सुरक्षा के सूरमा

एक

15 अगस्त, 1947 को हिंदुस्तान छोड़ने के पहले यहाँ की अँगरेज सरकार ने कई तरह के ऐलान किए थे। उनमें एक यह भी था कि हिंदुस्तान की रियासतों के शासक चाहें तो हिंदुस्तान और पाकिस्तान के साथ अपनी रियासत का विलय कर सकते हैं।

उस समय हिंदुस्तान में कोई पाँच सौ के लगभग रियासतें थीं। अंदाज लगाया जा सकता है कि यदि ये रियासतें स्वतंत्र रहने का फैसला कर लेतीं तो आज क्या हालत होती। सर्वविख्यात है कि इस बड़ी ही जटिल समस्या का समाधान हिंदुस्तान के लौह पुरुष सरदार वल्लभ भाई पटेल ने ऐतिहासिक दूरदर्शिता तथा देशहित की भावना से ओत-प्रोत होकर किया। इस बारे में दो राय हो ही नहीं सकती। यदि ऐसा न हुआ होता तो आज हिंदुस्तान की क्या दुर्दशा होती, इसके बारे में सोचते ही रोंगटे खड़े हो जाते हैं। कुछ जानकार यह भी कहते हैं कि सफलता में फौज की होनी का भी कुछ सीमित योगदान था।

अक्टूबर 1947 में पाकिस्तान ने कश्मीर के भीतर हमलावर भेजे और वहाँ युद्ध छिड़ गया। मामला संयुक्त राष्ट्र तक गया। इधर हैदराबाद की रियासत के वातावरण में बड़ा बिगड़ाव आया। हैदराबाद रियासत आकार तथा जनसंख्या के लिहाज से बहुत बड़ी थी। यह चारों ओर से हिंदुस्तान के विभिन्न प्रदेशों से घिरी हुई थी। आबादी मुख्यतः हिंदू थी, पर शासन निजाम के हाथों में था।

सन् 1948 में स्थिति बिगड़ गई। निजाम के पास सेना की ग्यारह बटालियनों के अलावा अपनी आर्मर्ड रेजिमेंट, रिसाला और तोपखाना भी थे। अपनी जनता

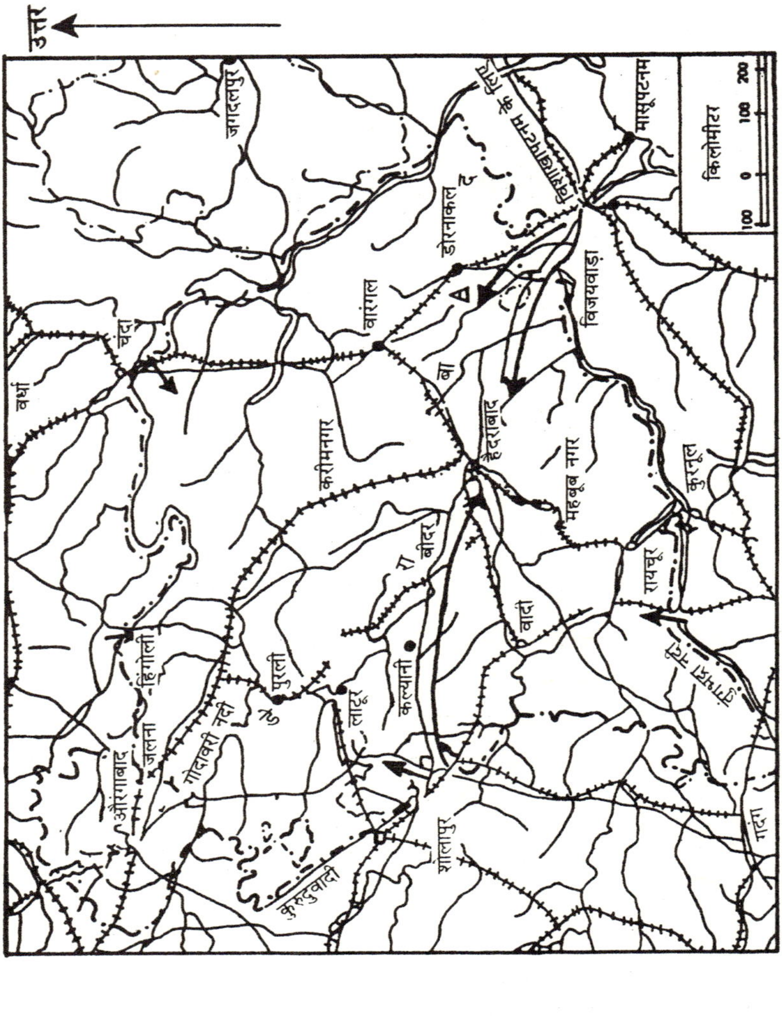

हैदराबाद ऑपरेशन-१९४८

की राय की उपेक्षा करते हुए उसने जबर्दस्ती स्वतंत्र रहने की ठानी। पर साथ-साथ जहाँ एक ओर पाकिस्तान के साथ साठ-गाँठ रखी, वहाँ दूसरी ओर शक्तिशाली बाहरी ताकतों के साथ भी मिलीभगत बनाए रखी। उन्होंने भी निजाम के आजादी के मनसूबों को हवा देना शुरू किया। निजाम की शह में कासिम रिज्वी के उनके एक सिपहसालार ने अपने कठमुल्लावादी रजाकार सैनिकों द्वारा रियासत नाम के भीतर तथा सीमाओं पर उत्पात मचवाना शुरू कर दिया। ताकत के बल पर लोगों को आतंकित करना उन्हें बहुत रास आया। रियासत में जगह-जगह दंगे-फसाद होने लगे और आम जनता, विशेषकर हिंदुओं पर अत्याचारी तथा बगावती रवैये के कारण हैदराबाद हिंदुस्तान के पेट में एक नासूर बन गया था; अस्तु जितनी जल्दी इसे चीरा लगाया जाए, उतना अच्छा।

उन दिनों नेहरू जी हैदराबाद में फौज भेजने के पक्ष में नहीं थे। उन्हें लगता था कि इससे हिंदुस्तान की आदर्शवादी, छवि को अंतरराष्ट्रीय हलकों में धब्बा लग सकता है। इस विषय पर गरमागरम बहसें चलती रहीं और एक बैठक से तो सरदार पटेल उठकर चले भी गए। उधर हिंदुस्तानी फौज के तत्कालीन कमांडर-इन-चीफ जनरल बूशर भी हैदराबाद ऑपरेशन के पक्ष में नहीं थे। उन्होंने कहा कि जब तक कश्मीर समस्या का निपटारा नहीं हो जाता, हमें हैदराबाद में कुछ भी नहीं करना चाहिए। पर सरदार पटेल ने कहा कि हैदराबाद में फौज भेजने का प्लान जल्दी कार्यान्वित किया जाना चाहिए। इसपर जनरल बूशर ने चेतावनी दी, 'इसका कुछ ठीक (निश्चित) नहीं है कि हैदराबाद का ऑपरेशन कितने दिन तक चलेगा। इसलिए कश्मीर में ऑपरेशन खत्म करने के बाद ही हमें हैदराबाद की सोचनी चाहिए।' जनरल बूशर के कथन के बाद बैठक में चुप्पी छा गई। इसपर उन्होंने कहा, 'लगता है, आप मेरी राय की कद्र नहीं करते। इसलिए मैं अपना इस्तीफा देना चाहूँगा।' बताया जाता है कि इसपर सरदार पटेल ने कहा, जनरल बूशर, आप चाहें तो इस्तीफा दे सकते हैं। पर हैदराबाद में हमारा पुलिस ऐक्शन कल शुरू होगा।' 'जनरल बूशर ने अपना इस्तीफा दे दिया। यह सितंबर 1948 में हुआ। रोचक बात है कि इनके इस्तीफे के तुरंत बाद फौज ने चार ही दिन में हैदराबाद समस्या का समाधान कर डाला। इतना ही नहीं, कश्मीर में हो रहे युद्ध में भी हमारी फौजों ने अधिक आक्रामक रुख अपनाया और हमें वहाँ भी अधिक सफलताएँ मिलने लगीं। नेहरू जी को डर था कि हैदराबाद में हमारा फौजी अभियान यदि लम्बा चल पड़ा तो दुनिया क्या कहेगो। बाद में जो हुआ, उससे यह साफ हो गया कि दुनिया कितने पानी में है। इस तथ्य का सरदार

पटेल को अधिक ज्ञान था। नेहरू जी भावुक तथा आदर्शवादी थे। उन्हें अंतरराष्ट्रीय मामलों में अधिक रुचि थी। जबकि गृहमंत्री होने के नाते सरदार पटेल को देश की रोजमर्रा की असली समस्याओं की यथार्थवादी जानकारी थी। इस तरह दोनों महान् नेता एक-दूसरे के पूरक माने जाते थे।

□

हैदराबाद में फौज का ऑपरेशन 13 सितंबर को शुरू हुआ। लक्ष्य यह था कि तीव्र गति से रजाकारों की चौकियों पर कब्जा जमाते हुए जल्दी-से-जल्दी हैदराबाद पहुँचा जाए।

शोलापुर की ओर से एडवांस शुरू करने के बाद फौज को वहाँ से बीस मील दूर 'नलदुर्ग' पर कब्जा करना था। यहाँ रजाकार सुदृढ़ मोर्चे बनाए हुए थे। इसके पीछे 'बोरी' नदी के ऊपर एक बड़ा पुल था। हमारे दस्तों की आगे की बढ़त के लिए इस पुल पार सही हालत में कब्जा करना अनिवार्य था। प्लान के अनुसार सीधे आक्रमण की बजाय पहले हमारा फौजी दस्ता नलदुर्ग के दक्षिण की ओर गया। वहाँ इसे दो टुकड़ियों में बाँट दिया गया। एक का लक्ष्य था, इस पुल पर कब्जा करना और दूसरे का नलदुर्ग के पीछे लगी रजाकारों की तोपों पर अपना कब्जा जमाना। फौज यह दोनों ही कार्य सम्पन्न करने में सफल हो गई। पुल में रजाकारों ने डायनामाइट लगा रखा था; पर उसे अभी उड़ाया नहीं गया था। सहसा पहुँचकर हमारे सैन्य बल ने रजाकारों को हक्का-बक्का कर डाला। साथ ही उस अँगरेज अफसर को भी बंदी बना लिया, जो पुल को उड़ाने के उपक्रम में था।

अब नलदुर्ग से आगे जलकोट की ओर बढ़कर हमारी सेना ने उसपर आधिपत्य जमाने की ठानी। राह में 2 सिख बटालियन ने एक रोड-ब्लॉक लगाया। इसके इंचार्ज थे हवलदार बचित्तर सिंह। उन्होंने बड़ी मेहनत एवं फुर्ती के साथ सड़क के दोनों ओर मोर्चे खोदकर अच्छी पोजीशन तैयार करवा डाली।

उस समय नलदुर्ग में फँसे रजाकार पीछे की ओर भागकर अपने साथियों से मिलाप करने के चक्कर में थे।

हवलदार बचित्तर सिंह ने देखा कि नलदुर्ग की ओर से दो ठेले (ट्रकनुमा) इस ओर आ रहे हैं। उन्होंने दूर से ही उन्हें रुकने का इशारा किया, जिससे वे तलाशी लेकर देख सकें कि उनमें क्या है। पर उन्होंने पाया कि दोनों ठेलों ने गति कम करने की अपेक्षा बढ़ा डाली है और तेजी से उनकी ओर अग्रसर हो रहे हैं। वे समझ गए कि ठेले के चालकों का इरादा नापाक है।

तत्काल उनपर ठेलों की ओर से फायर आया। ठेले के चालकों का अनुमान था कि तेज गति से फायर करके आते हुए वे हमारे सैनिकों को आतंकित करके आगे निकल जाएँगे। पर बचित्तर सिंह इस तरह डरनेवाले नहीं थे। वे ठेलों पर फायर करते हुए सड़क के बीचोबीच से होते हुए चालक की ओर जा पहुँचे और उसे झपट्टा मारकर दबोच लिया। यह सब इतनी तेजी और फुर्ती से किया गया कि ठेलों के चालकों को और कुछ करने का होश ही न रहा। इस प्रकार हवलदार बचित्तर सिंह ने दोनों ठेलों तथा उनके अंदर सवार रजाकारों को हिरासत में ले लिया।

यह सुबह हुआ था। दोपहर तक उनके ऊपर—पीछे की पहाड़ी से रजाकारों की ब्रेनगन का फायर आने लगा। रोड-ब्लॉक को वहाँ से हटाने के लिए रजाकारों ने अपना दल भेजा था।

हवलदार बचित्तर सिंह समझ गए कि जब तक यह नया काँटा निकाला नहीं जाता, उनकी परेशानी बढ़ती रहेगी। उन्होंने फुर्ती से प्लान बनाकर अपने कुछ सैनिक इकट्ठा किए और उनकी अगुआई करते हुए रजाकारों की पोजीशन पर धावा बोल दिया। अभी वे तीस गज की दूरी पर थे कि ब्रेनगन की एक बौछार उनकी जाँघ में लगी। वे झटके से गिर गए, पर उन्होंने हौसला नहीं छोड़ा; धीरे-धीरे रेंगते हुए वे आगे बढ़े और फिर रजाकारों की ब्रेनगन पोस्ट का लक्ष्य साधकर एक के बाद दूसरा—दो ग्रेनेड उसकी दिशा में फेंक डाले। यदि दुश्मन एक ग्रेनेड उठा भी ले तो तब तक दूसरा जा फटेगा।

ब्रेनगन का फायर आना बंद हो गया। निशाना कारगर हुआ था। उस ओर से हरकत होना बंद हो गया। पर अभी आस-पास और दुश्मन बाकी थे।

साथियों ने पास आ उन्हें पीछे हटाने का यत्न किया। बुरी तरह घायल हो जाने के बाद उनकी सारी देह खून से लथपथ थी। पर उन्होंने पीछे हटना तो दूर, मरहम-पट्टी करवाने से भी इनकार कर दिया। ऐसी हालत में मरहम-पट्टी करवाने से उनके साथी भी दुश्मन की गोलियों का निशाना बनते। यह तो कतई मंजूर नहीं था। अतः उन्होंने अपने साथियों से कहा कि पहले वे पूरी पहाड़ी से दुश्मनों का सफाया करें, मरहम-पट्टी उसके बाद होगी।

उनकी दुर्दम्य वीरता से प्रेरित होकर उनके साथियों ने शत्रु पर पुनः वेगवत् आक्रमण किया और पहाड़ी से उसका पूर्णतया सफ़ाया कर डाला। अब पता चलेगा उन्हें कि हिंदुस्तानी फौज को ललकारने का क्या परिणाम होता है। ऐसा सोचते हुए जब वे लोग वापस लौटे तो उन्होंने पाया कि उनके अगुआ हवलदार बचित्तर

सिंह एक ओर लुढ़के पड़े हैं। बुरी तरह जख्मी होने के कारण उनके प्राण-पखेरू उड़ चुके थे। शोक तथा आदरवश साथियों के शीश वहीं नतमस्तक हो गए। उनके नायक ने कैसे अपनी जान लड़ा दी थी—पहले अजब बहादुरी के साथ दो तेजी से आते उन ठेलों को रोककर। उनसे आते फायर के खतरे की जरा भी परवाह किए बगैर। और फिर बाद में इस ऐक्शन में, जब उन्होंने दुश्मन की पोजीशन पर चार्ज करने को कहा। उन्होंने यही कहा कि मेरे साथ चलो। पर चले वे स्वयं आगे होकर। वाहे गुरु का नाम लेते हुए। शेर की दिलेरी के साथ। दुश्मन के फायर ने जाँघ छलनी कर दी। गिर पड़े। पर चुप न हुए। आक्रमण जारी ही रखा। मरते दम तक। बिना पीछे हटे। बिना जख्मों पर पट्टी बँधवाए। बिना अपनी परवाह किए। प्राणों की बाजी लगाकर। ऐसे नेता के इशारे पर फौज क्या न कर डाले! है कोई किला जो फतह न किया जा सके? है कोई मोर्चा जो दुर्गम हो? है कोई लक्ष्य जो पाया न जा सके? है कोई दुश्मन जो आँखें दिखाए? है कोई अत्याचारी जो दमन करे? है कोई दुष्ट जो बुरी आँखों से देखे?

बूँद-बूँद के मिलने से सागर बनता है—एक अँगरेजी कहावत है। हैदराबाद ऑपरेशन पखवाड़े में समाप्त न हो, दलदल में न फँसता-धँसता जाए, चार दिन में आँख झपकते ही समाप्त हो गया।

हवलदार बचित्तर सिंह, सुपुत्र सरदार सूर सिंह, गाँव लोप, जिला फिरोजपुर उन्हें मरणोपरांत 'अशोक चक्र' से सुशोभित किया गया। उनकी पुण्य स्मृति अब भी उनकी बटालियन के सैनिकों के दिलों में बहादुरी की हिल्लोर भर देती है।

दो

अब हैदराबाद के दक्षिण-पश्चिम की ओर नजर डाल देखते हैं कि वहाँ क्या हुआ। जबकि बाकी कॉलम रजाकारों पर काबू पाने में व्यस्त थे, इस कॉलम का काम था कि मुख्य रेलवे लाइन पर काबू कर उसे तोड़-फोड़ से बचाया जाए, जिससे बाद में यातायात के साधन बने रहें।

5/5 गोरखा राइफल बटालियन को तुंगभद्रा रेल लाइन पर बने पुल पर कब्जा करने का काम सौंपा गया। योजनानुसार बटालियन का अग्रिम दस्ता 13 सितम्बर की सुबह को गुंटकल से निकल पड़ा। यह दस्ता पौ फटने से पहले ही पुल तक पहुँच गया।

पुल पर कब्जा जमाए रखने के लिए रजाकारों के दो दस्ते सुदृढ़ मोर्चों में तैनात थे। एक दस्ता तो पुल के ऊपर ही दो भागों में बँटा था। दूसरा दस्ता पुल की बगल में एक टेकरी पर तैनात था। ये दोनों दस्ते हथियारों से अच्छी तरह लैस थे।

इस ऑपरेशन के लिए गोरखा बटालियन को रेलगाड़ी का एक अंश भी दिया गया, जिसके ऊपर बख्तरबंद गाड़ियाँ चढ़ा उसे हथियारों से लैस कर दिया गया था। पहले इसी रेलगाड़ी के द्वारा पुल पार किया गया। पुल पार कर रेलगाड़ी को लगभग एक फुटबॉल ग्राउंड की दूरी पर आगे रोक लिया गया। गोरखा सिपाहियों का एक दस्ता यहीं नीचे उतर गया।

अब पिछवाड़े की ओर से पुल गार्द कर रही दुश्मन की चौकियों पर हमला किया गया। इसी हमले के दौरान आगे बढ़ रहे गोरखा सिपाहियों पर दुश्मन की टेकरीवाली पोजीशन से फायर आना शुरू हो गया। यह पोजीशन एक ओर हटकर थी। बगल से आ रहे फायर ने गोरखों के आगे बढ़ने में रोक लगा दी। प्रत्यक्ष हो गया कि जब तक टेकरी के एक कोने में बनी लाइट मशीनगनवाली चौकी पर काबू नहीं पाया जाता, आगे बढ़ना दुशवार था। उस समय गोरखों और इस चौकी के बीच सौ गज की सपाट धरती थी। अब क्या हो? ऐसे में योजना बनाकर कोई दल एक ओर से हमला करने भेजना पड़ेगा; जबकि बाकी सैनिक यहीं से हमले में सहायता देंगे। ऐसा करने में समय लगेगा।

गोरखा प्लाटून ने नायक नरबहादुर थापा को इस किस्म की देरी पसंद नहीं आई। तत्काल उनके दिल में कुछ कर दिखाने की कौंच जागी। वह अपनी खुखरी निकाल दुश्मन की चौकी की ओर दौड़ पड़े। देखनेवालों को अपनी आँखों पर भरोसा नहीं आया। वे सपना देख रहे हैं या सच्चाई!

नाटे कद का एक वर्दीधारी सिपाही दाएँ हाथ को ऊपर कर, रौद्र मुद्रा में चमचमाती खुखरी थामे, शत्रु की ओर बेतहाशा भागता हुआ। सौ गज लंबी दूरी। सपाट मैदान। न कोई झाड़ी, न जमीन, न आड़। इतनी दूरी पार करने में तो तेज-से-तेज धावक भी ग्यारह-बारह सेकेंड तो लेते ही हैं। इसपर नायक नरबहादुर थापा वर्दी के ऊपर कई प्रकार की पेटियाँ तथा पट्टे कसे हुए थे। किसी में कारतूस, किसी में ग्रेनेड। पाँवों में भारी वजनदार बूट। तिसपर सामने से आती गोलियों की कर्णभेदी बौछार।

नायक थापा ने न बंदूक ली, न स्टेनगन, न ब्रेनगन। बस एक खुखरी।

शायद उनका कृत्य इतना अनहोना था कि देखनेवाले भी दंग होकर कुछ पल देखते ही रह गए होंगे।

नायक थापा की निराली बहादुरी का नतीजा यह हुआ कि वे दुश्मन की ब्रेनगन का फायर बंद करवाने में सफल रहे। इस कमाल के जोश-भरे कारनामे के बाद दुश्मन की टेकरीवाली पोजीशन पर काबू पा लिया गया और आगामी कार्यवाही में पुल भी हमारे कब्जे में आ गया। टेकरीवाले ऐक्शन में तीन गोरखे सिपाही जख्मी हुए। दुश्मन का एक आदमी जख्मी हुआ तथा एक बंदी बना लिया गया। दुश्मन के हथियार तथा गोला-बारूद भी काबू कर लिए गए।

अब सोचिए, मौत के मुँह में इस तरह जाकर कोई वापस भी लौटता है? पर कहते हैं—

'जाको राखे साइयाँ, मारि सके न कोय।'

पराक्रम के इस अद्‌भुत नमूने के बाद नायक नरबहादुर थापा की छाती को 'अशोक चक्र' से सम्मानित किया गया।

'अशोक चक्र' शत्रु के विरुद्ध दिखाई गई असाधारण वीरता या अदम्य साहस अथवा उच्च कोटि के शौर्य या आत्मबलिदान के लिए दिया जाता है।

हवलदार बचित्तर सिंह को मिला मरणोपरांत और नायक थापा को मिला जीते-जी। धन्य-धन्य वीरोचित वीरता! धन्य-धन्य भारत की सपूती!

'विश्वसनीय वीर-वर हैं! बल इन्हें देश-ममता का है।'

तीन

सन् 1956 के दौरान नगालैंड के उग्रवादी तत्त्वों ने विशेष आक्रामक रुख अपना लिया था। दिन-ब-दिन वे गोरिल्ला किस्म के युद्ध में माहिर होते जा रहे थे।

उन दिनों सिख लाइट इन्फैंट्री की तीसरी बटालियन नगालैंड के मुख्य शहर कोहिमा में तैनात थी। इनकी ए कंपनी की कमान मेजर के.सी.आर. राजू कर रहे थे।

जून के आरंभ में इस कंपनी को बताया गया कि वहाँ से कुछ दूर के पहाड़ी क्षेत्र में चैफीमा नाम की जगह के आस-पास के इलाके में उग्रवादियों ने विशेष उत्पात मचा रखा है। आएदिन लोगों की हत्याएँ की जा रही हैं। मेजर राजू को

आदेश दिया गया कि वे अपनी कंपनी को वहाँ ले जाकर स्थिति पर काबू पाएँ तथा वहाँ शांति की स्थिति वापस लाने में योगदान करें।

मेजर राजू ने सब प्रकार से तैयारी करने के बाद अपनी कंपनी को कूच करने के हुक्म दिए। उस समय कंपनी के नंबर 2 प्लाटून की कमान बटालियन में हाल ही में कमीशन प्राप्त कर आए यूनिट के सबसे कच्ची उम्र के अफसर सेकेंड लेफ्टिनेंट पी.एम. रमन के जिम्मे थी। दोनों अफसरों ने कम्पनी के साथ पहाड़ी जंगलों में मार्च करते हुए घासपानी नाम की बस्ती में रात काटी। वहाँ उन्होंने अपनी बटालियन की सी कम्पनी के साथ मिलाप कायम किया।

दूसरे दिन सवेरे बहुत तड़के ही उठकर ये दोनों अफसर अपनी कम्पनी के साथ चैफीमा की ओर रवाना हुए। सवेरे के अभी पाँच ही बजे थे कि ए कम्पनी बस्ती के निकट जा पहुँची। बस्ती की ऊबड़-खाबड़ राह पर कदम रखते हुए जब कम्पनी के स्काउट बस्ती के सामनेवाले झोंपड़ों के पास पहुँचने ही वाले थे कि उनपर फायर आना शुरू हो गया। पीछे से आ रही कंपनी को आगाह किया गया। वे आड़ लेकर आगे बढ़े; पर फायर की मात्रा बढ़ती ही चली गई। प्रत्यक्ष था कि बस्ती में डेरा डाले उग्रवादी कंपनी का स्वागत करने के लिए हरगिज तैयार नहीं थे।

इस प्रकार कंपनी की आगे की बढ़त में रोक लग गई। तब मेजर राजू ने लेफ्टिनेंट रमन को आदेश दिया कि वे बस्ती में मोर्चा लगाए सशस्त्र उग्रवादियों पर हमला करके बस्ती से उनका सफाया कर डालें।

जब अग्रिम दस्तों के साथ लेफ्टिनेंट रमन बस्ती की ओर बढ़े तो उनके ऊपर कई दिशाओं से विभिन्न प्रकार के हथियारों का फायर आने लगा। राइफल का फायर पहचानने में मुश्किल नहीं थी। एक बार में एक ही गोली। उसके बाद दूसरी गोली के पहले बोल्ट चलाने की आवाज। इसी तरह लाइट मशीनगन का फायर भी पहचान लिया गया। गोली राइफल के जैसी हो, पर कई गोलियाँ एक साथ। एक मैगजीन में कुल अट्ठाईस गोलियाँ आती हैं। ट्रिगर (घोड़े) को थोड़ा-थोड़ा दबा-दबाकर छोड़ते रहो, तो दो-तीन गोलियों की बौछार एक साथ निकलती चली जाती है। ज्यादा देर दबाओ तो छह-सात गोलियों की। और यदि घोड़े को दबाए ही रखो और छोड़ो न तो कुछ ही सेकेंडों में सारी अट्ठाईस गोलियाँ झड़ी की तरह फायर हो जाती हैं। बीच-बीच में स्टेनगन का फायर भी आ रहा था। इसकी नली छोटी होती है और गोली भी। कारगर मार अस्सी-नब्बे गज तक, जबकि लाइट मशीनगन की मार छह सौ गज तक होती है। स्टेन की आवाज कुछ तिड़तिड़ी जैसी।

ले. रमन ने अंदाज लगाया कि उग्रवादी सभी प्रकार के हथियारों से लैस, बस्ती के झोंपड़ों में ही मोर्चे बनाए डटे हुए हैं। पर भोर के समय पूरी बस्ती घने कोहरे से ढकी हुई थी। कहीं-कहीं किसी झोंपड़े का सिरा या कोना दिख जाता था, पर वह भी धुँधला-सा। इस कारण कुछ ठीक पता नहीं चल पाया कि फायर कहाँ-कहाँ से आ रहा है। इसके बिना उनपर हमला कर देना पागलपन होता।

ले. रमन ने इंतजार करने की ठानी। थोड़ी देर बाद धुंध की सघनता में तनिक खुलाव आया। जहाँ कोहरा हलका पड़ा था, ले. रमन को एक झोंपड़ी की आकृति दिखाई दी और उसकी बगल में शस्त्रधारी आदमियों की हलचल। यह देखते ही ले. रमन ने अवसर का फायदा उठा उग्रवादियों पर अपनी स्टेनगन से फायर करते हुए धावा बोल दिया। उन्होंने देखा कि दो उग्रवादी वहीं धराशायी हो गए।

तभी साथवाले झोंपड़े से किसी ने क्रिकेट की गेंद फेंकने जैसी मुद्रा में कोई चीज आसमान की ओर फेंकी। ले. रमन ने यह आँख के कोने से देख लिया। देखते ही उन्होंने झोंपड़े की तलहटी के पत्थरों के पीछे आड़ ले ली। ऐसा करते ही धमाके की आवाज हुई, जिससे धरती दहल गई। धमाके के साथ ही चारों ओर मलबे का उछाल। इसमें ग्रेनेड फटने के साथ उसके बाहर के लोहे के टुकड़े घातक तीव्रता से सनसनाते इधर-उधर बिखर गए। किसी ने झोंपड़े की दीवारों में छेद किए तो किसी ने द्वारा तोड़ डाला। ले. रमन की आँख में छिटकारे पड़े, पर सौभाग्यवश वे धमाके से उड़ी मिट्टी के थे। अधिक नुकसान नहीं हुआ। वे बाल-बाल बच गए।

इसके बाद शत्रु को अधिक समय न देने का तय कर वे अपनी जगह से उछलकर बड़ी तेजी के साथ धावा जारी रखते हुए उस झोंपड़े की ओर दौड़े जहाँ से ग्रेनेड फेंका गया था। इस बार भी उनकी स्टेनगन की ब्रस्ट ने एक और उग्रवादी को मार गिराया।

पर अब वे दोनों झोंपड़ों के बीच की खुली जगह में आ पहुँचे थे। इस नाजुक स्थिति में सशस्त्र उग्रवादियों से घिरे रहने के कारण उनपर किसी ओर से भी घातक फायर आ सकता था। और आया भी।

अबकी किसी ने एक और ग्रेनेड फेंका। उन्हीं की ओर। पर इस बार वे भाँप न पाए। ग्रेनेड अचानक उनसे गज-भर की दूरी पर गिरा और गिरने के साथ ही फूट भी उठा। कर्णभेदी धमाका! लोहे के टुकड़े सनसनाते हुए उनकी

टोपी उड़ाते ले गए—अंधड़ के थपेड़े जैसे वेग के साथ। और इसके साथ उनके सिर का एक लोथड़ा भी। खून बह उठा। उनका माथा भन्ना गया। सिर चकरा उठा। लगा, बेहोशी आनेवाली है। पर मनोबल के जोर से उन्होंने अपने को सँभाला। अपने पाँव लड़खड़ाने से बचाए।

कौंध-भर की घड़ी के बाद उनकी सम्पूर्ण चेतना पुनः लौट आई। ग्रेनेड के फटने का मलबा और धुएँ का कालापन हलका होते ही घायल ले. साहब एक साथ फिर से अपनी स्टेन से गोलियों के अंगारे उगलते हुए शत्रु की ओर बड़ी रौद्र मुद्रा में लपक पड़े।

ग्रेनेड से बुरी तरह घायल होने के बाद भी, खून से लथपथ मुखौटेवाला कोई वीर फिर से स्टेन फायर करता हुआ उनका पीछा न छोड़ने की कसम खाए है, देखकर उग्रवादी हक्का-बक्का हुए वहाँ से उसी घड़ी भाग खड़े हुए।

पर इसपर भी ले. रमन रुके नहीं। उन्होंने अपने वेगवत् धावे से एक और उग्रवादी को ठंडा कर डाला।

किंतु ढेरों सफलताओं के पश्चात् अचानक दुर्भाग्य ने उनका द्वार खटखटाया। झोंपड़े की दीवार से छिपे बैठे एक उग्रवादी ने उन्हें पीछे से निशाना बनाकर चार हाथ की दूरी से उनपर अपनी स्टेनगन की सारी गोलियों की बौछार छोड़ दी। गोलियाँ ले. रमन का पेट तथा गुदा भाग छलनी करती हुई आर-पार हो गईं। इसपर भी धराशायी होते हुए ले. रमन ने पलटकर अपनी बाँह के घुमाव के साथ एक ग्रेनेड उस उग्रवादी की ओर फेंक ही डाला। वह वहीं घायल गिरकर रेंगता हुआ देखा गया।

ले. रमन वहीं औंधे होकर गिर गए। पर धराशायी मुद्रा में भी उन्होंने चिल्लाकर अपने सिपाहियों से दुश्मन का सफाया करने का आदेश दिया। इसके बाद ही वे वीरगति को प्राप्त हुए। धुंध हटते ही हमारे सैनिक आगे बढ़कर झोंपड़ों की तलाशी लेने लगे तो उन्होंने पाया कि बचे-खुचे उग्रवादी बस्ती छोड़कर भाग गए थे।

ऐसे बहादुर अफसर के चले जाने का कंपनी के जवानों को बहुत गहरा दुःख था। हाल ही में तो वे बटालियन में शामिल हुए थे। इस समय उनकी आयु केवल बाईस वर्ष की थी।

असाधारण वीरता के साथ आत्मबलिदान करनेवाले सेकेंड ले. रमन को 'अशोक चक्र' से अलंकृत किया गया। इनका पूरा नाम पोलूर मुथुस्वामी रमन था। ये तमिलनाडु

के डॉक्टर (मेजर) पी.के. मुथुस्वामी के सुपुत्र थे। इनके पिताजी ने द्वितीय विश्वयुद्ध में डॉक्टर के तौर पर सैन्य सेवा की थी।

देश के इस महान् वीर को हमारा शत-शत नमन।

'जे मरसी हित देस रै, बार बार बलिहार।'

चार

सन् 1956 का वर्ष। तब दूसरी पंचवर्षीय योजना कार्यान्वित की जा रही थी। 18-19 मार्च की रात। सर्दी चली गई थी। गर्मी आनेवाली थी। पर अभी पूरी तरह आई नहीं थी। जगह फिरोजपुर। नदी तट। हुसैनीवाल हेडवर्क्स। पंजाब के पूर्वी भाग को सींचनेवाली व्यापक नहर शृंखला का 'मुख्यालय'। यहाँ नदी पर लोहे के दरवाजे बने थे। उन्हीं को तरतीबवार ऊँचा-नीचा करके नहरों में पानी छोड़ने-रोकने का महत्त्वपूर्ण कार्य संपन्न होता था। नहरों का पानी ठीक तरह न छूटे तो पंजाब की खेती ढीली पड़ जाए। पंजाब की खेती ढीली पड़ जाए तो देश में अनाज की कीमतें बढ़ जाएँ। लोग अनाज गोदामों में जमा करने लगें। अनाज बाहर के देशों से विनय-अनुनय कर दोगुने दामों पर मँगवाना पड़े। अंतरराष्ट्रीय स्तर पर भीख माँगनेवाले देश के रूप में भारत की कुख्याति हो। ऐसे भी क्या लोग, जो अपना पेट नहीं पाल सकते?

हुसैनीवाला हेडवर्क्स के ऊँचे 'बंद' पर सुरक्षा के लिए सेना की टुकड़ियाँ तैनात थीं। 'बंद' लंबई के रुख था। एक रात पाकिस्तानी सैनिकों ने सहसा आक्रमण करके हमारे मोर्चों पर काबू कर लिया। पर तुरंत जवाबी हमला किया गया। पाकिस्तानियों को उनकी काबू की गई चौकियों से हटा वापस उनपर हमारा कब्जा कर लिया गया। परंतु उत्तर दिशा में ऊँचाई पर बने बंद के कोने पर उनकी एक चौकी अब भी हमारे काबू से बाहर बनी रही। उनकी यह चौकी बड़ी सुदृढ़ थी। रातोरात दुश्मन ने वहाँ रेत के बोरे भर-भर बुलेटप्रूफ दीवारें खड़ी कर लीं। इस एक चौकी को नींव बना वे फिर से हमारी चौकियों पर कब्जा करने का दुस्साहस कर सकते थे। इस चौकी को हर हालत में हटाना ही होगा। पर कैसे?

चौकी ऊँचाई पर थी। उसमें लगी लाइट मशीनगनों के फायर से उस इलाके में नदी के सारे क्षेत्र पर प्रभुत्व जमाया जा सकता था। मजाल है कि कोई नाव

इस पार से उस पार जा सके। जाएगी तो जान का जोखिम उठाकर। चौकी पर तैनात मशीनगन दाएँ से बाएँ और बाएँ से दाएँ, सर्चलाइट की तरह घूमती हुई नदी-नहर के सारे यातायात को गोलियों से भून डालेगी। इस फायर के कारण हमारी बाकी चौकियों पर तैनात सिपाहियों की न तो अदल-बदल सभव है, न वहाँ एम्युनिशन पहुँचाना, न खाने-पीने का सामान। इन काँटों को निकालना ही होगा। पर कैसे?

एक बार हमारे सैनिकों ने मिलकर उस चौकी पर हमला किया। परंतु मोर्चे से आ रहे भयंकर फायर ने इसे तितर-बितर कर डाला। अब आगे क्या किया जाए? किसी को तरकीब सूझी। क्यों न पूछ देखा जाए, कौन माई का लाल यह जोखिम-भरा काम पूरा करने के लिए तैयार है?

□

किसी ने लांस नायक सुंदर सिंह का नाम सुझाया। सुंदर सिंह उस समय बंद के मध्य भाग में दूसरे मोर्चे पर तैनात थे। पर उनका नाम सभी जानते थे। एक बहादुर के रूप में।

उन्हें बुला भेजा गया। 'क्या तुम इस ओखली में सिर देने के लिए तैयार हो?, उनसे पूछा गया। 'जी हाँ, बिलकुल तैयार हूँ।' उन्होंने सहर्ष जवाब दिया। 'तो फिर देरी किस बात की, करो तैयारी और जूझ जाओ।'

सुंदर सिंह ने शीघ्र ही तैयारी पूरी कर ली। तैयारी क्या थी! बड़ी सादी। उसने अपने साथ 6 ग्रेनेड उठा लिए। और इस तरह ग्रेनेडों से लैस हो उन्होंने धीरे-धीरे दुश्मन की चौकी की ओर रेंगना शुरू कर दिया, बीच में रुक-रुककर टोह लेते हुए। पहले तो वह सौ गज के लगभग आगे की ओर रेंगते गए, कोहनियों के बल। बारी-बारी एक टाँग, फिर दूसरी आगे की ओर घसीटते। सँभल-सँभलकर, जिससे ग्रेनेड को नुकसान न हो।

इसके बाद उन्होंने एक ओर से दुश्मन की चौकी की बगल से होते हुए उसके ऊपर की पथरीली धरा पर पहुँचने के लिए फिर रेंगना शुरू किया। वहाँ पहुँचने में दुश्मन की गोलियाँ उन्हें आसानी से छलनी कर सकती थीं। पर पता नहीं क्यों, ऐसा हुआ नहीं। शायद इसलिए कि उनकी प्लाटून के बाकी जवान अपने लगातार के फायर से दुश्मन का ध्यान बँटाए हुए थे।

ऊपर पहुँचकर उन्होंने एक-एक करके छहों ग्रेनेड नीचे दुश्मन की चौकी के भीतर दे मारे। धमाके के बाद धमाका। रेत एवं मिट्टी के गुबार। मशीनगन चलना बंद।

सुंदर सिंह धीरे-धीरे आगे बढ़े। यह भी बड़ा जोखिम का काम था। पता नहीं कब अचानक कोई फायर आकर उनके आर-पार हो जाए। पर उन्होंने इसकी चिंता नहीं की। वह दुश्मन के मोर्चों के अंदर उतरे। देखा कि मशीनगन-मोर्चे में दुश्मन के तीन सिपाही इधर-उधर मरे पड़े थे। यहाँ से एक लाइट मशीनगन, मैगजीन के दो बक्से तथा चौदह मशीनगन मैगजीन बरामद हुईं।

सुंदर सिंह अपनी प्लाटून लौट आए। उनके चेहरे पर विजय की दमक थी। उन्होंने बताया कि वह अपना काम पूरा कर आए हैं। दुश्मन के तीनों सिपाही मारे जा चुके हैं। अब कोई खतरा नहीं रहा। शायद उन्हें लगा कि उनके साथियों को उनकी बातों पर यकीन आ भी रहा है और नहीं भी। क्या करें वह?

उलटे पाँव लौट गए। एक नहीं, तीन बार। हर बार एक-एक शव को बाहर घसीट लाए, जिससे सब उनकी करामात का जायजा आँखनदेखी कर सकें।

इस प्रकार दुश्मन की उस घातक चौकी का काम तमाम करने का जो बीड़ा उनकी सारी प्लाटून नहीं उठा पाई थी, लांस नायक सुंदर सिंह ने वह अकेले ही संपन्न किया। छह ग्रेनेडों और एक शेर का दिल साथ लेकर।

असाधारण शौर्य के इस वीरतापूर्ण कार्य को सफलतापूर्वक करने के लिए लांस नायक सुंदर सिंह को 'अशोक चक्र' के सम्मान से अलंकृत किया गया। लांस नायक सुंदर सिंह 4 जे.एंड.के. राइफल बटालियन के थे और इस घटना के कई साल बाद सूबेदार मेजर और ऑगररी लेफ्टिनेंट के रैंक से रिटायर हुए।

'वैरी दल को ललकार गिरी, वह नागिन-सी फुफकार गिरी।'

□

पाँच

अप्रैल 1956, नगालैंड। नगालैंड के पर्वतीय क्षेत्र में बसा 'खुजामी' नाम का इलाका है। इस इलाके में नगा उग्रवादियों की गतिविधियों ने बड़ा व्यापक तथा घातक रूप अपना लिया था। आएदिन लोग उनकी गोलियों का निशाना बनते जाते थे। हथियारों की कमी नहीं थी। बर्मा की लड़ाई के बाद अँगरेज यहाँ काफी मात्रा में हथियार छोड़ गए थे। बस्ती-बस्ती के अंदर मिशनरी स्कूल खुल चुके थे। इससे पढ़ाई-लिखाई तो फैली, पर कामकाज उतना न था। दुर्गम पहाड़ी इलाका। यातायात

के साधन अत्यंत विरल। पढ़ी-लिखी नई पीढ़ी करे! तो क्या करे? मिशनरी स्कूलों में पढ़ने के बाद उन्होंने अँगरेजी सीखी। पश्चिमी सभ्यता के एक मिशनरी पहलू की लहर आई। बाहर के साथ संपर्क स्थापित हुए। चीन-पाकिस्तान से शह मिली। नए-नए हथियार आए। गोरिल्ला युद्ध के नए तौर-तरीकों का ज्ञान भी आया। पैसा भी आया। और पीछा किए जाने पर पहाड़ों पर इधर-उधर सुरक्षित शरण पाने का हौसला भी बढ़ा। इन सबने मिलकर आग में घी डालने का काम किया। आग भड़कती चली गई।

खुजामी क्षेत्र में शांति बनाए रखने के लिए लिख लाइट इन्फैंट्री की एक बटालियन तैनात थी। उनके इस क्षेत्र में आते ही नगा उग्रवादियों ने उनपर घातक हमले करने शुरू कर दिए थे। घात लगाकर हमला करने की विधि को अँगरेजी फौजी भाषा में 'एंबुश' कहते हैं।

दुश्मन के आने पर उसे और निकट आने दो, जिससे उसका सिर से लेकर पूँछ तक का अधिकांश भाग हमारे हमले की चपेट मे आ सके। फिर एकदम, अचानक उसपर टूट पड़ो—ऐसे कि कोई बच न निकले। फिर झपट्टा मार उनके हथियार, गोला-बारूद काबू करो और चुपचाप खिसक जाओ।

मगर यह पूर्णतः सतही बातें हैं। असल में एंबुश और भी पेंचीदा होता है। 'महाभारत' में धर्मयुद्ध हुआ करता थां। शत्रु के निहत्थे हो जाने पर उसपर तब तक वार नहीं किया जाता था, जब तक उसके हाथ में पुनः शस्त्र न आ जाए। कलियुग की युद्ध परंपरा इसके ठीक विपरीत 'कुटिल' युद्ध की नीति पर निर्धारित है। वार छद्म रूप से किया जाता है।

हम नगालैंड के खुजामी क्षेत्र की बात कर रहे थे, जहाँ सिख लाइट इन्फैंट्री की बटालियन शांति स्थापना के लिए आई थी। इस बटालियन की एक टुकड़ी को नगा उग्रवादियों ने घातमार से नष्ट कर डाला। तो इसी तरह की घातमार बटालियनवालों ने भी की। फिर दोनों के बीच इसका सिलसिला चल पड़ा। स्थिति अत्यंत सनसनीखेज तथा संकटजनक बनी रही।

12 अप्रैल को खुजामी में सिख लाइट इन्फैंट्री की सी कंपनी का एक कॉलम भेजा गया। इसे 'चीता कॉलम' का नाम दिया गया। इसके कमांडर थे मेजर रंजीत सिंह। उसी रात इसकी मुठभेड़ उग्रवादियों के एक दल से हो गई। दोनों ओर से फायर हुआ। इसमें तीन उग्रवादी हताहत हुए और अपना एक सैनिक घायल हुआ। इस दौरान 'चीता कॉलम' का काफी गोला-बारूद खर्च हो गया। अस्तु, इन्हें गोला-बारूद देने तथा घायल सैनिक को वापस लाने के लिए एक और दल भेजा गया। इसके कमांडर पायनिय प्लाटून के हवलदार जोगिंद्र सिंह थे

यह दल तीन जीपों में सवार था। जीपें एक-दूसरे के पीछे, आपस में साठ गज का फासला रखे, पहाड़ी सड़क पर चढ़ी जा रही थीं। चढ़ाई के कारण जीपों की स्पीड कम ही थी। सबसे आगे की जीप में हवलदार जोगिंद्र सिंह सवार थे—ड्राइवर की बगलवाली सामने की सीट पर। उन्होंने गोलियों से भरी मैगजीन अपनी स्टेनगन में भर रखी थी और उनकी उँगली गन के घोड़े पर टिकी हुई थी। उनकी आँखें देर से, बड़ी चौकसी के साथ, इधर-उधर देखते हुए कुछ थक-सी गई थीं; पर उनके कान पूरी तरह सतर्क थे।

पहाड़ी रास्तों में जगह-जगह मोड़ एवं घुमाव आते हैं। दोनों ओर ऊँची पहाड़ियाँ और बीच में जगह-जगह मोड़ भरती सड़क। पहाड़ी रास्तों का यह क्रम बना ही रहता है। हाँ, कहीं-कहीं खुलाव आते हैं और सड़क सामने काफी दूर तक नजर आ जाती है। कहीं एक ओर पहाड़ी होती है और दूसरी ओर खाई। कभी-कभी सड़क खुली घाटी के बीचोबीच होकर निकलती है। ऐसे क्षेत्रों में कुछ चैन की साँस ली जा सकती है; क्योंकि वहाँ घात लगाकर हमला करनेवालों के लिए न ऊँची जगह की सुविधा होती है, न छिपाव की, न तेजी से नौ दो ग्यारह हो जाने की। पर सभी जगहों पर सभी प्रकार की सुविधाएँ नहीं मिला करतीं। किसी में चार अच्छाइयाँ तो दो बुराइयाँ भी होती हैं और यह भी क्या लाजिमी कि दुश्मन बढ़िया-से-बढ़िया जगह ही चुनेगा!

सड़क के सन्नाटे को तीनों जीपों की घुर्राहट लगातार भेदती चली जा रही थी। लगातार इसे सुनते-सुनते तो कभी-कभी झपकी भी लग जाती है।

अचानक गोलियों की बौछार की आवाज। किसी ऑटोमैटिक हथियार से चलाई गोलियों की ब्रस्ट का फायर, जिसमें चार-पाँच गोलियाँ लगभग एक साथ ही छूट जाती हैं। साथ ही हवलदार जोगिंद्र सिंह ने महसूस किया कि उनके दाएँ पाँव को किसी तीखी चीज ने चीर डाला है। खून उनकी वर्दी के बाहर पिचकारी की तरह से फूट पड़ा। साथ ही और फायर आने की भी आवाजें। दोनों ओर से फायर। जीपें खड़ी हो जाती हैं। कोई इधर, कोई उधर। ड्राइवरों को भी लगी होंगी गोलियाँ। हवलदार जोगिंद्र सिंह छलाँग मारकर जीप से नीचे कूद पड़ते हैं और झटपट तेजी से कदम बढ़ा सड़क की बगल के एक दबाव में जा लेटते हैं। यह सनसनाती तेजी के साथ देखने-समझने की घड़ी है। इसी पलक-झपक में आगे क्या करना है, इसका निर्णय भी बिजली की कौंध की तेजी से हो जाता है। प्रशिक्षण के दौरान इस सबक पर बार-बार जोर दिया जाता है कि अचानक घातमार हमला होने पर बचाव का सर्वश्रेष्ठ तरीका है शत्रु पर वापस धावा बोल देना, लपककर!

पर शत्रु है कहाँ? कोई साइन बोर्ड तो लगा नहीं। पर दिलो-दिमाग के कंप्यूटर ने पलक झपकने की तेजी से बताया कि वहाँ बगल की पहाड़ी पर है शत्रु, क्योंकि गोलियों की बौछार वहीं से आई लगती है। पर शत्रु एक जगह न बैठ अलग-अलग कई जगहों पर बैठा हो सकता है। पर इस घड़ी संशय या दुविधा में पड़ने से समस्या और भी उलझ जाएगी। यह घड़ी कर्मकांड के जोखिम की है। इसमें बहस की गुंजाइश न के बराबर है।

हवलदार जोगिंद्र सिंह को जहाँ उनकी बूझ ने इंगित किया, वह अपनी स्टेनगन की नली आगे किए फायर करते हुए उसी ओर लपक पड़े। सामने से एक और बौछार आई और हवलदार जोगिंद्र सिंह का दायाँ कंधा छलनी कर गई। दो गहरे जख्म। जहाँ से दुश्मन का फायर आ रहा है, ठीक उसी सीध में हमला। गोलियों के उद्गम की माँद में।

एक घाव टाँग में, दूसरा कंधे में। पर इनसे धावे के वेग में मंदी नहीं आने दी जोगिंद्र सिंह ने। उनकी देखा-देखी उनके दल के छह साथी भी उनके पीछे हो लिए। अब दुश्मन के पास निशाना साधने योग्य एक की बजाय सात टार्गेट हो गए। साथियों ने सोचा कि हमारा अगुआ दो बार घायल होने के बाद भी दुश्मन पर हावी होने को दौड़ रहा है। ऐसे में अगर हम बगलें झाँकने लगें तो इससे बड़ी धिक्कार की बात क्या होगी! वे बड़े जोश एवं हिम्मत के साथ अपने लीडर के पीछे हो लिए।

अब हवलदार जोगिंद्र सिंह दुश्मन की पोजीशन से लगभग पच्चीस गज की दूरी पर रह गए थे। बड़ी तेजी से उसकी ओर लपक रहे थे। फायर का एक बौछार और आया, जो उनके पेट को छलनी कर गया। लगा, आँतें फूटकर बाहर निकल आई हैं। जोगिंद्र सिंह धरती पर लुढ़क गए। पर उन्होंने अपना हठ न छोड़ा। तीन बार गहरे जख्म पाए, पर रुकने का नाम नहीं लिया। तेजी के साथ रेंगने लग गए। रेंगकर, आगे बढ़कर ग्रेनेड फेंका। थोड़ा और आगे की ओर रेंगकर एक ग्रेनेड और फेंका। झाड़ियों में भगदड़ की आवाज। दुश्मन का फायर अचानक बंद।

साथी निकट आकर जोगिंद्र सिंह के ऊपर झुक सहानुभूति दर्शाते हैं। कोई जेब से पट्टी निकाल बाँधने लगता है। जोगिंद्र सिंह हाथ के इशारे से मना कर देते हैं। कहते हैं, 'उनका पीछा करो! देखो कोई भाग न पाए! जल्दी!!'

उनके तीन अन्य साथी घायल हो जाते हैं। इनमें एक की वहीं मृत्यु हो जाती है। साथ-साथ हवलदार जोगिंद्र सिंह की भी। उग्रवादी वहाँ से भाग खड़े होते हैं। इतनी तेजी से कि उनके हथियार एवं गोला-बारूद वहीं छूट जाते हैं।

अपनी जरा भी परवाह किए बगैर उच्च कोटि का असाधारण पराक्रम दिखाने के लिए हवलदार जोगिंद्र सिंह को मरणोपरांत 'अशोक चक्र' से सुशोभित किया गया।

'झड़िया तिल तिल होय।'

छह

कैप्टेन जेम्ज टकर मराठा लाइट इन्फैंट्री बटालियन की बी कंपनी कमान कर रहे थे। सन् 1956 में नगालैंड के संकटपूर्ण क्षेत्र में।

नगालैंड में पर्वत मझोले कद के थे। पर घने जंगलों से ढके। इस पहाड़ी क्षेत्र में यातायात के साधन अत्यंत दुरूह थे। नगा उग्रवादी अपने क्षेत्र में उत्पात मचा, पीछा करने पर सीमा पार कर बर्मा के पहाड़ी क्षेत्र में जा छिपते थे। इसलिए तय हुआ कि सीमावर्ती, दुरूह क्षेत्रों में, अपनी चौकियाँ स्थापित की जाएँ। परंतु केवल चौकी बना देने से ही काम नहीं चलता। उसे यातायात के साधनों से भी जोड़ना होगा। ऐसा नहीं हुआ तो वहाँ रसद आदि हवाई जहाज के जरिए पहुँचानी पड़ेगी।

रसद तो ठीक है, हवाई जहाज से पैरा ड्रॉप (नीचे फेंकना—पैराशूट से बाँधकर) की जा सकती है; पर घाटी, नदी, नालों के कारण इसमें बड़ा नुकसान उठाना पड़ता है। चीजें टूट-फूट जाती हैं। गुम भी हो जाती हैं। कभी-कभी ऐसी गहरी खाइयों में जा गिरती हैं, जहाँ से उनका निकास सम्भव ही नहीं होता। पर चौकी पर रहनेवालों की अदली-बदली कैसे होगी? कोई छुट्टी जा रहा है तो कोई छुट्टी काटकर लौट रहा है। घायलों को अस्पताल में भर्ती करवाने की जरूरत पड़ती है। बीमारों का इलाज भी करना होता है। इसलिए सड़क का मार्ग खुला हो, यह बहुत जरूरी हो जाता है। इसके बिना किसी भू-क्षेत्र पर नियंत्रण रखना अथवा अपना प्रभुत्व जमाना असंभव-सा हो जाता है।

कैप्टेन जेम्ज टकर की कंपनी को ऐसा ही काम सौंपा गया। चकाबामा से फेक तक की सड़क 'खोलने' का। लगभग पचास किलोमीटर की दूरी। और फेक के बाद मेलूरी तक तीस किलोमीटर और आगे—मेलूरी में चौकी स्थापित करने के लिए। सड़क खोलने का मतलब था, राह में पड़ते सशस्त्र उग्रवादियों के मोर्चों और जमघटों का सफाया करना। यह बड़ा जोखिम-भरा काम था।

कैप्टेन टकर काफी परिश्रम के साथ इस काम में लगे रहे थे। कई दिनों की मेहनत के बाद राह में उग्रवादियों के जमघटों का सफाया करते हुए वे आखिरकार मेलूरी तक पहुँचने में सफल हो गए। वहाँ उन्होंने अपने सैनिकों की चौकी तैयार की और उनसे मोर्चे खुदवाकर सुरक्षा का व्यापक प्रबंध करवाया। दो दिन तक वहीं चौकी पर रहे। फिर उन्होंने देखा कि खाने-पीने का सामान कम होने लगा है तो उन्होंने कहा कि वे फेक जाकर शीघ्र ही खाने-पीने की सामग्री लेकर लौट आएँगे।

फेक जाकर उन्होंने खाने-पीने की सामग्री एकत्र की और एक बार फिर मेलूरी की ओर चल दिए। लेकिन रास्ते में उन्हें फिर उग्रवादियों का सामना करना पड़ा। अबकी बार वे बड़ी मात्रा में इकट्ठा हो गए थे और उनके पास ऑटोमैटिक हथियार भी थे। बंदूकों के अलावा।

कैप्टेन टकर ने राह में डटे इन उग्रवादियों का बड़ी दिलेरी तथा सोच-समझ के साथ सामना किया और उन्हें खदेड़ बाहर भगाने में फिर सफलता पाई। अपने सैनिकों के सामने बहादुरी के कारनामे बार-बार दिखाने के कारण उनमें इनकी धाक बैठ गई। वे जान गए कि कैप्टेन टकर अचूक सूझ तथा पैने दिमागवाले एक बहादुर अफसर हैं। उनकी योग्यता में उनके सैनिकों को प्रगाढ़ विश्वास हो गया। वे उनके नेतृत्व में खतरनाक-से-खतरनाक काम पर जाने के लिए मनमर्जी से तैयार हो जाते थे।

कैप्टेन टकर ने समय पर फिर से मेलूरी की चौकी पर पहुँच अपने जवानों को खाने-पीने की सामग्री पहुँचाई तथा आश्वासन दिलाया कि अब पीछे की सड़क से उग्रवादियों का सफाया हो चुका है।

इसके पश्चात् कैप्टेन टकर ने नगालैंड के भीतर एक के बाद दूसरे कई जोखिम-भरे काम बड़ी निर्भीकता एवं दिलेरी के साथ संपन्न किए। एक बार उन्हें खबर मिली कि चिपोकतामी नामक बस्ती में उग्रवादियों का एक बड़ा दल आ पहुँचा है। यह 1 अप्रैल, 1957 की बात है—मेलूरीवाली चौकी की स्थापना के लगभग छह महीने बाद।

खबर मिलते ही उन्होंने अपने कुछ सैनिक इकट्ठे किए और इस टुकड़ी को साथ लेकर रातोरात गहरे जंगल में चल दिए। काफी दूर जंगल की राह चलकर वे चिपोकतामी के निकट पहुँचे। यहाँ पहुँचने के बाद उन्होंने दबे पाँव उग्रवादियों की पोजीशन ढूँढ़ निकालने में अपनी टुकड़ी का मार्गदर्शन किया। अपने दल को भलीभाँति तैयार कर उन्होंने रात के अँधेरे में उग्रवादियों की पोजीशन पर धावा

बोल दिया। उग्रवादी इस अचानक किए हमले से दंग रह गए। उनके संतरी जाग रहे थे, अपनी-अपनी जगह तैनात थे। पर कैप्टेन टकर ने अपना काम ऐसी निपुणता के साथ किया कि उनके संतरी भी चकमा खाकर हक्के-बक्के रह गए। इन मामलों में उनका दिमाग बड़ा ही तेज-तर्रार था।

इस हमले से हथियारों समेत चार कुख्यात उग्रवादी पकड़े गए। यह बड़ी ही महत्त्वपूर्ण सफलता थी। इससे क्षेत्र में हो रहे उग्रवादियों के उत्पादन को काफी गहरा झटका लगा।

□

इस घटना के कोई तीन महीने बाद जुलाई 1957 में कैप्टेन टकर ने एक बार फिर दिलेरी का कमाल कर दिखाया। दिलेरी के साथ होशियारी का भी। एक छोटे से दल की मदद से, खबर मिलने के बाद, उन्होंने बड़े साहस के साथ उग्रवादियों के एक बड़े दल पर अचानक घात लगाकर हमला कर उनपर काबू पा लिया। इससे उग्रवादियों के दल को भारी क्षति पहुँची। इसके साथ उनकी छवि मलिन हुई, सो अलग। इस ऑपरेशन में उन्होंने ढेरों उग्रवादियों को बंदी भी बना लिया। उग्रवादियों के साथ उन्हीं की अपनी नीति तथा तरीकों के साथ हावी होने की विधि तो सबको कैप्टेन टकर से सीखनी चाहिए थी। ऐसा उनके साथियों तथा वरिष्ठ अफसरों का विचार था।

अगस्त 1957 में कैप्टेन टकर की कंपनी लोजाफमी-खुजामी-चिज्मई क्षेत्र में पैट्रोलिंग (गश्ती) ड्यूटी पर थी। उन दिनों मानसून के कारण चहुँओर वर्षा-बदली का मौसम छाया हुआ था। 2 अगस्त, 1957 को कैप्टेन टकर खुजामी से विखू नामक बस्ती की ओर चल पड़े। उनके साथ उनकी कंपनी की एक प्लाटून थी। उन्हें आदेश मिला था कि विखू में उग्रवादियों ने अपना नया जमघट बनाया है। उन्हें इसी से निपटना है। हर बार की तरह उन्हें अपने भावी ऑपरेशन की सफलता की पूरी-पूरी उम्मीद थी। पिछले साल-भर में नगालैंड में पहाड़ों, जंगलों के खतरनाक वातावरण में वह बेधड़क घूमते फिरे थे। उन्होंने ढेरों उग्रवादियों को ऐसा सबक सिखाया था कि वे मरते दम तक न भूलें। इसलिए अपने इस मिशन के बारे में भी वे पूर्णतया निश्चिंत थे।

उधर न जाने कैसे उग्रवादियों को कैप्टेन टकर के भावी मिशन की पूर्व सूचना प्राप्त हो गई। अब क्या था, उन्होंने उनकी राह में घातमार की निगूढ़ तैयारी कर डाली। और इस तरह बड़ी उस्तादी से बहेलिए का पिंजरा लगा, कैप्टेन टकर के उसके भीतर आ फँसने का इंतजार बड़ी बेताबी से करने लगे।

रास्ता जंगल का। डगर पहाड़ी। मौसम बरसाती। बदली-भरा और समय रात के घुप्प अंधकार का। जब हाथ को हाथ नहीं सूझता। जंगल में सब तरफ भयानक सन्नाटे का साम्राज्य। एक-एक पत्ते के ऊपर पड़ रही फौजी बूटों की आवाज हवा के रुख के साथ दूर-दूर तक पहुँच जाती है।

नगा उग्रवादियों ने सत्तरवें मील के पत्थर के निकट सघन जंगल में घातमार की पूरी व्यवस्था कर रखी थी।

सहसा वह समय आ गया, जिसका उन्हें बेताबी से इंतजार था। हिंदुस्तानी फौज की टुकड़ी इधर को आ रही थी। आगे-आगे स्काउट थे। स्काउट नंबर एक। उसके सौ गज पीछे स्काउट नंबर दो। उसके बाद फासला। फासले के बाद आगे बढ़नेवालों का प्रथम सेक्शन। घातमारवालों ने बड़े संयम के साथ अपने हथियारों के घोड़ों पर उँगलियाँ तो रखीं, पर उन्हें खींचा नहीं। यदि अग्रिम सेक्शन पर फायर खोल डाला, तो पीछे आ रही शेष प्लाटून चौकन्नी हो जाएगी। फिर हाथ क्या लगेगा? सेक्शन के थोड़े से जवान ही।

पर इस बार तो उन्हें शेर का शिकार करना था। उन्होंने फायर नहीं खोला। साँस रोककर, अपने कलेजों की धड़कन सुनते हुए इंतजार किया। जब बाकी की प्लाटून उनके सम्मिलित हथियारों की मार के दायरे में आ पहुँची, तब अपने कमांडर के फायर की पहली गोली के साथ-साथ उन सबने अपने सारे-के-सारे हथियारों के साथ गोलियों की झड़ी लगा दी। बहुत निकट से। सड़क के बगल की झाड़ियों के पीछे से।

ढेरों हताहत। ढेरों गिरे। ढेरों जख्मी। जख्मियों में से एक स्वयं कैप्टेन टकर। गोलियाँ उनके चेहरे तथा उनकी टाँगों में लगीं। पर वे ऐसी मिट्टी के नहीं बने थे, जो पल-भर में धूल बन जाए। वे केरल की हरियाली-भरी धरती की बड़ी पुष्ट मिट्टी की उपज थे।

घायल होने के बाद भी उन्होंने फौरन अपनी स्टेनगन की हिप-फायर (कूल्हों से गन का बट लगाकर फायर की विधि) की भंगिमा में ला, शत्रु के ऊपर दनादन गोलियों की बाढ़ थोप डाली। पूरी मैगजीन खाली हो गई।

इसके बाद ग्रेनेड निकाल, उसका पिन मुँह के झटके से अलग कर, उसका क्लैंप लिवर हथेली में दबाए हुए, उन्होंने दौड़ते हुए दुश्मन की पोजीशन की ओर धावा बोल डाला। किंतु इसके पहले कि वे अपने ग्रेनेड को कहीं फेंक पाएँ, उग्रवादियों की मशीनगन से निकली गोलियों की भीषण बौछार से उनकी छाती, पेट, गुदा भाग सब छलनी हो गए और वे वहीं-के-वहीं धराशायी हो गए। वहीं उनके प्राण-पखेरू उड़ गए। उन्होंने वहीं वीरगति प्राप्त की।

अब देखिए। यह एक दिन या एक कारनामे की बहादुरी की करामात नहीं थी। ऐसे क्षेत्र में सर्विस करना, जहाँ रात-दिन कभी भी घात में बैठे दुश्मन की गोली आपकी छाती या पीठ या कनपटी या सिर के पिछवाड़े में लगकर आपको अपने साथियों तथा अपने परिवारजनों से सदा-सदा के लिए अलग कर सकती है, तो ऐसे वातावरण में दिन, महीना, साल रहना कितना कष्टप्रद होता होगा! हर घड़ी चिंता। हर घड़ी दुश्चिंता। हर घड़ी सचेत, सतर्क, चौकस, चौकन्ना रहना। इतने भारी खर्चों से तो बड़े भारी बैंक भी खाली होने लगते हैं। फिर इनसान का क्या!

परंतु कैप्टेन टकर ने ये सब पहाड़ जैसे संकट सहज मन, सहर्ष तथा बड़े धीरज और दिलेरी के साथ सहे। वे सीखे दिमाग के व्यक्ति थे। अपने सारे काम खूब सोच-समझकर करते थे। तीक्ष्ण बुद्धि की सहायता से उन्होंने अपनी अंतरात्मा के साहस को उजागर करते हुए उसे दिग्गज दीवार की तरह स्थायी तथा अडिग बना डाला। इतना कि उनके नीचे काम करनेवाले सिपाहियों को उनपर गर्व होने लग गया। उनके हर काम में उनका अटूट विश्वास हो गया। उन्हें लगा कि उनके प्राण एवं उनका भाग्य इनके उज्जवल नेतृत्व में सुरक्षित ही नहीं, ओजमय भी हैं। वीरता को बुद्धि के जोर से कालांतर तक बनाए रखना, यह भी वीरत्व का एक बड़ा ही महत्त्वपूर्ण पहलू है। ऐसे खरे हीरे का मोल सच्चे पारखी ही लगा सकते हैं।

कैप्टेन एरिक जेम्ज टकर केरल के तिरुवनंतपुरम् शहर के निवासी थे। इस युवा अफसर की दिलेरी ने उनकी सारी बटालियन का दिल जीत लिया था।

उनके विषय में बटालियन की 'वार डायरी' (युद्ध डायरी) में अंकित है—'कैप्टेन ई.जे. टकर वीरोचित मृत्यु को प्राप्त हुए। उन्होंने अपने देश तथा अपनी बटालियन के लिए अपने प्राणों को बलिदान कर डाला। उनकी आत्मा को शांति मिले। वे अंदर-बाहर एकदम खरे सिपाही थे।'

कैप्टेन टकर को मरणोपरांत 'अशोक चक्र' के उच्च राष्ट्रीय सम्मान से अलंकृत किया गया। धन्य-धन्य वीरों को वीरत्व! धन्य-धन्य वीरत्व के टिकने की परंपरा! धन्य-धन्य वीरत्व की उज्जवल परम्परा!

'जे मरही हित देसरै, है वे ही रजपूत।'

□

सात

सन् 1956 के दौरान 3 गोरखा बटालियन नगालैंड में सेवारत थी। बटालियन के कमांडिंग अफसर थे लेफ्टिनेंट कर्नल चिटनिस।

बटालियन का मुख्यालय मोकोकचुंग में था तथा उसकी एक कंपनी वहाँ से कई मील दूर जुन्हेबोटो नाम की बस्ती में थी। बटालियन तथा कंपनी के बीच आना-जाना होता ही रहता था। उन दिनों नगालैंड में सशस्त्र अग्रवादियों का भारी जोर था। इसलिए फौज को सड़कों पर अकेली गाड़ियाँ भेजने की मनाही थी। आदेश थे कि जब कहीं आने-जाने की जरूरत पड़े तो दो अथवा उससे अधिक गाड़ियाँ मिलकर साथ-साथ कॉन्वॉय (काफिले) में जाएँ, ताकि जरूरत पड़ने पर एक-दूसरे की मदद की जा सके।

14 जून, 1956 की बात है। कर्नल चिटनिस आठ जीपों की कॉन्वॉय में मोकोकचुंग से जुन्हेबोटा जा रहे थे। उनका उद्देश्य था अपनी कंपनी में जाकर वहाँ उग्रवादियों की कार्यवाहियों का स्वयं जायजा ले, आगे के कार्यक्रमों के बारे में कंपनी कमांडर को सलाह-मशविरा देना। साथ-साथ उस कंपनी ने संचार के लिए कुछ रेडियो सेटों तथा गोला-बारूद की माँग की थी। कर्नल चिटनिस ने यह सब भी अपने साथ जीपों में रखवा लिया था।

जब यह कॉन्वॉय इक्कीसवें मील के पत्थर के पास पहुँचा तो उसके ऊपर कच्ची सड़क के पास बने कुछ घरों से फायर आना शुरू हुआ। वहाँ कोई सौ नगा उग्रवादी अस्थायी मोर्चे बना कॉन्वॉय पर फायर कर रहे थे। उनका मकसद था सैनिकों को हताहत कर उनका साज-सामान लूटना।

उग्रवादियों के इस फायर की पहली बौछार में ही कर्नल चिटनिस तथा उनकी जीप में बैठे दो सैनिक घायल हो गए। उनकी सामनेवाली जीप में सवार दो सैनिक भी गोलियों से घायल हो गए थे। कर्नल चिटनिस की जाँघ में गोली लगी थी। उस समय यह कॉन्वॉय दुश्मन के बंकरों से एक सौ पचास गज की दूरी पर था।

सामनेवाली जीप के टायरों में भी गोलियाँ लगी थीं। इसलिए कॉन्वॉय वहीं थम गया। कर्नल चिटनिस ने तुरंत नीचे उतरकर आड़ ली और पीछे आ रही जीपों के सैनिकों को भी उतरकर आड़ लेने का इशारा किया।

आड़ लेते ही कर्नल चिटनिस ने राइफलों में संगीन जोड़ने को आदेश दिया। सैनिक समझ गए कि उनके कमान अफसर ने निर्णय ले लिया है कि आगे क्या

कार्यवाही करनी है। संगीन चढ़ाते ही कर्नल चिटनिस ने इशारों के साथ तथा चिल्लाकर अपने सैनिकों को तुरंत शत्रु पर धावा बोलने को आदेश दिया। इस धावे में कर्नल चिटनिस स्वयं अपनी स्टेनगन से फायर करते हुए अपने सैनिकों के आगे-आगे चले।

अपने घायल कमान अफसर को 'बेयनट चार्ज' (संगीन चढ़ाए धावा) में अगुआई करते देख गोरखों में बड़ा जोश आ गया और उनके दिलों में शत्रु के साथ दृढ़ संकल्प होकर लड़ने की लहर दौड़ गई।

कर्नल चिटनिस ने हमले के दौरान एक उग्रवादी को मार गिराया और दूसरे को घायल कर डाला। तभी दुश्मनों के बंकरों की बगल की ओर से एक मशीनगन का फायर आ टूटा। यह फायर काफी कारगर सिद्ध हुआ।

कर्नल चिटनिस ने इशारे से अपने सैनिकों को दिशा बदलकर सामने की ओर से इस मशीनगन पर हमला करने का आदेश दिया तथा स्वयं भी उसी ओर हो लिए। जाँघ में लगे जख्म के कारण वे काफी लँगड़ाकर चल रहे थे। पर उन्होंने अपने बहादुर सिपाहियों का नेतृत्व नहीं छोड़ा।

दुर्भाग्यवश इस नए धावे में कर्नल चिटनिस को एक बार और गोलियाँ लगीं। अबकी बार गोलियाँ उनके पेट में लगीं और वे लड़खड़ाकर वहीं गिर पड़े। गिरकर औंधे पड़े-पड़े भी वे सिर उठाकर चिल्लाते हुए अपने सिपाहियों को हमला जारी रखने के लिए प्रोत्साहित करते रहे।

अपने कमान अफसर के प्रति श्रद्धा तथा आदर-भाव से प्रेरित, उन्हें इस प्रकार बहादुरी से हमले की अगुआई करते हुए, घायल होते देखकर उनके प्रिय गोरखा सिपाहियों ने शत्रु पर बड़े खूँख्वार ढंग से जोश के साथ आक्रमण किया। शत्रु उनके आक्रमण के प्रचंड वेग के सामने टिक न सका। वह अपने मृत, घायल धराशायी साथी वहीं छोड़कर भाग निकला।

बाद में मृतकों की गिनती बीस निकली। इसके अतिरिक्त बहुत सारे उग्रवादी तथा हमारे सैनिक घायल हुए। कर्नल चिटनिस उसी जगह वीरगति को प्राप्त हुए। जाते-जाते वे अपने बहादुर गोरखा सिपाहियों के लिए निडरता, साहस, अमिट शौर्य एवं बलिदान का ऐसा कीर्तिमान् रख गए, जो किसी भी कमान अफसर की छाती गर्व से फुला डाले।

कर्नल जगन्नाथ राव जी चिटनिस डॉक्टर राव जी गोपाल चिटनिस के सुपुत्र थे। डॉक्टर चिटनिस शिवाजी महाराज के एक प्रमुख सेनाधिपति बालाजी आवजी चिटनिस के वंशज थे। कर्नल चिटनिस को पहले द्वितीय विश्वयुद्ध में उत्कृष्ट सेवाओं

के लिए आर्मी मेडल मिल चुका था। अब उन्हें 'अशोक चक्र' के उच्च सम्मान से अलंकृत किया गया।

वाह, कमान अफसर हो तो ऐसा! जो गम्भीर संकट की स्थिति में अपना धीरज न छोड़े और निडर साहस के साथ अपने सैनिकों की अगुआई करते हुए असाधारण वीरता का कीर्तिमान् स्थापित करे। जिसके उत्कृष्ट उदाहरण से उत्प्रेरित हो उसके सैनिक उसके इशारे पर जान की बाजी लगा कठिन-से-कठिन काम करने को सतृतत्पर हों।

उनकी पुण्य स्मृति में हमारा सिर आदर सहित झुक जाता है।

'मिलसी जस मरियाँ पछे, मरण अमोलक चीज।
तरवर जद ही ऊगसी, माटी मिलसी बीज।।'

□

आठ

23 सितंबर, 1973। आज बंबई इंजीनियर ग्रुप के सेंटर में बड़ी हलचल थी। कई दिन से चूना-गेरू साफ-सफाई चालू थी। सेंटर को दुलहन की तरह सजाया जा रहा था। क्यों?

क्योंकि नीलगिरी स्थित वेलिंग्टन के स्टाफ कॉलेज से वहाँ के 'छात्र' तथा 'प्रशिक्षक' यहाँ आनेवाले थे। छात्र थे मेजर रैंक के ढेरों अफसर तथा प्रशिक्षक थे वहाँ इन अफसरों को उच्च कमान और स्टॉफ ड्यूटो का प्रशिक्षण देनेवाले वरिष्ठ अफसर—कर्नल, ब्रिगेडियर तथा जनरल। मेजर रैंक के अफसरों में अमेरिका, ब्रिटेन, कनाडा, ऑस्ट्रेलिया, जापान, जर्मनी इत्यादि के अफसर भी शामिल थे। वेलिंग्टन का स्टाफ कॉलेज सामरिक विद्या के प्रशिक्षण के लिए हिंदुस्तान में अपने ढंग की बहुत बढ़िया तथा उच्च कोटि की संस्था के रूप में विख्यात है। बाहर के देशों में भी यहाँ की पढाई-लिखाई के उच्च स्तर की कद्र की जाती है।

हिंदुस्तान शस्त्र सेनाओं के सम्भावी वरिष्ठ अफसरों तथा बाहर के देशों के चुनिंदा अफसरों में हिंदुस्तानी फौज तथा उसके एक महत्त्वपूर्ण सेंटर की बढ़िया छवि उभरे, इसे कौन नहीं चाहेगा? इसी उद्देश्य के साथ सेंटर को सजाया-सँवारा जा रहा था। पर ऊपरी टीम-टाम के अलावा असली जोर तो प्रशिक्षण पर था। युद्ध में सैनिक इंजीनियरों के बड़े महत्त्वपूर्ण तथा जोखिम-भरे काम हुआ करते हैं।

एक मैदान में लगी माइनें कैसे निकाली जाती हैं? माइन डिटेक्टर के साथ चप्पा-चप्पा भूखंड का धीरे-धीरे बड़ी ही बारीकी तथा कठिन श्रम के साथ निरीक्षण करते हुए। ढेर सारी माइनों को तेजी के साथ कम समय में हटा देने के लिए एक नई विधि ईजाद की गई। बारूद से भरा एक लंबा रबड़ जैसा पाइप (पतली नली), जिसे माइन फील्ड पर फेंकने के बाद वह उसपर लंबाई के रुख रेंगते साँप की तरह धरती पर बिछ जाए और बिछते ही फटे तो अपने तले की सारी माइनों को भी एक साथ फाड़ डाले और इस प्रकार आगे बढ़ने के लिए पर्याप्त एक सँकरी-घुमड़ती पगडंडी-सी बना डाले। अब इसको दूर तक फेंका कैसे जाए? गुलेल के सिद्धांत से। ऐसा करने के लिए एक छोटा-सा रॉकेट चाहिए। इस रॉकेट से बँधा रबड़ की नली या हौज का अगला सिरा, जो दूर फेंका जा सकता है। जबकि नीचे का भाग कुएँ से पानी खींचनेवाली चर्खी चढ़ी रस्सी के समान खुलता जाता है। इस विधि से सौ गज लंबे साँप को माइन फील्ड में दूर तक फेंका जा सकता है।

इस विधि पर तैयार किए गए बारूदी होज का अँगरेजी नाम था 'चार्ज लाइन माइन क्लियरिंग' (संक्षेप में सी.एल.एम.सी.)। फौज में इस प्रकार की संक्षिप्त शब्दावली बड़ी कारगर रहती है। हिंदी में भी ऐसा ही कुछ हो जाए तो कितना अच्छा हो।

स्टाफ कॉलेज के स्नातकों में से कुछ ने सुना था कि कुछ दिन पहले उनके पहले के किसी कोर्स के दीक्षांत भाषण में कमांडर ने कहा था—'जेंटलमैन, मुझे पता है कि मुझे सुननेवालों में ज्यादा अफसर इन्फैंट्री (पैदल सेना) के हैं। और मैंने आर्मर्ड कोर (टैंक सेना) में सर्विस करते-करते अपने बाल सफेद कर दिए हैं। एक-दो साल में मैं और मेरी पीढ़ीवाले सभी वरिष्ठ अफसर रिटायर हो जाएँगे। आज आपके पास जो भी हथियार हैं—अच्छे या बुरे—उनके लिए हम जिम्मेवार हैं। इन्फैंट्री का सिपाही आज भी गेंती-बेलचे की कारीगरी में बड़ा विश्वास रखता है। सालों से रखता आया है। मोर्चा खोदना है तो गेंती-बेलचा। माइन फील्ड साफ करनी है तो प्रॉडिंग (एक-एक माइन को ढूँढ़ निकालने की धीमी विधि)। पर अगर हम अपने आँख-कान खोलें तो देखेंगे कि दुनिया बड़ी तेजी से आगे बढ़ रही है। आजकल जंगलों में पेड़ कुल्हाड़ी से नहीं काटे जाते। बिजली और बैटरी से चलनेवाले आरे बन गए हैं, जो मिनटों में बड़े-से-बड़े पेड़ को काट डालते हैं। ड्रिलिंग मशीनें बनी हैं, जो थोड़ी ही देर में चट्टानें काटकर मोर्चे बना देती हैं। टैंकों में 'ट्रॉल' लगने लगे हैं, जो सामने की माइन फील्ड साफ करते हुए चलते हैं। इसी तरह 'चार्ज लाइन माइन क्लियरिंग' की सहायता से ढेर सारी माइंस एक

साथ उड़ाई जा सकती हैं। दुनिया के हर कोने में आए दिन नए-नए आविष्कार किए जा रहे हैं। अगर आज के हथियारों के लिए हमारी पीढ़ी जिम्मेवार है तो कल के हथियारों के लिए आपलोग जिम्मेवार होंगे। इन्फैंट्री स्वभाव से ही कुछ रूढ़िवादी रही है। किसी प्रकार की तब्दीली उसे स्वभाव से ही नापसंद है। कल की बागडोर आप ही लोगों के हाथों में होगी। मैं तो आपको यही सलाह दूँगा कि जो भी निर्णय लेना है, सोच-समझकर, आस-पास न्या-नया क्या हो रहा है देखकर; बेशक वही करो, जो आपकी सूझ में ठीक है। ऐसा करने के बाद भी यदि इस निर्णय पर पहुँचते हों कि हमारी फौज के लिए चिर-पुरातन गेंती-बेलचा ही उपयुक्त हैं तो आपकी मर्जी। मैं तो आपको शुभकामनाएँ ही दे सकता हूँ।'

□

आज सेंटर ने स्टाफ कॉलेज से आए अपने अतिथियों को 'सी.एल.एम.सी.' का ही नमूना पेश करना था कि यह बला कैसे चलती है और वास्तव में क्या कर दिखाती है।

वरिष्ठ अतिथियों के सामने सी.एल.एम.सी. को डेमो (नमूना प्रदर्शित करना) देने के लिए सेंटर के नायब सूबेदार गुरनाम सिंह को चुना गया था। ये काफी समय से हथियार प्रशिक्षण के बड़े ही ऊँचे दर्जे के प्रशिक्षक के रूप में प्रख्यात थे। यह अपने काम में बड़े दक्ष थे और हर काम बड़ी लगन तथा कर्तव्यनिष्ठा की भावना से करने के आदी थे। सेंटर में प्रशिक्षक के तौर पर इनकी बड़ी इज्जत थी।

23 सितम्बर दोपहर को इंतजार की वह घड़ी पूरी हुई। स्टाफ कॉलेज से आए सभी अफसरों ने अपना स्थान ग्रहण कर लिया था।

अतिथियों को एक छोटे से टीले के ऊपर तम्बू तथा कुरसियाँ लगाकर बैठाया गया था। इस स्थान से वे आस-पास फैले मैदान का विहंगम दृश्य देख सकते थे। इसी के एक भाग में डेमो देना था। नायब सूबेदार गुरनाम सिंह पहले से ही अपनी टुकड़ी के साथ नियत स्थान पर पहुँच चुके थे। मंच की ओर से झंडी का इशारा पाने पर उन्होंने डेमो शुरू करने का उपक्रम किया। मंच के निकट लगे माइक्रोफोन से डेमो के बारे में भूमिका के साथ रनिंग कमेंट्री भी दी जा रही थी।

उधर जब नायब सूबेदार गुरनाम सिंह सी.एल.एम.सी. को चलाने की प्रक्रिया में लगे थे तो किसी अज्ञात कारणवश बारूदी होज के पिछवाड़े में डेटोनेटर इनिशिएटर (जहाँ से आग पलीती की राह फुलझड़ी के समान सुलगती हुई कुछ ही क्षणों

में आगे जाकर बारूदी सुरंग के शुरुआत के हिस्से तक पहुँचती है) में चिनगारी दिखी। यह देखते ही नायब सूबेदार गुरनाम सिंह का कलेजा उछल पड़ा। वे समझ गए कि अनजाने ही यह प्रलयंकारी आफत सिर पर आ टूटी है।

चिनगारी सुलगती हुई आगे बढ़ने लगी। निर्णय लेने के लिए समय ही नहीं था। यदि वहाँ सबकुछ छोड़ भाग खड़े तो बड़ी हेठी होगी। विदेश के भी अफसर बैठे हैं यहाँ। क्या सोचेंगे? हिंदुस्तानी सैनिकों को ढंग से डेमो देना भी नहीं आता।

उन्होंने तत्काल अपने साथ के सभी सैनिकों को चिल्लाकर वहाँ से फौरन दौड़ जाने को कहा और खुद एकजुट हो इनिशिएटर की कपलिंग (जुड़ाऊ पेच) निकालने में लग गए। यदि यह निकल जाता है तो सुलगती पलीती को आगे की बारूद नली से अलग किया जा सकता है। उसके बाद दूसरा इनिशिएटर जोड़ डेमो सही ढंग से जारी रखा जा सकता है। किसी को पता भी न चलेगा, कोई चूक हो गई है।

अपने साथियों को वहाँ से हटाकर वे अपनी जान की जरा भी परवाह किए बगैर, कपलिंग को पलीती से अलग करने के दुष्कर एवं खतरनाक काम में जुट गए। इस काम में उनकी उँगलियाँ बिजली की तेजी से चलीं। उन्होंने एड़ी-चोटी का जोर लगा दिया। कपलिंग अभी खुली! अभी खुली! वे इसी प्रयास में कटिबद्ध थे, जब एक भीषण धमाका हुआ, जिसके साथ ही उनकी पार्थिव काया की धज्जियाँ आकाश की ओर उड़ चलीं। यह सब अपने साथ अपने नीचे काम कर रहे साथियों की प्राणरक्षा की खातिर। इतने सारे वरिष्ठ लोग, जो डेमो देखने के लिए आए थे—जिनमें विदेशी अफसर भी शामिल थे, उनके सामने हमारी छवि बनी रहे, इस कारण।

ऐसे घेराव से घिरकर टूट जाना! वह तो कोई भी कर सकता है। न टूटना विरलों के वश की बात है। नायब सूबेदार गुरनाम सिंह ने यह विरल पथ ही अपनाया और ऐसा करते हुए कर्तव्यनिष्ठा तथा साहस का एक निराला कीर्तिमान् स्थापित कर डाला। ऐसे कीर्तिमान् देश की आजादी के संघर्ष के दिनों देश के हर प्रांत के लोग स्थापित किया करते थे। जान पर खेलकर। पंजाब में, बंगाल में, महाराष्ट्र में, तमिलनाडू में—सब कहीं। परंतु आजादी मिलने के बाद पता नहीं कैसी हवा चली—कहाँ से और क्योंकर—कि लगता है कि नजर लग गई। रक्षक ही भक्षक बन बैठे।

ऐसी बासी, सड़ाँध-भरी हवा में नायब सूबेदार गुरनाम सिंह ताजा हवा का झोंका बनकर आए। वे अमृतसर के भुल्लर गाँव के निवासी थे। उनके कुटुंब

में फौज में सेवा करने की परंपरा थी। 26 अगस्त, 1955 को वे फौज में भर्ती हो गए थे।

असाधारण संयम, कर्तव्यनिष्ठा एवं साहस का प्रदर्शन करते हुए अपनी जान गँवाने के लिए नायब सूबेदार गुरनाम सिंह को मरणोपरांत 'अशोक चक्र' से सम्मानित किया गया।

'सूरां नू साबास!'

□

नौ

'सूबेदार मेजर साहब, बताइए क्या रिपोर्ट है?' कमान अफसर ने पूछा।

'सब ठीक-ठाक है, सर', सूबेदार मेजर ने कहा, 'बस एक छोटी प्रॉब्लम आ गई है।'

'वो क्या?'

'सर, एक जवान छुट्टी से लौटा है तो मुँह की दाढ़ी बढ़ा लाया है। मैंने उससे कहा कि इससे बटालियन का डिसिप्लिन खराब होता है। पर उसने अभी तक दाढ़ी की हजामत नहीं करवाई।' सूबेदार मेजर बोलकर चुप हो गए। उनको कष्ट हो रहा था कि इस छोटी-सी समस्या का समाधान वे स्वयं नहीं कर पाए थे।

'क्या नाम है जवान का?' कमान अफसर ने पूछा।

'प्रणय कुमार बाला।' सूबेदार मेजर ने बताया कि वह राष्ट्रीय तैराकी का गोल्ड मेडल भी जीत चुका है। उम्र कम है। जोशीला भी है। बात साफ़ बोलता है। पिछली यूनिट के सूबेदार मेजर से ऊँचा बोल लिया तो उसने किसी से कहकर सजा के तौर पर यहाँ तबादला करवा दिया। यहाँ उसकी तैराकी के लिए कोई स्वीमिंग पूल नहीं। तैराकी के बिना उसे जिंदगी सूनी लगती है और वह फौज छोड़ना चाहता है। इसीलिए दाढ़ी बढ़ा रखी है। कहता है, जब तक डिस्चार्ज नहीं मिला, दाढ़ी नहीं कटवाएगा। 'वैसे लड़का दिल का साफ है।' कमान अफसर ज्यादा कड़ी सजा न दे डाले, सोचकर सूबेदार मेजर ने स्वर मुलायम करके बताया।

'अच्छी बात है, सूबेदार मेजर साहब,' कमान अफसर ने कहा, 'आप अभी उसे मेरे ऑर्डरली रूम में मार्च कीजिए।'

'चार्जशीट में क्या लिखें, सर?'

'कुछ नहीं। बिना चार्जशीट के।'

कुछ देर के बाद दाढ़ीवाला एक युवक वर्दी में कमान अफसर के सामने खड़ा था। उसके चेहरे पर खेल-कूद करनेवाले की चमक थी।

'तुम्हारा नाम प्रणय कुमार बाला है?' कमान अफसर ने पूछा।

'जी सर!'

'तुमने राष्ट्रीय तैराकी में गोल्ड मेडल जीता है, जानकर अच्छा लगा। मुझे बड़ी खुशी है कि तुम इस बटालियन में तब्दीली पर आए हो। पर यह कैसे कि मेरे पास पहले हाजिर नहीं हुए? आने के दूसरे ही दिन छुट्टी चले गए?'

'मेरे घर में कुछ जरूरी काम था, सर। इसलिए सर, आप मुझे फौज से डिस्चार्ज करवा दें। मैं हाथ जोड़कर विनती करता हूँ। यूनिट का डिसिप्लिन नहीं बिगाड़ना चाहता।'

'तुम्हें पता होना चाहिए कि डिस्चार्ज मैं नहीं करता। वह ऊपर से होता है। मेरी ओर से सिफारिश जाती है। डिस्चार्ज होने में वक्त लगता है। उसके लिए सही तरीका अपनाना होगा। पर तुमने यह दाढ़ी रखकर ठीक किया क्या?'

'नहीं सर, ठीक नहीं किया।'

'फिर क्यों रखी, जब मालूम था कि यह फौजी कानून के खिलाफ है?'

'सर, मेरा यहाँ दिल नहीं लगता। मैं घर गया था—बहन की शादी की बात पक्की करने। वहीं दाढ़ी रख ली।'

'कितने भाई-बहन हैं तुम्हारे?'

'बस एक ही बहन है।'

'किसके साथ शादी तय हुई है?'

'एक लड़का है। कलकत्ता के बैंक में काम करता है। अच्छा लड़का है।'

'घर में कौन-कौन हैं?'

'माँ-बाप और बहन। एक बूढ़ी दादी भी है।'

'शादी कब की तय है?'

'दो महीने बाद, बैसाखी के समय, सर।'

'अच्छा एक बात बताओ, बाला! अगर तुम्हारी बहन शादी के पहले, मान लो कल ही, अपने होनेवाले पति के पास चली जाए, तो क्या यह ठीक होगा?

'बिलकुल नहीं, सर!'

'क्यों?'

'क्योंकि अभी शादी नहीं हुई।'

'तुम्हें भी तो अभी कानूनन डिस्चार्ज नहीं मिला, फिर तुमने दाढ़ी कैसे रख ली?'

बाला चुप रह गया।

'तुम्हें डिस्चार्ज क्यों चाहिए?' कमान अफसर ने पूछा।

'सर, मेरे माता-पिता दोनों बहुत बीमार रहते हैं। बहन की शादी के बाद घर में उनकी देखभाल करनेवाला कोई नहीं होगा। वे लोग यों ही मर जाएँगे।' बाला की आँखों में आँसू छलक आए।

'ठीक है। मैं देखूँगा कि तुम्हारे लिए क्या हो सकता है। पर वह बाद की बात है। अभी तुम्हारे लिए हुक्म यह है कि कल सुबह तक तुम्हारी दाढ़ी साफ हो जानी चाहिए।' कमान अफसर ने कड़े स्वर में कहा, 'सूबेदार मेजर साहब! बाला को मार्च ऑफ करें!' ऑर्डरली रूम समाप्त हुआ।

दूसरे दिन सूबेदार मेजर ने आकर रिपोर्ट दी कि बाला ने आनी दाढ़ी साफ कर दी है।

कमान अफसर को सुनकर खुशी हुई, 'सूबेदार मेजर साहब, आप बाला पर नजर रखना और हाँ, उसे रोज शाम तैराकी के लिए जाने की सुविधा दे देना। मैंने अपने बेटे से पहले ही बात कर ली है। वह तैराकी में बाला का साथ देगा। बाला को कहना कि मेरा बेटा उससे तैराकी सीखना चाहता है। यहाँ कोई पूल नहीं है। पर नदी है। मेरे बेटे को एक जगह मालूम है। बाला को कहना कि शाम को पाँच बजे तैयार रहे।'

बाला और कमान अफसर का बेटा रोज शाम को तैराकी के लिए जाने लगे। गुरु भी खुश और चेला भी खुश। नदी में तैराकी की वह सुविधा नहीं जो अच्छे से पूल में होती है। नदी है भी सँकरी। मटमैले पानीवाली। फिर भी न होने से बेहतर है।

□

एक सप्ताह बाद सूबेदार मेजर ने रिपोर्ट दी कि बाला अब खुश रहने लग गया है। जो काम दो; दौड़कर करता है। बटालियन के बी.पी.ई.टी. (देह को सुदृढ़ बनाने के लिए एक बड़ी दौड़) में अव्वल आया है।

'सूबेदार मेजर साहब, आप उससे पूछ देखना कि क्या वह कलकत्ता नें तबादले के लिए राजी है। वहाँ अच्छे पूल भी हैं। वहाँ रहकर फौजी अस्पताल नें माँ-बाप का इलाज भी करवा सकेगा।' कमान अफसर ने कहा। उन्होंने मन में ठान लिया

था कि वे बाला की मदद करने में कोई कसर नहीं छोड़ेंगे। असल में उन्होंने वरिष्ठ अफसरों के साथ बाला का तबादला कलकत्ता करवाने की बात भी कर ली थी। और कलकत्ता में अपने एक फौजी मित्र से टेलीफोन करके यह भी कह दिया था कि बाला नाम का एक अच्छा लड़का भेज रहा हूँ। उसको तैराकी की सुविधाएँ देने और उसके माँ-बाप के इलाज के बारे में भी बताया था। बस, बाला की रजामंदी का इंतजार था।

कुछ दिन बाद सूबेदार मेजर ने बताया कि उन्होंने बाला को कलकत्ता जाने के लिए राजी कर लिया है।

अब कमान अफसर ने बाला के शीघ्रातिशीघ्र तबादले के लिए सरकारी चिट्ठियाँ भी लिख भेजीं और टेलीफोन पर वार्त्तालाप भी कर लिया।

महीने-भर में बाला के कलकत्ता तबादले के आदेश आ गए। घर आकर बेटे को बताया तो उसने कहा कि उसे दुःख तो होगा, पर बाला जैसे उच्च कोटि के तैराक के लिए अच्छा है कि वह कलकत्ता जा रहा है।

दूसरे दिन सूबेदार मेजर ने बताया कि शाम पाँच बजे की गाड़ी से बाला गुवाहाटी रवाना हो रहा है। वहाँ से आगे कलकत्ता की गाड़ी पकड़ेगा। कमान अफसर के दिल में तसल्ली हुई कि जिस काम का बीड़ा मन में उठाया था, वह अब समापन पर है। शाम को उनका बेटा बाला को बिदाई देने स्टेशन तक गया। उसने लौटकर बताया कि बाला बड़ा खुश था। कमान अफसर के चेहरे पर मुस्कान खिल गई।

□

रात तेजी से बजी टेलीफोन घंटी से नींद खुली। कमान अफसर ने टेलीफोन उठाया और बत्ती जलाई। रात के बारह बज रहे थे।

'सर, आपकी यूनिट में बाला नाम का कोई सिपाही है?' टेलीफोन पर मिलिट्री पुलिस के हवलदार ने पूछा।

'हाँ, है। पर वह तो आज शाम को गाड़ी से कलकत्ता के लिए रवाना हो गया।'

'हाँ सर, वह तो ठीक है। पर इस समय वह हमारी हिरासत में है। सिविल पुलिस ने उसपर हत्या का आरोप लगाया है।'

यह कैसे हो सकता है?...जरूर कोई गलती हुई होगी!

'अच्छा ठीक है। मैं अभी आ रहा हूँ।'

कुछ देर बाद कमान अफसर वर्दी पहनकर मिलिट्री पुलिस के दफ्तर में जा पहुँचे। देखा, यह तो अपना ही बाला है! मिलिट्री पुलिस के दो कर्मियों के बीच घिरा बैठा। उसे अलग बुलाकर पूछताछ की। उससे कई तथ्यों का ज्ञान हुआ।

दूसरे दिन सुबह स्थानीय अखबार में सुर्खियाँ थीं कि सिलचर से चली ट्रेन को रात के अँधेरे में करीमगंज स्टेशन के आगे रोक दिया गया तथा ट्रेन को लूटने के यत्न किए गए।

वृहद् पूछताछ के बाद जो तथ्य सामने आए, वे कुछ इस प्रकार थे—

करीमगंज स्टेशन से ट्रेन के छूटने के समय कुछ उपद्रवी गाड़ी पर चढ़ बैठे थे। उन्होंने लोगों में अफवाह फैला दी कि फौजियों ने स्टेशन की चाय दुकान के मालिक के आठ वर्षीय बच्चे का अपहरण कर लिया है। यह बात सरासर झूठी थी। पर अफवाह जंगल में आग की तरह फैल गई। स्टेशन के कई मील दूर गाड़ी के वैक्यूम ब्रेक काटकर उसे अँधेरे बियाबान में खड़ा कर दिया गया। फिर आस-पास के गाँवों के हजारों लोगों ने मिलकर ट्रेन को घेर लिया। शुरू में जिरह होती रही। फिर गुंडों ने गाड़ी की बिजली के तार भी काट डाले। गहन अंधकार के कारण किसी को कुछ ठीक पता ही न चल रहा था कि क्या हो रहा है। लोग डरकर सहमे हुए चुप बैठे थे। हाथापाई और लूट-खसोट शुरू हुई। लोगों का सामान नीचे फेंका जाने लगा। औरतों को जेवर उतारने के लिए धमकाया गया।

तब बाला कुछ करने के लिए मैदान में जा उतरा। वह चुप भी बैठा रह सकता था। औरतों में न उसकी कोई बीवी थी, न बहन। उसकी तो अभी शादी भी न हुई थी। न ही उसके पास कोई कीमती सामान था। अस्तु उसे छेड़नेवाला कोई भी न था। अगर वह एक कोने में चुप पड़ा रहता तो उसका क्या नुकसान था?

पर उससे डिब्बे में भरे लोगों की दुर्दशा देखी न गई। उसने ट्रेन के नीचे उतरकर अँधेरे में चल-चलकर खूब दौड़-भाग की।

सबको बताने की कोशिश की कि अपना उल्लू साधने के लिए असामाजिक तत्त्वों ने झूठी अफवाहें फैला दी हैं। किसी के बच्चे का अपहरण नहीं हुआ। यदि किसी के बच्चे का हुआ हो तो उसका कोई सगा-संबंधी सामने आए। पर कोई नहीं आया। इतने सारे लोगों में हालात पर नियंत्रण पाने या अगुआ बनने के लिए कोई भी तैयार न हुआ। सिवाय सिपाही बाला के।

फिर उसने रेलवे पुलिस दल को खोजना शुरू किया। गार्ड अपने केबिन से गायब था। कोई ऐसा कर्मचारी न निकला, जो किसी भी बात की जिम्मेदारी ले

स्थिति पर काबू पा सके। इतने में भीड़ में से कुछ गुंडा तत्त्वों ने डिब्बों में घुसकर लोगों को बाहर खदेड़ना शुरू कर दिया। कुछ ने चिल्लाकर कहा कि सबलोग डिब्बे छोड़ दें, क्योंकि वे डिब्बों में आग लगाने वाले हैं। स्थिति बहुत ज्यादा बिगड़ गई थी। गुंडों ने लोगों को भड़काने का यत्न करते हुए सारी गड़बड़ एवं परेशानी का दोष फौज के सिर पर मढ़ना शुरू किया।

बहुत ढूँढ़ने के बाद रेलवे सुरक्षा पुलिस के दो सिपाही अँधेरे की ओट में खड़े मिले। बाला ने उनसे कहा कि वे भीड़ को ट्रेन लूटने से रोकें। इसके लिए हवा में गोली भी चलानी पड़ें तो चलाएँ। पर किसी तरह ट्रेन को जलने से बचाया जाए। तो रेलवे पुलिस के सिपाहियों ने कहा कि जब तक उनका इंस्पेक्टर आदेश नहीं देता, वे स्वयं कुछ भी करने में असमर्थ हैं।

'कहाँ है तुम्हारा इंस्पेक्टर?' बाला ने पूछा

'यहीं कहीं होगा।'

'उसे बुलाते क्यों नहीं!'

'आप खुद बुला लो।'

बाला ने चिल्ला-चिल्लाकर इंस्पेक्टर के लिए कई बार आवाजें लगाईं। अब तक कुछ लोगों ने उसका साथ देने की भी हिम्मत बाँध ली थी। वे भी इंस्पेक्टर को बुलाने के लिए चिल्लाते रहे। कई ट्रेन के दाएँ-बाएँ दौड़ते भी रहे। पर कोई इंस्पेक्टर नहीं आया। सबको लगा कि वह कहीं दुबककर बैठा है। लूट-खसोट खत्म होने के बाद ही अपना मुँह दिखाएगा।

'तुम्हारे पास बंदूकें हैं?' लोगों ने रेलवे पुलिस के सिपाहियों से पूछा।

'हाँ हैं।'

'गोलियाँ हैं?'

'हाँ हैं।'

'तो चलाते क्यों नहीं? ट्रेन लूटी जा रही है। उसे जलाने की भी धमकी दी गई है। तुमलोग हवा में भी तो फायर कर सकते हो। कुछ तो करो।

'इंस्पेक्टर के आदेश के बिना हम कुछ नहीं कर सकते।'

इसपर बाला ने लपककर एक सिपाही की राइफल अपने हाथों में ले ली और हवा में उससे फायर करने लगा।

अँधेरे में फायर के धमाके सुन इकट्ठा हुई भीड़ तितर-बितर होने लगी। कुछ देर में उपद्रव शांत हो गया। पर एक घड़ी ऐसी भी थी जब गुंडे बाला के टुकड़े-टुकड़े करने को तैयार हो गए थे। पर उसके आस-पास समर्थकों की भीड़ देखकर उन्होंने कुछ उलटा-सीधा करने की 'धृष्टता' नहीं की। हाँ, उन्होंने बाद में झूठे इल्जाम

लगाकर बाला को स्थानीय सिविल पुलिस को सौंप दिया कि उसने गोली चलाकर कई आदमियों को हताहत कर डाला है।

सिविल और फौज की सम्मिलित इन्क्वॉयरी बैठाई गई। उन्होंने पाया कि इस हादसे में कोई भी हताहत नहीं हुआ है। उनका निष्कर्ष था कि यदि सिपाही प्रणय कुमार बाला सामने आकर साहस नहीं दिखाता तो ट्रेन को लूटने तथा जलाने से बचानेवाला कोई भी नहीं था।

अपने प्राणों को संकट में डाल देश के अच्छे नागरिक तथा सिपाही के तौर पर अपनी जिम्मेदारी निभाने में निडरता तथा साहस दिखलाकर ढेरों लोगों के जान-माल तथा रेलगाड़ी की रक्षा करने के लिए सिपाही प्रणय कुमार बाला को सन् 1981 में 'शौर्य चक्र' से सुशोभित किया गया।

कमान अफसर का लड़का एक बार फिर सिपाही बाला को बिदाई देने रेलवे स्टेशन जा पहुँचा।

'हृदय वज्र-सा दृढ़, संकल्प-निरत हो;
सच्चा जीवन-मंत्र इसे जानो!'

रुझान की कृपणता तथा आनेवाला दशक

'यह सुंदर दीपक?—अंतर फिर अंधकार-शपित हो?'

सदियों से गरीबी दुनिया की एक बड़ी समस्या रही है। दुनिया की उपलब्धियाँ कम और माँग करनेवालों की जरूरतें ज्यादा। तभी होड़, तभी स्पर्धा, तभी तनाव, संघर्ष और छीना-झपटी का माहौल बना रहता है। ऐतिहासिक तौर पर अपना राज्य यथेष्ठ होने के बावजूद लोगों ने शक्ति के बल पर दूसरों के राज्य हथियाए और उनकी दौलत लूटी। दुनिया के अनेक राष्ट्रों में संभवतः हिंदुस्तान ही एक ऐसा देश रहा है, जिसने अपनी सीमाओं से बाहर जाकर तलवार के बल पर दूसरों का राज्य हथियाने की चेष्टा कभी नहीं की। अन्यथा इतिहास में रोमन, ग्रीक, अरब, मंगोल इत्यादि समुदायों के मुखिया तलवार के बल पर दूसरों का राज्य लूटने में प्रवीण रहे।

इस तरह अमीरों का एक तबका बना, जिसके पास धन-संपत्ति, सुख-सुविधा, आराम के साधन इत्यादि सबकुछ था; और दूसरा तबका बड़ी भारी संख्या में उन अधिकांश लोगों का रहा, जिनकी रोजी-रोटी की समस्या भी हल न हो पाती थी। थोड़े-बहुत महलों में रहनेवाले कुलीन और उनके गिर्द ढेरों की संख्या में फैले दरिद्र, जिन्हें दो वक्त की रोटी मुश्किल से और जिनकी रोजी-रोटी-मकान की, समस्या स्थायी ही बनी रही। दरिद्र ने अपनी गरीबी हटाने की जितनी कोशिश की उससे अधिक यत्न अमीरों ने अपनी अमीरी बढ़ाने का किया। जातीय, धार्मिक, सांप्रदायिक, भाषाधारित विभाजनों की कमी नहीं थी। आपस में मार-काट का दौर शुरू हुआ तो थमने को ही न आया। कालांतर में मानव चेतना का एक अमिट प्रारूप बनकर रह गया। एक जहाज के ऊपर सैर करनेवाला और बहुतेरे पसीने में लथपथ, पेंदों के अँधेरे में चप्पू चलानेवाले।

धीरे-धीरे इस व्यवस्था के मूल ढाँचे में फेरबदल होत रहा; ऐसा प्रतीत हुआ, पर वास्तविक ढाँचा वहीं-का-वहीं बना रहा। हाँ, अमीरों-गरीबों की सख्या एवं पारंपरिक अनुपात में जरूर फेरबदल होता रहा। लड़ाई का कारण?—कुछ भी हो सकता था। एक की मूँछ के ताव दूसरे को पसंद नहीं आए, तो दूसरे की औरत पसंद आ गई, तो तीसरे की दौलत।

युद्ध के प्रतिपादक दावा किया करते हैं कि मानव जाति के पिछले ज्ञात हजारों सालों के दौरान लगभग दो सौ साठ ही ऐसे वर्ष थे, जो युद्ध के बिना बीते। यूरोप आज अमीर है, पर सदा ऐसा नहीं था। उपनिवेशवादी युग में उसका अफ्रीका और एशिया के देशों में प्रभुत्व बना। यह प्रभुत्व तलवार के बल पर जमाया गया था। जाहिर है, अफ्रीका से ताँबा, टिन, कोबाल्ट जैसे खनिज पदार्थ कौड़ी या मिट्टी के भाव खरीदे जाते और फिर उन्हें फैक्टरियों में ढाल सोने के मोल बेचा जाता यही नहीं, साथ ही स्वयं अफ्रीकियों को भी। इसलिए अफ्रीका-एशिया में गरीबी बढ़ती गई तो यूरोप में अमीरी। कुछ यूरोपी अमेरिका में जा बसे। पर वहाँ के देसी लोगों का हनन करने के बाद ही। यानी उनके मानवीय अधिकारों का घनघोर उल्लंघन करके। फिर वे और भी अमीर हुए और उनकी अमीरी बढ़ती ही चली गई। उनलोगों ने मेहनत भी बड़ी की। कहते हैं, पैसा पैसे को खींचता है। अमीरों-गरीबों की खाई बढ़ती चली गई। आदमी-आदमी के बीच बुद्धि के अंतराल के कई गुना अधिक, उसके श्रम से कई बार ज्यादा। इस तरह एक प्रकार के अन्याय का बीज बोया गया। उसी तरह जैसे अब मुंबई में अमीरों की अट्टालिक मंजिल-पे-मंजिल बाँधती ऊपर आकाश की ओर चढ़ती चली जाती है और उसके आस-पास की झोंपड़-पट्टी चारों ओर फैलाव में बढ़ती चली जाती है। एक दिन झोंपड़-पट्टी की बदबू का झोंका और भिनभिनाती मक्खियाँ अट्टालिका की पच्चीसवीं मंजिल पर भी जा पहुँचती हैं। तब भी सोए लोग सोए ही रहते हैं। शायद देर-सबेर जागें।

बचपन से सुनते आए हैं कि कभी हमारे प्यारे देश हिंदुस्तान को 'सोने की चिड़िया' कहा जाता था। यहाँ दूध-घी की नदियाँ बहती थीं। हरियाली झूमती थी। चिड़ियाँ चहकती थीं। पाँचवीं सदी तक मौर्य और गुप्त सम्राटों का राज्य रहा। तब के हिंदुस्तान की पश्चिमी सीमा ईरान तक फैली हुई थी। अफगानिस्तान हिंदुस्तान का अंश था। विश्व में बुद्ध भगवान् की सबसे बड़ी मूर्ति यहीं पर बनी। इसी को हिंदुस्तान का शौर्यकाल कहा जाता है। पाँचवीं शताब्दी से तेरहवीं शताब्दी तक, लगभग लगातार, हिंदुस्तान के ऊपर पश्चिम की ओर से आक्रमण होते रहे। इन आक्रमणों में भयंकर मार-काट के साथ-साथ लूट-खसोट भी हुई। आक्रमणकारी

ऊँटों के कारवानों पर हिंदुस्तान से लूटी बेशुमार दौलत लूट-लूटकर देश के बाहर ले जाते रहे। यहाँ की दौलत और यहीं की अस्मिता। इस दौरान ढेरों सुल्तानों ने हिंदुस्तान के विभिन्न भागों पर अपना कब्जा जमाया। लूट-खसोट के अलावा इन सभी ने एक काम और किया—हिंदुस्तान में रहनेवालों के हजारों मंदिर तोड़े, मूर्तियाँ तोड़ीं। उनके खंडहरों पर उसी पत्थर से मस्जिदें खड़ी कीं। इस तरह उन्हें लगा कि उनकी लूट-खसोट तथा मारकाट के कुकर्मों को धार्मिक राहत मिली। इसके बाद मुगल आए। वे हिंदुस्तान में बस रहे। शताब्दियों लंबे इस काल की एक सच्चाई यह थी कि राजा मुसलमान होता था और प्रजा की बहुसंख्या हिंदुओं की थी, जिनके आस्था चिह्न तोड़े जाते थे। हिंदुओं की मानसिक दुर्दशा का वातावरण निरंतर बना रहा। मुगलों के बाद अँगरेज आए अठारहवीं शताब्दी में। तब से सन् 1947 तक हिंदू और मुसलमान दोनों उनके गुलाम बनकर रहे।

सन् 1947 में जब अँगरेज देश छोड़कर चले गए तो देश के बहुसंख्यक लोगों ने शताब्दियों के बाद स्वतंत्र वातावरण में साँस ली। दुनिया के अनेक धर्मों के लोग अनेक देशों में बसे हुए हैं; पर सत्य यह है कि हिंदू धर्म के लोग (साथी देश नेपाल को छोड़कर) दुनिया के किसी अन्य देश को अपना जन्मदाता नहीं कह सकते। इस देश से यदि हिंदुओं की अस्मिता मिटती है तो वह सदा के लिए धरती से मिट जाएगी।

□

कहते हैं कि अँगरेजों ने हिंदुस्तान को कभी अपना देश नहीं माना। यहाँ के लोगों से शादी-ब्याह भी कम रचाए। न यहाँ के लोगों से मिल-जुलकर रहे। उन्हें यह देश उपनिवेश लगा। पर मुसलमानों ने तो यहाँ शादी-ब्याह भी रचाए। इसे अपना देश मानकर भी रहे। इसीलिए हैरानी होती है कि आजादी के समय उन्होंने देश के टुकड़े क्यों करवा डाले? उनके एक महत्त्वपूर्ण प्रतिनिधि अंश को ऐसा क्यों लगा कि वे अलग कौम हैं? बाद में एक टुकड़े के दो टुकड़े बन गए। विडंबना यह है कि आज के हिंदुस्तान के मुसलमानों की संख्या पाकिस्तान के मुसलमानों की संख्या से अधिक है। फिर भी 'कश्मीरियत', 'हिंदुस्तानियत' की अपेक्षा 'पाकिस्तानियत' के ज्यादा करीब जाने का दावा करने लगी है। पिता की जायदाद का बँटवारा करने पर तुले भाई बँटवारा करके चैन से रहें, ऐसा सोचा होगा सबने। पर यह क्या! ये तो बँटवारा हो जाने के बाद भी संतुष्ट नहीं। जानी दुश्मन बन बैठे हैं एक-दूसरे के। इतनी घृणा! इतना वैर! क्योंकर? इनके आपसी विवादों

का कहीं अंत होगा? आज यह तो कल वह, तो परसों कोई और। एक समस्या सुलझती नहीं कि दूसरी तैयार खड़ी हो जाती है। **भुट्टो ने कहा कि हम एटम बम बनाकर रहेंगे, चाहे हमें 'हजार साल तक घास क्यों न खानी पड़े'**। जबकि गाँधी जी दोनों सम्प्रदायों के बीच शांति बनाए रखने के लिए अनशन करते-करते मारे गए। इतना घना वैर, इतना कटु वैमनस्य, इतना स्थायी! आखिर क्योंकर? क्या वैमनस्य देश की सुरक्षा को प्रभावित करता है? सन् 1947-48 में एक लड़ाई, 1965 में दूसरी, 1971 में तीसरी। बीच में लगातार तनाव। कल के भाइयों के बीच! बड़े दुःख का विषय है।

इस शताब्दी में सबसे भीषण युद्ध हुए, मानव स्मृति में, सबसे अधिक मौतें और युद्ध के तौर-तरीकों में भी विस्मयकारी परिवर्तन। पहले लड़ाई तलवार, तीर-कमान तथा तोड़दार बंदूकों की हुआ करती थी, फिर आ गई मशीनगनें। एक मिनट में ढेरों गोलियाँ फायर करनेवाली। भयंकर मार करनेवाली तोपें आ गईं। टैंक, बारूदी सुरंगें, हवाई जहाज आ गए। युद्ध के आयामों में क्रांतिकारी परिवर्तन आया। द्वितीय विश्वयुद्ध तक यह परिवर्तन बढ़ता ही चला गया। रेडियो एवं रेडार आए। फोटोबाजी के पैंतरे, रॉकेट, टैंकों में लगी घातक तोपें, विमानों से मशीनगनों के अतिरिक्त भयंकर मार करनेवाले बम आए। बड़े-बड़े शहरों और सामान्य जनता का विनाश आया। पानी के बड़े-बड़े जहाज और संघातिक पनडुब्बियाँ आईं। प्रक्षेपास्त्र, एटम बम, सेटेलाइट आए। खुफिया एजेंसियों और व्यापक गुप्तचर विभागों का जमाना आया। हथियारों की मार की दूरी तथा हननशक्ति में बड़ी भारी बढ़ोतरी हुई।

इस समय यूरोप में शुरू हुई औद्योगिक क्रांति अपने विकास की चरम सीमा पर थी। एक तो इससे धनोपार्जन में भारी वृद्धि हुई। खनिज एशिया और अफ्रीका के, मशीनें यूरोप और अमेरिका की। दूसरे, वैज्ञानिकी विकास ने क्रांतिकारी परिवर्तन लाए—जीवन तथा जीवन-शैली में। रेलगाड़ी और मोटर कारें तो आ ही चुकी थीं। बिजली भी। फिर टेलीफोन, रेडियो, चलचित्र विधा, एक्स-रे, पेनिसिलन, एंटी बायोटिक दवाइयाँ इत्यादि आए। बाद में अगले ही कुछ सालों में टेलीविजन, कंप्यूटर, सुपर कंडक्टर, लेजर, परमाणु बम तथा ऊर्जा, रासायनिक अस्त्र, जीवाणु-अस्त्र, माइक्रो चिप, उपग्रह, प्रक्षेपास्त्र की चकाचौंध का जमाना आ गया। युद्ध-विधाओं, युद्ध-नीतियों में क्रांतिकारी परिवर्तन आए। सन् 1946 के अगस्त में अमेरिका ने हिरोशिमा और नागासाकी शहरों पर विमानों से एटम बम गिराए। दोनों शहर देखते-देखते राख में बदल गए। लाखों की संख्या में लोग मारे गए। जो बचे रहे, वे तथा उनकी संतानें भयंकर रोगों से ग्रस्त हुईं। अमेरिकी सरकार ने अपनी जनता को यह मानने

पर राजी कर लिया कि यदि ये दो बम न गिराए जाते तो युद्ध और भी लंबा चलता। उसमें कई अमेरिकियों की जानें जातीं। इसलिए उन्हें भगवान् का लाख-लाख शुक्र करना चाहिए (अमेरिकी राष्ट्रपति का भी) कि उसने बम गिराकर लड़ाई का शीघ्रातिशीघ्र समापन करवाया; जिससे दुनिया फिर से शांति का आनंद लूट सके। हिटलर के प्रचारमंत्री गोएबल्ज ने प्रतिपादित किया था कि कोई भी झूठ यदि बारम्बार सच कहकर बयान किया जाए तो लोग उसे सच मान लेते हैं। तब से यह प्रचार संहिता का एक मूल आख्यान बन गया। मीडिया (रेडियो, अखबारों और पत्रिकाओं) का प्रचार इतना जबर्दस्त था कि लोग इसे सच मानने लगे कि एटम बम गिराने से मानव जाति ने पुण्य संचयन किया है।

□

द्वितीय विश्वयुद्ध के बाद शीतयुद्ध शुरू हुआ। हारे देश जर्मनी और जापान अपनी शक्ति खो बैठे। जीते हुए देश ब्रिटेन और फ्रांस भी अपनी शक्ति तथा उपनिवेश (खनिज-जखीरे, सस्ते हाथों के खजाने) खो बैठे। अमेरिका और रूस नई शक्तियाँ बनकर उभरे। उपग्रहों का जमाना आया। आदमी चाँद पर जा पहुँचा। उपग्रह पृथ्वी के किसी भी क्षेत्र की फोटो लेने में समर्थ हुए। इसका सामरिक प्रभाव बड़ा महत्त्वपूर्ण था। उधर जर्मनी तथा जापान लड़ाई हारने के बावजूद कुछ वर्षों में बड़ी ताकतें बन फिर से उभर खड़े हुए। टेकनोलॉजी की लहरों पर तैरते-तिरते उनमें भारी अमीरी आ गई थी। आर्थिक शक्ति आई। यदि अर्थ के बलबूते पर किसी देश पर हावी हुआ जा सके तो युद्ध करने की आवश्यकता टाली जा सकती है। इस नए अर्थबल की आधारशिला थी एक नई तथा सोना उगलनेवाली शक्ति—हथियार बनाने और बेचने की। पहले लोग अपने ही देश में अपनी जरूरतों के हथियार बनाया करते थे। अब हथियारों का एक नया बाजार उठ खड़ा हुआ। इसके दो प्रमुख खिलाड़ी थे—अमेरिका और सोवियत संघ। छुटपुट खिलाड़ी जर्मनी, जापान, इंग्लैंड, फ्रांस इत्यादि थे। बाद में चीन भी इस क्लब का सदस्य बन गया। तोप, विमान, जहाज, पनडुब्बियाँ, टैंक, हेलिकॉप्टर इत्यादि बिकाऊ होने लगे।

शीतयुद्ध के दौरान दुनिया के अधिकांश देश दो भागों में विभाजित हो गए। दोस्त तथा दुश्मन, देखनेवाले की दृष्टि पर निर्भर हो गया। राष्ट्र के गुट बने, नाटों तथा वारसा पैक्ट, तो परिक्रिया के रूप में निर्गुट-वाद भी प्रतिपादित हुआ। पड़ोसी देश पाकिस्तान सेंटों व सीएटो का सदस्य बना। उसे भारी मात्रा में अमेरिकी अस्त्र-शस्त्र मिलने शुरू हुए। 'दोस्त' को टेकनोलॉजी मिलेगी तो 'दुश्मन' (अथवा

अ-मित्र) को टेकनोलॉजी देने पर भाँति-भाँति की रोकें लगाने का चलन आरम्भ हुआ। हमने गुटनिरपेक्ष नीति अपनाई, जिससे हमारी राजनीतिक स्वतंत्रता बरकरार रहे। पर इसके कारण हमें अमेरिकी सहायता से वंचित होना पड़ा और हथियारों को लेकर हम सत्तर प्रतिशत सोवियत संघ पर निर्भर हुए। यह अच्छा नहीं था। पर क्या करते। टेकनोलॉजी की बढ़त इतनी तेज रफ्तार में हो रही थी कि हममें वांछित लड़ाकू जहाज और टैंक अथवा पनडुब्बियाँ बनाने की क्षमता ही नहीं थी। हमारे लाख मना करने पर भी अमेरिका ने पाकिस्तान को अत्याधुनिक हथियार दिए। इसलिए हमें उनका मुकाबला करनेवाले हथियार रूस से खरीदने पर बाध य होना पड़ा। ईरान-इराक में युद्ध हुआ तो एक ओर रूस ने हथियार बेचे तो दूसरी ओर अमेरिका ने। यूरोप ने दोनों पक्षों को! इसी कारण, यद्यपि आधुनिक युद्ध के लिए अवधारणा प्रचलित हुई थी कि वह घमासान होने के कारण ज्यादा दिन नहीं चलता, ईरान और इराक का युद्ध दोनों विश्वयुद्धों की अवधि से भी अधिक चला। इस दौरान हथियार बेचनेवाले राष्ट्रों ने खूब कमाई की होगी। जब युद्ध विराम हुआ तो उससे पहले ही उन्होंने कुछ और भी देश तलाश कर लिए होंगे, जहाँ हथियार बेचे जा सकें। उत्तर-दक्षिणी कोरिया में भी ऐसा ही हुआ। इजराइल और अरब राष्ट्रों के बीच ऐसा वर्षों से चला आ रहा है। अफ्रीका के देश भी आपस में, अथवा भीतर-ही-भीतर लड़ा ही करते हैं, इसलिए उनकी हथियारों की जरूरत हमेशा बनी रहती है। सन् 1973 में खाड़ी के तेल पैदा करनेवाले देशों ने तेल पदार्थों के मूल्यों में भारी बढ़ोतरी कर डाली। शेख लोग इंग्लैंड में कासल खरीदने लगे। उनके हरमों में गोरी मेमें भी शामिल होने लगीं। अब तो उपाधियाँ भी बिकाऊ हैं। 'लार्ड' बनने के इतने लाख पाउंड, तो 'डयूक' के इतने। शुरू में तो परेशानी आई, पर शीघ्र ही धनाढ्य पश्चिमी देशों ने 'इस हाथ दे तो उस हाथ डबल ले' की लाभप्रद नीति अपनाई। तेल-पदार्थों के दामों में वृद्धि के कारण हुआ घाटा, लड़ाकू विमान, प्रक्षेपास्त्र, रेडार, टैंक, तोपें इत्यादि चौंकानेवाले दामों पर बेच-बेचकर पूरा करके खूब मुनाफा कमाया गया। इसके साथ ही कारों तथा टेलीविजन आदि की भी चोखी बिक्री हुई। इस प्रकार 'अर्थ' भी प्रभुत्व जमाने का एक महत्त्वपूर्ण जरिया बन गया और इस अर्थ का आधार टेकनोलॉजी पर था। टेकनोलॉजी ही वह मुर्गी थी, जो सोने के अंडे दिया करती थी। तो इसके राज़ क्योंकर बताए जाएँ किसी को? अस्तु राज़ बाँटने की कड़ी मनाही। 'दुश्मन' को तो कभी भी नहीं। जो खुद राज़ के करीब तक पहुँच जाए—भूता-भटका अथवा चोरी-छिपे अथवा अपने बुद्धिबल के सहारे—उसपर सौ प्रकार के वज्रघात।

आज की भाषा में इन्हें 'सैंक्शंज' कहते हैं। इसी का दूसरा नाम 'नियंत्रण' है। टेकनोलॉजी वही बाँटी जाएगी, जो पुरानी पड़ चुकी है। यानी बुढ़ाई मुर्गी की तसवीर। सो भी मुफ्त में नहीं। इतने भारी दामों पर कि उसका दिया काँसे का अंडा भी महँगा पड़े। पुरानी टेकनोलॉजी जितना मर्जी खरीद लो, मगर मुँहमाँगे दामों पर। पर नई टेकनोलॉजी कभी नहीं, कभी नहीं।

हिरोशिमा और नागासाकी पर गिराए एटम बम बीस किलो टन (एक किलो टन एक हजार टन बारूदी जितना विस्फोटक) के थे। बाद में हाइड्रोजन बम बनने लगे। मेगा टनवाले। बहुर्मुखी! 1 मार्च, 1958 को अमेरिका ने प्रशांत महासागर में 15 मेगा टन के एक हाइड्रोजन बम का विस्फोट किया। इसकी स्फुर्णियाँ सात हजार वर्ग किलोमीटर के क्षेत्र में फैलीं। उस समय जापानी मछुआरों की एक नाव महासागर में थी। विस्फोट की चकाचौंध से अवाक् होकर वे चिल्लाए, 'देखो-देखो, सूरज पश्चिम में उदय हो रहा है!' एक मछुआरे की कुछ ही दिनों बाद मृत्यु हो गई। इस विस्फोट के पश्चात् नेहरू जी ने अमेरिका से परमाणु परीक्षण रोकने की अपील की, पर वह नक्कारखाने में तूती की आवाज थी। सन् 1945 और 1985 के बीच अमेरिका ने साठ हजार परमाणु अस्त्रों का उत्पादन किया और होड़ में रूस ने भी करीब उतने ही। इन्हें इकहत्तर अलग किस्मों में बाँटा जा सकता है। इस हिसाब से वे इन चालीस वर्ष के दौरान औसतन चार परमाणु अस्त्र प्रतिदिन के हिसाब से बनाते रहे। उधर रूस भी पिछड़ा नहीं रहा। अक्तूबर 1961 में 50 मेगा टन का एक भयानक विस्फोट परीक्षण भी कर डाला। इसकी रोशनी एक हजार वर्ग किलोमीटर क्षेत्र को जगमगा गई। लगा कि रात में भी दिन हो गया। विमान पर सवार एक फोटोग्राफर ने इस भारी धमाके को महसूस करते हुए कहा, 'मुझे लगा मानो धरती मार डाली गई।'

□

यदि इस पृष्ठ पर लिखे शब्द समूह की पहली पाँत का पहला अक्षर एक आधार माना जाए, जिसका विस्फोटक प्रथम विश्वयुद्ध में प्रयोग किए गए तमाम विस्फोटकों के बराबर है, तो एक पाँत के सभी अक्षर पाँच साल चले द्वितीय विश्वयुद्ध के तमाम भयानक विस्फोटकों के बराबर होंगे। तो इसी मानदंड में इस पुस्तक के आदि से अंत तक सारे शब्द उस विस्फोटक के बराबर जमा होंगे, जितने परमाणु अस्त्रों का भंडारीकरण अमेरिका और रूस कर चुके हैं। यह है वास्तविकता की प्रलयंकारी, सच्ची छवि!

□

अमेरिका सामान्यतः एक हजार अट्ठावन से ऊपर परमाणु परीक्षण कर चुका है। आज भी कर रहा है।—सी.टी.बी.टी. जैसी संधि के बावजूद। यही चीन ने इससे पहले किया था—फ्रांस ने भी। हम ही विचारों में डूबे रहे। पहले परमाणु क्लब के तीन सदस्य थे—अमेरिका, सोवियत संघ और इंग्लैंड। बाद में फ्रांस और चीन भी इसमें शामिल हो गए। अब ये पाँच सदस्य चाहते हैं कि दुनिया के बाकी राष्ट्रों में कोई भी अन्य राष्ट्र न परमाणु हथियार बनाए, न उनका परीक्षण करे। वे चाहते हैं कि 'हम पाँच' को छोड़कर बाकी सारे राष्ट्र सौगंध खाएँ कि वे परीक्षण नहीं करेंगे, न परमाणु हथियार बनाएँगे। हिंदुस्तान ने कहा कि आप पहले इस लक्ष्य से सहमत होएँ कि आप निर्धारित समयानुसार अपने सारे परमाणु अस्त्र थोड़े-थोड़े करके त्याग देंगे। पर वे ऐसा करने के लिए तैयार नहीं हुए। उलट इन्हीं दिनों, जैसाकि ऊपर उल्लिखित है, फ्रांस तथा चीन ने और भी नए परीक्षण किए। मतलब यह कि वे तो परमाणु ऊर्जा के संसाधनों का विकास तथा भंडारीकरण कर सकते हैं, परंतु हम ऐसा कुछ भी नहीं कर सकते। तात्पर्य यह है कि जिनके पास 'हैं' वे और भी बनाएँ, मगर जिनके पास 'नहीं हैं' उन्हें 'वंचित' ही रखा जाए।

हमारे पड़ोसी देश चीन के पास तो भारी मात्रा में परमाणु अस्त्र जमा हैं और इनमें से अनेक, प्रक्षेपास्त्रों के साथ, तिब्बत के कई ठिकानों में तैनात हैं। यहाँ से वे हिंदुस्तान के किसी भी शहर को हिरोशिमा और नागासाकी की तरह निशाना बना सकते हैं। हमारे दूसरे पड़ोसी देश पाकिस्तान के प्रधानमंत्री ने स्वीकार किया है कि उनके पास परमाणु अस्त्र हैं और चीन द्वारा दूर की मार करनेवाले दिए गए प्रक्षेपास्त्र भी।

इन दोनों पड़ोसी देशों के पास परमाणु अस्त्र तथा उन्हें गिराने के संसाधन हैं और उनका भंडारीकरण हो रहा है। स्वतंत्रता के बाद इन दोनों देशों के साथ हमारा युद्ध हो चुका है और हमारे अनेक सैनिकों का खून बह चुका है।

उपग्रहों के अंतरिक्ष में दूर तक छोड़ने के लिए 'क्रायोजेनिक इंजन' की जरूरत पड़ती है। इस प्रकार के 'इंजिन' की विशेषता उपयोग में लाए जानेवाले ईंधन से है—वह तरल हो या ठोस। रूस हमें यह टेकनोलॉजी बेचने के लिए तैयार हो गया था। संधि पर हस्ताक्षर भी हो गए थे। परंतु ऐन मौके पर अमेरिका ने रूस पर इतना दबाव डाला कि वह अपने वायदे पर मुकर जाने के करीब पहुँच गया।

एक समय था, जब कोरिया युद्ध के बाद अमेरिका के कई बड़े नेता चीन के पनप रहे अणु अनुसंधान एवं निर्माण केंद्रों पर आक्रमण करके उन्हें नेस्तनाबूद

कर देना चाहते थे। बाद में पाकिस्तान की दलाली के माध्यम से राष्ट्रपति निक्सन चीन गए और दोनों देशों के बीच मैत्री बढ़ी। 'रूसी-चीनी भाई-भाई', संसार के 'साम्यवादी भाई-भाई' इत्यादि नारे भूलकर चीन अमेरिका के आँचल में जा बैठा। उधर अमेरिका ने भी चीन की कद्र करनी शुरू कर दी। चीन ने परमाणु बम परीक्षण कर डाले थे। प्रक्षेपास्त्र भी बना लिए थे। अब वह भी धनाढ्यों के क्लब में शामिल हो चुका था; यद्यपि बीच-बीच में पुरानी नारेबाजी भी जारी कर देता था, गाहे-बगाहे, जिससे दोस्ती की महँगी कीमत मिलती रहे। यदि यह सब ऐतिहासिक तथ्यों की श्रेणी में आता है, तो क्या सबक मिलता है इससे?

□

यदि यह कहा जाए कि आज के युग में तकनीकी आत्मनिर्भरता ही हमें धनाढ्य बना सकती है तो क्या अनुचित होगा? यह कैसे जल्दी-से-जल्दी हासिल हो?

आजादी के बाद हमें खाद्यान्न को लेकर भिखमंगा कहा जाता था। अब 'हरित क्रांति' के बाद हम अपनी तीन गुना बढ़ी आबादी के लिए खाना जुटाने में समर्थ हैं। उपग्रहों के क्षेत्र में हमारे बुद्धिमान् वैज्ञानिकों ने चामत्कारिक प्रगति करके दुनिया को चौंका दिया। पहले रोहिणी छोड़ा, फिर ध्रुवीय उपग्रह। एडवांस लाइट हेलिकॉप्टर बनाया। अर्जुन टैंक तैयार किया। अब लाइट कॉम्बेट एयर क्राफ्ट के निर्माण में लगे हैं। कंप्यूटर का सॉफ्टवेयर तैयार करने में हिंदुस्तानी दिमाग की दाद विश्व-भर में दी जाती है। पृथ्वी, त्रिशूल, आकाश, नाग तथा अग्नि जैसे प्रक्षेपास्त्र बनाए। यदि हमारे युवा तथा प्रतिभाशाली वैज्ञानिक एकजुट हो इस ओर लगन से काम करें तथा देशवासी उनकी उचित दाद दें एवं उत्साह बनाए रखें तो वे कमाल कर सकते हैं। इस मार्ग के सहारे आगामी शताब्दी में हमारे लिए धनोपार्जन, समृद्धि, शक्ति तथा छवि के मार्ग खुले हैं। इन्हीं में हमारी सुरक्षा का एक महत्त्वपूर्ण पहलू निहित है। हमें राष्ट्र के तौर पर 'तकनीकी खाई' पाटने के लिए कटिबद्ध हो जाना चाहिए और इसी दिशा में अपना विशेष ध्यान तथा जोर जगाना चाहिए।

चीनी वैज्ञानिकों ने यह खाई काफी हद तक पाट ली है। कुछ साल पहले उन्होंने परमाणु बम में काम आनेवाले 'रिंग मैग्नेट' पाकिस्तान को बेचे। जब अमेरिका को इसका पता चला तो उसने पाकिस्तान को दी जा रही सामरिक सहायता पर अस्थायी रोक लगाई; पर चीन के विरुद्ध कुछ नहीं किया। चीन के साथ बड़े गहरे व्यापारिक सम्बंध बढ़ रहे थे। बड़े-बड़े व्यापारियों ने चीन के विरुद्ध कोई भी कार्यवाही करने के इरादों में हस्तक्षेप किया। इसलिए चीन ने पाकिस्तान को

उच्च सामरिक सहायता देने की अपनी मनमर्जी जारी रखी। चीन एक ओर हिंदुस्तान से मैत्री बढ़ाने का दिखावा करता है, दूसरी ओर पाकिस्तान को सामरिक सहायता देता रहता है। ऐसीं सहायता, जो पाकिस्तान का रुख आक्रामक बनाए रखे। चीन ने अकसाई चिन का क्षेत्र हथियाया हुआ है और अरुणाचल पर भी अपना दावा जमा चुका है, अरुणाचल ही नहीं सिक्किम को भी भारत का एक राज्य मानने में उसे आपत्ति है, और इन दोनों राज्यों के हमारे नागरिकों को 'वीज़ा' देने से भी इनकार करता है। पर हम क्या करें? शक्ति के अभावा में हमें इस सबके बावजूद चीन के साथ मैत्री का हाथ बढ़ाना पड़ रहा है। चीन उत्तर-पूर्व में वर्षों से विघटनकारियों की सहायता करता रहा है। अब उसने बर्मा के तटवर्ती क्षेत्रों में भी अपनी उपस्थिति दिखानी शुरू कर दी है। ऐसे वातावरण में हमें सन् 1962 को नहीं भूलना चाहिए और यह भी याद रखना चाहिए कि कोरे नारेबाजी से कुछ न होगा। अपने आपको हर कोशिश से ताकतवर बनाने के सिवा हमारे अन्यान्य विकल्प हमारे निर्णय लेने की स्वतंत्रता पर रोक लगानेवाले ही सिद्ध होंगे।

नित एक तकनीकी विकासों के कारण, यह सबको विदित है कि दुनिया बड़ी तेजी से बदल रही है। शक्ति के पुराने प्रारूप बदलकर नए बन रहे हैं। अभी कुछ ही साल पहले क्या कोई स्वप्न में भी सोच सकता था कि दुनिया की दो शक्तिशाली ताकतों में से एक माने जानेवाले सोवियत संघ का आकस्मिक विघटन हो जाएगा! आजकल के समाचार-पत्रों में आएदिन रूस की दुर्दशा के बारे में पढ़ने को मिलता है। वहाँ भी चोरी-डकैती की वारदातें होने लगी हैं। सामाजिक व्यवस्था में गहरी दरारें आ फूटी हैं। रूस के विख्यात सैनिक चेचन्या की लड़ाई ढंग से नहीं लड़ पाए। टेलीविजन पर रूसी वृद्धाएँ कूड़े-कर्कट के ढेरों में भोज्य सामग्री तलाशती दिखाई दे जाती हैं। कैसे हो गया यह विकट कायाकल्प? इतनी बड़ी दिग्गज ताकत, इतने दिलेर तथा भावुक दिल रखनेवाले लोगों का यह महान् देश विनाश तथा पतन के इस कगार पर कैसे पहुँचा? जो नेपोलियन और हिटलर की सेनाएँ नहीं कर पाई थीं, वह बिना गोला-बारूद के कैसे संभव हो गया?

□

अँगरेजी जमाने में फौज में कवायद के लिए दो प्रमुख संबोधनात्मक आदेश थे—'अटैंशन' तथा 'स्टैंड-एट-ईज'। पहला था सतर्क भंगिमा अपनाने के लिए (सावधान) और दूसरा था आरामदेह भंगिमा (विश्राम) में छूट जाने के लिए।

फौजी आदेशावली का हिंदीकरण करने की समस्या आई। अनुवाद में दिए गए—'सावधान' तथा 'विश्राम'। शुरू में बड़े अटपटे लगे। धीरे-धीरे रमने लगे।

फिर रम भी गए। पूरी तरह। तब जाकर बोध हुआ कि ये 'अटैंशन' तथा 'स्टैंड-एट-ईज' के जोड़ीदार ही नहीं, उनसे कई गुना बेहतर भी हैं। बड़ा अचंभा हुआ और खुशी भी। हमारी अपनी देसी कमान अँगरेजी कमान से कहीं श्रेष्ठतर। अब इतनी आदत पड़ गई है कि पुराने अँगरेजी आदेश सुनें तो कुछ हँसी-सी आ जाती है। इतना बड़ा और मूल परिवर्तन। थोड़ी-सी ही देरी में। उन्नति के एक साथ पर अग्रसर। बड़ा सुकून मिला।

शायद यही बात हमारी सोच के लिए भी लागू होती है। विडंबना यह है कि जो अँगरेजी जानते हैं, वे हिंदी नहीं जानते और जो हिंदी जानते हैं, वे अँगरेजी नहीं। जो दोनों जानते हैं, उनकी संख्या बहुत न्यून है। नकल करना बुरी बात नहीं। खासकर अच्छी बातों, अच्छे गुणों की नकल करना। पर अपने निजी मौलिक योगदान की भी आवश्यकता है। उसके अभाव में अपने देसी फूल कैसे खिलेंगे? आज के जापान ने शताब्दी भर पहले पश्चिम के धनाढ्य देशों की नकल शुरू की। असल में इसे नकल कहना भी कुछ ठीक न होगा। हो भी तो उनके पास अपनी भाषा थी। अपना मुहावरा था। परम्परा थी। पाश्चात्य वैज्ञानिकों के कई गुणों को अपने साँचे में ढाल आज वह कई बातों में पश्चिम की अग्रिम पाँत के देशों से टक्कर लेने में समर्थ है। द्वितीय विश्वयुद्ध में हुई व्यापक तबाही के बावजूद।

□

क्या हमारे लिए नकल करने अथवा रूढ़ि के दलदल में डूबने के सिवा कोई अन्य राह नहीं?

आज हमारी सामरिक सोच मुख्यतः पश्चिम की देन है। हम क्लॉजविट्ज, लिडल हार्ट, सुन त्से, माओ जैसे विदेशी नामों से प्रेरणा पाते हैं; पर अपनी मौलिक परंपरा के बीच बोने के प्रति उत्साहहीन हैं। क्यों? क्योंकि हम अहिंसा के पुजारी हैं? हम अपने आपको दुनिया की चौथी बड़ी सशस्त्र ताकत कहते गर्व अनुभव करने से नहीं हिचकिचाते। फिर यह झाईं क्योंकर? हम हथियार खरीदेंगे, पर बेचेंगे नहीं। क्यों? आज हमारे पास आधुनिक युद्ध के लगभग सभी पहलुओं के तजुर्बे हैं। हमारी सेनाएँ थार रेगिस्तान की झुलसती धूप में लड़ने की अभ्यस्त हैं, तो सियाचिन हिमनद की इक्कीस हजार फीट ऊँची बर्फीली धरती पर भी। बर्मा के जंगलों और पंजाब के मैदानों से लेकर श्रीलंका तथा मालद्वीप तक के अनुभव हैं हमारे पास। आजादी के बाद से अब तक नगालैंड, मिजोरम, त्रिपुरा, मणिपुर में उग्रवादी तथा आतंकवादी सामरिकी का व्यापक अनुभव है। कश्मीर में क्लाश्निकॉव

आतंकवाद का अनुभव है। इसी तरह हमारी नौसेना को देश के विस्तृत तट की रक्षा करने के अनेकानेक अनुभव हैं। हमारी वायुसेना लेह, चुशूल और पुंछ में तोपखाना पहुँचा चुकी है। हमारे हेलिकॉप्टर लद्दाख और अरुणाचल की ऊँचाइयों में सर्दी, गर्मी, कोहरे, धुंध, वर्षा में उड़ने के अभ्यस्त हैं। पर खेदवश हमने इस अगाध अनुभव को लिपिबद्ध कर कोई ऐतिहासिक जामा नहीं पहनाया। न ही व्यापक तौर पर समाज को अवगत करवाया। इस दृष्टिकोण से हमारी पुरानी, परंपरागत कमजोरी अब भी बनी हुई है। हमारी फौजी प्रशिक्षण संस्थाओं में अँगरेजी के माध्यम से अब भी 'बैटल ऑफ ब्रिटेन' का बोलबाला है। एक टीपू सुल्तान की श्रीरंगपट्टनम की लड़ाई अथवा शिवाजी के गोरिल्ला युद्ध की दो-चार गाथाएँ पढ़ लेने से कुछ नहीं होता। सन् 1947-48 में हुए जम्मू-कश्मीर युद्ध का सरकारी इतिहास वर्षों तक नहीं लिखा गया। लिखा गया तो 1987 में। पूरे चालीस सालों के बाद। इतनी देरी क्यों? आजकल तो माहौल ऐसा है कि 'गल्फ वार' समाप्त होने के अगले सप्ताह उसके बारे में पुस्तकें छपना भी शुरू हो जाती हैं। मार्क टुली ने 'ऑपरेशन ब्लू स्टार' के बारे में लिखने में देरी नहीं की। **सन् 1962, 1965 और 1971 के युद्धों की बाबत कोई सरकारी इतिहास अभी तक नहीं छापा गया। न ही श्रीलंका के युद्ध के बारे में, न ही सियाचिन की लड़ाई के बारे में।** क्यों? जम्मू-कश्मीर में हमारा अनुभव अत्यंत व्यापक तथा दीर्घकालीन रहा है—लड़ाई के बाद वहाँ के उग्रवाद से संघर्ष करने का। पर उसके बारे नें कोई दस्तावेज जनदेखी के हवाले नहीं किए जाते। क्यों? क्योंकि हमें सही बात लिखनी पड़ेगी? सच्चाई के प्रति यह बेरुखी क्यों?

□

जो थोड़ा-बहुत होता भी है, वह अँगरेजी में होता है। वह हिंदी के पाठकों तक नहीं पहुँचता। इसलिए हिंदी के पाठक आधुनिक सामरिकी के ब्योरों से पूर्णतया अनभिज्ञ हैं।

पर किसने कौन-सी लड़ाई सही तौर पर कैसे लड़ी, क्योंकर जीती इसके बारे में हमारा ज्ञान बड़ा सतही है। अमुक के पास हाथी थे और उसके विपक्षी के पास घोड़े, बस इतना ही। दुर्भाग्यवश, आधुनिक सामरिकी के बारे में हमारे पास पर्याप्त तथा उचित शब्दावली भी नहीं है। हम इसे धीरे-धीरे बना सकते हैं—चेतना जाग्रत् करके। हिंदी में प्रयास करके। हिंदी में हजारों अरबी, तुर्की, ईरानी शब्द आ चुके हैं। थोड़ी-बहुत अँगरेजी भी सही। उन्हें स्वीकार करने में हमें छुआछूत

नहीं बरतनी चाहिए। और नक्शे? शायद नक्शों का अभाव ही हमें ले डूबा। नक्शे की अकारण, असंगत तथा अगाध अवहेलना तथा अपेक्षा के शिकार।

हाँ, यह जरूर पूछा जा सकता है कि हम इतिहास में बी.ए., एम.ए. तो करने नहीं जा रहे। फिर, ऐतिहासिक युद्धावली की जानकारी क्योंकर? शायद इसलिए कि एकता के अभाव, राष्ट्र की भौगोलिकता के आभास की चेतनहीनता आदि के अतिरिक्त हम हर बार किसी-न-किसी बड़े युद्ध के बाद गुलाम होते चले गए।

आज इसके तो कल उसके। चंद्रगुप्त मौर्य से लेकर समुद्रगुप्त मौर्य तक हमारा स्वर्ण युग रहा। उसके बाद पाँचवीं से तेरहवीं शताब्दियों तक लगातार विभिन्न देशों से आए आक्रमणकारी देश को लूटने-खसोटने तथा लोगों के विनाश में लगे रहे। तीन सौ लंबे वर्षों के बाद इस्लाम ने यहाँ डेरा जमाना शुरू किया। उसके बाद मुगल शासक आए और फिर अँगरेज। इसके बाद हमारे पूज्य दिग्गजों ने देश की स्वतंत्रता के लिए बड़ी कठिन लड़ाइयाँ लड़ीं, कष्ट झेले, बलिदान दिए—उनकी, अपनी और हमारी अस्मिता की रक्षा के लिए।

□

स्वतंत्रता के पूर्व, फौज के कमांडर-इन-चीफ का 'लाट' के बाद दूसरा दर्जा होता था। उसे 'जंगी लाट' भी कहा जाता था। स्वतंत्रता के बाद सेना की प्रमुखता तथा प्रभुत्व में अवमूल्यन होता रहा। इसके पीछे सैद्धांतिक पक्ष यह था कि प्रजातंत्र में प्रजातंत्रीय (नागरिक, गणतंत्रीय) शक्तियों का प्रभुत्व होना चाहिए और सशस्त्र सेनाओं को इस प्रभुत्व के नियंत्रण में ही कार्यरत होना चाहिए। बिलकुल ठीक। संसार के सभी प्रजातंत्रों में ऐसा ही होता है। पर इसका यह तात्पर्य तो नहीं कि जिसका नियंत्रण होना चाहिए, उसका नियंत्रण करने में न रुचि हो, न रुझान; न ज्ञान हो, न ज्ञान प्राप्त करने की इच्छा; न जिज्ञासा हो, न जिज्ञासु बनने की कोई चाह। नियंत्रण होना चाहिए, परंतु उपेक्षा नहीं। आपसी तालमेल होना चाहिए, पृथक्त्व नहीं। वस्तुतः प्रजातंत्रीय नियंत्रण बाबूगिरी तबके का नियंत्रण बनकर रह जाता है। अस्तु, देश की सामरिक व्यवस्था का चालन राजनीतिक नेताओं के बाबूगिरी तंत्रकर्ताओं के साथ हुए आदान-प्रदान तक ही सीमित रहता है—कालांतर के लिए। क्या राष्ट्रहित के लिए, तथा उसके अनुरूप सैनिक बलशक्ति का श्रेष्ठतर उपयोग इसी चालू व्यवस्था के बलबूते पर होना अपेक्षित अथवा उचित है? क्या हमें ऐसी संस्थाओं के बीज नहीं बोने चाहिए, जो व्यक्तिपरक न होकर सिद्धांत तथा व्यवस्थापरक हों?

आजकल जटिल सामरिक समस्याओं के युग में जब देशों की सशस्त्र बल शक्ति उनकी अन्य महत्त्वपूर्ण शक्तियों तथा उपलब्धियों के साथ अभिन्न रूप से जुड़ी रहती है, खूब सोच-विचार करने के बाद 'सुरक्षा-राजनीति' अपनाने का चलन है; जिसका आवश्यकतानुसार पुनरावलोकन भी किया जा सकता है। देश के राजनीतिक, सामरिक नेतृत्व तथा संचालन के लिए बड़ी फौजोंवाले सभी देशों में राष्ट्रीय सुरक्षा समितियों के गठन की व्यवस्था है। हमारे देश में इसके लिए दो प्रकार के जवाब हैं। हैं भी और नहीं भी। हमारी कोई सुरक्षा नीति है? हाँ है, क्यों बताएँ? वह तो गोपनीय है। बनने में भी लगी है। आपको बताया तो पाकिस्तान और चीन दोनों को पता चल जाएगा, इसलिए नहीं बताते। राष्ट्रीय सुरक्षा समिति है? हाँ, है। कहाँ? राजनीतिक मामलों की विशेष कमेटी है। पर वह तो राजनीतिक मामलों की कमेटी है। ठीक है, हम उसी में सब तय कर लिया करते हैं। पीछे इतने सारे सालों में करते आए हैं। कालांतर में उसका परीक्षण हो चुका है। हमने कई लड़ाइयाँ लड़ी हैं। हमारे बहादुर सैनिक जिंदाबाद! उनके रहते हम दुनिया के सारे शक्तिशाली देशों के सब हमलों का जवाब दे सकते हैं। जाओ, अपना रास्ता नापो।

ऐसे तो जवाब मिलते हैं।

□

कोई पूछे कि आजादी से अब तक के रक्षामंत्रियों की फेहरिस्त दिखाओ। आधी फेहरिस्त तो प्रधानमंत्री के नाम के पीछे जुड़ी है। बाकी तीन साल से अधिक अपनी कुरसी पर नहीं डटे। जो रहे, उन्हें यह काम 'पार्ट टाइम' काम समझकर सौंपा गया। फौज में जनरल हैंडरसन ब्रुक्स के बारे में एक किस्सा विख्यात है। कलकत्ता में गोल्फ खेलते समय किसी आगंतुक ने पूछा कि 'श्रीमान्, आप क्या काम करते हैं?' तो बोले, 'मैं गोल्फ ही खेलता रहता हूँ। हाँ, फालतू वक्त में एक डिवीजन भी कमांड कर लेता हूँ।' सर्वप्रथम रक्षामंत्री सरदार बलदेव सिंह थे। उन्हें लेकर चुटकुलों का सिलसिला शुरू हुआ। शुरू हुआ तो ऐसा हुआ कि समाप्त होने में सालोंसाल लग गए। फिर डॉक्टर काटजू आए, जो कानों से बहुत ऊँचा सुनते थे। फिर त्यागी जी आए। कहते हैं, बड़े सज्जन व्यक्ति थे। परंतु उनका नाम जैनेंद्र जी के 'त्यागपत्र' की याद दिलाता था। कृष्णा मेनन जी आए तो संयुक्त राष्ट्र में लम्बे भाषण देने के विश्व रिकॉर्ड को तोड़ने में जूझ गए। उसके फलस्वरूप अमेरिका से विवेकानंद जी के समय से बनी मैत्री, सद्भावना

एवं जनतांत्रिक स्नेहभाव भाप की तरह उड़ते चले गए और उसके स्थान पर किंचित् कटुता का बीजारोपण हुआ। उसके बाद हरियाणा में उपजी 'आया राम गया राम' की व्यवस्था चहुँदिश चली, तो उसका प्रभाव कमोबेश रूप में हमारी समस्त प्रजातंत्रीय चेतना पर पड़ा। जनरल थिमैया ने सेनाध्यक्ष पद से इस्तीफा दिया था तो प्रधानमंत्री ने उसे वापस लेने पर राजी कर लिया। दूसरे दिन लोकसभा में बयान दिया कि वह 'एक बचकानी कार्यवाही थी'। उसके बाद सशस्त्र सेनाओं के किसी भी अध्यक्ष ने अपना इस्तीफा नहीं दिया। अधिकांश को सेवानिवृत्ति के पश्चात् गवर्नर-राजदूत जैसा कोई-न-कोई वरिष्ठ पद मिलता रहा। ऐसा सुनने में आया है कि मई 1971 में जब स्थलसेना अध्यक्ष को पूर्वी पाकिस्तान पर तुरंत अभियान चलाने का आदेश दिया गया तो उन्होंने सुझाव दिया कि अभियान उचित तैयारी के बाद ही चलाना चाहिए। फील्ड मार्शल मानेक शॉ न गवर्नर बने, न राजदूत। हाँ, फील्ड मार्शल जरूर बन गए। उनके नेतृत्व में पाकिस्तान को करारी हार दी गई थी। तिरानबे हजार पाकिस्तानी सैनिक कैद किए गए थे। देश भी चाहता था कि हमारा देसी फील्ड मार्शल हो। उसके बाद यह रैंक जनरल करियप्पा को भी दिया गया। बाद में क्यों? क्या पहले भूल गए थे? इससे पद का अवमूल्यन ही हुआ।

सुनने में यह आया है कि श्री अरुण सिंह ही देश के प्रथम ऐसे रक्षामंत्री थे, जिन्होंने अपनी जिम्मेदारी निभाने के प्रति सच्ची निष्ठा दिखाकर सशस्त्र सेनाओं के बारे में वास्तविक रुचि दिखाई तथा बढ़िया जानकारी प्राप्त की। कोरी नारेबाजी के कागजी फूलों के लंबे ताँते के बाद, एक विश्वसनीय रक्षामंत्री! असली फूल की सी खुशबू आई थी। यदि भविष्य के लिए ऐसी ही परंपरा बन निकले तो देश का अहोभाग्य।

परंतु वास्तविकता क्या है? सेना के किसी लेफ्टिनेंट जनरल के काम से प्रसन्न होकर कोई नेता जी उनसे कहेंगे, 'मैं तुम्हारे काम से खुश हूँ और तुम्हें मेजर जनरल बनाने की सिफारिश करूँगा!'

यह फौज का, उस ऊँचे पद का, राष्ट्रीयता का अपमान है। और इसके फलस्वरूप हमारी फौजों का क्या हश्र हुआ है? उनके, अपने ही स्वाभिमान का गिराव। नौसेना के सबसे ऊँचे पद के लिए जब कोर्ट-कचहरी में मुकदमे चलें और हमारे जज साहिबान उनपर गंभीरता से गौर करने लगें, इससे सेना की आंतरिक व्यवस्था तथा उसके अनुशासन पर क्या असर पड़ेगा? गौर कीजिए। वही जो मानवीय अधिकारों के कृत्रिम मुकदमों को लेकर लड़नेवाले सिपाहियों पर पड़ता है। जब

चुनौती हो, तब तो लड़ो, 'मारो, या फिर मरो'; और बाद में पूछा जाता है—'गोली क्यों चलाई?' कहा जाता है, विनय तथा निवेदन से काम क्यों नहीं चलाया? इसीलिए हर रक्षामंत्री के लिए आज की अपनी वायुसेना मात्र एक निजी टैक्सी सर्विस बनकर रह गई है। जब चाहो, जहाँ चाहो—भरो उड़ान! रक्षाकर्मियों के साथ नहीं, अपने परिवार, अपने दल के सदस्यों, समर्थकों और अन्य पिट्ठुओं के संग। तलवार को पहले भोथरा हम करें, फिर उसे तोड़ दें; और जब परीक्षा आए तो कहें—लड़ो! दो अपना सिर!—कब तक चलेगी यह उपेक्षा? यह तिरस्कार?

निश्चित रूप से इन सब बातों से बड़ा दुःख होता है। आजादी के समय जनता-जागरण की जो जोश-भरी लहर सारे हिंदुस्तान में फैली थी, उसका क्या हुआ? उसके सहारे तो हम बड़ी दूर तक तैर सकते थे। वह लहर कहाँ रेतीले दलदलों में फँसती-धँसती चली गई? उसका लाभ क्यों नहीं उठाया हमारे नेताओं ने? किस मुकाम पर पहुँचकर फिसलने लग गए वे? उनमें तो राष्ट्रप्रेम तथा आत्मबलिदान की भावनाएँ कूट-कूटकर भरी थीं। फिर, बदलते-बदलते कहाँ पलटा खा गई हमारी विरासत? राजनीतिक नेताओं को देश की जनता का प्रतिनिधि माना जाता है। आजादी के समय उनको लेकर देश का हृदय आदर, सम्मान तथा आभार तथा कृतज्ञता की भावनाओं से ओत-प्रोत था। यदि वे ठीक रास्ते पर न चले तो देश के भविष्य का क्या होगा? हमारे नेताओं में विलक्षण बुद्धि है, सूझ है, प्रतिभा है, देशप्रेम है; फिर कहाँ जाकर मार खा जाते हैं वे? हम यही प्रार्थना कर सकते हैं कि भगवान् उन्हें सद्‌बुद्धि भी दे, और सक्षमता भी।

□

हाल में अखबारों में तथा टेलीविजन पर अफ्रीका का एक देश खूब सुर्खियों में रहा। लाखों में दर-दर भटकते शरणार्थी, भूखे-नंगे लोग, हड्डी के ढाँचे, बड़ी-बड़ी सूनी आँखोंवाले बच्चे। वहाँ के आजीवन के राष्ट्रपति अब भागते फिर रहे हैं। सी.आई.ए. की मदद से और एक फौजी बल की कार्यवाही के द्वारा उन्होंने पूरी सत्ता पर अपना कब्जा जमा लिया था। इकतीस वर्ष तक इनका निर्मम शासनकाल चला। इसके दौरान उनका देश भिखमंगा-सा बन रहा। देश भाँति-भाँति के खनिज पदार्थों से सम्पन्न है। इसमें हीरे, सोना तथा काँसा प्रमुख हैं। इसके अतिरिक्त दुनिया का सत्तर प्रतिशत कोबाल्ट यहीं होता था। इन खनिज पदार्थों की बदौलत यद्यपि देश अफ्रीका के सर्वाधिक समृद्ध तथा धनी देशों में एक हो सकता था, परंतु उन्होंने लूट-खसोट की सत्ता का ऐसा सूत्रपात किया कि

देश के खनिज पदार्थों की बिक्री से प्राप्त धन विदेशी बैंकों के उनके निजी खातों में जमा होता रहा। सन् 1988 तक देश दुनिया के सर्वाधिक दरिद्र देशों में आठवें नम्बर तक जा पहुँचा देश तबाही के मोड़ पर। पर वे अपने आपको मीडिया के माध्यम से अफ्रीका के विक्रमादित्य के रूप में पेश करते रहे। जब भाँडा फुटा तब तक देश की किस्मत भी फूट चुकी थी। मीडिया के कमाल का यह एक और उदाहरण है। धोखाधड़ी में आकर वर्षों से पूजे गए बुतों के टूटने का भी।

□

सन् 1991 में खाड़ी युद्ध प्रारम्भ हो उठता है। राष्ट्रपति सद्दाम हुसैन बगदाद में हैं और अमेरिकी राष्ट्रपति बुश वाशिंगटन में। अमेरिकी फौजी कमांडर दक्षिण अरब की राजधानी रियाद में। अमेरिकी बेड़ा खाड़ी में। अमेरिकी उपग्रह रणभूमि की तसवीरें खींचता है। इराकी मोर्चे में एक जगह टैंकों की हलचल नजर आई है। फोटो उपग्रह से ऑस्ट्रेलिया भेजी जाती है, जहाँ उनका एक रिले उपस्टेशन हैं। वहाँ से एक साथ वाशिंगटन और रियाद! साथ-साथ टैंकों के विरुद्ध जो अमेरिकी तोपों की पाँत तैनात है, उसमें उसी तोपखाने को सचेत कर दिया जाता है, जो इन टैंकों के ठीक सामने तथा सर्वाधिक निकट है। यह सब कंप्यूटरों के द्वारा कुछ ही सेकेंडों की अवधि में पूरा हो जाता है। राष्ट्रपति बुश अपने दफ्तर में बैठे टेलीविजन की स्क्रीन पर देख सकते हैं कि उनकी तोपों की मार से किस प्रकार इराकी टैंक नष्ट किए जा रहे हैं। पूरी फौज उनके दफ्तर से बैठे-बैठे कमान की जा सकती है।

उधर राष्ट्रपति सद्दाम हुसैन अपने टैंक डिवीजन के कमांडर को फायर खोलने का आदेश देते हैं, पर उनका आदेश उनके टैंक कमांडर तक नहीं पहुँच पाता। अपनी सैन्य व्यवस्था के लिए उन्होंने ईरान-इराक युद्ध के समय अमेरिका से रेडियो संचार संसाधन खरीदे थे। अमेरिकी वैज्ञानिकों ने इसी प्रणाली की व्यवस्था में कुछ खटर-पटर की है, कोई ऐसा कम्प्यूटर वायरस छोड़ा है, जिसका भेद केवल उन्हीं को ज्ञात है। इसलिए अमेरिका को पता चल जाता है कि राष्ट्रपति सद्दाम हुसैन अपनी फौजों को क्या आदेश देना चाह रहे हैं। परंतु वे आदेश इराकी फौज तक नहीं पहुँच पाते।

यह है सूचना-क्रांति का एक नमूना। हिंदुस्तान बाजारों में अचानक कोकाकोला और पेप्सी को छोड़ बाकी सभी कोल्ड ड्रिंक्स का लोप हो जाना। टेलीविजन पर

बच्चे कोकाकोला और पेप्सी के बारे में ही देखते-सुनते हैं। इनके अतिरिक्त कोई और भी कोल्ड ड्रिंक है, उन्हें नहीं मालूम। कल रामायण कथा भी यों पेश की जा सकती है कि रावण विशेष रूप से बुरा न लगे।

□

अनुमान कीजिए कि सामरिक कॉलेज में शिक्षा ग्रहण कर रहे छात्रों को लेख लिखने के लिए कुछ इस प्रकार का लंबा-सा विषय दिया जा सकता—

'आधुनिक युद्ध में सूचना की श्रेष्ठतर उपलब्धि इतनी ही महत्त्वपूर्ण हो गई है, जितनी धरती की सतह पर अपना प्रभुत्व जमा लेनेवाली श्रेष्ठतर क्षमता की। सूचना टेकनोलॉजी (इन्फॉर्मेशन टेकनोलॉजी यानी आई.टी.) ने औद्योगिक तथा व्यावसायिक क्षेत्रों में अपना डंका पहले ही बजा रखा है। अब मुद्दा यह है कि क्या आज के युग में वांछनीय युद्ध-संचालन के लिए 'आई.टी.' एक विलक्षण रूप से महत्त्वपूर्ण आधार-स्तंभ होगा? जो हमें अब तक ज्ञात है, उससे हटकर एक निराली उपलब्धि? कालांतर में युद्ध लक्ष्य सतहबद्ध रहे हैं। अमुक स्थान विशेष पर कब्जा किया जाए। क्या अब 'आई.टी.' के आगमन से इन परम्परागत लक्ष्यों में मूलभूत परिवर्तन हो जाएगा? क्या नए लक्ष्य 'आई.टी.' पर आधारित होंगे? सवाल यह है कि युद्ध की परम्परागत परिभाषाएँ क्या आज के परिप्रेक्ष्य में भी उसी प्रकार लागू हैं जितनी सदियों से रही हैं? अथवा आधुनिक रणसंदर्भी आयामों में इतना कायाकल्प हो चुका है कि जो विधान औद्योगिक तथा व्यावसायिक क्षेत्र में अपने प्रभुत्व-स्थापन में सक्षम है, उसके लिए वृहत्तर लक्ष्य प्राप्ति हेतु अस्त्र-शस्त्रों के प्रयोग की गुंजाइश ही नहीं रह जाती। क्या 'आई.टी.' प्रतिद्वंद्वी की मूल्य-व्यवस्था को अपना लक्ष्य बना इतना आधारभूत परिवर्तन कर सकेगा कि उनके आस्था विशेष रखनेवाले जनसमुदाय की मानसिकता ही बदल दी जाए? क्या सामरिक एवं सूचना आधारित 'आई.टी.' का गठजोड़ आधुनिक युद्धकला का मूलाधार बन सकने में सक्षम है? यदि ऐसा नहीं तो क्या इस स्थिति में तो है ही कि उसे मनोवांछित दिशा-निर्देश देने पर विवश कर सके?'

खबर यह भी है कि अमेरिका 'आई.टी.' पर अपना खर्चा बढ़ाकर अस्त्र-शस्त्रों का बजट थोड़ा घटाने की दिशा में प्रयत्नशील है। इसमें भी युद्ध को प्रभावित करनेवाली नई विधाओं का समयानुसार मूल्यांकन करना होगा और इस दृष्टि से विपक्ष से हुए अपरोक्ष प्रहारों के प्रति भी सजग-सचेत होना पड़ेगा। पिछले कुछ वर्षों में कश्मीर में हमारे विरुद्ध लड़ी जानेवाली 'लो इंटेन्सिटी' लड़ाई (अल्प संघातिक

लड़ाई) में आई.टी. का पहलू देख पाना हमारे योजनाकर्ताओं के लिए एक नई चुनौती बन गई है।

□

आगामी दशक में परोक्ष तथा अपरोक्ष की लड़ाई के लिए अच्छी तैयारी करते हुए हमें आंतरिक विघटनकारी तत्त्वों के साथ जूझने के लिए समर्थ प्रणालियों की सुचारु व्यवस्था करनी होगी। केंद्रीय शक्ति के ह्रास तथा कश्मीर और देश के पूर्वोत्तर में बढ़ते उपद्रव की स्थितियों का मुकाबला कड़ाई तथा अनुशासन से करना होगा। राजनीतिक तबके के प्रति फैसले असंतोष को समय रहते काबू करना होगा। अन्यथा सेनाएँ आंतरिक उपद्रवों को शांत करने में ही जूझती चली जाएँगी। फिर क्या गारंटी है कि आस-पास के वातावरण में देर तक अछूती रह पाएँ? विशेषकर जब उनकी अवहेलना की जाती है और देश की सुरक्षा को पर्याप्त गंभीरता से नहीं देखा जाता?

देश में तेल का अभाव है, ऊर्जा की भारी कमी है, यातायात के संसाधनों की बढ़ती दरकार है, देश भारी ऋण के बोझ से दबता जा रहा है, पेड़ कटते चले जा रहे हैं, जंगल केवल एक-तहाई बच गए हैं, पानी की भारी कमी है, देश की आबादी बेबाक बढ़ी चली जा रही है; पर हम सब एक-दुसरे को खुश करने के सतही प्रयासों में निमग्न हैं। कठोर तथा कड़े कदम लेने के लिए किसी का साहस नहीं बन पड़ता। आबादी कम करने के बहाने कहा जाता है कि शिक्षा पर पैसा खर्च करेंगे; पर शिक्षा की तरफ भी ध्यान नहीं दिया जाता। यही हमारी त्रासदी है।

दूसरी ओर मानवाधिकारों को लेकर आएदिन हंगामा खड़ा किया जाता है। अमेरिका सरकार के पास पैसे की कमी नहीं, सब जानते हैं; इसलिए बड़े लोगों की खिदमत करने में लगी रहती है। चुनिंदा लोगों के बच्चों को वजीफे पर अमेरिका भेजा जाता है, उन्हें सेमिनारों पर अमेरिका बुला उनकी खूब आवभगत की जाती है, छोटे-छोटे लेक्चर के लिए हजारों डालर फीस दी जाती है। बड़ी-बड़ी पार्टियों में बुलाया जाता है। उसके बाद ऐसे लोग अमेरिकी सरकार के मियाँ-मिट्ठू बनते देर नहीं लगाते। ऐसे लोग अपने आपको 'इंटिलेक्च्युअल' कहलवाना ज्यादा पसंद करते हैं और खालिस अंग्रेजीदाँ हुआ करते हैं। रूस की 'चढ़दी कलाँ' के दिनों में ये ही सज्जन वामपंथी इंटिलेक्च्युअल हुआ करते थे, पर आजकल सड़क के दाईं ओर कार चलाना पसंद करते हैं। वे कहते हैं कि हमें सी.टी.बी.टी. पर दस्तखत

कर देने चाहिए। हमें परमाणु हथियार नहीं बनाने चाहिए। कश्मीर में मानवाधिकारों का हनन हो रहा है। कोई पूछ देखे इन भले आदमियों से कि क्या कभी उनमें किसी ने फौजी पैट्रोल के साथ घर तलाशी पर जाने की तकलीफ उठाई है? क्या वे कभी पाक अधिकृत कश्मीर गए हैं? क्या उन्होंने कभी फौजियों की विधवाओं का हालचाल पूछा है? पैट्रोल में कोई अकेला नहीं जाता। लगभग एक सेक्शन साथ जाता है; यानी सात-आठ आदमी। ऐसे में भला औरतों के साथ बलात्कार करने का दुस्साहस कौन करेगा? मगर ये लोग वातानुकूलित कारों में बैठे झूठा प्रचार करते फिरते हैं कि फौजी निर्दयी हैं, जनता के मानवाधिकारों का हनन हो रहा है। यही प्रचार विदेशी मीडिया भी करने लगता है। देश के विरुद्ध झूठी रिपोर्टिंग करने से इनकी रोजी-रोटी का धंधा चलता है। बाहर से वाहवाही भी मिलती है। इसी तरह सूचना की एकतरफा धाँधली की बाढ़ में देश बार-बार डूब जाता है। कोई यह नहीं पूछता कि हमने जो नीति कारगर की है, उसने कश्मीरी जनता बाकी देश के कितना करीब आई है—पिछले पचास वर्षों में? क्या उससे सामंजस्य बढ़ा है या घटा है? क्या देश के एक बँटवारे से चैन नहीं मिला उन लोगों को? आज कश्मीर तो कल असम में भी यही समस्या उठ खड़ी होगी। वहाँ भी लोग 'आजादी' व 'हके खुद-मुख्तियारी' माँगने लगेंगे। तब? तब क्या?

सन् 1955-59 में देश का सुरक्षा खर्च कुल खर्चे का 24 प्रतिशत था, पर सन् 1995-96 में यह घटकर 14.13 प्रतिशत ही रह गया। यह देश की कुल धन आय का मात्र 2.35 प्रतिशत बनता है। सुरक्षा पर इतना कम खर्च किसी अन्य बड़े देश का नहीं। क्या इससे हमारी सेनाएँ असंतुलित हथियारों तथा प्रशिक्षण से दुर्बल न होंगी? बिना लक्ष्य एवं दूरदर्शी तथा योजनात्मक विधा के किसी भी संस्था का सुचारु चालन असम्भव-सा हो रहता है। खेदवश, इन विषयों पर हमारी सरकार चुप्पी साधे रहती है। सुरक्षा नीति बनाने के लिए आज देश में किसी व्यवस्थात्मक निष्पक्ष संस्था का नितांत अभाव है। अस्तु, किसी एकरस तथा सामंजस्यपूर्ण सुरक्षा नीति का उदय ही नहीं हो पाता। देश की सुरक्षा को लेकर यही कहा जाता है कि हमने अमुक स्थान पर कुमुक भेज दी है। अब आगे वे जानें और उनका काम। परिणामस्वरूप हम तभी जागते हैं जब वर्षों से बिगड़ रही समस्या विकटतम रूप धारण कर लेती है। तब हम कहते हैं कि हमने अतिरिक्त कुमुक हवाई जहाज के द्वारा भेज दी है। इतनी तकलीफों तथा खर्चों के बाद भी देश में सुरक्षा नीति का अभाव है। विचित्र है कि पाँच साला योजनाओं का प्रतिपादन करनेवाले लोग देश की सुरक्षा की नीति निर्धारण करने का कष्ट नहीं

उठाना चाहते। शायद वे सोचते हैं कि हमारी गुट निरपेक्ष विदेश नीति स्वयं इस कार्य को अपने में निहित कर लेगी। क्या हमारे निर्णायकों ने सन् 1962 के जमाने में भी कुछ ऐसा ही सोचा? क्या देश की स्वतंत्रता तथा भविष्य के साथ ऐसी उपेक्षा बरतकर खिलवाड़ करना अपने बच्चों के भविष्य को खतरे में डालने के बराबर नहीं? हमारे यहाँ ब्रिटिश काल में मंत्रिमंडल की रक्षा समिति थी। सन् 1948 की जम्मू-कश्मीर के लिए लड़ाई में कई भूलें हुईं, उनका उल्लेख भी हो चुका है। पर कम-से-कम उन दिनों में, देश की सुरक्षा के लिए, सामरिक निर्णय सही तरीके से लिए जा सकें, इसलिए मंत्रिमंडल की एक रक्षा समिति मिला तो करती थी। सन् 1962 के आते-आते यह व्यवस्था भी खत्म कर दी गई। क्यों? और इसके परिणाम? वह देश के जिम्मे। यही हाल रक्षामंत्री की समिति का हुआ। ये अब न के बराबर है, न कभी इसकी बैठक होती है; इसलिए हम सन् 1974 में परमाणु परीक्षण करके न घर में बैठे थे, न घाट में। उलटे लोगों की स्पर्धा और आलोचना का विषय बन गए हैं। मुख्य कारण यह है कि देश की सुरक्षा के इन गम्भीर मुद्दों पर हमारे निर्णय व्यक्तिपरक रहे हैं, संस्थापरक नहीं रहे।

□

हमारे एक भूतपूर्व वायुसेना अध्यक्ष ने आपबीती यों सुनाई—'पदभार सँभालने के तुरंत बाद 15 जनवरी, 1973 को मुझे रक्षामंत्री ने आदेश दिया कि लंबी मार करनेवाले आक्रामक विमान (डि.पी.एस.ए.) के चयन के बारे में अपनी सिफारिश पेश करूँ। मार्च 1973 में मैंने सिफारिश दे दी। पर इसके पश्चात् रक्षा मंत्रालय ने एक कमेटी का गठन किया और उसमें वायुसेना के चयन पर अपनी सिफारिशें पेश करने का काम सौंपा गया। इस कमेटी में सरकार के सत्रह सचिव शामिल थे। सौभाग्यवश, इस धुरंधर कमेटी ने वायुसेना की सिफारिशें सर्वसम्मति से मान लीं। किंतु बाद में कोई निर्णय नहीं लिया गया। उलटे श्री पी.एन. हक्सर की अध्यक्षता में एक और कमेटी का गठन किया गया। इस नई कमेटी ने भी वायुसेना की सिफारिशों को मान्यता दे दी। अब रक्षा मंत्रालय ने सिफारिशें कार्यान्वित करने का उपक्रम आरंभ किया। 31 जनवरी, 1976 को मैं रिटायर हो गया; परंतु बाबू लोगों की तारीफ में यह कहना ही पड़ेगा कि तब तक उन्होंने कोई निर्णय नहीं लिया। मेरे बाद नए वायुसेना अध्यक्ष आए और उनका सेवाकाल ढाई साल चला; पर उस दौरान भी निर्णय नहीं लिया गया। साल बाद एयर मार्शल लतीफ के

कार्यकाल में अंततः निर्णय ले लिया गया। इस देरी के कारण देश को कई सौ करोड़ रुपयों का घाटा उठाना पड़ा।

□

देश में निर्णय लेनेवाले और निर्णयों को कार्यान्वित करनेवाले जब तक अपनी जिम्मेदारी नहीं उठाते तो बरबस एक-दो मसलों पर न्यायपालिका को हस्तक्षेप करने की जरूरत महसूस होने लगी है। मान लीजिए, आदेश दिया जाता है कि हफ्ते के भीतर झोंपड़-पट्टी का गंदगी साफ कर दी जाए। पर झोंपड़-पट्टी है कहाँ बसी? झोंपड़-पट्टी जा बसी है गंदे नालों के ऐन ऊपर। पिछले चालीस वर्षों से थोड़ा-थोड़ा करके बढ़ते हुए नाले को धीरे-धीरे टीपकर। उसके ठीक ऊपर घर बस गए हैं। पर एक घर का मुँह उत्तर को तो बगलवाले का पश्चिम को। इसी तरह मोहल्ले बसते चले गए हैं। नाले की सफाई के लिए नेन होल तक कैसे पहुँचा जाए? उसके ऊपर तो कमरे बने हुए हैं। कुछ मिट्टी के, कुछ कच्चे-पक्के। घरों के आस-पास चारदीवारियों के घेराव हैं, कच्चे-पक्के। वहाँ न बुलडोजर जा सकता है, न मोटरगाड़ी। फिर सफाई कैसे होगी? पिछले चालीस-पचास सालों से तो सफाई हुई नहीं। अब अचानक सफाई कैसे हो जाएगी—मात्र एक हफ्ते में? देश की अधिकांश समस्याएँ कुछ ऐसी ही हैं। घावों में सालों से पीप पनपती रही है।

दो एक बातों पर गहराई से सोचिए, चाहे उनके पुनः उल्लेख से मसलों को दोहराना हो। पर ऐसा करना आवश्यक है। और नहीं तो निचोड़ के रूप में ही सही। नहीं तो देश की समस्याओं के हल के रास्ते हम नहीं चलेंगे, बस मसलों का मसाला बनता रहेगा।

गौर कीजिए जम्मू-कश्मीर पर। (क्या उसका पुनः नामकरण कर हम कश्मीर-जम्मू न कहें?) इस राज्य की, और इसके लिए, लड़ाई हमने, मुख्यतः, वहाँ के नागरिकों से लड़ी; और उसकी विक्षिप्त भौगोलिक सीमाओं के भीतर ही। यानि मानसिक, अर्थात सामरिक बेड़ियाँ-हथकड़ियाँ अपने ही ऊपर डालकर। और फिर स्वतः संयुक्त राष्ट्र चले गए। दूसरी ओर तिब्बत, फिर अकसाई चिन, मॅकमोहन लाइन, अरुणाचल, सिक्किम—वास्तव में सारा पूर्वांचल। हमारी नीति उजागर हुई—'चीन को संयुक्त राष्ट्र में लाओ—सुरक्षा परिषद् में बैठाओ'! यह किसके हित में था? किस पेच खोई हुई कूटनीति के पेट में से उपजी यह नीति? और हमारे राष्ट्र के हितों पर क्या परिणाम हुए। वायु सेना का देश हित के लिए हमने, सन् 1948 में, सही इस्तेमाल नहीं किया। सन् 1962 में जब देश को इतनी बड़ी हार, इतना बड़ा अपमान झेलना

पड़ रहा था तब भी नहीं। क्यों? किस बड़े हित की सेवा में? पर अपने ही नागरिकों पर, सन् 1959 में, नागालैंड में तो हमने ऐसा कोई संयम नहीं बरता। इस प्रश्न की परतों को खोलते जाइए, चाहे कितनी ही कष्टकर क्यों न हो?

एक और विचार, समीक्षा की एक अंतिम, अचूक कसौटी। लेखकों का मानना है कि स्वतंत्र भारत में रक्षा नीति रही ही नहीं। सरकारें आईं, चली गईं। सबने एक आसान-सा वाक्य, नीति का नकली जामा पहनाए, अवश्य दोहराया—'हमारे देश की रक्षा नीति का मुख्य ध्येय हमारी भौगोलिक सीमाओं को अभेद्य, हस्तक्षेप रहित तथा सुरक्षित रखना है।' चलिए, एक क्षण के लिए इसे ही नीति मान लें। पर इस कसौटी पर परखने से तो कहीं अधिक कष्ट एवं ग्लानि होती है। देश का कितना बड़ा भूभाग हम पिछले पचास वर्षों में खो चुके हैं? क्या यह माप हमारी उद्घोषित रक्षा नीति की सफलता का सूचक है, या दुःखदायी विफलता का? भारत की श्रेणी और उसकी जोड़ के विश्व के कितने अन्य राष्ट्र हैं जिनकी स्वतंत्र अर्द्ध-शताब्दी की ऐसी उपलब्धि हो? कहीं हमारे इतिहास की पुनरावृत्ति तो नहीं हो रही इस सबमें?

इसीलिए 'जोग लिखी'; शौर्य तेजो के साथ 'शौर्य तेजो' के रूप में; पुनः चैतन्य हो हम सब, तुरंत शायद नहीं, पर शीघ्र ही, अर्जुन की तरह हम सब भी सामूहिक रूप में, एक स्वर में कह सकें:

"नष्टो मोहः स्मृतिर्लब्धा त्वत्प्रसादान्मयाच्युत।"

और इसीलिए—

'जहाँ धर्म है वहाँ विजय है'! ऐसा आर्ष वचन है!
किंतु तथ्य विपरीत!—हाय, मिथ्या क्या आप्त कथन है?
पूर्वकर्म-फलभोग अभी तक हुए समाप्त नहीं क्या?
जितने भोग लिए, उतने ही पर्याप्त नहीं क्या?

'एक दह-वह-शत भरा जीवन था
जिससे पार पाना था
अपनी मिट्टी को जगाना था—
पुरखों के कोठार से बीज निकालकर
उम्मीद का बिरवा जगाना था—'

करगिल-युद्ध

कारगिल

श्रीनगर से लेह जानेवाले राजमार्ग 1 ए (एल्फा) पर स्थित एक छोटा सा शहर जहाँ का मौसम बहुत जोखिम-भरा हुआ करता है—खासकर सर्दियों में जब सूरज की रोशनी कम रहती है, और तीखी सर्द हवाएँ देह के आर-पार होती रहती हैं, गहरी घाटी में साँय-साँय बहती, झकझोरती।

कारगिल क्षेत्र की घाटी से होकर जाता राजमार्ग 1 ए, जिसके उत्तर में 15,000 फुट के लगभग ऊँचे पहाड़ों और हिमाच्छादित शिखरों की कतारें खड़ी हैं, जहाँ बर्फ तथा सूनी, निर्जन चट्टानों को सन् 1999 में भारत के बहुतेरे युवा सपूतों के रक्तिम बलिदान से लाल कर डाला था, असम्भव को भी संभव कर डालने के दुर्दमनीय पर अंततः सफल प्रयास में। कारगिल। जिसका नाम सन् 1999 के वसंत में पर्व के उत्साह से सम्पन्न हुई भारत के प्रधानमंत्री तथा उनके वरिष्ठ दल की विख्यात लाहौर बस यात्रा की उत्प्रेरक याद को ताजा कर डालता है। सन् 1998 में दोनों देशों ने आणविक विस्फोट परीक्षण किए थे और तब से अंतरराष्ट्रीय जगत् द्वारा प्रताड़ित भाँति-भाँति के नियंत्रणों से ग्रस्त थे। ऐसे विपरीत वातावरण में आपसी दोस्ती के हाथ बढ़ाने में क्या बुरी बात हो सकती है! इस साहसिक कदम का जगत् में स्वागत हुआ था। पर क्या किसी को स्वप्न में भी अनुमान था कि ऐसा मेल-मिलाप आगे चलकर “मुँह में रहीम, बगल में छुरी” जैसी कहावत को चरितार्थ करने की बेअदबी कर सकता है?

ऐतिहासिक लाहौर यात्रा के बाद दोनों देशों के आम लोगों के दिलों में खुशी थी कि विगत के बासे कड़वेपन को भूल-भुलाकर नेतागण तेजी से आगे बढ़ती—और

हमें पीछे छोड़ती—दुनिया के साथ आपस में कदम-से-कदम मिलाकर चलने की ठान रहे हैं। उत्साह तथा मैत्री के ऐसे वातावरण में जब 7 मई को एक गड़ेरिए के मार्फत खबर मिली की पाकिस्तानी फौजी और वहाँ से भेजे घुसपैठिए नियंत्रण रेखा को पार कर कारगिल क्षेत्र पहुँचे हैं, तो धोखेबाजी का धक्का लगा। भारत के प्रधानमंत्री ने स्वीकार किया कि हमारे साथ धोखा हुआ है। शिमला समझौते में नियंत्रण रेखा की मर्यादा बनाए रखने पर सहमति थी। पाकिस्तान का यह नया कदम उसका सीधा उल्लंघन था, और कार्रवाई की सामयिकता में भी धूर्तता का पुट भी। जब दोनों देश आणविक अस्त्रों से लैस हों, भारत के लिए पूर्ववत् खुला एवं बेलाग आक्रमण करना समझदारी नहीं होगी। साथ-साथ यह षड्यंत्र भी था कि इसी जुगाड़ से जगत् में कश्मीर को अंतरराष्ट्रीय आणविक 'फलैश प्वॉइंट' के रूप में प्रचलित कर, अमेरिकी सहानुभूति तथा हस्तक्षेप की कोशिश तो हो ही सकती है। (तब 9/11 नहीं घटित हुआ था।) साथ यह भी अंदाज था कि इस घुसपैठ को नक्शा पढ़ने की छोटी-मोटी भूल का जामा पहना, भारत को सुलह-सफाई की बातचीतों के अनथक क्रम में उलझाया-फसाया जा सके। और एक प्रकार से हमारा प्वॉइंट NJ 9842 की सीध चलते सियाचीन ग्लेशियर क्षेत्र पर कब्जा होने की पाकिस्तानी विफलता का बदला भी लिया जा सके। कहते हैं कि उक्त योजना 1987 में जनरल ज़िया के समय में बनाई गई थी, पर ज़िया ने इसे, जिसे कहते हैं ठंडे बस्ते में डाल दिया था। मियाँ नवाज़ शरीफ साहब के ज़माने में पाक सेनाध्यक्ष जनरल करामात ने भी इसे कार्यान्वित करने से इनकार कर दिया था। परंतु यह योजना सेनाध्यक्ष जनरल मुशर्रफ साहब के कमांडो दिमाग को रास आ गई।

पाकिस्तान ने शुरू में ऐलान किया कि घुसपैठिए 'कश्मीरी स्वतंत्रता-सेनानी' हैं और 'हमारा' यानी पाकिस्तान का इनसे 'कोई लेना-देना नहीं है', इस झूठ को छिपाने का प्रचार करने के लिए व्यापक जाल बुना गया। परंतु 28/29 मई में चीन हाज़िर हुए जनरल मुशर्रफ और इस्लामाबाद में उनके अनुज जनरल अज़ीज के बीच हुई दो टेलीफोन वार्ताओं की टेप भारत ने रिकॉर्ड कर लिए। बस असत्य का भांडा फूट गया। इससे यह भी जग ज़ाहिर हुआ कि मियाँ साहब भी 'अनभिज्ञता के नाटक' में शामिल थे। योजना की मूल रूपरेखा से वे भली-भाँति परिचित थे और अगले चुनाव में अपने को इसी किश्ती पर सवार हो हीरो के रूप में देखने से तसल्लीयाफ्ता थे।

इधर भारत में हंगामा-सा मचा हुआ था कि यह सब हुआ, क्यों, कब, कैसे और हमें कानोंकान खबर क्यों नहीं लगी? रक्षामंत्री, सेनाध्यक्ष और नीचे के कमांडरों

ने अपनी जिम्मेवारी से मुँह नहीं मोड़ा; पर सभी का मानना था कि गलतिया तथा कोसने से पहले स्थिति को सामान्य बनाना ज्यादा जरूरी है। इस दिशा में सबसे पहला काम था पाक-फौजियों और घुसपैठियों को नियंत्रण रेखा के इस ओर से हटा बाहर खदेड़ना।

ऐसे नाजुक मौके पर देश के एक दिग्गज नेता ने सेनाध्यक्ष से अपने बेटे तक को कारगिल भेजने का सुझाव रखा। यह प्रचलित परम्पराओं के प्रतिकूल था; क्योंकि नेतागण अपनी संतान को सशस्त्र सेनाओं में भेजें, ऐसी परम्परा बनने में अभी और समय लगेगा। और यह तब हुआ जब देश की स्वतंत्रता अर्जित करने में अपने को अग्रज माननेवाली एक पार्टी की तोता माँग यही रट थी कि सबसे पहले भूल-चूक के लिए कौन-कौन जिम्मेवार है, इस्की अण्यावेषिक पड़ताल की जाए। जबकि देश पर बन आई थी। ऐसा नहीं कि इस कोटि के देशघातक काम कोई एक ही पार्टी करती है। इस हम्माम में शायद सभी नंगे हैं। आवश्यकता है ऐसे संवेदनशील तथा जागरूक जनमत की जो प्रभावी रूप से लक्ष्मण रेखा के उल्लंघन की भर्त्सना एवं प्रताड़ना करे। जब देश की जान पर बन आए तो लक्ष्मण रेखा की पहचान को अंधा भी कर लिया करता है।

धीरे-धीरे पता लगने लगा कि घुसपैठियों का फैलाव कोई 200 किलोमीटर लंबे क्षेत्र में है और वे नियंत्रण रेखा के 2 से 7 किलोमीटर भीतर तक विभिन्न पहाड़ियों पर किलाबंदी कर चुके हैं। इसमें मुश्कोह घाटी, द्रास, खाकसार, बटालिक और टुर्टुक शामिल थे।

टेढ़ी खीर

एक और शांतिवार्ता के चलते, उसके साथ-साथ कश्मीर को छल-बल से हथियाने और लद्दाख को अलग-थलग करने का यह पाकिस्तान का अजूबा प्रयास था। घुसपैठ की खबर मिलने पर आरंभ में कुछ ठीक पता नहीं चल पाया कि कुल मिलाकर कितने लोग हैं, और कहाँ-कहाँ किलाबंदी की है। उस समय भारत के सेनाध्यक्ष विदेशी दौरे पर थे। प्रारम्भिक सूचनाओं के मुताबिक मामला इतना गम्भीर नहीं पाया गया कि वे अपना दौरा रद्द करके लौटे निस्संदेह उन्हें कहा गया होगा कि जो थोड़ा-बहुत है, उससे हम निपट लेंगे, आप निश्चिंत रहें। परंतु देश-भर में अपनी गुप्तचर सूचना एजेंसियों के प्रति काफी रोष तथा गिला था। घुसपैठ के बारे में पता लगाने और समय रहते कैसे चूक गई वे?

जिस क्षेत्र में कारगिल युद्ध लड़ा गया, वहाँ का इलाका दुर्गम, ऊँची चट्टानों, पहाड़ियों से भरा एकदम निर्जन क्षेत्र है। चोटियों पर सर्दी-गर्मी में जमी हुई तथा नर्म बर्फ के जमावड़े रहते हैं। रास्ते बहुत मुश्किल। यहाँ पर दोनों मुल्क सिर्फ गर्मियों में ही पेट्रोलिंग के गश्ती दल भेजते रहे हैं। सर्दियों में दोनों ही सैनिकों को वापस बुला लेते थे। भारी हिमपात के चलते वहाँ रहना अकारण जोखिम को न्यौता देने के समान था। वैसे भी नियंत्रण रेखा के प्रत्येक इंच पर सैनिक रखना असम्भव है। सैनिक अड्डों तथा चौकियों के बीच की खुली धरती पर क्या हो रहा है, इसकी पड़ताल गर्मी के मौसम में गश्ती दलों के जरिए करवाने का दस्तूर जरूर है। पाकिस्तान ने इसी चलन का सामरिक फायदा उठाने के लिए खुफिया घुसपैठ की यह चाल नियंत्रण रेखा के पार भारत के क्षेत्र में चली।

शुरू-शुरू में पाकिस्तानी अपनी इस करनी पर फूले न समाए। पर्वतीय युद्ध के संदर्भ में यह सर्वमान्य है कि ऊँचाई तथा धाक जमाने के गुण से सम्पन्न पहाड़ी मोर्चे पर मजबूत किलाबंदी करके बैठा एक प्लाटून (40 सिपाही) एक पूरी बटालियन (800 सिपाही) को दो-तीन हफ्ते तक नाको चने चबवा सकता है। ऊँचाई पर होने से आस-पास के लगभग तमाम इलाके पर कड़ी निगरानी रखी जा सकती है और उसपर जब चाहे गोलाबारी भी की जा सकती है तथा नजर आनेवाले आवाजाही के मार्ग को काटा भी जा सकता है। ऐसी स्थिति में ऊँचाई पर बैठे दुश्मन को वहाँ से हटाना बड़ी ही टेढ़ी हो जाती है। ऐसा संभव करने की कीमत अक्सर भीषण रक्पात, गोलाबारी तथा समय को बलिवेदी पर चढ़ा कर ही चुकानी पड़ती है। ऊपरवाले की गोली नीचेवाले के सिर या हैलमेट में लगती है, जबकि नीचेवाले की गोली दुश्मन के पांव या बूट को छू जाए, तो भी गनीमत है।

पाकिस्तानी घुसपैठ की पहली खबर द्रास में तैनात ब्रिगेडियर सुरिंदर सिंह की कमान वाले 121 ब्रिगेड से लगी। ब्रिगेड द्वारा पड़ताल करने भेजा गया गश्ती दल लौटकर नहीं आया। महीने भर बाद दल के सदस्यों के शव बड़ी ही क्षत-विक्षिप्त अवस्था में बरामद किए गए। 20 मई तक वायु सेना द्वारा उपलब्ध फोटोग्राफ भी मिलने लगे, इनकी बारीक जाँच से पहली बार लगा कि घुसपैठ की व्यापकता का लगभग सही अनुमान लग पाया है।

121 ब्रिगेड के प्रारंभिक आकलन के अनुसार द्रास क्षेत्र में घुसपैठियों की गिनती कुछ इस प्रकार जँची:

तोलोलिंग	—	5 से 10
प्वॉइंट 5140	—	15 से 20 (अधिकतम 1 प्लाटून)
प्वॉइंट 4700	—	5 से 10 (1 प्लाटून कम 1 सेक्शन)
तीन पिपंलूज	—	5 से 10
प्वॉइंट 5100	—	10 से 15 (अधिकतम 1 प्लाटून)

कुल मिलाकर — लगभग एक कम्पनी।

युद्ध समाप्ति के काफी बाद पाकिस्तानी वेबसाइट से पता चला कि उनकी नॉर्दन इन्फैंट्री तथा डेप्युटेशन के जवानों को कुल मिलाकर 93 बहादुरी के तगमे दिए गए, जिनमें दो निशान-ए-हैदर भी थे!

युद्धोपरांत घुसपैठियों की गिनती कोई 2000 के लगभग मानी गई थी।

कारगिल के पहाड़ी शिखरों पर मोर्चाबंद, दुश्मन ने तोपगोलों की बौछारों से कारगिल स्थित गोलाबारूद भंडार का विनाश कर हमें गहरा झटका देने के अलावा राजमार्ग 1 ए. पर भी गतिरोध उत्पन्न कर दिए थे, जिससे आवाजाही में ह्रास उत्पन्न हुआ था। वर्षों से सर्दी में बंद दर्रों के चलते लेह क्षेत्र में खानपान, रसद, ईंधन तथा गोलाबारी इत्यादि का भंडारण गर्मी के मौसम में बड़ी मुस्तैदी से पूरा करने का नियम चला आ रहा था। यह व्यापक 'गोदामीकरण' सर्दी के कठिन दिनों में इस्तेमाल के काम आता था। राजमार्ग में गतिरोध होने से इस आपूर्ति पर गंभीर कुप्रभाव की आशंका बन जाती है। अस्तु भारत के लिए घुसपैठियों के जल्दी से पेश्तर हटा भगाने का काम अनिवार्य हो गया।

परंतु मजबूत किलाबंदी से लैस इन अजेय दुर्गों पर किसी विधि से जीत प्राप्त हो सकती थी, यह प्रश्न भारत के सेनानियों को सता रहा था।

आरम्भिक प्रयास

द्रास सेक्टर में ब्रिगेडियर सुरिंदर सिंह की मदद के लिए श्रीनगर घाटी में आतंकवाद से जूझ रहे 56 माउंटेन ब्रिगेड की दो बटालियनों को तुरंत रवाना किया गया। ये थीं 1 नागा और 4 सिख। इनका इस्तेमाल तोलोलिंग तथा टाइगर हिल पर कब्जा जमाने के लिए किया गया, परंतु सफलता हासिल न हो सकी। हताहतों की संख्या अलग। आकलन किया गया कि विफलता का मुख्य कारण था जल्दबाजी। क्योंकि 'ऊपर' से दबाव आ रहा था इसलिए जल्दी-से-जल्दी कुछ कर दिखाओ।

प्रिय पाठको! अब हम द्रास तथा 56 ब्रिगेड की आपबीती का कुछ खुलासे से वर्णन करेंगे, जिससे आपको अनुमान हो सके कि वहाँ क्या हो रहा था, क्योंकि इसी तरह की गतिविधियाँ अन्य सेक्टरों में भी जारी थीं।

मई 1999 में 1 नागा बटालियन श्रीनगर घाटी में आतंकवादियों से जूझने के काम में लगी थी। कुछ दिन बाद बटालियन को सियाचीन ग्लेशियर पर जाना था, इसलिए काफी जवान छुट्टी पर भेजे जा चुके थे। कमांडिंग अफसर भी छुट्टी पर थे। 9 मई को अचानक हुक्म मिला कि 48 घंटे के भीतर द्रास पहुँचो। वहाँ पहुँचने पर बटालियन को 121 ब्रिगेड की कमान में डाला गया। शुरू में छुट-पुट कामों में लगाने के बाद 15 मई को हुक्म मिला कि 16 मई सवेरे तक वॉइंट 5140 पर उत्तर की दिशा से कब्जा करो। ब्रिगेडियर सुरिंदर सिंह का आकलन था कि वहाँ चार या पाँच से ज्यादा घुसपैठिए नहीं हैं। बटालियन को लक्ष्य के सर्वेक्षण और तैयारी के लिए भी पूरा वक्त नहीं था, साज-सामान भी पूरा नहीं। वॉइंट 5140 तथा आस-पास की ऊँचाइयों पर दुश्मन की ओर से भारी गोलाबारी तथा मशीनगन फायर आता रहा। बटालियन का हमला विफल गया। लगभग यही हाल 4 सिख बटालियन के साथ भी हुआ और टाइगर हिल पर किया गया हमला भी विफल गया।

इन प्रारंभिक विफलताओं के बावजूद, भारतीय सेना दृढ़ संकल्प थी कि तमाम घुसपैठियों को हर हालत में बाहर निकाल फेंकना है, भले ही इसके लिए कितने भी बलिदान क्यों न करने पड़ें।

12 मई को 56 ब्रिगेड को द्रास पहुँचने का हुक्म मिला। यह काम ब्रिगेड के उप कमान अफसर ने पूरा करवाया। 19 मई को ब्रिगेडियर औल (कमांडर) तथा कर्नल ठाकुर (12 ग्रिनेडियर के कमान अफसर) छुट्टी की अवधि पूर्ण होने से पहले की स्वेच्छा से द्रास आ पहुँचे। अगले ही दिन उन्हें 3 इन्फैंट्री डिवीजन के कमांडर ने हुक्म दिया कि दुश्मन को तोलोलिंग और निकटवर्ती शिखरों से हटाकर नियंत्रण रेखा पर हमारे स्वामित्व को बहाल करें और राजमार्ग 1 ए. पर आवाजाही जारी करवाएँ। आदेश दिया गया कि हमला उसी रात शुरू किया जाए। ब्रिगेड कमांडर के जोर देने पर दो दिन और दिए गए। कमांडर ने ये दिन और तैयारी दुश्मन का सही आकलन करने में लगाए; उन्होंने 1 नागा और 4 सिख से पूछताछ की, नक्शे इकट्ठा करवाए, क्षेत्र पर हवाई उड़ान भरी तथा दुश्मन से सम्पर्क रख रही यूनिटों से पूछताछ की। उनका मत था कि द्रास में दुश्मन की सबसे घनी घुसपैठ हुई है। दुश्मन बंकरों में था, स्वचालित हथियारों से लैस था,

बारूदी सुरंगें बिछा चुका था, गोलाबारी का अच्छा भंडारण कर चुका था तथा आस-पास के किलाबंद शिखरों से सहाय-समन्वय बना चुका था। तोलोलिंग द्रास शहर से मात्र 5 किलोमीटर दूरी पर था। द्रास शहर को नागरिक आबादी से खाली करवा दिया गया था। दुश्मन के लिए फिर राजमार्ग काट सकना भी असम्भव नहीं होता। ऐसी परिस्थिति में पूरी तैयारी के बिना हमला कर देना सही न था। पूरे डिवीजन के तोपखाने, अतिरिक्त डंपिग के लिए कुलियों और जख्मियों की सुश्रूषा के लिए डॉक्टरी सहायता की आवश्यकता थी। 18 ग्रिनेडियर के कमान अफसर कर्नल ठाकुर ने दो सप्ताह का और वक्त माँगा, पर उन्हें 10 दिन ही देना तय हुआ। अंततः हमले की तारीख 28 मई तय हुई। वह शुक्रवार था। इसलिए हमला 29 मई का तय हुआ।

तोलोलिंग पर पहला हमला

लेकिन इसके बावजूद एक हमला रात 22/23 मई को करवाया गया। 18 ग्रिनेडियर्ज़ और 1 नागा के जवान बड़ी मुस्तैदी से लड़े, पर वे दुश्मन को तोलोलिंग से हटा पाने में कामयाब न हो पाए। कर्नल ठाकुर ने गौर किया कि तोपमारी के दौरान पिछवाड़े खंदकों में छिप बैठा दुश्मन, तोपबारी थमते ही आगे फिर मोर्चों में आ डँटता है, जहाँ उसने अतिरिक्त गोलाबारूद रखा हुआ था।

अब अगले हमले के लिए पल्टनों को तोपखानों की अतिरिक्त यूनिटें दी गईं क्योंकि वायुसेना की प्रभावी मदद के अभाव में तोपखाने का सहारा ही उपादेय था। वायुसेना के इस्तेमाल का फैसला तब तक नहीं हुआ था।

अब कर्नल ठाकुर ने अनुमान लगाया कि तोलोलिंग पहाड़ पर दुश्मन की एक कम्पनी से अधिक संख्या मोर्चाबंद है।

इधर समय के साथ-साथ मदद भी बढ़ती गई। तोपखाने की कई अतिरिक्त यूनिटें जमा होने लगीं और तोपगोलों का भंडारण भी। पैरा कमांडो के विशिष्ट प्लाटून भी दिए गए। इन्हें शत्रु को जिंदा पकड़ने की जिम्मेवारी दी गई।

28 मई को चार शस्त्रलैस मी-17 हेलिकॉप्टर भी आ गए। इनका इस्तेमाल तोलोलिंग और आस-पास के मोर्चों के खिलाफ किया गया। सौभाग्यवश उस दिन मौसम साफ था। परंतु वायुसेना की मदद में हुई देरी के दौरान दुश्मन ने हवाई जहाज-मारक मिसाइलें इकट्ठा कर ली थीं। चार में से एक हेलिकॉप्टर में एंटी-रेडियेशन सुविधा न होने के कारण उसपर दुश्मन का मिसाइली हमला कामयाब

हुआ और हेलिकॉप्टर चार सेनानियों समेत जलकर तोलोलिंग नाले में जा गिरा। इसके पहले वायुसेना के दो मिग विमान नष्ट हो चुके थे, और हवाई मदद में फिर से थमाव आया।

तोलोलिंग पर दूसरा हमला

यह रात 29/30 मई को किया गया। लक्ष्य को पहले दो घंटे की तोपबारी से नरम किया गया।

घातक प्लाटून के ले. निम्बाल्कर और ले. बलवान ने तोलोलिंग टॉप की ओर बढ़त जारी रखी, जबकि बाईं ओर से आगे बढ़ते मेजर अधिकारी तथा लगभग 40 जवान 'बर्बाद बंकर' के 30 मीटर तक जा पहुँचे। दुश्मन के भारी फायर के कारण आगे की बढ़त रुक गई। फिर भी मेजर अधिकारी रेंगते हुए दुश्मनी मशीनगन के 10 मीटर तक जा पहुँचे। यहीं दुश्मन की गोलियों की एक बौछार ने उनका सिर छलनी कर डाला। तब उनकी जेब में उनकी पत्नी की चिट्ठी थी, जिसे पढ़ने तक का समय उन्हें नहीं मिला था।

ले. निम्बाल्कर दुश्मन के संगर के 30 मीटर दूर रह गए थे, जब वहाँ बर्फ की दीवार ने आगे की बढ़त रुकवा दी। उन्हें वहीं डटे रहने का हुक्म दिया गया और वे 3 दिन तक वहीं रहे। इस बीच दुश्मन ने बर्फीली दीवार के पीछे से उनपर ग्रिनेड भी फेंके; पर वे बचे रहे। इस बीच दुश्मन और उनके बीच गरमा-गरम वाग्युद्ध भी चलता रहा।

दुश्मन की भारी गोलाबारी तथा मशीनगन फायर के कारण अन्य ठिकानों पर भी 18 ग्रिनेडियर की बढ़त न हो पायी।

बटालियन के जवान अपने अड्डे से 10 घंटे दूर, पिछले 4 दिनों से आधे राशन पर सारा समान पीठ-ढोए थे। चढ़ाई, बर्फ, साँस फूलने इत्यादि से उनकी शारीरिक क्षमता में भी ह्रास आया था, मेजर अधिकारी समेत 5 सैनिक खेत रहे थे और 20 जख्मी। पर पूरी बटालियन को अपने कमान अफसर कर्नल ठाकुर पर नाज़ था। बटालियन के अफसर और जवान भी जोश, साहस और योग्यता में किसी से कम न थे। उन्हें बटालियन के नाम पर बड़ा गर्व था।

इधर कोर कमांडर और ब्रिगेडियर औल बटालियन की धीमी चाल से चिंतित और परेशान थे। उन्हें लगा कि कर्नल ठाकुर अपने जवानों पर पर्याप्त दबाव नहीं डाल रहे। अस्तु उन्होंने कर्नल ठाकुर को कमान से हटाकर सेहरा उपकमान

अफसर कर्नल विश्वनाथन के सिर बाँधने का निर्णय लिया। कर्नल विश्वनाथन बटालियन के बड़े योग्य तथा जाँबाज अफसर जाने थे। पहले कर्नल ठाकुर के छुट्टी पर होने के वक्त वे ही बटालियन को घाटी से द्रास लेकर आए थे।

कर्नल विश्वनाथन को जब बटालियन कमान सम्भालने के लिए कहा गया तो उन्होंने इसे मूक शिरोधार्य करने की अपेक्षा ब्रिगेड कमांडर से यह कहने का साहस जुटाया कि 'ऐसी नाजुक घड़ी में इस प्रकार का निर्णय पूरी बटालियन का संगठन और संतुलन डाँवाँडोल कर डालेगा।'

अपने कमान अफसर के प्रति अतीव निष्ठा और अच्छी बटालियन के अफसरों के बीच भाईचारे का ऐसा उदाहरण अनूठा ही कहा जा सकता है। ब्रिगेड कमांडर और कोर कमांडर ने भी कर्नल विश्वनाथन का सुझाव मानकर अपनी सुचारु नेतृत्व क्षमता तथा निष्पक्षता का परिचय दिया। बाद में इन्हीं कर्नल ठाकुर के नेतृत्व में 18 ग्रिनेडियर्ज़ ने टाइगर हिल पर कब्जा करके कमाल दिखाया और बटालियन के लिए गौरव का एक नया कीर्तिमान् स्थापित किया। कालांतर में कोर कमांडर और ब्रिगेड कमांडर ने कर्नल ठाकुर से भूल-चूक नजर-अंदाज करने का आग्रह भी किया।

तोलोलिंग पर तीसरा हमला

यह रात 2/3 जून को किया गया। हमला दक्षिणी रिज से शुरू किया गया और कर्नल विश्वनाथन ने बी. कम्पनी के आगे हो स्वयं आक्रमण की अगुवानी की। घातक दस्तों ने एक बार फिर 'बर्बाद बंकर' पर जोर डाला। इस समय गोलीबारी मात्र 30-35 मीटर की दूरी पर हो रही थी। दुर्भाग्यवश इसी दौरान मशीनगन की गोलियों की एक बौछार कर्नल विश्वनाथन के जांघमूल में जा लगी। अन्य कई जवान बुरी तरह घायल हुए। हालत यह थी कि एक घायल जवान को स्ट्रेचर पर उठाने के लिए आठ जवानों की जरूरत पड़ती थी। अड्डे तक पहुँचने के लिए 7 घंटे की ढलान और फिर 4 घंटे की चढ़ाई।

जब कुछ जवान कर्नल विश्वनाथन को उठाने के लिए दौड़े तो उन्होंने लिवाए जाने के साफ इनकार कर दिया। दुर्दम्य साहस तथा बंधुभाव का कीर्तिमान् स्थापित करते हुए, कर्नल विश्वनाथन ने रेडियो पर कर्नल ठाकुर से अनुनय किया कि उन्हें वहीं छोड़ दिया जाए क्योंकि उनकी मृत्यु तो तय है; जबकि जख्मियों की प्राणरक्षा करने की अभी भी गुंजाइश है।

सरकार ने बाद में मेजर अधिकारी को 'महावीर चक्र' से और कर्नल विश्वनाथन को 'वीर चक्र' से अलंकृत किया।

तोलोलिंग पर 2 राजपूताना राइफल्ज का हमला

जून के आरंभ से इस क्षेत्र की कमान 3 इन्फेंट्री डिवीजन की अपेक्षा 8 माउंटेन डिवीजन ने सम्भाल ली थी। इसकी कमान मेजर जनरल महेंद्र सिंह पुरी के कुशल तथा कर्मठ हाथों में थी। स्थिति का पुन : आकलन कर दो नई पलटनों को जिम्मेवारी सौंपने का निर्णय लियाः 2 राजपूताना राइफलूज तोलोलिंग के लिए और 18 गढ़वाल पॉइंट 5140 पर उत्तर-पूर्व दिशा से आक्रमण करने के लिए। 18 ग्रिनेडियर को फर्म बेस बनाने का काम सौंपा गया और बाद में (अगले फेज में) 'हम्प' पर कब्जा करने का।

4-11 जून के बीच छह से बढ़ाकर बीस की गई तोपखाना यूनिटों के लिए गोलाबारूद भंडारीकरण और अग्रिम 'गन पोजीशनों' तक 'डम्पिंग' की योजना सुनिश्चित की गई। इससे अनुमान लगाया जा सकता है कि इन्फैंट्री के अलावा पूरे कारगिल अभियान में तोपखाने ने कितना बड़ा तथा महत्त्वपूर्ण योगदान दिया। जैसे दुश्मन की मशीनगनों ने हमें सकते में डाला, वैसे ही हमारे तोपखाने ने उसका जीना हराम किया। इसके अलावा हौसले, हिम्मत और शीर्ष दुःसाहस के जो करतब हमारे युवा अफसरों तथा जवानों ने दिखाए वे निस्संदेह दुश्मन पर भी गहरी छाप छोड़ गए होंगे।

आक्रमण की तिथि रात 12/13 जून रखी गई। सभी ओर से जल्दी, जल्दी और भी जल्दी करने के दबावी वातावरण के चलते, जनरल पुरी ने गजब का धीरज एवं संयम प्रदर्शित किया। उन्होंने अपनी कमान को तैयारी का पूरा समय और सुविधा दिलाई; पर साथ-साथ यह चुनौती भी दे डाली कि विजय प्रथम प्रयास में ही उपलब्ध होनी चाहिए।

2 राजपूताना राइफलूज ने डिवीजन की तत्कालीन नीति के मुताबिक 'लहरावी हमले' यानी एक के बाद दूसरा आक्रमण करने की योजना बनाई। इससे शत्रु के मन में मूल आक्रमण की दिशा के बारे में भ्रम बना रहने की संभावना थी।

जनरल पुरी को एक बात और सूझी। आमतौर पर तोपखाने की गोलाबारी थमने के बाद ही अपनी फौज आगे की बढ़त करती है। अल्पकालीन अवरोध

में शत्रु को पुनः सुस्थिर होने का मौका मिल जाया करता है। उन्होंने सोचा, क्यों न तोपखाने की एक-दो तोपों को 'सीधा फायर' के लिए तैनात किया जाए। खच्चरों एवं मानव-कंधों के जरिए वे एक माउंटन गन को खुलवाकर ऊपर पहाड़ तक लाए। पर उसको 'सीधा फायर, भी उतना कारगर न रहा जितनी उम्मीद थी। उन्होंने यही काम बोफर गन से भी करवाया। अबकी बार अप्रत्याशित सफलता हाथ लगी। 'सीधा फायर' के इस्तेमाल में बोफर तोप ने दुश्मन के छक्के छुड़वा दिए। इसके बाद सभी आक्रमणों में यथासम्भव इसी विधि का उपयोग होने लगा।

आक्रमण की तिथि रात 12/13 जून तय हुई। बटालियन के कमान अफसर ने यथासंभव निकट से लक्ष्य का निरीक्षण किया। उन्होंने पाया कि लक्ष्य को इन चार प्रमुख भागों में बाँटा जा सकता है: तोलोलिंग ऊँचाई, चपटा क्षेत्र, पॉइंट 4590 तथा बर्बाद बंकर। इन सब में वर्चस्व प्रथम भाग का था। जबकि पहले दो पर दक्षिण-पूर्व दिशा से आक्रमण किया जा सकता था, अंतिम दो पर दक्षिण-पश्चिम से ही आक्रमण सफल हो सकता था।

12 जून की शाम को तोपखाने का हमला शुरू हुआ। वह इतना जबर्दस्त था कि तोलोलिंग का पहाड़ आग के गोले की तरह भभक उठा। यह दृश्य अखिल विश्व के टेलीविजन स्टेशनों ने दिखलाया।

मुख्य लक्ष्य का हमला प्रथम हमले के कुछ समय बाद किया गया, जिससे दुश्मन मनमर्जी की फेर-बदल कर चुका हो। हमला कामयाब रहा। पाकिस्तानियों ने लक्ष्य वापस हथियाने के उद्‌देश्य से कई बार वापसी हमले किए परंतु उन्हें नाकाम कर दिया गया। इस तरह 2 राजपूताना राइफल्ज़ ने कारगिल की लड़ाई में देश को प्रथम विजयश्री का उपहार दिया। इसमें 10 सेनानी खेत हुए और 25 जख्मी। दुश्मन के नॉदर्न इन्फेंट्री के 9 जवानों की लाशें बरामद हुईं और भारी मात्रा में अस्त्र-शस्त्र, जिनमें 9 मशीनगनें और 18 राइफलें शामिल थीं।

विजयश्री का ताँता

तोलोलिंग पर कब्जा करने के बाद तो फिर विजयश्री का ताँता लगता गया। परंतु इनमें से कोई विजय सस्ते दामों में हाथ नहीं लगी। आगामी लक्ष्य प्राप्ति के वृहत् सिलसिले में डिविजनल कमांडर का यही यत्न रहा कि जिन-जिन यूनिटों के हाथ विजयश्री ने पूरी तरह पीले नहीं किए थे, उन्हें बार-बार मौका दिया गया कि

वे उसी अथवा किसी अन्य लक्ष्य पर भारत का विजय तिलक लगा अपने को गौरवान्वित करें तथा असीम साहस, अटल संकल्प तथा निपुण कर्मठता के ऐसे बीज बोएँ जो परम्परा की धरोहर बन आगामी पीढ़ियों को उत्प्रेरित तथा प्रोत्साहित कर सकें। इनमें टाइगर हिल, पॉइंट 5140, पॉइंट 4875 तथा बटालिक क्षेत्र में खालूबार शामिल थे।

भारतीय विदेश नीति और कारगिल युद्ध

भारत और पाकिस्तान द्वारा सन् 1998 के परमाणु परीक्षणों के बाद अमेरिका तथा उससे संबद्ध राष्ट्रों ने दोनों देशों पर विशिष्ट प्रतिबंध लगा रखे थे। उनका प्रतिकूल प्रभाव दिनोंदिन बढ़ता जा रहा था। देश की सत्ता भी एक कार्यवाही सरकार के हाथों में थी ़ौर इसने भी पाकिस्तान को नया दाँव खेलने को उकसाया होगा। परीक्षणों के बाद ैडम आलब्राइट ने कहा था कि भारत को 'इस गड्ढे' से बाहर निकल आना पड़ेगा, जिसमें उसने अपने आपको फेंका है। प्रत्युत्तर में कह दिया गया था कि हमारे यहाँ ऐसा कोई रिवाज ही नहीं है।

तत्पश्चात् देश के विदेशमंत्री तथा राष्ट्रपति क्लिंटन द्वारा नियुक्त प्रतिनिधि विशेष श्री स्ट्रोब टेलबॉट के बीच चला अनेक चरणों वाला वार्ताक्रम धीरे-धीरे भारतीय पक्ष की सही मर्यादा तथा ईमानदारी के प्रति सजग हुआ था। इसी के क्रमांत में अमेरिकन राष्ट्रपति की भारत यात्रा भी सुसंपन्न हुई। देश की स्वतंत्रता के पश्चात् पहली बार अमेरिका के भारत के प्रति रवैये में ठोस परिवर्तन आया। वह भी बिना रूस के साथ सम्बंध खटास में डाले। यह देश की नीति की बहुत बड़ी सफलता थी। वातावरण की छत्रच्छाया में लाहौर बस यात्रा भी हुई और कारगिल की दुर्दांत होनी भी। 28-29 मई, 1999 को मुशर्रफ की टेप-वार्ता को संसार भर ने सुना-समझा। कूटनीतिक दौर में नियंत्रण रेखा की गरिमा का आदर कर तथा वायुसेना के प्रयोग में धीरज बरत भारत पाकिस्तान को अंतरराष्ट्रीय स्तर पर आड़े हाथों लेने में सफल हुआ। दुनिया ने माना कि गलती पाकिस्तान ने की है। तब तक 9/11 नहीं घटा था। ऐसे में 4 जुलाई, 1999 को वॉशिंगटन में पाकिस्तान के प्रधानमंत्री और अमेरिकी राष्ट्रपति की भेंट तथा उससे विकसित निष्कर्ष बड़े सारगर्भित थे। पाकिस्तान को कारगिल की आग के अंगारे वापस लेने को बाध्य होना पड़ा। विडम्बना, कि इसी के बाद वहाँ लोकतंत्र का पासा फिर पलटा और तानाशाही (नरम) पुनः बहाल हुई।

मीडिया की अदाकारी

मिजोरम में इम्सजेंसी (गोरिल्ला युद्ध) के दिनों में भारत से एक दिन का खेल दिखाने के लिए एक मोटर साईकिल करतब टीम राजधानी ऐजल आई। उनके करतब लोगों को इतना भाए कि उनका शो दो दिन और बढ़ाना पड़ा। बाद में लोगों ने कहा कि मिजोरम के लोगों को मुख्यधारा में शानिल करने के लिए जितना योगदान इस टीम ने मात्र तीन दिनों में दिया, उतना भारत का प्रशासनिक तंत्र वर्षों के परिश्रम के बाद भी नहीं कर सका था। मुम्बैया फिल्मों ने उन्हें हिंदी बोलनी सिखाई।

कुछ इसी कोटि की अदाकारी मीडिया ने कारगिल युद्ध को देश के घर-घर में लाने में दिखाई और विभिन्न भागों को एक सूत्र मे जोड़ा। हताहत वीरों के शव शहर-शहर जा पहुँचे मणिपुर, राँची, चेन्नई, जम्मू, बड़ौदा। देखनेवालों की आँखें भर-भर आईं। कैप्टन विक्रम बत्रा के मुँह से 'ये दिल माँगे मोर' की हुलस सुनाई गई और कुछ दिन बाद जब वे शहीद हुए तो कई घरों में मातम छाया रहा। इंडियन मिलिट्री अकादमी से 'पास आऊट' होते समय युवा अफसरों की सम्मिलित टोपी-उछाल भी बहुतेरे हृदयों में गुद गई। बाद में इन्हीं युवात्माओं ने करगिल में क्या-क्या करतब किए उसकी छाप जामनगर से जोरहाट और जम्मू से कन्याकुमारी तक अनेकों हृदयों को विह्वल कर गई। लोकमन में सेनाओं और जवानों के प्रति जागरूकता, दिलचस्पी तथा आदर-भाव, सभी में बढ़ौतरी हुई। सेना मुख्यालय के वरिष्ठ अफसर रोज टेलीविजन पर 'ब्रीफिंग' करते घर-घर में दिखाई देने लगे। कथा करगिल के बाद उस प्रकार के देशप्रेमी विषयों पर ढेरों मुम्बैया फिल्में बनीं। यह भी एक प्रकार की क्रांति ही थी।

माना कि मीडिया दुधारी तलवार है और कभी-कभी लेने-के-देने भी पड़ सकते हैं। पर साँच को आँच कहाँ!

'अहले दिल और उसका असर क्या चीज़ है।
हम खुदा से नाज़ करते हैं, बशर क्या चीज़ है।।'

—जोश मलीहाबादी

प्रशस्ति-पत्र 1

कैप्टन विक्रम बत्रा

13 जम्मू व कश्मीर राइफल्स (आई सी-57556)

20 जून, 1999 को ऑपरेशन विजय के दौरान कैप्टन विक्रम बत्रा, कमांडर डेल्टा कम्पनी को प्वॉइंट 5140 पर कब्जा करने के लिए भेजा गया। कैप्टन बत्रा अपनी कम्पनी के साथ पूर्व की ओर चोटी पर किसी तरह घिसटकर पहुँचे और पास पहुँचकर दुश्मन पर अचानक आक्रमण कर दिया। इसके बाद कैप्टन बत्रा ने अपने दल को पुनर्गठित करके जवानों को उत्साहित करते हुए दुश्मन को तबाह किया। आमने-सामने की लड़ाई में उन्होंने पाँच जवान मार गिराए। 7 जुलाई, 1999 को प्वॉइंट 4875 इलाके में हुई दूसरी कार्रवाई में उनकी कंपनी को एक पतली सँकरी पहाड़ी को खाली कराने की जिम्मेदारी दी गई थी, जिसमें दुश्मन ने जबर्दस्त किलेबंदी कर रखी थी। इसमें अंदर जाने का एक ही रास्ता था। पतले रास्ते से होते हुए कैप्टन बत्रा ने दुश्मन पर हमला किया और दुश्मन से आमने-सामने की लड़ाई की। उन्होंने दुश्मन के पाँच सैनिकों को सामने से मार गिराया। हालाँकि उन्हें गंभीर चोटें आई थीं, पर वे घिसटते हुए दुश्मन तक पहुँचे और ग्रेनेड फेंककर दुश्मन के ठिकाने को नष्ट कर दिया। उन्होंने निजी सुरक्षा का बिलकुल ख्याल नहीं किया और दुश्मन की भारी गोलाबारी के बीच अपने जवानों को आगे बढ़ाया, जिससे असंभव-सा लगनेवाला कार्य संभव हो गया। हालाँकि कैप्टन बत्रा मरणासन्न स्थिति में आ गए थे, पर उनके साहसिक कार्य से प्रेरित होकर उनके सैनिकों ने शेष पाकिस्तानियों को मार गिराया और प्वॉइंट 4875 पर अपना अधिकार कर लिया।

कैप्टन बत्रा ने श्रेष्ठ वीरता और नेतृत्व का कुशल प्रदर्शन दुश्मन के समक्ष किया और भारतीय सेना की उच्चतम परंपराओं को बनाए रखते हुए अपना बलिदान किया।

—भारतीय गजट अधिसूचना
संख्या 16—प्रेस/2000

प्रशस्ति-पत्र 2

राइफलमैन संजय कुमार

13 जम्मू व कश्मीर राइफल्स (13760533)

राइफलमैन संजय कुमार ने 4 जुलाई, 1999 को प्वॉइंट 4875 पर कब्जे के लिए जानेवाली अपनी यूनिट का नेतृत्व करने हेतु स्वेच्छा से अपने आपको समर्पित किया था। आक्रमण के दौरान एक सैंगर से स्वचालित गोलाबारी प्रारम्भ हो गई, जिससे भारतीय सैनिकों का आगे बढ़ना रुक गया। राइफलमैन संजय कुमार ने स्थिति की गंभीरता को भाँपते हुए और अपनी निजी सुरक्षा की परवाह न करते हुए दुश्मन पर कूदकर हमला किया और आमने-सामने की लड़ाई में तीन घुसपैठियों को मार गिराया। इससे वे खुद भी घायल हो गए; पर अपने जख्मों की परवाह न करते हुए उन्होंने दूसरा सैंगर भी नाकाम कर दिया। उधर दुश्मन अचानक हमले से घबराकर भाग खड़ा हुआ और एक यूनिवर्सल मशीनगन भी छोड़ गया।

राइफलमैन संजय कुमार ने वह मशीनगन उठाई और भागते हुए दुश्मनों को मार गिराया। हालाँकि उनके जख्मों से तेजी से खून बह रहा था, पर उन्होंने तब तक पीछे जाना स्वीकार नहीं किया, जब तक चोटी पर कब्जा नहीं हो गया। उनके साथी उनकी बहादुरी से प्रेरित होकर दुश्मन पर झपटे और उन्होंने उसे भी खाली करा लिया।

राइफलमैन संजय कुमार ने असाधारण शौर्य, शांत मस्तिष्क और कर्तव्यपरायणता का परिचय इस युद्ध में दिया।

—भारतीय गजट अधिसूचना
संख्या 16—प्रेस/2000

प्रशस्ति-पत्र 3

लेफ्टिनेंट मनोज कुमार पांडे

1/11 गोरखा राइफल्स (आई सी-56959)

लेफ्टिनेंट मनोज कुमार पांडे ने ऑपरेशन विजय के दौरान अनेक साहसिक आक्रमणों में भाग लिया और जबार चोटी पर कब्जे के अलावा बटालिक क्षेत्र में दुश्मन को न सिर्फ भगाया, वरन् उसके काफी सैनिक हताहत भी किए। 2-3 जुलाई, 1999 की रात को खालूबार पर आक्रमण के दौरान जब उनकी पल्टन अपने अंतिम लक्ष्य की ओर बढ़ी तो दुश्मन ने आस-पास की चोटियों से भारी गोलाबारी शुरू कर दी। लेफ्टिनेंट पांडे को यह दायित्व दिया गया कि गोले बरसा रहे दुश्मन के इन ठिकानों को नष्ट करें, ताकि उनकी बटालियन सवेरा होने से पहले अपने लक्ष्य तक पहुँच जाए, क्योंकि रोशनी में सभी के मारे जाने की आशंका थी। उन्होंने अपनी पलटन को एक सुरक्षित जगह पर तैनात किया। एक टुकड़ी को दाएँ भेजा और खुद दूसरी टुकड़ी लेकर बाएँ से गए। बिना डरे आगे बढ़ते हुए उन्होंने दुश्मन के पहले ठिकाने पर जमे पाकिस्तानी सैनिक मार डाले और उसके बाद दूसरे ठिकाने को नष्ट करते समय दो और सैनिक मार डाले। तीसरे ठिकाने को नष्ट करते समय उनका कंधा और पैर घायल हो गया; पर इसकी परवाह न करते हुए उन्होंने आगे बढ़ना जारी रखा और ग्रेनेड फेंककर चौथे ठिकाने को नष्ट कर दिया। तभी एक मशीनगन फटने से उनके सिर में घातक चोट लगी और वह जानलेवा साबित हुई; पर तब तक भारतीय जवान खालूबार पर कब्जा कर चुके थे।

लेफ्टिनेंट मनोज कुमार पांडे ने अद्वितीय शौर्य तथा उत्कृष्ट नेतृत्व का प्रदर्शन करते हुए अपने आपको बलिदान कर दिया और भारतीय सेना की श्रेष्ठ परंपराओं को बनाए रखा।

—भारतीय गजट अधिसूचना
संख्या 16—प्रेस/2000

प्रशस्ति-पत्र 4

ग्रेनेडियर योगेंद्र सिंह यादव

18 ग्रेनेडियर्स (2690572)

ग्रेनेडियर योगेंद्र सिंह यादव उस घटक प्लाटून की अग्रिम पंक्ति के सदस्य थे, जिसे 3-4 जुलाई, 1999 की रात को टाइगर हिल पर कब्जे की जिम्मेदारी दी गई थी। इस पहाड़ी का रास्ता सीधी चढ़ाईवाला, बर्फीला और पथरीला था। ग्रेनेडियर योगेंद्र सिंह यादव ने खतरे की परवाह न करते हुए अपने आपको इस काम के लिए आगे किया और चट्टानों में रस्सी फँसाकर चढ़ना प्रारंभ किया। उन्हें आते देख दुश्मन ने गोलाबारी तेज कर दी। स्वचालित हथियारों, हथगोलों, रॉकेटों और तोपों से आ रही बौछार ने पल्टन के कमांडर तथा दो साथियों को मार गिराया। बाकी पल्टन की भी बढ़त रुक गई। स्थिति की गंभीरता को भाँपते हुए ग्रेनेडियर योगेंद्र सिंह यादव रेंगते हुए दुश्मन के ठिकाने तक पहुँचे और वहाँ से आ रही गोलाबारी को उन्होंने ग्रेनेड फेंककर रोक दिया, पर इस प्रक्रिया में वह खुद भी घायल हो गए। अपने जख्मों की परवाह न करते हुए वह गोलियों की बौछार के बीच दुश्मन के अगले ठिकानों तक चलते रहे। वह हथगोले भी फेंकते रहे और अपनी मशीनगन से गोलियाँ भी चलाते रहे। आमने-सामने की लड़ाई में उन्होंने चार पाकिस्तानी सैनिक मार डाले। अपने बहते खून की परवाह न करते हुए उन्होंने पीछे हटने के बजाय आगे बढ़ना जारी रखा। उनके इस अद्वितीय शौर्य से प्रभावित होकर उनके साथी जवानों ने दुगुने जोश से आगे बढ़कर दुश्मन के बाकी ठिकानों पर कब्जा कर लिया। इस तरह टाइगर हिल पर भारतीय सैन्य टुकड़ी का कब्जा हो गया।

ग्रेनेडियर योगेंद्र सिंह यादव ने अत्यंत विपरीत परिस्थितियों में भी असाधारण शौर्य संकल्प का प्रदर्शन किया।

—भारतीय गजट अधिसूचना
संख्या 16—प्रेस/2000

परिशिष्ट 1

सरदार पटेल द्वारा चीन की पहचान—सन् 1950

मेरे प्रिय जवाहरलाल,

अहमदाबाद से लौटने तथा मंत्रिपरिषद् की बैठक में भाग लेने के बाद से ही मैं चिंताग्रस्त होकर तिब्बत की समस्या के बारे में सोचता रहा हूँ. मंत्रिपरिषद् की बैठक की सूचना मुझे पंद्रह मिनट पहले मिली, जिसके कारण मैं सारे कागज पढ़ नहीं पाया था। अब सोचता हूँ, जो विचार मेरे मन में आए, उन्हें आपके साथ बाँटूँ।

हमारे विदेश मंत्रालय तथा पीकिंग में हमारे राजदूत व उसके माध्यम से चीन सरकार के साथ हुए पत्र-व्यवहार को मैंने ध्यानपूर्वक पढ़ा है। मैंने इसका अध्ययन यथासंभव अपने राजदूत तथा चीन सरकार के पक्षों को ध्यान में रखकर किया है; परंतु फलस्वरूप मुझे खेदवश कहना पड़ता है कि इससे उन दोनों में से कोई भी खरा नहीं उतरता।

अपने शांतिपूर्ण मंतव्यों की उद्घोषणा कर चीन सरकार ने हमें धोखा देने की कोशिश की है। मुझे तो ऐसा प्रतीत होता है कि ऐन नाजुक समय पर वे हमारे राजदूत के मन में विश्वास जताने में समर्थ हो गए कि वे तिब्बत-समस्या का शांतिपूर्ण हल ढूँढ़ने के इच्छुक हैं।

इसमें जरा भी संदेह नहीं कि उक्त पत्र-व्यवहार के दिनों नें ही चीनी सरकार तिब्बत पर आक्रमण करने की तैयारी में संलग्न रही। **अंततः चीनियों ने जो किया, मेरी समझ में वह हमारी पीठ में छुरा भोंकने के बराबर है।**

त्रासदी यह है कि तिब्बतियों ने हमारे ऊपर विश्वास किया। उन्होंने निर्णय किया कि हम उनके मार्गदर्शक बनें; परंतु हम उन्हें चीनी कूटनीति के शिकंजे से छुड़ाने में असमर्थ रहे हैं। हाल ही के घटनाक्रम से लगता है कि हम दलाई लामा को भी नहीं बचा पाएँगे।

हिंदुस्तान पर शक

हमारे राजदूत ने चीनी नीति व कार्य-कलापों को न्यायसंगत व उचित जतलाने की हरसंभव कोशिश की है। स्वयं विदेश मंत्रालय ने अपने एक तार में यह टिप्पणी की है कि देश के प्रतिनिधि की हैसियत से किए गए उनके कार्य-कलापों में सुदृढ़ता का अभाव तथा अवांछित विनय का प्रदर्शन हुआ है। किसी समझदार व्यक्ति को ऐसा जँचे कि चीन को तिब्बत में हो रही किसी आँग्ल-अमेरिकी साँठ-गाँठ का खतरा है, मुझे तो असंभव लगता है। अस्तु, यदि चीन ने ऐसी संभावनाओं नें विश्वास जतलाया तो वे हमें या तो अविश्वसनीय करार देते होंगे या फिर आँग्ल-अमेरिकन कूटनीति अथवा राजनीति के पिछलग्गू या दलाल। यदि चीनियों का वास्तव में ऐसा ही मंतव्य है—सो भी आपके उनके साथ सीधी वार्त्ताओं के बावजूद—तो इससे यही इशारा मिलता है कि **यद्यपि हम अपने को चीनियों का मित्र मानते हैं, वे हमें अपना मित्र नहीं मानते।** 'जो हमारे साथ नहीं है, वह हमारे विरुद्ध है,' ऐसी सामान्य साम्यवादी मानसिकता के सर्वविदित होते हुए हमें इससे उभरनेवाले महत्त्वपूर्ण पक्ष पर गौर करना चाहिए।

अकेला चैंपियन

पिछले कई महीनों से, रूसी गुट के राष्ट्रों को छोड़कर, चीन के संयुक्त राष्ट्र में प्रवेश करवाने तथा अमेरिकियों से फारमोसा के बारे में चीन को विश्वस्त करवाने की दिशा में हमने जो-जो कदम सरगर्मी से उठाए हैं, उन्होंने हमें काफी अकेला कर डाला है। अमेरिका व ब्रिटेन के साथ होते हुए, वे हमारी सीमाओं पर चिंता का कारण कभी नहीं बने।

हिमद्रवणी

1914 में हमने तिब्बत के साथ एक सहमति की, जिसे चीन का साक्ष्य नहीं मिला। स्वतंत्रता संधि-संबंध के तौर पर हमने तिब्बत की स्वायत्तता को पर्याप्त माना। शायद, इसपर चीन का साक्ष्य भी हुआ होता तो यथेष्ट मान्यता मिलती। यह माना जा सकता है कि तिब्बत ने हमारे साथ जो-जो समझौते विगत में किए हैं, चीन उनसे मुकर जाएगा। इस प्रकार गत पचास वर्षों में किए गए समझौते व मान्यताएँ कहीं की न रहेंगी। उनकी सार्थकता हिम की तरह पिघल जाएगी।

चीन अब विभाजित नहीं रहा। वह एक सूत्र में बँधा और शक्तिशाली है। हिमालय पर आधारित हमारी समस्त उत्तरी तथा उत्तर-पूर्वी सीमाओं के क्षेत्र में ऐसी जनजातियों की बस्तियाँ हैं, जो जातीय व सांस्कृतिक परिवेश में तिब्बतियों व मंगोलों से साम्य रखती हैं।

अनिर्दिष्ट सीमा व ऐसी जनजातियों की आबादी कभी भी हमारे तथा चीन के मध्य समस्या का कारण बन सकती हैं। हाल के घटनाक्रम इस तथ्य को प्रमाणित करते हैं कि कम्यूनिस्ट भी उपनिवेशवादियों जितने अच्छे अथवा बुरे हो सकते हैं। इस दृष्टिकोण से **चीनी महत्त्वाकांक्षाएँ सीमावर्ती क्षेत्र की हमारी ओर की पर्वतीय ढलानों के अतिरिक्त असम के मुख्य भू-भाग को भी अपनी लपेट में लाने की इच्छुक हैं।**

इसके अतिरिक्त उनकी महत्त्वाकांक्षी टेढ़ी नजर बर्मा पर भी है। बर्मा के पास मॅकमोहन लाइन जैसी आधारशिला का अभाव होने के कारण मामला और भी जटिल पड़ जाता है।

हमारे अनेक वार्त्तालापों तथा पत्र-व्यवहार का एकमात्र उद्देश्य यही रहा है कि किसी-न-किसी तरह चीन की चिंताओं का निवारण हो और उन्हें अपने वांछनीय ध्येयापूरित करने में हामी मिलती रहे। लेकिन इसके अनंतर भी चीन हमारी निष्पक्षता के प्रति विश्वस्त नहीं हुआ लगता। वह हमें संदेह तथा संशय-भरी मानसिकता से देखता है; इसमें शायद कुछ वैमनस्य का भी पुट है।

चीन को अपने नेक इरादों, दोस्ती व शुभेच्छु के रूप में प्रकट करने की दिशा में हमने जो कुछ भी किया, मुझे संदेह है कि इससे अधिक भी कुछ किया जा सकता है। चीन में हमारे राजदूत ने हमारी दोस्ती तथा सद्भावपूर्ण दृष्टिकोण को जतलाने में पूर्ण सक्षमता दर्शाई है। किंतु वे भी चीनियों का रवैया बदलने में असमर्थ रहे हैं। उनका (चीन का) हमें हाल में भेजा गया तार घोर अभद्रतापूर्ण

है तथा दर्शाता है कि चीनी सैनिकों के तिब्बत में बलात् प्रवेश के विरुद्ध हमने जो नोट भेजा था, उसे भर्त्सना तथा अवहेलना के साथ रफा-दफा कर दिया गया; उलटे हमपर दोषारोपण किया गया कि हमारा आचरण विदेशी प्रभावों से प्रेरित है।

मुझे तो ऐसा लगता है कि उक्त शब्दजाल के पीछे किसी मित्र नहीं वरन् किसी शत्रु की सोच है।

इसी पृष्ठभूमि में अब हमें उस घटनाक्रम के परिणाम पर मनन करना है, **जो तिब्बत को नक्शे से गायब करने के साथ-साथ बढ़ते हुए चीन को हमारे देहरी-द्वार तक ले आया है।** अपने विगत संपूर्ण इतिहास में हम देश की उत्तर-पूर्वी सीमा के प्रति निश्चिंत रहे हैं। हिमालय को हम उत्तर की ओर से अभेद्य दुर्ग-शृंखला के स्वरूप में देखते आए हैं। वहाँ एक मित्र-राष्ट्र के रूप में तिब्बत हमेशा से मौजूद रहा है। चीनी अपने में विभाजित रहे।

विचारवादी लबादा

चीन का साम्राज्यवाद तथा समेटवाद पश्चिमी राष्ट्रों से विभिन्न है। वह विचारवाद के जामे का लबादा ओढ़े है और इस प्रकार का मुखौटा उसे पश्चिमी राष्ट्रों की तुलना में दस गुना अधिक संघातक बना डालता है। विचार अथवा मत-परक समेटवाद की ढाल के पीछे राष्ट्रीय, जातीय तथा ऐतिहासिक मनसूबे छिपे रहते हैं।

अस्तु, हमारे उत्तर तथा उत्तर-पूर्व में सिर उठा रहा खतरा कम्यूनिस्ट भी है और साम्राज्यवादी भी। हमारे उत्तर-पश्चिमी तथा पश्चिम में तो खतरा है ही, अब हमारे उत्तर तथा उत्तर-पूर्व में यह नया बवाल आ शुरू हुआ है। **इस प्रकार सदियों के बाद हिंदुस्तान को प्रथम बार दोमुँहा खतरों का एक साथ सामना करना पड़ रहा है।** अभी तक हमारी सुरक्षा की अपेक्षाएँ पाकिस्तान की अपेक्षा अधिक बलवान् होने तक ही सीमित थीं।

अब अपने आकलन व सोच में हमें अपने उत्तर तथा उत्तर-पूर्व में ऐसे राष्ट्र का प्रतिपक्ष स्वीकार करना होगा, जो चीन की तरह कम्यूनिस्ट भी है और महत्त्वाकांक्षी भी, और इसके अतिरिक्त जो हमारे साथ मैत्रीपूर्ण रुख भी नहीं रखता।

उथल-पुथल के इस संभावित सीमांत क्षेत्र के राजनीतिक पहलू भी गौर करने लायक हैं। देश के उत्तर-पूर्वी प्रवेश-द्वारों पर नेपाल, भूटान, सिक्किम व असम के जनजाति क्षेत्र स्थित हैं। यातायात की दृष्टि से ये देश के कमजोर भू-भाग

हैं। ये क्षेत्र कोई सुगठित सुरक्षा कवच नहीं प्रदान करते। असंबद्धता के कारण बीचोबीच के कई क्षेत्र घुसपैठ के लिए उपयुक्त हैं। इनमें से बहुत थोड़े से दर्रों पर हमारी पुलिस की निगरानी है। वहाँ भी हमारी चौकियों की तैनाती अपूर्ण तथा ढीली है।

वफादारी का ढीलापन

इन क्षेत्रों का हमारे साथ संबंध अंतरंग नहीं। देश के प्रति यहाँ के बाशिंदों की वफादारी अभी सुनिश्चित नहीं। दार्जिलिंग व कलिंपौंग जैसे क्षेत्र भी जातीय-अतिवादी भावनाओं से अछूते नहीं। उनकी सोच मंगोली है। पिछले तीन वर्षों में हम नगालैंड तथा असम के पहाड़ी जनजातीय क्षेत्रों में सौहार्दपूर्ण संबंध स्थापित नहीं कर पाए हैं। यूरोपीय पादरी तथा सैलानी उनके साथ सम्पर्क बढ़ा रहे हैं; पर इसकी दिशा हिंदुस्तान के साथ दोस्ताना रही हो, ऐसा नहीं लगता। कुछ समय पूर्व सिक्किम राजनीतिक उथल-पुथल की दशा में रहा। अभी भी हो सकता है, असंतोष की चिनगारियाँ सुलग रही हों। भूटान अपेक्षाकृत शांत है, पर तिब्बत के साथ उसका अपनत्व तो है ही। नेपाल में एक कमजोर राज्य व्यवस्था है, जो अपनी जनता के जनजागरण की भावनाओं के अनुकूल नहीं।

टेढ़ी खीर

ऐसे हालात में उस इलाके के लोगों को नए खतरे के प्रति जागरूक तथा सचेत करना, उन्हें सुरक्षा-उन्मुख कार्यों में समुचित योगदान देने के लिए राजी करना बड़ी ही टेढ़ी खीर है। इसके लिए बड़ी सूझ-बूझ की नीति तथा सुदृढ़ साफगोई की जरूरत है। मुझे विश्वास है कि इस क्षेत्र में हमारी कमजोरियों का फायदा उठाने में चीन पीछे नहीं रहेगा। रूस-प्रेरित साम्यवाद के प्रचार की आड़ में वह अपने साम्राज्यवाद को बढ़ाने में कोई कसर नहीं छोड़ेगा।

इन सब बातों को देखते हुए, मेरी समझ में स्थिति ऐसी नहीं कि हम उसके प्रति उपेक्षा बरतें या अपनी सोच में डाँवाँडोल रहें। हम ठीक-ठीक क्या चाहते हैं, इस लक्ष्य की स्पष्ट जानकारी लाजिमी है। उसकी प्राप्ति किन उपायों से करनी है, इसकी भी। इस मामले में अपने उद्देश्यों के स्पष्टीकरण तथा उनकी प्राप्ति के प्रति कटिबद्धता में जरा भी ढील अथवा खलल पड़ने के परिणाम हमारी कमजोरी

तो बढ़ाएँगे ही, हमारे विरुद्ध ऐन सामने आ खड़ी आफत में भी वृद्धि करवाएँगे।

उक्त बाहरी खतरों के अलावा हमें गंभीर अंदरूनी समस्याओं का भी सामना करना होगा। मैंने आयंगर से कहा है कि इंटेलिजेंस ब्यूरो की रिपोर्ट की प्रति विदेश मंत्रालय को भी दी जाए। अभी तक भारतीय कम्यूनिस्ट पार्टी को विदेशों से हथियार, गोलाबारूद तथा प्रचार सामग्री प्राप्त करने में कुछ असुविधाएँ रहीं। कठिन बर्मी व पाकिस्तानी सीमांत प्रदेशों तथा विशाल समुद्रतटीय क्षेत्र की वजह से असुविधाएँ कायम रहीं।

सुलगती समस्याएँ

समस्याओं को अत्यंत व्यापक रूप देना मेरे लिए असम्भव होगा। फिर भी मैं नीचे उन समस्याओं का उल्लेख कर रहा हूँ, जिनका अतिशीघ्र समाधान आवश्यक है। हम अपनी प्रशासनिक तथा सामरिक नीतियाँ भी इन्हीं के गिर्द बना सकते हैं और साथ-साथ समाधान के तरीकों की रूपरेखा भी।

1. हिंदुस्तान को चीन से उठे सीमावर्ती व अंदरूनी खतरों का सामरिक व खुफिया दृष्टिकोणों से आकलन व अन्वेषण।
2. हमारी फौजी स्थिति का अन्वेषण और खतरे के मार्गों तथा स्थानों का चयन करके सुरक्षा हेतु फौजी टुकड़ियों का पुनःस्थापन व पुनर्गठन।
3. हमारी फौजी नफ़री का जायजा लेकर कटौती की योजनाओं में स्थगन लाना।
4. **हमारी फौजी आवश्यकता का दूरदर्शी मूल्यांकन**—मेरी राय यह है कि बिना स्वनिर्मित हथियारों, गोलाबारूद तथा बख्तरबंद फौज की सप्लाई स्थिति के हमारी स्थिति स्थायी रूप से कमजोर बनी रहेगी, तब देश के सामने आ खड़ी हुई दोमुखी चुनौती के खतरे का मुकाबला संभव न हो पाएगा।
5. चीन के संयुक्त राष्ट्र में प्रवेश का प्रश्न। तिब्बत को लेकर चीन हमारे साथ जिस रुखाई से पेश आया है, उसे देखते हुए मुझे नहीं लगता कि हमें अपना समर्थन जारी रखना चाहिए। कोरिया की लड़ाई में हिस्सा लेने के लिए बहुत सम्भव है कि संयुक्त राष्ट्र में चीन को स्थायी रूप से वर्जित रखने की सम्भावना उठ खड़ी हो। ऐसे में हमें अपना रवैया निर्धारित करना होगा।

6. उत्तरी तथा उत्तर-पूर्वी सीमा-क्षेत्रों में राजनीतिक व प्रशासनिक व्यवस्थाओं का पुनरावलोकन। इसमें नेपाल, सिक्किम, भूटान, दार्जीलिंग व असम जनजातीय क्षेत्र के सभी भूखंड शामिल होंगे।
7. सीमांत क्षेत्रों तथा उनसे संलग्न प्रदेशों—उत्तर प्रदेश, बिहार, बंगाल व असम में अंदरूनी सुरक्षा के प्रबंध।
8. इन क्षेत्रों तथा सीमांत चौकियों में सम्पर्क हेतु सड़क, रेल, हवाई तथा वायरलैस संसाधनों का विकास।
9. हमारी चौकियों में पुलिस व खुफिया एजेंसियों का प्रबंध करना।
10. लासा में दूतावास तथा ग्यांग्ट्से तथा यातुंग में हमारी व्यापारी टुकड़ियों के भविष्य का फैसला करना, जिससे इन व्यापार मार्गों की सुरक्षा बनी रहे।
11. मॅकमोहन लाइन सम्बंधी हमारी नीति।

आपका,
वल्लभ भाई पटेल

परिशिष्ट 2

एक जवाबी खत

प्राप्त हो
ब्रिगेडियर एच.एस.क्लेर

ब्रिगेड कमांडर
15 माउंटेन ब्रिगेड
जमालपुर
09 17 35 दिसम्बर

प्रिय ब्रिगेडियर,

उम्मीद है, आपके हौसले बुलंद होंगे। चिट्ठी के लिए धन्यवाद।

हम यहाँ जमालपुर में लड़ाई शुरू होने का इंतजार कर रहे हैं। अभी शुरू नहीं हुई है। इसलिए बातचीत करके शुरू करने की जरूरत नहीं।

चालीस सॉर्टीज काफी नहीं होंगी। बहुत सारी और मँगा देखो।

आपका यह फरमाना कि आपके संदेशवाहक को अच्छा सलूक मिला, कोई मायने नहीं रखता। इससे जाहिर है कि आपको हमारे लड़कों का सही अंदाज नहीं है। उम्मीद है, उसे चाय पसंद आई।

मुक्तियों को मेरा प्यार कहना।

उम्मीद है, अगली मुलाकात में आपके हाथों में स्टेनगन होगी, न कि कलम; जिसे चलाने में आप काफी माहिर लगते हैं।

मैं हूँ, आपका ईमानदार
(कर्नल सुल्तान)
कमांडर जमालपुर किला।

परिशिष्ट 3

नक्शों की सूची